Kohlhammer

Deutscher Gemeindeverlag

Kommunale Schriften für Mecklenburg-Vorpommern

Herausgegeben vom Städte- und Gemeindetag Mecklenburg-Vorpommern

Jagdrecht Mecklenburg-Vorpommern

Erläuterte Textausgabe

2., vollständig überarbeitete Auflage

von

Prof. Dr. Axel Siefke
ehem. Vizepräsident des Landesjagdverbandes
Mecklenburg-Vorpommern

Dipl.-Forsting. Wolfgang Voth
Forstoberrat

Dipl.-Forsting. (FH) Ralf Spindler
Forstamtmann
Oberste Jagdbehörde im Landwirtschaftsministerium
Mecklenburg-Vorpommern

Dipl.-Forsting. Martin Rackwitz
Forstdirektor
Jagdreferent im Landwirtschaftsministerium
Mecklenburg-Vorpommern

Kohlhammer

Deutscher Gemeindeverlag

2., neubearbeitete Auflage – erstmals 1993
Deutscher Gemeindeverlag GmbH
Verlagsort: Schwerin
Gesamtherstellung: Deutscher Gemeindeverlag GmbH Schwerin
Umschlag: Gestaltungskonzept Peter Horlacher

Buch-Nr. KS 13/7
ISBN 3-555-53040-2

Vorwort

Am 15. März 2000 beschloss der Landtag Mecklenburg-Vorpommern ein neues Landesjagdgesetz, das am 1. April 2000 in Kraft trat. Die in der Bundesrepublik einmalige Einrichtung von Wildschadensausgleichskassen erforderte dringend eine Neuregelung, um bestimmte Lücken der alten gesetzlichen Grundlage auszufüllen und den Fortbestand der Kassen, die sich grundsätzlich bewährt hatten, zu gewährleisten. Darüber hinaus wurden einige rechtsförmliche Anpassungen notwendig. Mit der dazu erforderlichen Novellierung des Gesetzes ergaben sich gleichzeitig Möglichkeiten, bestimmten Erfahrungen der Jagdpraxis seit 1992 Rechnung zu tragen und vor allem die großräumige Hege des Wildes besser als bislang zu untermauern. In hervorzuhebender Zusammenarbeit zwischen Parlament, Behörden und Verbänden entstand so in recht kurzer Zeit ein in mancherlei Hinsicht neues und modernisiertes Landesjagdgesetz.

Waren einige Durchführungsverordnungen des Bundes und des Landes schon vorher aktualisiert worden, waren nunmehr auf der Landesebene auch die restlichen neu zu fassen.

Der Fakt, dass damit nahezu alle der 1993 in der ersten Auflage zusammengestellten Rechtsvorschriften des Landes nicht mehr galten, machte für die zweite Auflage so eine völlige Neuzusammenstellung und -bearbeitung notwendig. Auch im einschlägigen Bundesrecht sind zwischenzeitlich einige Veränderungen eingetreten, die Beachtung erforderten. So wurden auch die Erläuterungen zum Bundesjagdgesetz neubearbeitet und – auf Anregungen aus der Praxis hin – in vielen Fällen ergänzt.

Dabei waren wir in Anlage und Gestaltung des Buches um Kontinuität bemüht, um den Nutzern auch dieser Auflage den gewohnten Umgang zu erhalten.

Wie schon in der ersten Auflage findet der Leser auch in dieser Zusammenstellung neben dem Bundes- und dem Landesjagdgesetz die dazu erlassenen Durchführungsbestimmungen – ihrer Vielzahl sowie ihres Umfangs wegen z.T. nur auszugsweise – , aber auch wichtige Auszüge derjenigen aktuellen Rechtsvorschriften aus anderen Rechtskreisen, die sich auf jagdlich bedeutsame Fragen beziehen. Mit dem Angebot letzterer soll dem Nutzer mühsames Suchen in Gesetzblättern oder anderen Sammelwerken erspart werden.

Die zu den Texten der Gesetze neu erarbeiteten Erläuterungen und Verweise sind vor allem als Handreichungen für diejenigen gedacht, die geltendes Recht im jagdlichen Alltag umzusetzen haben. Besonders Praktiker werden die damit gegebenen Interpretationshilfen für nicht immer einfach verständliche juristische Formulierungen nutzen können. Da uns das schon nach Erscheinen der ersten Ausgabe anerkennend bestätigt wurde, sahen wir uns veranlasst, damit gelegentlich auch Hinweise auf die innerhalb des rechtlich vorgegebenen Rahmens unter den im Land gegebenen Verhältnissen empfehlenswerten Vorgehensweisen zu verbinden.

Die Erläuterungen stützen sich für das Bundesjagdgesetz auf dazu erschienene Kommentare sowie auf publizierte neuere Gerichtsurteile, wobei Probleme im rechtlichen Umfeld der neuen Bundesländer besondere Beachtung fanden. Für das Landesjagdgesetz fehlt eine solche Grundlage, die bisherigen Urteile auf dieser Ebene beziehen sich ganz überwiegend auf durch die Novellierung überholte Vorschriften. So muss wiederum die Einbeziehung der Verfasser in die Erarbeitung des neuen Gesetzes im Kontext mit seinen Durchführungsbestimmungen sowie die bisherige Verwaltungspraxis als Basis dafür dienen.

Damit ist auch bei dieser Ausgabe nicht völlig auszuschließen, dass trotz nach bestem Wissen erstellter Angaben durch die Gerichte später die eine oder andere Auslegung im Detail korrigiert wird. So kann keine Gewähr für den juristischen Bestand einer jeden Ausführung übernommen werden. Es wird die Bitte an die Leser um diesbezügliche Hinweise über einschlägige Urteile an die Autoren wiederholt, um sie zu gegebener Zeit einarbeiten und an alle weitergeben zu können.

Zusätzlich zu den bisherigen Autoren konnte durch die Mitwirkung von Martin Rackwitz und Ralf Spindler als Mitarbeiter der obersten Jagdbehörde des Landes Mecklenburg-Vorpommern erneut ein Team tätig werden, das durch seine Einbeziehung in die Entstehung der Landesvorschriften sowie seine langjährigen Erfahrungen in deren praktischer Umsetzung sehr eng mit der Materie verbunden ist.

Die zeitliche Differenz zwischen der Verabschiedung des neuen Landesjagdgesetzes und dem Erscheinen der neubearbeiteten Auflage resultiert weniger aus gewissen Verzögerungen bei der Bearbeitung, als aus dem Warten auf das Erscheinen einer Reihe der das Gesetz ergänzenden Verordnungen. Dieses Warten erschien uns jedoch zweckmäßig, um dem Leser eine weitgehend vollständige Darstellung der geltenden Rechtsvorschriften bieten und ihm damit zusätzliches Nachschlagen andernorts ersparen zu können. Positiver Nebeneffekt dessen ist die so möglich gewordene Einbeziehung der neuen Bundesregelungen im Waffenrecht.

Wir hoffen auch für die Neubearbeitung des „Jagdrecht in Mecklenburg-Vorpommern" auf eine gute Aufnahme und bleiben bemüht, sie gemeinsam mit kritischen Nutzern zu einer breit anwendbaren Handhabe für alle Jäger und Jagdbehörden zu vervollkommnen.

Schwerin, Oktober 2003

Axel Siefke, Wolfgang Voth, Ralf Spindler, Martin Rackwitz

Inhaltsverzeichnis

A Bundesjagdgesetz (BJagdG)

vom 29. November 1952 (Bundesgesetzblatt – BGBl. I S. 780), in der Fassung (i.d.F.) vom 29. September 1976 (BGBl. I S. 2849), zuletzt geändert durch Artikel 15 des Gesetzes zur Neuregelung des Waffenrechts (WaffRNeuRegG) vom 11. Oktober 2002 (BGBl. I S. 3970)

ERLÄUTERUNGEN

Im Rahmen der verfassungsmäßigen Ordnung hat der Staat auch in Verantwortung für die künftigen Generationen die natürlichen Lebensgrundlagen und die Tiere durch die Gesetzgebung zu schützen (Grundgesetz -GG-, Artikel 13).
Nach dem GG (Art. 75) gehört das Jagdwesen zu dem Gesetzgebungsbereich, für den der Bund Rahmenvorschriften für Landesgesetze erlässt, die nur in Ausnahmefällen in Einzelheiten gehende oder unmittelbar geltende Regelungen enthalten sollen.
Da Bundesrecht Landesrecht bricht (Art. 31 GG), ist eine ordnungsgemäße Handhabung des Jagdrechts nur möglich, wenn die jeweiligen Rahmenpassagen des BJagdG mit den dazu erlassenen Vorschriften des Landesjagdgesetzes (LJagdG, die entsprechenden Paragraphen des LJagdG sind hinter dem jeweiligen Paragraphen des BJagdG genannt) und Verordnungen gelesen werden. Darüber hinaus sind Kenntnisse zu anderen Rechtsbereichen notwendig, da sich das Jagdrecht wiederum in diese einordnet oder mit ihnen weitergehende spezielle Reglungen getroffen werden.

Paragraphenübersicht:

I. Abschnitt: Das Jagdrecht

XI. Abschnitt: Schlussvorschriften

I. ABSCHNITT: Das Jagdrecht

§ 1 Inhalt des Jagdrechts (LJagdG: Präambel, § 1)

(1) Das Jagdrecht ist die ausschließliche Befugnis, auf einem bestimmten Gebiet wild lebende Tiere[1], die dem Jagdrecht unterliegen, (Wild) zu hegen, auf sie die Jagd auszuüben und sie sich anzueignen. Mit dem Jagdrecht ist die Pflicht zur Hege[2] verbunden.

(2) Die Hege hat zum Ziel die Erhaltung eines den landschaftlichen und landeskulturellen Verhältnissen angepassten artenreichen und gesunden Wildbestandes sowie die Pflege und Sicherung seiner Lebensgrundlagen; auf Grund anderer Vorschriften bestehende gleichartige Verpflichtungen bleiben unberührt. Die Hege muss so durchgeführt werden, dass Beeinträchtigungen einer ordnungsgemäßen land-, forst- und fischereiwirtschaftlichen Nutzung, insbesondere Wildschäden, möglichst vermieden werden[3].

(3) Bei der Ausübung der Jagd sind die allgemein anerkannten Grundsätze deutscher Weidgerechtigkeit zu beachten[4].

(4) Die Jagdausübung erstreckt sich auf das Aufsuchen, Nachstellen, Erlegen und Fangen von Wild.

(5) Das Recht zur Aneignung von Wild umfasst auch die ausschließliche Befugnis, krankes oder verendetes Wild, Fallwild und Abwurfstangen sowie die Eier von Federwild sich anzueignen[5].

(6) Das Jagdrecht unterliegt den Beschränkungen dieses Gesetzes und der in seinem Rahmen ergangenen landesrechtlichen Vorschriften.

ERLÄUTERUNGEN

Unter Wild sind nach § 960 des Bürgerlichen Gesetzbuches (BGB) Tiere zu verstehen, die sich in Freiheit (wild lebend) befinden und herrenlos sind. Mit der Aneignung durch den Jagdausübungsberechtigten geht das Wild in dessen Eigentum über (§ 958 BGB). 1

Die Hege ist neben der Befugnis, die Jagd auszuüben, ein Bestandteil des Jagdrechts. Im Gegensatz zur Jagdausübung wird jedoch die Pflicht zur Hege des Wildes gesetzlich festgeschrieben. 2
Wird die Ausübung des Jagdrechts als Ganzes verpachtet, behalten die Grundstückseigentümer (Jagdgenossenschaft) eine gewisse „Resthegepflicht". Diese wird jedoch im Wesentlichen darin bestehen, auf geeigneten Flächen bestimmte zumutbare Hegemaßnahmen (Fütterungen, Wildäcker u. ä.) zu dulden.

Die Hege soll so durchgeführt werden, dass die Bestände aller Tierarten, die dem Jagdrecht unterliegen (vgl. § 2 BJagdG und § 26 LJagdG), einerseits in einer Population erhalten werden, die den Fortbestand aller heimischen Arten – einschließlich der gefährdeten (Greife, Fischotter) – sichert, und sich andererseits einzelne Arten nicht so stark vermehren, dass die wirtschaftlichen Interessen der Landnutzer, insbesondere durch Wildschäden oder Seuchen, gefährdet werden (Schwarzwild, Rehwild, Rotwild). 3

In den allgemein anerkannten Grundsätzen der deutschen Weidgerechtigkeit sind alle weidmännischen Regeln zusammengefasst, die als Pflichten bei der Ausübung der Jagd beachtet werden sollen. Die Grundsätze sind nicht abschließend und entwickeln sich ständig weiter. Im Wesentlichen gehören folgende Pflichten dazu: 4
- dem Wild unnötige Qualen zu ersparen,
- das Wild als Geschöpf der Natur zu achten,
- dem Wild im Rahmen des Zweckes und des Zieles der Jagd durch angemessene persönliche Selbstbeschränkung ausreichend Chancen zu lassen,
- sich respektvoll und anständig gegenüber den Jagdnachbarn und Mitjagenden zu verhalten,
- zur Wahrung des Ansehens der Jägerschaft den Jagdbetrieb diszipliniert auszuüben
- und die Jagdleidenschaft unter Kontrolle zu halten.

In § 17 Abs. 2 Nr. 4 wird festgeschrieben, dass bei schweren oder wiederholten Verstößen gegen die Grundsätze der Weidgerechtigkeit der Jagdschein versagt bzw. nach § 18 eingezogen werden kann.

5 Die jagdrechtliche Befugnis, sich Wild anzueignen, wird hier präzisiert. Es wird u.a. „krankes“ – auch im Sinne von krankgeschossenem Wild – und verendetes – auch nach dem Schuss verendetes Wild – sowie Fallwild dem Begriff Wild zugeordnet. Somit kann sich der Jagdausübungsberechtigte in seinem Jagdrevier z.B. auch Wild aneignen, das auf natürliche Art und Weise verendet ist. Für Gelege bzw. Eier von Federwild, ist das Aneignungsverbot des § 22 Abs. 4 zu beachten.

§ 2 **Tierarten** (LJagdG: § 26)

(1) Tierarten, die dem Jagdrecht unterliegen, sind[1]:

1. Haarwild:
Wisent *(Bison bonasus L.),*
Elchwild *(Alces alces L.),*
Rotwild *(Cervus elaphus L.),*
Damwild *(Dama dama L.),*
Sikawild *(Cervus nippon TEMMINCK),*
Rehwild *(Capreolus capreolus L.),*
Gamswild *(Rupicapra rupicapra L.),*
Steinwild *(Capra ibex L.),*
Muffelwild *(Ovis ammon musimon PALLAS),*
Schwarzwild *(Sus scrofa L.),*
Feldhase *(Lepus europaeus PALLAS),*
Schneehase *(Lepus timidus L.),*
Wildkaninchen *(Oryctolagus* cuniculus L.),
Murmeltier *(Marmota marmota* L.),
Wildkatze *(Felis silvestris SCHREBER),*
Luchs *(Lynx lynx L.),*
Fuchs *(Vulpes vulpes L.),*
Steinmarder *(Martes foina ERXLEBEN),*
Baummarder *(Martes martes L.),*
Iltis *(Mustela putorius L.),*
Hermelin *(Mustela erminea L.),*
Mauswiesel *(Mustela nivalis L.),*
Dachs *(Meles meles L.),*
Fischotter *(Lutra lutra L.),*
Seehund *(Phoca vitulina L.);*

Federwild:
Rebhuhn *(Perdix perdix L.)*,
Fasan *(Phasianus colchicus L.)*,
Wachtel *(Coturnix coturnix L.)*,
Auerwild *(Tetrao urogallus L.)*,
Rackelwild *(Lyrurus tetrix x Tetrao urogallus)*
Haselwild *(Tetrastes bonasia L.)*,
Alpenschneehuhn *(Lagopus mutus* MONTIN),
Wildtruthuhn *(Meleagris gallopavo* L.),
Wildtauben *(Columbidae)*,
Höckerschwan *(Cygnus olor GMEL.)*,
Wildgänse *(Gattungen Anser BRISSON und Branta SCOPOLI)*,
Wildenten *(Anatinae)*,
Säger *(Gattung Mergus L.)*,
Birkwild *(Lyrurus tetrix L.)*,
Waldschnepfe *(Scolopax rusticola* L.),
Bläßhuhn *(Fulica atra L.)*,
Möwen *(Laridae)*,
Haubentaucher *(Podiceps cristatus L.)*,
Großtrappe *(Otis tarda L.)*,
Graureiher *(Ardea cinerea L.)*,
Greife *(Accipitridae)*,
Falken *(Falconidae)*,
Kolkrabe *(Corvus corax L.)*.

(2) Die Länder können weitere Tierarten bestimmen, die dem Jagdrecht unterliegen.

(3) Zum Schalenwild gehören Wisente, Elch-, Rot-, Dam-, Sika-, Reh-, Gams-, Stein-, Muffel- und Schwarzwild.

(4) Zum Hochwild gehören Schalenwild außer Rehwild, ferner Auerwild, Steinadler und Seeadler. Alles übrige Wild gehört zum Niederwild.

ERLÄUTERUNGEN

Teilweise sind in der Aufzählung Arten zu Gattungen, Familien oder Unterfamilien (Gänse, Enten, Greife, Falken) zusammengefasst. In diesen Fällen können zur Orientierung, welche Arten danach dem Jagdrecht unterliegen, die Verordnung über den Schutz von Wild (Bundeswildschutzverordnung – BWildSchV –, C 3) und die Verordnung über die Jagdzeiten des Bundes (JagdzV, C 1) verwendet werden. Weiterhin ist zu beachten, dass einige Wildarten gleichzeitig in dem Naturschutzrecht (D 2,3) aufgeführt sind und damit zusätzlich speziellen Regelungen unterliegen können. 1
Im Zusammenhang mit dieser Problematik hat das Oberlandesgericht – OLG – Düsseldorf beispielsweise entschieden, dass im Falle des bloßen Besitzes von Tieren der besonders geschützten Arten (z.B. Greife) die Form des Nachweises der Besitzberechtigung freigestellt und nicht auf die Vorlage von CITES-Dokumenten beschränkt ist. Gelingt der Nach-

weis nicht, trifft den Besitzer die Beweislast mit der Folge, dass das Tier eingezogen werden kann (Urteil vom 08. März 1996, Az: 5 Ss 373/95, 167/95 I).
Unabhängig von den Schonzeiten ist der Jagdausübungsberechtigte befugt, sich Todfunde aller dem Jagdrecht unterliegenden Arten anzueignen.
Die per Gesetz zu Wild erklärten Tierarten können bejagt werden, sofern für sie eine Jagdzeit nach der JagdzV des Bundes (C 1) oder des Landes Mecklenburg-Vorpommern (C 2) festgelegt ist (s. Erl. 2 zu § 22).
Arten ohne Jagdzeit genießen den Schutz des Jagdrechts. Der spezielle Wildartenschutz ist mit der BWildSchV geregelt.

§ 3 Inhaber des Jagdrechts; Ausübung des Jagdrechts

(1) Das Jagdrecht steht dem Eigentümer auf seinem Grund und Boden zu. Es ist untrennbar mit dem Eigentum am Grund und Boden verbunden. Als selbstständiges dingliches Recht kann es nicht begründet werden[1].

(2) Auf Flächen, auf denen kein Eigentum begründet ist, steht das Jagdrecht den Ländern zu[2].

(3) Das Jagdrecht darf nur in Jagdbezirken nach Maßgabe der §§ 4 ff. ausgeübt werden[3].

ERLÄUTERUNGEN

1 Diese Regelung stellt sicher, dass eine Trennung des Jagdrechts von Eigentum an Grund und Boden nicht möglich ist.
Dingliche Rechte an einem Grundstück sind Belastungen durch Dienstbarkeiten, die den Eigentümer an der Nutzung oder der Rechtsausübung beschränken. Zu den Dienstbarkeiten zählt das BGB die Grunddienstbarkeit zugunsten eines anderen Grundstücks und seines jeweiligen Eigentümers, die beschränkte persönliche Dienstbarkeit zugunsten einer bestimmten Person und den Nießbrauch (§ 7 Abs. 1).

2 Am Meeresstrand wird grundsätzlich kein privates Eigentum begründet. Daher kann diese Regelung für Mecklenburg-Vorpommern entlang der Ostseeküste Bedeutung erlangen. Die Bundeswasserstraßen,

zu denen auch die Küstengewässer im Bereich der Seewasserstraßen der Ostsee gehören, sind gemäß GG und Bundeswasserstraßengesetz i.d.F. vom 04. November 1998 (BGBl. I S. 3294), zuletzt geändert durch Gesetz vom 18. Juni 2002 (BGBl. I S. 1914), Eigentum des Bundes. Nach diesem Gesetz können die Länder, soweit die Erfüllung der Verwaltungsaufgaben des Bundes dadurch nicht beeinträchtigt wird, auf solchen Flächen das Jagdrecht ausüben.

Um eine nachhaltige Wildbewirtschaftung und Hege zu sichern, wird 3
eine Einschränkung der Nutzung des Jagdrechts der Eigentümer in der Form vorgenommen, dass es nur in Jagdbezirken ausgeübt werden darf (Jagdausübungsrecht).

II. ABSCHNITT: Jagdbezirke und Hegegemeinschaften

1. Allgemeines

§ 4 Jagdbezirke

Jagdbezirke, in denen die Jagd ausgeübt werden darf, sind entweder Eigenjagdbezirke (§ 7) oder gemeinschaftliche Jagdbezirke (§ 8)[1].

ERLÄUTERUNGEN

In Eigenjagdbezirken kann der Eigentümer des Bodens, als Inhaber des 1
daran gebundenen Jagdrechts, auch gleichzeitig das Jagdausübungsrecht und die Ausübung der Jagd wahrnehmen, sofern er die Voraussetzungen dafür erfüllt (Jagdschein, § 15).
In gemeinschaftlichen Jagdbezirken werden die Jagdrechte aller Eigentümer einer Gemeinde, deren Eigentum keinen Eigenjagdbezirk bildet, zusammengefasst. Sobald auf diesem Wege die Mindestgröße für den gemeinschaftlichen Jagdbezirk erreicht wird (§ 8), steht der Jagdgenossenschaft die Ausübung des Jagdrechts zu. Das bedeutet jedoch nicht, dass sie die Jagd auf Wild selbst ausüben darf.

§ 5 Gestaltung der Jagdbezirke[1] (LJagdG: § 2)

(1) Jagdbezirke können durch Abtrennung, Angliederung oder Austausch von Grundflächen abgerundet[2] werden, wenn dies aus Erfordernissen der Jagdpflege und Jagdausübung notwendig ist[3].

(2) Natürliche und künstliche Wasserläufe, Wege, Triften und Eisenbahnkörper sowie ähnliche Flächen bilden, wenn sie nach Umfang und Gestalt für sich allein eine ordnungsgemäße Jagdausübung nicht gestatten, keinen Jagdbezirk für sich, unterbrechen nicht den Zusammenhang eines Jagdbezirkes und stellen auch den Zusammenhang zur Bildung eines Jagdbezirkes zwischen getrennt liegenden Flächen nicht her[4].

ERLÄUTERUNGEN

1 Wird mit zusammenhängenden Flächen die Mindestgröße für die Entstehung eines Jagdbezirkes erreicht, ist es oftmals sinnvoll, diese durch Flächentausch (Abrundung) mit angrenzenden Jagdbezirken so zu gestalten, dass eine gefahrlose Bejagung oder eine solche überhaupt erst ermöglicht wird. Die Behörde sollte Abrundungen möglichst nur vornehmen, wenn ihr eine Vereinbarung auf privater Basis zu Grunde liegt. Zur Frage, welche Pflichten die Jagdbehörde bei Abrundungen treffen, sind aus einem Urteil des Bundesgerichtshofes – BGH – vom 15. Oktober 1998 (Az: III ZR 10/98) interessante Aspekte zu entnehmen. Beispielsweise besteht danach für die Behörde keine generelle Pflicht zur Angliederung von jagdbezirksfreien Exklaven.

2 Bei Jagdbezirken, die kraft Gesetzes entstanden sind, stimmen zunächst die Eigentumsgrenzen mit den Außengrenzen der Jagdbezirke überein. Abrundungen mit angrenzenden Jagdbezirken können auch aus Gründen der Jagdpflege (Hege) durchgeführt werden. Sie sind jedoch auf das notwendige Maß zu beschränken, um das Jagdrecht bzw. das Jagdausübungsrecht der Eigentümer nicht unnötig aus dem per Gesetz entstandenen in einen anderen Jagdbezirk zu verlagern. Bei einer Abrundung scheiden die Eigentümer der ausgetauschten Flächen aus ihrer ursprünglichen Jagdgenossenschaft aus und werden dadurch unter Umständen in ihren an das Grundstück gebundenen Rechten eingeschränkt.

In Absatz 2 werden einige, für eine eigenständige Bejagung nicht geeignete Flächengebilde genannt, für die der Gesetzgeber regelt, dass sie bereits ohne Flächentausch Bestandteil des Jagdbezirkes sind, in dem sie sich befinden. Daraus lässt sich für Abrundungen ableiten, dass im Wesentlichen schmale und lang gestreckte Teile von Jagdbezirken, in denen eine gefahrlose Jagddurchführung kaum möglich ist, abzurunden sind. Die Art der Nutzung dieser Fläche spielt dabei nicht die ausschlaggebende Rolle, sondern ihre an das Eigentum gebundene Form. 3
Handtuchartige Verzahnungen zwischen den Jagdbezirken, wie sie z. B. im Zuge der Bodenreform entstanden sind, stellen typische Fälle für notwendige Abrundungen dar.

Für die gesetzlichen Abrundungen ohne Flächentausch werden drei Grundregeln aufgestellt: 4

a) Die aufgezählten lang gestreckten Flächen können keinen selbstständigen Jagdbezirk bilden. Dies trifft z. B. für ein Kanalnetz oder auch für das Straßennetz zu, das ein und demselben Eigentümer gehört und zusammenhängend die Mindestgröße für einen Eigenjagdbezirk besitzt.
b) Flächen dieser Form, die durch einen Jagdbezirk hindurch verlaufen, unterbrechen nicht den Zusammenhang dieses Jagdbezirkes und stellen auch keine Grenze für die Jagdbezirksbildung her. Wenn z. B. eine Eisenbahnstrecke quer durch den gemeinschaftlichen Jagdbezirk einer politischen Gemeinde verläuft, wird dadurch nicht der Zusammenhang des Jagdbezirkes unterbrochen.
c) Flächen der hier genannten Arten stellen in Längsform auch nicht den Zusammenhang zwischen Jagdbezirksteilen her bzw. schaffen nicht die Voraussetzung zum Erreichen der Mindestgröße für einen Jagdbezirk. So werden z. B. zwei getrennt liegende Teile landeseigenen Waldes, die zusammengerechnet einen Eigenjagdbezirk bilden könnten, durch einen von einem zum anderen Teil verlaufenden landeseigenen Weg nicht zu einem Eigenjagdbezirk vereint.

§ 6 Befriedete Bezirke; Ruhen der Jagd (LJagdG: § 5)

Auf Grundflächen, die zu keinem Jagdbezirk gehören, und in befriedeten Bezirken ruht die Jagd. Eine beschränkte Ausübung der

Jagd kann gestattet werden[1]. Tiergärten fallen nicht unter die Vorschriften dieses Gesetzes[2].

ERLÄUTERUNGEN

1 Die Eigentümer von befrieden Bezirken gehören nicht der Jagdgenossenschaft an (§ 9 Abs. 1) und es wird in ihnen kein Wildschaden ersetzt (§ 29 Abs. 1).
Der Eigentümer eines befriedeten Bezirkes hat das Recht, eine seinem Grundstück durch Wild drohende Gefahr abzuwenden. Er darf es hierzu abhalten oder verscheuchen, jedoch ohne das Wild dabei zu verletzen oder zu gefährden (§ 26 BJagdG, Ausnahmen § 5 Abs. 3 LJagdG).
In der Regel wird sich aus diesen Gründen eine entsprechende Einzäunung des Grundstücks empfehlen.

2 Diese Festlegung entspricht § 560 BGB, wonach Tiere wilder Arten in Tiergärten nicht herrenlos sind und damit nicht dem Jagdrecht unterliegen.
Nicht herrenlos sind z. B. auch Tiere, die ihrer Tierart nach dem Jagdrecht unterliegen, aber als Eigentum eines Züchters in Gehegen z. B. zum Zwecke der Wildfleischerzeugung gehalten werden (Damwild). Hieraus ergibt sich als wichtige Folge, dass diese Tiere nicht im Rahmen der jagdrechtlichen Regelungen erlegt werden dürfen.

2. Eigenjagdbezirke

§ 7 (LJagdG: § 3)

(1) Zusammenhängende Grundflächen mit einer land-, forst- oder fischereiwirtschaftlich nutzbaren Fläche von 75 Hektar[1] an, die im Eigentum ein und derselben Person oder einer Personengemeinschaft[2] stehen, bilden einen Eigenjagdbezirk. Die Länder können abweichend von Satz 1 die Mindestgröße allgemein oder für bestimmte Gebiete höher festsetzen. Soweit am Tag des In-Kraft-Tretens des Einigungsvertrages in den Ländern eine andere als die in Satz 1 bestimmte Größe festgesetzt ist, behält es dabei sein Bewenden, falls sie nicht unter 70 Hektar beträgt. Die Länder können, soweit bei In-Kraft-Treten dieses Gesetzes eine solche Regelung

besteht, abweichend von Satz 1 bestimmen, dass auch eine sonstige zusammenhängende Fläche von 75 Hektar einen Eigenjagdbezirk bildet, wenn dies von Grundeigentümern oder Nutznießern zusammenhängender Grundflächen von mindestens je 15 Hektar beantragt wird.

(2) Ländergrenzen unterbrechen nicht den Zusammenhang von Grundflächen, die gemäß Absatz 1 Satz 1 einen Eigenjagdbezirk bilden[3]. In den Fällen des Absatzes 1 Satz 3 besteht ein Eigenjagdbezirk, wenn nach den Vorschriften des Landes, in dem der überwiegende Teil der auf mehrere Länder sich erstreckenden Grundflächen liegt, für die Grundflächen insgesamt die Voraussetzungen für einen Eigenjagdbezirk vorliegen würden. Im Übrigen gelten für jeden Teil eines über mehrere Länder sich erstreckenden Eigenjagdbezirkes die Vorschriften des Landes, in dem er liegt.

(3) Vollständig eingefriedete Flächen sowie an der Bundesgrenze liegende zusammenhängende Grundflächen von geringerem als 75 Hektar land-, forst- oder fischereiwirtschaftlich nutzbaren Raum können allgemein oder unter besonderen Voraussetzungen zu Eigenjagdbezirken erklärt werden; dabei kann bestimmt werden, dass die Jagd in diesen Bezirken nur unter Beschränkungen ausgeübt werden darf.

(4) In einem Eigenjagdbezirk ist jagdausübungsberechtigt der Eigentümer[4]. An Stelle des Eigentümers tritt der Nutznießer[5], wenn ihm die Nutzung des ganzen Eigenjagdbezirkes zusteht.

ERLÄUTERUNGEN

Zu den land-, forst- und fischereiwirtschaftlich nutzbaren Flächen **1**
zählen auch solche, die z. Z. nicht unmittelbar genutzt werden (Stilllegung), sowie dieser Nutzung dienende Betriebsflächen (z. B. Mietenplätze, Lagerplätze), die nicht als befriedet gelten. Das zusammenhängende Eigentum kann, bedingt durch die befriedeten Bezirke, durchaus größer als 75 Hektar sein und trotzdem die Mindestgröße nicht erreichen. Der Eigenjagdbezirk entsteht, wenn er die o. g. Voraussetzungen erfüllt, kraft Gesetzes und muss nicht behördlich festgestellt werden.

Unter Person ist hier die natürliche Person (Mensch) sowie die juristi- **2**
sche Person des öffentlichen – (z. B. Bund, Land, Gemeinde) und

privaten Rechts (z.B. Aktiengesellschaft, Gesellschaft mit beschränkter Haftung) zu verstehen.
Personengemeinschaften bilden eine weitere Eigentümervariante. Das BGB benennt hierzu zwei Gemeinschaftsformen. Zum einen die Gemeinschaft nach Bruchteilen (§§ 741 ff. BGB) und zum anderen die Gemeinschaft zur gesamten Hand. Eine Gemeinschaft nach Bruchteilen liegt vor, wenn mehrere Personen Eigentümer einzelner ideeller Anteile sind und gesetzlich eine andere Gemeinschaftsform nicht bestimmt ist. Das Wesen der Gesamthandgemeinschaft besteht darin, dass Rechte und Verbindlichkeiten allen beteiligten Personen in vollem Umfang zustehen. Zu nennen sind hier z. B. Erbengemeinschaften und der eheliche Güterstand.
Als Eigentumsnachweis maßgeblich ist der entsprechende Eintrag im Grundbuch oder bei Restitution der Restitutionsbescheid.

3 Genauso wenig unterbrechen Grenzen kleinerer politischer Einheiten, wie Landkreis und Gemeinde, den Zusammenhang eines Eigenjagdbezirkes.

4 Nimmt der Eigentümer von Flächen in Größe eines Eigenjagdbezirkes das Recht, seine Flächen selbst zu bejagen, nicht wahr, kann er eigenständig bestimmen, wer in seinem Eigenjagdbezirk jagen soll (angestellter Jäger, Benennung von Jägern, Jagdpächter).

5 Nutznießer (Nießbrauch) ist ein Begriff, den das BGB regelt (§§ 1030 ff.). Hiernach können weitere Personen ein Nutzungsrecht am Grund und Boden des Eigentümers übertragen bekommen. Ein solche Vereinbarung zur ausschließlichen Wahrnehmung des Jagdrechts ist jedoch nicht zulässig (§ 3 Abs. 1). Ein Nießbrauch wird durch Vertrag und Eintragung im Grundbuch wirksam. Er ist nicht an Dritte übertragbar und auch nicht vererblich.
Das Nießbrauchrecht muss das ganze Eigentum (Jagdbezirk) betreffen. Die Beteiligung an nur einem Teil der Fläche genügt nicht, um Inhaber des Jagdausübungsrechts zu werden. Der Pächter der landwirtschaftlichen Nutzung eines Eigenjagdbezirkes ist kein Nutznießer im Sinne des BGB.

3. Gemeinschaftliche Jagdbezirke

§ 8 Zusammensetzung (LJagdG: §§ 4, 6, 7)

(1) Alle Grundflächen einer Gemeinde[1] oder abgesonderten Gemarkung, die nicht zu einem Eigenjagdbezirk gehören, bilden einen gemeinschaftlichen Jagdbezirk, wenn sie im Zusammenhang mindestens 150 Hektar umfassen.

(2) Zusammenhängende Grundflächen verschiedener Gemeinden, die im Übrigen zusammen den Erfordernissen eines gemeinschaftlichen Jagdbezirkes entsprechen, können auf Antrag zu gemeinschaftlichen Jagdbezirken zusammengelegt werden[2].

(3) Die Teilung gemeinschaftlicher Jagdbezirke in mehrere selbstständige Jagdbezirke kann zugelassen werden, sofern jeder Teil die Mindestgröße von 250 Hektar hat[2].

(4) Die Länder können die Mindestgrößen allgemein oder für bestimmte Gebiete höher festsetzen.

(5) In gemeinschaftlichen Jagdbezirken steht die Ausübung des Jagdrechts der Jagdgenossenschaft zu[3].

ERLÄUTERUNGEN

Ausgangspunkt für die Feststellung, ob ein gemeinschaftlicher Jagdbezirk kraft Gesetzes vorliegt, bildet die Summe aller Grundflächen der politischen Gemeinde. Es werden nicht nur die jagdwirtschaftlich nutzbaren, sondern auch alle befriedeten Flächen mitgerechnet. 1
Von dieser Flächensumme wird die Fläche der innerhalb der Gemeinde liegenden Eigenjagdbezirke, einschließlich der von ihnen eingeschlossenen befriedeten Bezirke und Exklaven, abgezogen. Ab einer verbleibenden zusammenhängenden Flächengröße von 150 Hektar entsteht ein gemeinschaftlicher Jagdbezirk, wenn die notwendige bejagbare Fläche nicht unterschritten wird (vgl. § 6 LJagdG).
Wenn der Zusammenhang des gemeinschaftlichen Jagdbezirkes in der politischen Gemeinde z. B. dadurch unterbrochen wird, dass ein oder mehrere Eigenjagdbezirke quer durch die politische Gemeinde verlaufen, können zwei oder mehrere gemeinschaftliche Jagdbezirke in der politischen Gemeinde vorhanden sein, wenn die weiteren notwendigen Voraussetzungen erfüllt sind.

2 Im Zusammenhang liegende Grundflächen, die die Voraussetzungen für die Bildung eines gemeinschaftlichen Jagdbezirkes nur deshalb nicht erfüllen, weil Gemeindegrenzen sie trennen, können nach Antrag bei der Jagdbehörde zu einem gemeinschaftlichen Jagdbezirk erklärt werden.
Auch eine Teilung von gemeinschaftlichen Jagdbezirken lässt der Gesetzgeber zu, verlangt jedoch, dass alle so entstehenden neuen Bezirke mindest 250 Hektar groß sind.
Mit der Teilung entsteht automatisch für jeden neuen Jagdbezirk eine Jagdgenossenschaft.
Die Teilung eines gemeinschaftlichen Jagdbezirkes darf mit der Möglichkeit der Verpachtung eines Jagdbezirkes in Teilen nach § 11 Abs. 2 (Teilbezirke, Jagdbogen) nicht verwechselt werden. Wird die Möglichkeit der Verpachtung in Teilen genutzt, bleibt der gemeinschaftliche Jagdbezirk zusammenhängend bestehen.

3 Da die Jagd nur in Jagdbezirken ausgeübt werden darf, wird hier die Jagdgenossenschaft als Institution (juristische Person) bestimmt, der – analog der Person oder Personengemeinschaft im Eigenjagdbezirk – das Jagdausübungsrecht zusteht.

§ 9 Jagdgenossenschaft (LJagdG: § 8)

(1) Die Eigentümer der Grundflächen, die zu einem gemeinschaftlichen Jagdbezirk gehören, bilden eine Jagdgenossenschaft. Eigentümer von Grundflächen, auf denen die Jagd nicht ausgeübt werden darf, gehören der Jagdgenossenschaft nicht an[1].

(2) Die Jagdgenossenschaft wird durch den Jagdvorstand gerichtlich und außergerichtlich vertreten. Der Jagdvorstand ist von der Jagdgenossenschaft zu wählen. Solange die Jagdgenossenschaft keinen Jagdvorstand gewählt hat, werden die Geschäfte des Jagdvorstandes vom Gemeindevorstand wahrgenommen[2].

(3) Beschlüsse der Jagdgenossenschaft bedürfen sowohl der Mehrheit der anwesenden und vertretenen Jagdgenossen als auch der Mehrheit der bei der Beschlussfassung vertretenen Grundfläche[3].

ERLÄUTERUNGEN

Per Gesetz wird hier festgeschrieben, dass die Eigentümer von jagdlich nutzbaren Flächen Mitglied der Jagdgenossenschaft sind. Auf diesem Wege werden über die Jagdgenossenschaft die einzelnen Jagdrechte der Eigentümer innerhalb des gemeinschaftlichen Jagdbezirkes zusammengefasst. 1
Besitzer von Flächen auf denen die Jagd ruht, wie befriedete Bezirke, gehören nicht der Jagdgenossenschaft an.
Da der Status eines Jagdgenossen rechtlich festgeschrieben ist bzw. an das Eigentum von Grund und Boden gekoppelt ist, kann die Mitgliedschaft nicht gekündigt werden. Sie würde erst mit Aufgabe des Besitzes entfallen.
Bedingt durch die eigentumsgleiche Position ist ein Anspruch der Jagdgenossenschaft auf Enteignungsentschädigung bzw. Ausgleich der Vermögensnachteile gegeben, wenn durch den Neubau einer Bahnstrecke oder Autobahn ein gemeinschaftlicher Jagdbezirk unter Inanspruchnahme von Grundeigentum durchschnitten, verkleinert oder die Jagdausübung erschwert wird. Es liegt auch gegenüber der Jagdgenossenschaft eine Enteignung vor. Für ein Jagdgebiet eintretende Wertminderungen sind in einem gesonderten entschädigungsrechtlichen Verfahren zu klären (BGH, Urteil vom 20. Januar 2000, Az: III ZR 110/99; BGH, Urteil vom 15. Februar 1996, Az: III ZR 143/94).
Es ist nicht notwendig, eine per Gesetz existente Jagdgenossenschaft erst mit einer Gründungsversammlung ins Leben zu rufen.

An dieser Stelle wird der Jagdgenossenschaft die Rechtsfähigkeit per Gesetz verliehen. Dadurch wird sie als juristische Person ausgestaltet. Die rechtliche Vertretung der Jagdgenossenschaft hat der Vorstand (als Organ) wahrzunehmen. Die Mitgliederversammlung stellt ein weiteres Organ der Jagdgenossenschaft dar. 2
Es ist Aufgabe der staatlichen Aufsicht, als Notvorstand ordnend einzugreifen, solange eine Jagdgenossenschaft nicht handlungsfähig ist. Dies kann beispielsweise der Fall sein, wenn kein eigener Vorstand gewählt wurde oder die Jagdgenossenschaft dies nicht in angemessener Frist tut. In solchen Fällen führt der örtliche Gemeindevorstand als Notvorstand die Geschäfte der Jagdgenossenschaft. Zunächst ist die notwendige Genossenschaftsversammlung durch den Gemeindevor-

stand einzuberufen. Erst wenn ein Vorstand durch die Jagdgenossen gewählt und die weiteren Beziehungen zwischen den Organen und Mitgliedern der Jagdgenossenschaft ausgestaltet wurden (Satzung, C 14), kann der Notvorstand die Geschäftsführung abgeben.

3 Jeder Jagdgenosse kann sich bei der Wahrnehmung seiner Rechte als Jagdgenosse durch eine andere Person, die er bevollmächtigt, vertreten lassen.
Jagdgenossenschaftsbeschlüsse bedürfen grundsätzlich einer doppelten (zweifachen) Mehrheit. Einerseits müssen die anwesenden und vertretenen (Vollmacht) Jagdgenossen mehrheitlich (mindestens eine Personenstimme mehr als die Hälfte der anwesenden und vertretenen Jagdgenossen) dem jeweiligen Beschluss zustimmen. Andererseits muss diese Personenmehrheit gleichzeitig über die Mehrheit der bei der Beschlussfassung durch sie repräsentierten Fläche verfügen. Vertritt z. B. ein Jagdgenosse zwei andere Jagdgenossen, so hat er drei Stimmen mit den dazugehörigen Flächen, die er in die Abstimmung einbringt.
Die Anzahl der bei einer Versammlung anwesenden Jagdgenossen ist für die Rechtskräftigkeit von Beschlüssen bedeutungslos, sofern eine ordnungsgemäße Ladung erfolgte und die Satzung nichts anderes bestimmt.

§ 10 Jagdnutzung (LJagdG: § 8)

(1) Die Jagdgenossenschaft nutzt die Jagd in der Regel durch Verpachtung. Sie kann die Verpachtung auf den Kreis der Jagdgenossen beschränken[1].

(2) Die Jagdgenossenschaft kann die Jagd für eigene Rechnung durch angestellte Jäger ausüben lassen. Mit Zustimmung der zuständigen Behörde kann sie die Jagd ruhen lassen[2].

(3) Die Jagdgenossenschaft beschließt über die Verwendung des Reinertrages der Jagdnutzung. Beschließt die Jagdgenossenschaft, den Ertrag nicht an die Jagdgenossen nach dem Verhältnis des Flächeninhaltes ihrer beteiligten Grundstücke zu verteilen, so kann jeder Jagdgenosse, der dem Beschluss nicht zugestimmt hat, die Auszahlung seines Anteils verlangen. Der Anspruch erlischt, wenn er nicht binnen einem Monat nach der Bekanntmachung der Beschlussfassung schriftlich oder mündlich zu Protokoll des Jagdvorstandes geltend gemacht wird[3].

ERLÄUTERUNGEN

Am häufigsten wird die Jagdnutzung in der Jagdgenossenschaft über Verpachtung realisiert. Die Jagdverpachtung kann durch Beschluss der Jagdgenossenschaft auf den Kreis der Jagdgenossen beschränkt werden. 1
Der einzelne Bodeneigentümer darf sein Eigentum als Jagdgenosse grundsätzlich nicht selbst bejagen. Sofern er Jäger ist, kann jedoch durch die Jagdgenossenschaft beschlossen werden, dass er den Jagdbezirk des Gemeinschaftlichen Jagdbezirkes, in dem sich sein Eigentum befindet, bejagen darf. Sind diese Voraussetzungen nicht erfüllt, würde der Eigentümer Wilderei nach § 292 Strafgesetzbuch (StGB, D 5) begehen, wenn er auf seinem Eigentum jagt.

Es werden zwei weitere Möglichkeiten der Jagdnutzung durch die Jagdgenossenschaft vorgegeben: 1. die Bejagung durch angestellte Jäger und 2. das Ruhen lassen der Jagd mit behördlicher Zustimmung. Die zweite Möglichkeit wird in Folge der Notwendigkeit einer kontinuierlichen Hege und Bejagung sowie der hohen Wildbestände (Wildschäden) unseres Landes kaum in Betracht kommen. Die erste Möglichkeit hat zur Folge, dass die Jagdgenossenschaft weiterhin Jagdausübungsberechtigter bleibt. Damit bleiben Aufgaben, wie z. B. die Wildvermarktung oder die Regulierung von Wildschäden, in ihrer Zuständigkeit (für eigene Rechnung). 2

Der Reinertrag stellt betriebswirtschaftlich gesehen den Nettoertrag eines schulden- und lastenfreien Betriebes dar. Er entspricht den Einahmen aus der Jagdnutzung abzüglich aller finanziellen Verpflichtungen der Jagdgenossenschaft. Beschließt die Jagdgenossenschaftsversammlung, die Jagd durch Verpachtung zu nutzen und alle für die Wildschadensregulierung entstehenden Kosten den Pächtern zu übertragen, so wird sich der Reinertrag im Wesentlichen aus den Pachteinnahmen abzüglich eventueller Verwaltungskosten ergeben, die der Genossenschaft entstanden sind. 3
Die Genossenschaftsversammlung kann beschließen, den Reinertrag auf die Jagdgenossen entsprechend deren Flächeneigentums auszuzahlen. Sie kann aber auch beschließen diesen für andere Dinge zu verwenden, z.B. Einlagerung in eine Genossenschaftskasse, Verwendung des Geldes für Maßnahmen der Hege im Jagdbezirk oder andere Vor-

haben innerhalb der Genossenschaft. Wird das Geld nicht entsprechend dem Flächenanteil der Jagdgenossen, die in der betreffenden Versammlung nicht anwesend waren, sich der Stimme zu dem Beschluss enthalten haben oder gegen den Beschluss zur anderweitigen Verwendung des Geldes gestimmt haben, ausgezahlt, entsteht für diese Jagdgenossen ein befristeter Auszahlungsanspruch (ein Monat). Nach einem Urteil des Bundesverwaltungsgsgerichtes (BVerwG) vom 05. Mai 1994 (Az: 3 C 13.93) gehören zum Reinertrag einer Jagdgenossenschaft alle geldwerten Leistungen aus vertraglichen Vereinbarungen für die Jagdnutzung, die um notwendige Aufwändungen zur Erzielung des Ertrags bereinigt sind. Kosten z. B. für einen Jägerball oder ein Osterfeuer sind danach keine notwendigen Aufwändungen.

4. Hegegemeinschaften

§ 10 a **Bildung von Hegegemeinschaften** (BJagdG: § 21, LJagdG: §§ 10, 21)

(1) Für mehrere zusammenhängende Jagdbezirke können die Jagdausübungsberechtigten[1] zum Zwecke der Hege des Wildes eine Hegegemeinschaft als privatrechtlichen Zusammenschluss[2] bilden.

(2) Abweichend von Absatz 1 können die Länder bestimmen, dass für mehrere zusammenhängende Jagdbezirke die Jagdausübungsberechtigten zum Zwecke der Hege des Wildes eine Hegegemeinschaft bilden, falls diese aus Gründen der Hege im Sinne des § 1 Abs. 2 erforderlich ist und eine an alle betroffenen Jagdausübungsberechtigten gerichtete Aufforderung der zuständigen Behörde, innerhalb einer bestimmten Frist eine Hegegemeinschaft zu gründen, ohne Erfolg geblieben ist.

(3) Das Nähere regeln die Länder.

ERLÄUTERUNGEN

1 Die zur Bildung einer Hegegemeinschaft befugten Jagdausübungsberechtigten (Inhaber des Jagdausübungsrechts) sind in der Regel die Jagdpächter. Bei nicht verpachteten Bezirken sind es die Eigentümer oder Nutznießer der Eigenjagdbezirke und in seltenen Fällen können es

auch die Jagdgenossenschaften (§ 10 Abs. 2 LJagdG) sein. Jagderlaubnisinhaber bzw. Jagdgäste zählen nicht zu den Jägern mit diesen Rechten.

Für die Form des Zusammenschlusses einer Hegegemeinschaft ist eine privatrechtliche Organisationsform vorgegeben. Das BGB sieht hierfür den Verein vor. Da die Hegegemeinschaft keinen wirtschaftlichen Zweck verfolgt, ist ein nichtwirtschaftlicher Verein die geeignete Form. Es kann entweder die rechtsfähige (§§ 21 ff. BGB, eingetragener Verein) oder die nichtrechtsfähige Vereinsform (§ 54 BGB) gewählt werden. Für die nichtrechtsfähige Form gelten – neben den weiteren Regelungen der Jagdgesetzgebung – die Vorschriften für Gesellschaften des BGB (§§ 705 ff.). 2

III. ABSCHNITT: Beteiligung Dritter an der Ausübung des Jagdrechts

§ 11 Jagdpacht (LJagdG: §§ 11–15)

(1) Die Ausübung des Jagdrechts in seiner Gesamtheit kann an Dritte verpachtet werden. Ein Teil des Jagdausübungsrechts kann nicht Gegenstand eines Jagdpachtvertrages sein; jedoch kann sich der Verpächter einen Teil der Jagdnutzung, der sich auf bestimmtes Wild bezieht, vorbehalten. Die Erteilung von Jagderlaubnisscheinen regeln, unbeschadet des Absatzes 6 Satz 2, die Länder[1].

(2) Die Verpachtung eines Teils eines Jagdbezirkes ist nur zulässig, wenn sowohl der verpachtete als auch der verbleibende Teil bei Eigenjagdbezirken die gesetzliche Mindestgröße, bei gemeinschaftlichen Jagdbezirken die Mindestgröße von 250 Hektar haben[2]. Die Länder können die Verpachtung eines Teiles von geringerer Größe an den Jagdausübungsberechtigten eines angrenzenden Jagdbezirkes zulassen, soweit dies einer besseren Reviergestaltung dient.

(3) Die Gesamtfläche, auf der einem Jagdpächter die Ausübung des Jagdrechts zusteht, darf nicht mehr als 1000 Hektar umfassen; hierauf sind Flächen anzurechnen, für die dem Pächter aufgrund einer entgeltlichen Jagderlaubnis die Jagdausübung zusteht. Der Inhaber eines oder mehrerer Eigenjagdbezirke mit einer Gesamt-

fläche von mehr als 1000 Hektar darf nur zupachten, wenn er Flächen mindestens gleicher Größenordnung verpachtet; der Inhaber eines oder mehrerer Eigenjagdbezirke mit einer Gesamtfläche von weniger als 1000 Hektar darf nur zupachten, wenn die Gesamtfläche, auf der ihm das Jagdausübungsrecht zusteht, 1000 Hektar nicht übersteigt. Für Mitpächter, Unterpächter oder Inhaber einer entgeltlichen Jagderlaubnis gilt Satz 1 und 2 entsprechend mit der Maßgabe, dass auf die Gesamtfläche nur die Fläche angerechnet wird, die auf den einzelnen Mitpächter, Unterpächter oder auf den Inhaber einer entgeltlichen Jagderlaubnis, ausgenommen die Erlaubnis zu Einzelabschlüssen, nach dem Jagdpachtvertrag oder der Jagderlaubnis anteilig anfällt[3]. Für bestimmte Gebiete, insbesondere im Hochgebirge, können die Länder eine höhere Grenze als 1000 Hektar festsetzen.

(4) Der Jagdpachtvertrag ist schriftlich[4] abzuschließen. Die Pachtdauer soll mindestens neun Jahre betragen. Die Länder können die Mindestpachtzeit höher festsetzen. Ein laufender Jagdpachtvertrag kann auch auf kürzere Zeit verlängert werden. Beginn und Ende der Pachtzeit soll mit Beginn und Ende des Jagdjahres (1. April bis 31. März) zusammenfallen[5].

(5) Pächter darf nur sein, wer einen Jahresjagdschein besitzt und schon vorher einen solchen während dreier Jahre in Deutschland besessen hat. Für besondere Einzelfälle können Ausnahmen zugelassen werden. Auf den in Satz 1 genannten Zeitraum sind die Zeiten anzurechnen, während derer jemand vor dem Tag des Wirksamwerdens des Beitritts eine Jagderlaubnis in der Deutschen Demokratischen Republik besessen hat.

(6) Ein Jagdpachtvertrag, der bei seinem Abschluss den Vorschriften des Absatzes 1 Satz 2 Halbsatz 1, des Absatzes 2, des Absatzes 3, des Absatzes 4 Satz 1 oder des Absatzes 5 nicht entspricht, ist nichtig[5]. Das Gleiche gilt für eine entgeltliche Jagderlaubnis, die bei ihrer Erteilung den Vorschriften des Absatzes 3 nicht entspricht.

(7) Die Fläche, auf der einem Jagdausübungsberechtigten oder Inhaber einer entgeltlichen Jagderlaubnis nach Absatz 3 die Ausübung des Jagdrechts zusteht, ist von der zuständigen Behörde in den Jagdschein einzutragen; das Nähere regeln die Länder[3].

ERLÄUTERUNGEN

Die Inhaber des Jagdrechts (Eigentümer des Eigenjagdbezirkes, Jagdgenossenschaft) haben die Möglichkeit, den Jagdbezirk durch Verpachtung zu nutzen. Verpachtet werden die Ausübung des Jagdrechts, also das Recht, in dem Jagdbezirk die Jagd auf Wild auszuüben und es sich anzueignen, sowie die Pflicht zur Hege. Die Jagdpacht ist keine Grundstückspacht. Mit dem Pachtvertrag wird auch ein Betretungsrecht zum Zwecke der Jagdausübung erworben, das nachträglich durch den Verpächter nicht behindert werden darf. 1

Nur der Verpächter kann von der Regelung – wonach das Jagdrecht nur in seiner Gesamtheit verpachtet werden darf – abweichen, in dem er bestimmtes Wild des Jagdbezirkes selbst nutzt. Er behält sich damit eine persönliche Jagderlaubnis vor oder kann diese durch Erlaubnisschein an einen Jagdgast (jedoch nicht durch Verpachtung!) weitergeben. Ein Jagdpachtvertrag ist wegen Verstoßes gegen § 11 Abs. 1 nichtig, wenn sich der Verpächter einen Anteil von 50 % an dem Jagdausübungsrecht vorbehält (BGH, Urteil vom 04. Juli 1991, Az: III ZR 101/90).

Dem Inhaber einer Jagderlaubnis wird ein Teil der Jagdnutzung übertragen. Im Gegensatz zum Jagdpächter ist er jedoch kein Inhaber des Jagdausübungsrechts.

Haben Jagdpächter und Inhaber einer entgeltlichen Jagderlaubnis vereinbart, dass sie im Innenverhältnis das Jagdausübungs- und Pächterrecht völlig gleichberechtigt wahrnehmen, so entspricht dies für die Jagderlaubnisinhaber einer Unterverpachtung. Ist den Pächtern im Pachtvertrag die Unterverpachtung nicht gestattet, so kann der Verpächter den Jagdpachtvertrag nach Abmahnung ohne Einhaltung einer Frist kündigen (BGH, Urteil vom 18. November 1999, Az: III ZR 168/98).

Jagdbezirke können in Teilen (Teiljagdbezirke, Jagdbogen) verpachtet werden, wenn die vorgegebenen Mindestgrößen eingehalten werden. Bei Eigenjagdbezirken müssen demnach alle gebildeten Teiljagdbezirke mindestens 75 Hektar land-, forst- oder fischereiwirtschaftlich nutzbare Fläche aufweisen. Bei der Verpachtung von gemeinschaftlichen Jagdbezirken in Teilen müssen zur Größenermittlung die befriedeten Bezirke nicht herausgerechnet werden. 2

3 Grundsätzlich gilt, dass pro Jäger die alleinige Ausübung der Jagd nur auf bis zu 1000 Hektar wahrgenommen werden darf. Die Regelung gilt für Jagdpächter – einschließlich Unter- und Mitpacht –, für selbst jagende Eigenjagdbesitzer und für Inhaber von entgeltlichen Jagderlaubnisscheinen. Übt ein Jäger die Jagd auf Grundlage verschiedener Befugnisse in mehreren Jagdbezirken aus, ist die Summe der durch ihn bejagten Flächen maßgeblich. Für den Eigentümer von Eigenjagdflächen, die zusammen größer als 1000 Hektar sind, gilt die Gesamtgröße seiner Flächen als Obergrenze.

Absatz 7 (Eintragung im Jagdschein) dient der behördlichen Kontrolle der Einhaltung dieser Vorschrift. Nach § 15 Abs. 2 wird die Eintragung von der am Wohnsitz des Jägers zuständigen Jagdbehörde vorgenommen.

4 Nach den neuen Regelungen des Verwaltungsverfahrensgesetzes (VwVfG) des Bundes (§ 3 a) und des BGB (§ 126 a) sind elektronische Ausfertigungen der Verträge zulässig, sofern die Behörde entsprechende Voraussetzungen besitzt und der Vertrag gemäß Gesetz über Rahmenbedingungen für elektronische Signaturen (Signaturgesetz) qualifiziert elektronisch signiert werden kann.

5 Neben den speziellen Vorschriften des Jagdrechts finden für die Jagdpacht die mietrechtlichen Vorschriften des BGB (§§ 581 ff.) entsprechend Anwendung. Der Pachtvertrag ist privatrechtlicher Natur, daher können zusätzliche freie Festlegungen im Pachtvertrag getroffen werden.

Durch den Jagdpachtvertrag entsteht ein gegenseitiges Abhängigkeitsverhältnis, mit dem Pächter und Verpächter jeweils bestimmte Verpflichtungen eingehen.

Werden von den grundlegenden Rechtsvorschriften (BJagdG, BGB) abweichende oder diese ergänzende Regelungen vereinbart, kann für solche Verträge das Gesetz zur Regelung des Rechts der Allgemeinen Geschäftsbedingungen (AGBG) vom 09. Dezember 1976 i.d.F. vom 29. Juni 2000 (BGBl. I S. 946) von Bedeutung sein. Nach § 4 AGBG haben jedoch individuelle Vertragsabreden Vorrang vor den Allgemeinen Geschäftsbedingungen.

Zur Frage, ob eine pauschalierte Wildschadensregelung in Pacht- und Jagderlaubnisverträgen den Regelungen des AGBG widerspricht, hat

der BGH in seinen Entscheidungen zum Jagderlaubnisvertrag vom 08. Oktober 1998 (Az: III ZR 278/97) und zum Pachtvertrag (Az: III ZR 151/00) die Zulässigkeit solcher Vereinbarungen festgestellt.
Die Absätze 1 bis 5 enthalten Regelungen, die bei dem Abschluss eines Pachtvertrages eingehalten werden müssen. So darf z. B. das Jagdrecht für einen Jagdbezirk nur in seiner Gesamtheit verpachtet werden, dürfen die Mindestgrößen für Teiljagdbezirke nicht unterschritten sein, muss die 1000-Hektar-Flächenbegrenzung eingehalten sein, ist ein Jagdpachtvertrag schriftlich abzuschließen und muss der Pächter bei Abschluss eines Pachtvertrages schon drei Jahresjagdscheine besessen haben. Werden diese sowie weitere Regelungen des LJagdG nicht eingehalten, ist der Pachtvertrag automatisch nichtig. Mindestens gilt dies für die vorschriftswidrigen Vertragsteile, die von Anfang an als unwirksam zu betrachten sind. Die Nichtigkeit kann nur bei den ordentlichen Gerichten festgestellt werden.

§ 12 Anzeige von Jagdpachtverträgen (LJagdG: §§ 11–13)

(1) Der Jagdpachtvertrag ist der zuständigen Behörde anzuzeigen. Die Behörde kann den Vertrag binnen drei Wochen[3] nach Eingang der Anzeige beanstanden[1], wenn die Vorschriften über die Pachtdauer nicht beachtet sind oder wenn zu erwarten ist, dass durch eine vertragsmäßige Jagdausübung die Vorschriften des § 1 Abs. 2 verletzt werden[2].

(2) In dem Beanstandungsbescheid sind die Vertragsteile aufzufordern, den Vertrag bis zu einem bestimmten Zeitpunkt, der mindestens drei Wochen nach Zustellung des Bescheides liegen soll, aufzuheben oder in bestimmter Weise zu ändern[3].

(3) Kommen die Vertragsteile der Aufforderung nicht nach, so gilt der Vertrag mit Ablauf der Frist als aufgehoben, sofern nicht einer der Vertragsteile binnen der Frist einen Antrag auf Entscheidung durch das Amtsgericht stellt[3]. Das Gericht kann entweder den Vertrag aufheben oder feststellen, dass er nicht zu beanstanden ist. Die Bestimmungen für die gerichtliche Entscheidung über die Beanstandung eines Landpachtvertrages gelten sinngemäß; jedoch entscheidet das Gericht ohne Zuziehung ehrenamtlicher Richter[4].

(4) Vor Ablauf von drei Wochen nach Anzeige des Vertrages durch einen Beteiligten darf der Pächter die Jagd nicht ausüben, sofern

nicht die Behörde die Jagdausübung zu einem früheren Zeitpunkt gestattet. Wird der Vertrag binnen der in Absatz 1 Satz 2 bezeichneten Frist beanstandet, so darf der Pächter die Jagd erst ausüben, wenn die Beanstandungen behoben sind oder wenn durch rechtskräftige gerichtliche Entscheidungen festgestellt ist, dass der Vertrag nicht zu beanstanden ist[1].

ERLÄUTERUNGEN

1 Jagdpachtverträge jeglicher Art (Unterverpachtung, Vertragsverlängerung) bedürfen der behördlichen Überprüfung, bevor auf ihrer Basis gejagt werden darf. Die Anzeigepflicht liegt bei beiden Vertragsparteien. Es reicht jedoch, wenn der Vertrag von einer Seite angezeigt wird. Nach der Anzeige des Vertrages hat der Pächter eine Frist von drei Wochen abzuwarten, bevor er mit der Jagdausübung beginnen kann, sofern ihn die Behörde nicht die Erlaubnis zur Jagd vor Ablauf der Frist erteilt.
Die Nichtanzeige eines Vertrages oder Jagdbeginns vor Fristablauf sowie vor Klärung von Beanstandungen stellen eine Ordnungswidrigkeit dar (§ 39 Abs. 1 BJagdG, § 41 Abs. 3 LJagdG).

2 Die Jagdbehörde hat zwei gesetzlich vorgegebene Möglichkeiten, einen Jagdpachtvertrag zu beanstanden. Beanstandungsgründe können sich ergeben, wenn die Mindestpachtzeiten für Nieder- oder Hochwildjagden nicht eingehalten wurden.
Weitere Gründe für eine Beanstandung können vorliegen, wenn vertragliche Vereinbarungen den Hegegrundsätzen nach § 1 Abs. 2 in der Form zuwiderlaufen, dass die Erhaltung eines gesunden und artenreichen heimischen Wildbestandes oder deren Lebensgrundlagen gefährdet sind. Auch dürfen durch einen Vertrag nicht die ordnungsgemäßen land-, forst- oder fischereiwirtschaftlichen Nutzungen beeinträchtigt werden.
Stellt die Behörde bei der Prüfung des Vertrages fest, dass darüber hinaus Nichtigkeitsgründe nach § 11 oder dem LJagdG (§ 11) vorliegen, sollte ein Hinweis an den Betreffenden ergehen. Sie ist jedoch nicht dazu verpflichtet und auch nicht ermächtigt, Nichtigkeitsgründen abzuhelfen.

Wird die Beanstandung eines Pachtvertrages notwendig, ist der Verfahrensablauf nach den Absätzen 1 bis 3 durch die Behörde einzuhalten. Zunächst ist ein Bescheid im Rahmen des Verwaltungsrechts zuzustellen, der die Vertragspartner mit Fristsetzung auffordert, die Vertragsmängel abzustellen. Wollen die Betroffenen dieser Aufforderung nicht nachkommen, können sie, abweichend vom üblichen Verfahren, nur Antrag auf Entscheidung beim zuständigen Amtsgericht stellen. Versäumen sie die Frist, gilt ihr Pachtvertrag als aufgehoben, also nicht mehr bestehend (nichtig). 3

Der in Satz 3 dieses Absatzes gemachte Verweis auf die Durchführung des Verfahrens analog einer Beanstandung von Landpachtverträgen ist nur für das Gericht von Bedeutung. 4

§ 13 Erlöschen des Jagdpachtvertrages

Der Jagdpachtvertrag erlischt, wenn dem Pächter der Jagdschein unanfechtbar entzogen worden ist[1]. Er erlischt auch dann, wenn die Gültigkeitsdauer des Jagdscheines abgelaufen ist und entweder die zuständige Behörde die Erteilung eines neuen Jagdscheines unanfechtbar abgelehnt hat oder der Pächter die Voraussetzungen für die Erteilung eines neuen Jagdscheines nicht fristgemäß erfüllt[2]. Der Pächter hat dem Verpächter den aus der Beendigung des Pachtvertrages entstehenden Schaden zu ersetzen, wenn ihn ein Verschulden trifft[3].

ERLÄUTERUNGEN

Hat die zuständige Behörde den Jagdschein eingezogen oder für ungültig erklärt, kann der Betroffene diese Entscheidung auf rechtlichem Wege über die Behörde oder auf gerichtlichem Wege anfechten, wenn die Entscheidung mit Mängeln behaftet ist. 1
Führt die Anfechtung zu keinem Erfolg, gilt der Jagdschein als unanfechtbar entzogen. Gleiches tritt ein, wenn von diesen Möglichkeiten kein Gebrauch gemacht wird (Verstreichen der Rechtsmittelfristen, VwVfG, Verwaltungsgerichtsordnung –VWGO-).

Die Gültigkeit eines Jahresjagdscheines erlischt in der Regel zum 31. März. Maximal kann ein Jagdschein für 3 Jahre erteilt werden. Wurde ein erforderlicher Antrag auf Neuerteilung des Jagdscheines, ein- 2 schließlich der nötigen Unterlagen (z. B. Nachweis über eine abgeschlossene Jagdhaftpflichtversicherung), nicht rechtzeitig gestellt, so liegt es im Ermessen der Behörde, ob sie mit Terminstellung schriftlich dazu auffordert. Nach Verstreichen dieser Frist erlischt der Pachtvertrag, weil der Jagdschein nicht fristgemäß verlängert wurde.

3 Das Verschulden des Pächters an dem Erlöschen des Pachtvertrages wird in der Regel gegeben sein, wenn der Jagdschein nach § 17 versagt, nach § 41 die Entziehung angeordnet oder das Verbot der Jagdausübung nach § 41 a ausgesprochen wird.
Die Schädigung des Verpächters wird sich in erster Linie aus verminderten Jagdpachteinnahmen und zu erstattenden Wildschäden ergeben. Muss der Pächter z. B. aus gesundheitlichen Gründen die Jagd aufgeben, wird ihn kein Verschulden treffen können.

§ 13 a Rechtsstellung der Mitpächter (LJagdG: § 14)

Sind mehrere Pächter an einem Jagdpachtvertrag beteiligt (Mitpächter), so bleibt der Vertrag, wenn er im Verhältnis zu einem Mitpächter gekündigt wird oder erlischt, mit den übrigen bestehen[1]; dies gilt nicht, soweit der Jagdpachtvertrag infolge des Ausscheidens eines Pächters den Vorschriften des § 11 Abs. 3 nicht mehr entspricht und dieser Mangel zum Beginn des nächsten Jagdjahres nicht behoben wird[2]. Ist einem der Beteiligten die Aufrechterhaltung des Vertrages infolge des Ausscheidens eines Pächters nicht zuzumuten, so kann er den Vertrag mit sofortiger Wirkung kündigen. Die Kündigung muss unverzüglich nach Erlangung der Kenntnis von dem Kündigungsgrund erfolgen[3].

ERLÄUTERUNGEN

1 Gemäß jagdgesetzlicher Vorschrift erlischt ein Pachtvertrag gegenüber einem Pächter, wenn die Voraussetzungen nach § 13 (Jagdscheinentzug, keine Verlängerung) gegeben sind. Werden für diesen Fall in einem Pachtvertrag, an dem mehrere Pächter beteiligt sind (Mitpächter), keine abweichenden Regelungen getroffen, so haben die verbleibenden Mitpächter das Recht, den Anteil des ausscheidenden Pächters am Pachtvertrag zu übernehmen. Für die Regelung der Rechtsbeziehungen im Innenverhältnis zwischen mehreren Pächtern gelten die §§ 705 ff.

(Gesellschaftsvertrag) des BGB (OLG Oldenburg, Urteil vom 13. Januar 1994, Az: 14 U 23/93).

Hier wird darauf verwiesen, dass die 1000-Hektar-Obergrenze für die 2
bejagte Fläche je Jäger durch das Ausscheiden eines Pächters aus einem Pachtverhältnis für die verbleibenden Pächter nicht überschritten werden darf. Wird ggf. dieser Mangel nicht behoben, ergibt sich hieraus ein Nichtigkeitsgrund für den Pachtvertrag nach § 11 Abs. 6.

Jeder am Vertrag beteiligte Mitpächter kann unverzüglich nach Er- 3
langung der Kenntnis von dem Sonderkündigungsgrund sein Kündigungsrecht unter bestimmten Voraussetzungen in Anspruch nehmen. Für jeden verbleibenden Mitpächter könnte sich der Kündigungsgrund u.a. dadurch ergeben, dass für diesen durch den Wegfall des einen Mitpächters die Belastungen finanzieller Art zu hoch werden. Die Kündigungsfrist beträgt ein halbes Jahr vor Ablauf des Jagdjahres (§ 584 BGB).
Im Falle des Todes eines Mitpächters ist § 14 LJagdG zu beachten.

§ 14 Wechsel des Grundeigentümers

(1) Wird ein Eigenjagdbezirk ganz oder teilweise veräußert, so finden die Vorschriften der §§ 566 bis 567 b des Bürgerlichen Gesetzbuchs entsprechende Anwendung[1]. Das Gleiche gilt im Falle der Zwangsversteigerung von der Vorschrift des § 57 des Zwangsversteigerungsgesetzes[2]; das Kündigungsrecht des Erstehers ist jedoch ausgeschlossen, wenn nur ein Teil eines Jagdbezirkes versteigert ist und dieser Teil nicht allein schon die Erfordernisse eines Eigenjagdbezirkes erfüllt.

(2) Wird ein zu einem gemeinschaftlichen Jagdbezirk gehöriges Grundstück veräußert, so hat dies auf den Pachtvertrag keinen Einfluss; der Erwerber wird vom Zeitpunkt des Erwerbens an auch dann für die Dauer des Pachtvertrages Mitglied der Jagdgenossenschaft, wenn das veräußerte Grundstück an sich mit anderen Grundstücken des Erwerbers zusammen einen Eigenjagdbezirk bilden könnte. Das Gleiche gilt für den Fall der Zwangsversteigerung eines Grundstücks[3].

ERLÄUTERUNGEN

1 Durch die neue Fassung des BGB haben sich die Bezugsparagraphen geändert (alt: §§ 571–579).
Der Inhalt der Vorschriften des BGB, auf die sich das BJagdG an dieser Stelle bezieht, hat sich jedoch nicht wesentlich geändert. Aus ihnen ergibt sich der Grundsatz, dass im Falle eines Grundstücksverkaufes der Erwerber des Eigenjagdbezirkes in den Pachtvertrag eintritt und die Pflichten des Verpächters, die sich aus dem Pachtvertrag ergeben, weiter zu gewährleisten hat.
Absatz 1 Satz 1 i.d.F. des Artikels 7 Absatz 39 des Gesetzes zur Neugliederung, Vereinfachung und Reform des Mietrechts vom 19. Juni 2001 (BGBl. I S.1149) rechtskräftig mit Wirkung vom 01. September 2001.

2 Nach dem Zwangsversteigerungsgesetz (§ 57 a) hat der neue Besitzer des ersteigerten Grundstückes einmalig die Möglichkeit, für das Grundstück bestehende Pachtverträge jeglicher Art zum ersten möglichen Termin zu kündigen. Verstreicht dieser Termin ungenutzt, ist eine Kündigung erst wieder zum Ablauf des Vertrages möglich. Dieses Recht wird für Jagdpachtverträge von bestehenden Eigenjagdbezirken, die durch die Versteigerung kleiner als die Mindestgröße eines Eigenjagdbezirkes werden, ausgeschlossen. Bleibt der Eigenjagdbezirk bestehen, hat der neue Eigentümer dieses außerordentliche Kündigungsrecht.

3 Für gemeinschaftliche Jagdbezirke gilt, dass bei Eigentumswechsel innerhalb des gemeinschaftlichen Jagdbezirkes der Pachtvertrag gegenüber dem Jagdpächter über die ursprünglich vereinbarte Pachtzeit weiter läuft. Dies trifft auch zu, wenn die erworbenen Flächen zusammenhängend die Voraussetzung für die Bildung eines Eigenjagdbezirkes erfüllen.

IV. ABSCHNITT: Jagdschein (LJagdG: §§ 15, 36)

§ 15 Allgemeines

(1) Wer die Jagd ausübt, muss einen auf seinen Namen lautenden Jagdschein mit sich führen und diesen auf Verlangen den Polizeibeamten sowie den Jagdschutzberechtigten (§ 25) vorzeigen[1]. Zum Sammeln von Abwurfstangen bedarf es nur der schriftlichen Erlaubnis des Jagdausübungsberechtigten[2]. Wer die Jagd mit Greifen oder Falken (Beizjagd) ausüben will, muss einen auf seinen Namen lautenden Falknerjagdschein mit sich führen[3].

(2) Der Jagdschein wird von der für den Wohnsitz des Bewerbers zuständigen Behörde als Jahresjagdschein für höchstens drei Jagdjahre (§ 11 Abs. 4) oder als Tagesjagdschein für vierzehn aufeinander folgende Tage nach einheitlichen, vom Bundesministerium für Verbraucherschutz, Ernährung und Landwirtschaft (Bundesministerium) bestimmten Mustern erteilt[4].

(3) Der Jagdschein gilt im gesamten Bundesgebiet.

(4) Für Tagesjagdscheine für Ausländer dürfen nur die Gebühren für Inländer erhoben werden, wenn das Heimatland des Ausländers die Gegenseitigkeit gewährleistet.

(5) Die erste Erteilung eines Jagdscheines ist davon abhängig, dass der Bewerber im Geltungsbereich dieses Gesetzes eine Jägerprüfung bestanden hat, die aus einem schriftlichen und einem mündlich-praktischen Teil und einer Schießprüfung bestehen soll; er muss in der Jägerprüfung ausreichende Kenntnisse der Tierarten, der Wildbiologie, der Wildhege, des Jagdbetriebes, der Wildschadensverhütung, des Land- und Waldbaues, des Waffenrechts, der Waffentechnik, der Führung von Jagdwaffen (einschließlich Faustfeuerwaffen), der Führung von Jagdhunden, in der Behandlung des erlegten Wildes unter besonderer Berücksichtigung der hygienisch erforderlichen Maßnahmen, in der Beurteilung der gesundheitlich unbedenklichen Beschaffenheit des Wildbrets, insbesondere auch hinsichtlich seiner Verwendung als Lebensmittel, und im Jagd- und Tierschutz- sowie Naturschutz- und Landschaftspflegerecht nachweisen; mangelhafte Leistungen in der Schießprüfung sind durch Leistungen in anderen Prüfungsteilen nicht ausgleichbar. Die Länder können die Zulassung zur Jägerprüfung insbesondere vom Nachweis einer theoretischen und praktischen Ausbildung abhän-

gig machen. Für Bewerber, die vor dem 1. April 1953 einen Jahresjagdschein besessen haben, entfällt die Jägerprüfung. Eine vor dem Tag des Wirksamwerdens des Beitritts in der Deutschen Demokratischen Republik abgelegte Jagdprüfung für Jäger, die mit der Jagdwaffe die Jagd ausüben wollen, steht der Jägerprüfung im Sinne des Satzes 1 gleich[5].

(6) Bei der Erteilung von Ausländerjagdscheinen können Ausnahmen von Absatz 5 Satz 1 und 2 gemacht werden.

(7) Die erste Erteilung eines Falknerjagdscheines ist davon abhängig, dass der Bewerber im Geltungsbereich dieses Gesetzes zusätzlich zur Jägerprüfung eine Falknerprüfung bestanden hat; er muss darin ausreichende Kenntnisse des Haltens, der Pflege und des Abtragens von Beizvögeln, des Greifvogelschutzes sowie der Beizjagd nachweisen. Für Bewerber, die vor dem 1. April 1977 mindestens fünf Falknerjagdscheine besessen haben, entfällt die Jägerprüfung; gleiches gilt für Bewerber, die vor diesem Zeitpunkt mindestens fünf Jahresjagdscheine besessen und während deren Geltungsdauer die Beizjagd ausgeübt haben. Das Nähere hinsichtlich der Erteilung des Falknerjagdscheines regeln die Länder. Eine vor dem Tag des Wirksamwerdens des Beitritts in der Deutschen Demokratischen Republik abgelegte Jagdprüfung für Falkner steht der Falknerprüfung im Sinne des Satzes 1 gleich[3].

ERLÄUTERUNGEN

1 Der Jagdschein ist eine öffentlich-rechtliche, jagdpolizeiliche Erlaubnis, die zum einen gewährleisten soll, dass der Jagdausübende die Fähigkeiten besitzt, eine ordnungsgemäße Jagdausübung zu gewährleisten (Jägerprüfung als Voraussetzung für die Jagdscheinerteilung), zum anderen dient sie als Legitimation.

Des Weiteren berechtigt der Jagdschein zum Kauf und Führen von Waffen zur Jagdausübung (D 4).

Der Jagdschein berechtigt jedoch nur dann zur Ausübung der Jagd, wenn diese durch eine privatrechtliche Befugnis (z.B. Pachtvertrag, Jagderlaubnis) gestattet wird.

Wer keinen Jagdschein während der Jagdausübung bei sich führt oder ihn auf Verlangen eines zur Kontrolle Befugten nicht vorzeigt, begeht nach § 39 eine Ordnungswidrigkeit.

Das Sammeln von Abwurfstangen ist ein Teil des Jagdrechts. Für das Sammeln von Abwurfstangen genügt als Legitimation eine schriftliche Erlaubnis des Inhabers der Jagd. Sind mehrere Jagdausübungsberechtigte für den betreffenden Jagdbezirk befugt, muss diese Erlaubnis von allen unterzeichnet werden, oder ein durch alle Beteiligten Bevollmächtigter erteilt die Erlaubnis. 2
Jagdgehilfen, die als Treiber tätig sind oder dem Jagdausübungsberechtigten sonstige Hilfsdienste erweisen, wie z. B. Hegemaßnahmen oder sonstige die Jagd unterstützende oder vorbereitende Maßnahmen, benötigen keinen Jagdschein und auch keine Jagderlaubnis.

Der Falknerjagdschein wird auf der Grundlage einer gesonderten Falknerprüfung (C 9) erteilt und erlaubt nur die Beizjagd. Ein Jahresjagdschein befugt nicht zur Beizjagd. Im Gegensatz zum Jahresjagdschein ist das Führen einer Waffe mit einem Falknerjagdschein nicht zulässig. 3

Die Zuständigkeit für die Jagdscheinerteilung liegt grundsätzlich bei der am Hauptwohnsitz des Jägers örtlich zuständigen unteren Jagdbehörde. Für ausländische Antragsteller ist die Behörde zuständig, in deren Bereich der Beantragende seinen Nebensitz hat oder, wenn dies nicht gegeben ist, die Behörde, in deren Bereich der Jagdbezirk liegt, für den der ausländische Bürger zu jagen befugt ist. 4
Abs. 2 i.d.F. des Artikel 207 Nr. 1 der siebten Zuständigkeitanpassungs-Verordnung vom 29. Oktober 2001 (BGBl. I S. 2785) rechtskräftig m.W. vom 07. November 2001 (Anpassung der Ministeriumsbezeichnung).

Die fachliche Voraussetzung für die Erteilung eines Jagdscheines besteht in der bestandenen Jägerprüfung (C 8). Dies gilt auch für die Erteilung jedes weiteren Jagdscheines. Hat ein Bewerber fälschlicherweise ohne Prüfungsnachweis einen Jagdschein bekommen und stellt sich dies später heraus, kann der Jagdschein entzogen werden. Die erstmalige Erteilung des Jagdscheins begründet jedoch die widerlegbare Vermutung, dass die Jägerprüfung zuvor bestanden sei. Gegenbeweise obliegen der Behörde (OVG M-V, Beschluss v. 12. Februar 2003, Az: 2 M 141/02). 5

§ 16 Jugendjagdschein

(1) Personen, die das sechzehnte Lebensjahr vollendet haben, aber noch nicht achtzehn Jahre alt sind, darf nur ein Jugendjagdschein erteilt werden[1].

(2) Der Jugendjagdschein berechtigt nur zur Ausübung der Jagd in Begleitung des Erziehungsberechtigten oder einer von dem Erziehungsberechtigten schriftlich beauftragten Aufsichtsperson; die Begleitperson muss jagdlich erfahren sein[2].

(3) Der Jugendjagdschein berechtigt nicht zur Teilnahme an Gesellschaftsjagden[3].

(4) Im Übrigen gilt § 15 entsprechend.

ERLÄUTERUNGEN

1 Eine Form des Jagdscheines ist der Jugendjagdschein für Jugendliche ab 16 Jahren.
Bei Minderjährigen bedarf es zu dessen Erteilung der schriftlichen Einwilligung des Erziehungsberechtigten (gesetzlicher Vertreter, § 111 BGB).
Unbedingt zu beachten ist in diesem Zusammenhang auch, dass Inhaber eines Jugendjagdscheines nach dem WaffRNeuRegG in 2002 (D 4) Schusswaffen erst ab 18 Jahren besitzen oder erwerben dürfen. Vorher dürfen sie lediglich Schusswaffen für die Dauer der jeweiligen Jagd benutzen. Dieses ist ohne behördliche Erlaubnis gestattet.

2 Die an dieser Stelle geforderte Begleitung eines Jugendlichen ergibt sich aus der Aufsichtspflicht des Erziehungsberechtigten gemäß BGB. Soll eine andere Aufsichtsperson beauftragt werden, so haben die Erziehungsberechtigten einen schriftlichen Auftrag zu erteilen und diesen mit Unterschrift zu bestätigen.
Die Begleitung hat so zu erfolgen, dass die Aufsichtspflicht jederzeit gesichert ist. Eine bloße gleichzeitige Anwesenheit der Begleitperson im Jagdrevier wird hierfür nicht ausreichen. Die Aufsichtsperson soll in jedem Fall jagdlich erfahren sein. Hier ist davon auszugehen, dass allein eine absolvierte Jagdprüfung nicht reichen kann; jagdpraktische Erfahrungen müssen vorhanden sein.

Die Form einer Gesellschaftsjagd wird erreicht, wenn neben dem 3
Jugendjagdscheininhaber und seiner Aufsichtsperson noch zwei weitere Jäger an der Jagd teilnehmen.

§ 17 Versagung des Jagdscheines[1]

(1) Der Jagdschein ist zu versagen

1. Personen, die noch nicht sechzehn Jahre alt sind;

2. Personen, bei denen Tatsachen die Annahme rechtfertigen, dass sie die erforderliche Zuverlässigkeit oder körperliche Eignung nicht besitzen;

3. Personen, denen der Jagdschein entzogen ist, während der Dauer der Entziehung oder einer Sperre (§§ 18, 41 Abs. 2);

4. Personen, die keine ausreichende Jagdhaftpflichtversicherung (fünfhunderttausend Euro für Personenschäden und fünfzigtausend Euro für Sachschäden) nachweisen; die Versicherung kann nur bei einem Versicherungsunternehmen mit Sitz in der Europäischen Wirtschaftsgemeinschaft oder mit Niederlassung im Geltungsbereich des Versicherungsaufsichtsgesetzes genommen werden; die Länder können den Abschluss einer Gemeinschaftsversicherung ohne Beteiligungszwang zulassen.

Fehlen die Zuverlässigkeit oder die persönliche Eignung im Sinne der §§ 5 und 6 des Waffengesetzes, darf nur ein Jagdschein nach § 15 Abs. 7 erteilt werden[2].

(2) Der Jagdschein kann versagt werden

1. Personen, die noch nicht achtzehn Jahre alt sind;

2. Personen, die nicht Deutsche im Sinne des Artikels 116 des Grundgesetzes sind;

3. Personen, die nicht mindestens drei Jahre ihren Wohnsitz oder ihren gewöhnlichen Aufenthalt ununterbrochen im Geltungsbereich dieses Gesetzes haben;

4. Personen, die gegen die Grundsätze des § 1 Abs. 3 schwer oder wiederholt verstoßen haben[3].

(3) Die erforderliche Zuverlässigkeit besitzen Personen nicht, wenn Tatsachen die Annahme rechtfertigen, dass sie

1. Waffen oder Munition missbräuchlich oder leichtfertig verwenden werden;

2. mit Waffen oder Munition nicht vorsichtig und sachgemäß umgehen und diese Gegenstände nicht sorgfältig verwahren werden[4];
3. Waffen oder Munition an Personen überlassen werden, die zur Ausübung der tatsächlichen Gewalt über diese Gegenstände nicht berechtigt sind.

(4) Die erforderliche Zuverlässigkeit besitzen in der Regel Personen nicht, die

1. a) wegen eines Verbrechens,
   b) wegen eines vorsätzlichen Vergehens, das eine der Annahmen im Sinne des Absatzes 3 Nr. 1 bis 3 rechtfertigt,
   c) wegen einer fahrlässigen Straftat im Zusammenhang mit dem Umgang mit Waffen, Munition oder Sprengstoff,
   d) wegen einer Straftat gegen jagdrechtliche, tierschutzrechtliche oder naturschutzrechtliche Vorschriften, das Waffengesetz, das Gesetz über die Kontrolle von Kriegswaffen oder das Sprengstoffgesetz

   zu einer Freiheitsstrafe, Jugendstrafe, Geldstrafe von mindestens 60 Tagessätzen oder mindestens zweimal zu einer geringeren Geldstrafe rechtskräftig verurteilt worden sind, wenn seit dem Eintritt der Rechtskraft der letzten Verurteilung fünf Jahre nicht verstrichen sind; in die Frist wird die Zeit eingerechnet, die seit der Vollziehbarkeit des Widerrufs oder der Rücknahme eines Jagdscheines oder eines Waffenbesitzverbotes nach § 41 des Waffengesetzes wegen der Tat, die der letzten Verurteilung zugrunde liegt, verstrichen ist; in die Frist nicht eingerechnet wird die Zeit, in welcher der Beteiligte auf behördliche oder richterliche Anordnung in einer Anstalt verwahrt worden ist;
2. wiederholt oder gröblich gegen eine in Nummer 1 Buchstabe d genannte Vorschrift verstoßen haben;
3. geschäftsunfähig oder in der Geschäftsfähigkeit beschränkt sind;
4. trunksüchtig[5], rauschmittelsüchtig, geisteskrank oder geistesschwach sind.

(5) Ist ein Verfahren nach Absatz 4 Nr. 1 noch nicht abgeschlossen, so kann die zuständige Behörde die Entscheidung über den Antrag auf Erteilung des Jagdscheines bis zum rechtskräftigen Abschluss des Verfahrens aussetzen. Die Zeit der Aussetzung des Verfahrens ist in die Frist nach Absatz 4 Nr. 1 erster Halbsatz einzurechnen.

(6) Sind Tatsachen bekannt, die Bedenken gegen die Zuverlässigkeit nach Absatz 4 Nr. 4 oder körperliche Eignung nach Absatz 1 Nr. 2 begründen, so kann die zuständige Behörde dem Beteiligten die Vorlage eines amts- oder fachärztlichen Zeugnisses über die geistige und körperliche Eignung aufgeben[6].

ERLÄUTERUNGEN

Nach der Systematik dieses Paragraphen gibt es Gründe, nach denen **1**
der Jagdschein zwingend zu versagen ist (Abs. 1), und solche, bei deren Vorliegen die Erteilung versagt werden kann (Abs. 2). Darüber hinaus spielt bei den zwingenden Versagungsgründen die Prüfung der Zuverlässigkeit eine zentrale Rolle. Hierbei festgestellte Tatsachen führen wiederum dazu, dass der Jagdschein in jedem Fall (Abs. 3) oder nur in der Regel – also Ausnahmen sind zulässig (Abs. 4) – nicht erteilt werden darf.

Die Steuerhinterziehung nach § 370 der Abgabenordnung des Bundes ist eine Straftat gegen das Vermögen und rechtfertigt in der Regel die Versagung des Jagdscheins nach § 17 Abs. 4 Nr. 1 b (BVerwG, Urteil vom 30. November 1989, Az: 3 C 92.87).

Die Unzuverlässigkeit nach Absatz 1 Nr. 2 ist für die frühere Mitarbeit beim Ministerium für Staatssicherheit oder als Führungskraft im Staatsapparat sowie die inoffizielle Mitarbeit bei der Staatssicherheit der ehemaligen DDR grundsätzlich nicht gegeben (Sächsisches OVG, Urteil vom 19. Januar 1994, Az: 1 S 590/92).

Die Versagung eines Jagdscheines stellt einen Verwaltungsakt dar, der im Rahmen der verwaltungsrechtlichen Vorschriften zu bearbeiten ist. Betroffene haben das Recht, diesen Verwaltungsakt entsprechend prüfen zu lassen (Widerspruch, Anfechtungsklage). Die Rechtsmittelfrist beträgt einen Monat nach dem Bekannt machen des Bescheides, sofern diese im Bescheid mitgeteilt wurde, ansonsten ein Jahr (VwVfG, VWGO).

§ 17 Absatz 1 Nr. 4 i.d.F. des Artikel 41 Nr. 1 des Gesetzes zur Umstellung von Vorschriften im land- und forstwirtschaftlichen Bereich auf Euro vom 25. Juni 2001 (BGBl. I S. 1215) rechtskräftig m.W. vom 01. Januar 2002.

2 Mit dem WaffRNeuRegG sind die Voraussetzungen für die Erteilung eines Jagdscheines sehr eng an die Prüfung der Zuverlässigkeit sowie der persönlichen Eignung nach dem Waffenrecht (waffenrechtliche Erlaubnis) geknüpft worden. Erfüllt ein Jagdscheininhaber die Kriterien nach den waffenrechtlichen Vorschriften nicht, wird auch von einer Unzuverlässigkeit im jagdrechtlichen Sinne ausgegangen. Bei solchen Feststellungen kann ggf. nur ein Falknerjagdschein ausgestellt werden, der nicht zum Führen von Jagdwaffen berechtigt.
§ 17 Absatz 1, Satz 2, i.d.F. des Artikel 15 des WaffRNeuRegG vom 11. Oktober 2002 (BGBl. I S. 3970) rechtskräftig m.W. vom 16. Oktober 2002.

3 Soll ein Jagdschein bei schweren oder wiederholten Verstößen gegen die Grundsätze der deutschen Weidgerechtigkeit versagt werden, ist gemäß § 40 Abs. 2 LJagdG die Landesjägerschaft einzubeziehen. Gleiches gilt für die Jagdscheineinziehung nach § 18.

4 An dieser Stelle sei darauf verwiesen, dass seit Oktober 2002 durch das WaffRNeuRegG (§ 36) neu geregelt ist, was unter sicherer Aufbewahrung von Waffen und Munition zu verstehen ist. Danach gilt grundsätzlich, dass Waffen und Munition in sicheren Behältnissen sowie getrennt voneinander zu lagern sind. Jäger dürfen bis zu 10 Langwaffen in einwandigen Waffenschränken (Tür doppelwandig) der Sicherheitsstufe A (VDMA 24992, Stand Mai 1995) aufbewahren. Im Übrigen wird eine Lagerung für erlaubnispflichtige Waffen – bei Jägern in der Regel Kurzwaffen – nach der europäischen Norm DIN/EN 1143-1 Widerstandsgrad 0 (gleichwertig Sicherheitsstufe B) verlangt. Weiteres regelt die Allgemeine Waffengesetz-Verordnung.

5 Eine einmalige Verurteilung wegen Trunkenheit im Straßenverkehr reicht nach der Rechtsprechung bereits zur Entziehung der Waffenbesitzkarte wegen Unzuverlässigkeit aus, da hier eine gemeingefährliche Straftat nach dem Waffenrecht angenommen wird (BVerwG, Urteil vom 13. Dezember 1994, Az: 1 C 31.92; Hessischen VGH, Urteil vom 22. November 1994, Az: 11 UE 1428/93).

6 Bestehen Zweifel über die körperliche Eignung (Abs. 1 Nr. 2) oder die Zuverlässigkeit nach Absatz 4 Nr. 4, so kann die Behörde ein ärztliches Untersuchungszeugnis verlangen. Das Abverlangen eines fachpsycho-

logischen Zeugnisses – wie es das WaffRNeuRegG für Personen vorschreibt (§ 6 Abs. 3) –, die noch keine 25 Jahre alt sind und ihre erste Schusswaffe erwerben wollen, ist für Jäger gesetzlich nicht gefordert (§ 13 Abs. 2 WaffRNeuRegG).

§ 18 Einziehung des Jagdscheines

Wenn Tatsachen, welche die Versagung des Jagdscheines begründen, erst nach Erteilung des Jagdscheines eintreten oder der Behörde, die den Jagdschein erteilt hat, bekannt werden, so ist die Behörde in den Fällen des § 17 Abs. 1 und in den Fällen, in denen nur ein Jugendjagdschein hätte erteilt werden dürfen (§ 16), sowie im Falle der Entziehung gemäß § 41 verpflichtet, in den Fällen des § 17 Abs. 2 berechtigt, den Jagdschein für ungültig zu erklären und einzuziehen. Ein Anspruch auf Rückerstattung der Jagdscheingebühren besteht nicht. Die Behörde kann die Sperrfrist für die Wiedererteilung des Jagdscheines festsetzen[1].

ERLÄUTERUNGEN

Werden nach der Erteilung eines Jagdscheines Tatsachen bekannt, die zwingende Jagdscheinversagungsgründe darstellen, ist der Jagdschein nachträglich einzuziehen. Die Behörde hat hierfür nur in den Fällen nach § 17 Abs. 2 einen eigenen Ermessensspielraum. 1

Wird durch die Jagdbehörde ein Jagdschein für ungültig erklärt, so kann gleichzeitig eine Frist festgelegt werden, in der kein neuer Jagdschein erteilt werden darf (Sperrfrist). Die Frist kann für Versagungsgründe nach § 17 Abs. 1 und 2 festgelegt werden. Die Sperre entspricht einem zwingenden Jagdscheinversagungsgrund.

Die Dauer der Sperre wird im Ermessen der Jagdbehörde unter Wertung von Tatsachen aus der Vergangenheit festgelegt, die auf die Persönlichkeit (das Verhalten) des Jägers schließen lassen. Da § 41 die Obergrenze für eine Sperre mit 5 Jahren festlegt, ist davon auszugehen, dass auch die Jagdbehörde keine höhere Sperrzeit festlegen sollte.

§ 18 a Mitteilungspflichten

Die erstmalige Erteilung einer Erlaubnis nach den §§ 15 und 16, das Ergebnis von Überprüfungen nach § 17 sowie Maßnahmen nach

§§ 18, 40, 41 und 41 a sind der für den Vollzug des Waffengesetzes nach dessen § 48 Abs. 1 zuständigen Behörde mitzuteilen[1].

ERLÄUTERUNGEN

1 Dieser Paragraph wurde durch das WaffRNeuRegG neu in das BJagdG eingefügt. Er soll durch Informationsaustausch zwischen Jagd- und Waffenbehörde einen größeren Schutz gegenüber Personen bewirken, bei denen sich die Gefahr der missbräuchlichen Verwendung von Waffen aus Tatsachen ableiten lässt, die zu einer Einziehung oder amtlichen Verwahrung des Jagdscheines geführt haben. Die generellen Mitteilungen zur Jagdscheinerteilung bzw. – versagung führen auch gegenüber den Jägern zur Verringerung des waffenbehördlichen Prüfaufwandes. § 18a i.d.F. des Artikel 15 des WaffRNeuRegG vom 11. Oktober 2002 (BGBl. I S. 3970) rechtskräftig m. W. vom 16. Oktober 2002.

V. ABSCHNITT: Jagdbeschränkungen, Pflichten bei der Jagdausübung und Beunruhigung von Wild

§ 19 Sachliche Verbote (LJagdG: §§ 17, 18, 22)

(1) Verboten ist[1]

1. mit Schrot, Posten, gehacktem Blei, Bolzen oder Pfeilen, auch als Fangschuss, auf Schalenwild und Seehunde zu schießen;

2. a) auf Rehwild und Seehunde mit Büchsenpatronen zu schießen, deren Auftreffenergie auf 100 m (E 100) weniger als 1000 Joule beträgt;

b) auf alles übrige Schalenwild mit Büchsenpatronen unter einem Kaliber von 6,5 mm zu schießen; im Kaliber 6,5 mm und darüber müssen die Büchsenpatronen eine Auftreffenergie auf 100 m (E 100) von mindestens 2000 Joule haben;

c) auf Wild mit halbautomatischer oder automatischen Waffen, die mehr als zwei Patronen in das Magazin aufnehmen können, zu schießen;

d) auf Wild mit Pistolen oder Revolvern zu schießen, ausgenommen im Falle der Bau- und Fallenjagd sowie zur Abgabe von Fangschüssen, wenn die Mündungsenergie der Geschosse mindestens 200 Joule beträgt;

3. die Lappjagd Innerhalb einer Zone von 300 Metern von der Bezirksgrenze, die Jagd durch Abklingeln der Felder und die Treibjagd bei Mondschein auszuüben;
4. Schalenwild, ausgenommen Schwarzwild, sowie Federwild zur Nachtzeit zu erlegen; als Nachtzeit gilt die Zeit von eineinhalb Stunden nach Sonnenuntergang bis eineinhalb Stunden vor Sonnenaufgang; das Verbot umfasst nicht die Jagd auf Möwen, Waldschnepfen, Auer-, Birk- und Rackelwild;
5. a)[2] künstliche Lichtquellen, Spiegel, Vorrichtungen zum Anstrahlen oder Beleuchten des Zieles, Nachtzielgeräte, die einen Bildwandler oder eine elektronische Verstärkung besitzen und für Schusswaffen bestimmt sind, Tonbandgeräte oder elektrische Schläge erteilende Geräte beim Fang oder Erlegen von Wild aller Art zu verwenden oder zu nutzen sowie zur Nachtzeit an Leuchttürmen oder Leuchtfeuern Federwild zu fangen;
   b) Vogelleim, Fallen, Angelhaken, Netze, Reusen oder ähnliche Einrichtungen so wie geblendete oder verstümmelte Lockvögel beim Fang oder Erlegen von Federwild zu verwenden;
6. Belohnungen für den Abschuss oder den Fang von Federwild auszusetzen, zu geben oder zu empfangen;
7. Saufänge, Fang- oder Fallgruben ohne Genehmigung der zuständigen Behörden anzulegen;
8. Schlingen jeder Art, in denen sich Wild fangen kann, herzustellen, feilzubieten, zu erwerben oder aufzustellen;
9. Fanggeräte, die nicht unversehrt fangen oder nicht sofort töten, sowie Selbstschussgeräte zu verwenden;
10. in Notzeiten Schalenwild in einem Umkreis von 200 Metern von Fütterungen zu erlegen;
11. Wild aus Luftfahrzeugen, Kraftfahrzeugen oder maschinengetriebenen Wasserfahrzeugen zu erlegen; das Verbot umfasst nicht das Erlegen von Wild aus Kraftfahrzeugen durch Körperbehinderte mit Erlaubnis der zuständigen Behörde;
12. die Netzjagd auf Seehunde auszuüben;
13. die Hetzjagd auf Wild auszuüben;
14. die Such- und Treibjagd auf Waldschnepfen im Frühjahr auszuüben;
15. Wild zu vergiften oder vergiftete oder betäubende Köder zu verwenden;
16. die Brackenjagd auf einer Fläche von weniger als 1000 Hektar auszuüben;

17. Abwurfstangen ohne schriftliche Erlaubnis des Jagdausübungsberechtigten zu sammeln;

18. eingefangenes oder aufgezogenes Wild später als vier Wochen vor Beginn der Jagdausübung auf dieses Wild auszusetzen.

(2) Die Länder können die Vorschriften des Absatzes 1 mit Ausnahme der Nummer 16 erweitern oder aus besonderen Gründen einschränken; soweit Federwild betroffen ist, ist die Einschränkung nur aus den in Artikel 9 Abs. 1 der Richtlinie 79/409/EWG des Rates vom 2. April 1979 über die Erhaltung der wild lebenden Vogelarten (ABl. EG Nr. L 103 S. 1) in der jeweils geltenden Fassung genannten Gründen und nach den in Art. 9 Abs. 2 dieser Richtlinie genannten Maßgaben zulässig.

(3) Die in Absatz 1 Nr. 2 Buchstaben a und b vorgeschriebenen Energiewerte können unterschritten werden, wenn von einem staatlichen oder staatlich anerkannten Fachinstitut die Verwendbarkeit der Munition für bestimmte jagdliche Zwecke bestätigt wird. Auf der kleinsten Verpackungseinheit der Munition sind das Fachinstitut, das die Prüfung vorgenommen hat, sowie der Verwendungszweck anzugeben.

ERLÄUTERUNGEN

1 Die Verbotsliste des ersten Absatzes dient in erster Linie zur Durchsetzung der Grundsätze der deutschen Weidgerechtigkeit, also insbesondere dazu dem Wild unnötige Qualen und Leiden zu ersparen, eine artgerechte Bejagung zu sichern und dem Wild Chancen durch die Art der Bejagung zu lassen.

Verstößt ein Jagdausübungsberechtigter gegen eines dieser Verbote, so begeht er nach § 39 Abs. 1 Nr. 5 oder Abs. 2 Nr. 2 eine Ordnungswidrigkeit.

Jagt ein Nichtbefugter in Verletzung fremden Jagdrechts unter Anwendung der nach im § 19 verbotenen Geräte oder Methoden, handelt es sich um Wilderei, die mit einem verschärften Strafmaß nach § 292 Abs. 2 StGB belegt ist.

2 Das Verbot, die Zieleinrichtung von Jagdwaffen anzustrahlen oder zu beleuchten, wurde aufgehoben. Beleuchtete Absehen in den Zielfernrohren ermöglichen es, den Schuss in der Dämmerung oder bei der

Mondjagd präziser (weidgerechter) anzutragen, ohne jedoch das Ziel selbst durch Anleuchten zu erhellen.
Absatz 1 Nr. 5 Buchstabe a i.d.F. des Artikel 1 Nr. 2 des Gesetzes zur Änderung des Bundesjagdgesetzes und des Waffengesetzes (Änd. BJagdG u. WaffG) vom 21. November 1996 (BGBl. I S. 1779) rechtskräftig m.W. vom 27. November 1996.

§ 19 a Beunruhigen von Wild (LJagdG § 19)

Verboten ist, Wild, insbesondere soweit es in seinem Bestand gefährdet oder bedroht ist, unbefugt an seinen Zuflucht-, Nist-, Brut- oder Wohnstätten durch Aufsuchen, Fotografieren, Filmen oder ähnliche Handlungen zu stören[1]. Die Länder können für bestimmtes Wild Ausnahmen zulassen.

ERLÄUTERUNGEN

Hier enthält das BJagdG eine spezielle Hegevorschrift, die einer Arten- **1**
schutzregelung gleich kommt. Das Störungsverbot gilt für Jedermann, so auch für den Jäger des betreffenden Jagdbezirkes, sofern er nicht im Rahmen der ordnungsgemäßen Jagdausübung dazu befugt ist.
Eine in Unkenntnis in den Schutzbereich geratene Person kann allerdings nur zur Verantwortung gezogen werden, wenn sie dort vorsätzlich störende Handlungen vornimmt (§ 39 Abs. 1 Nr. 5, D 3). Nimmt sie solche Handlungen trotz Aufklärung über das Verbot wiederholt vor, kann dies der Fall sein.
Das Bundesnaturschutzgesetz (BNatSchG, D 3) enthält eine ähnliche Regelung. Es spricht diese Verbote jedoch nur für die vom Aussterben bedrohten Tierarten aus. Das BJagdG erfasst mit seinem Verbot alle dem Jagdrecht unterliegende Tierarten, betont aber den Vorrang der im Bestand gefährdeten Wildarten.

§ 20 Örtliche Verbote (LJagdG: § 20)

(1) An Orten, an denen die Jagd nach den Umständen des einzelnen Falles die öffentliche Ruhe, Ordnung oder Sicherheit stören oder das Leben von Menschen gefährden würde, darf nicht gejagt werden[1].

(2) Die Ausübung der Jagd in Naturschutz[2]- und Wildschutzgebieten sowie in National- und Wildparken wird durch die Länder geregelt.

ERLÄUTERUNGEN

1 Die Anwendung dieser Vorschrift lässt sich nicht auf allgemeingültige Regeln reduzieren. Ob sie von Bedeutung ist, hängt von den konkreten Gegebenheiten der jeweiligen Situation ab.
Die speziellen Unfallverhütungsvorschriften für die Jagd (C 22) der landwirtschaftlichen Berufsgenossenschaften dienen dem Schutz von Leben und Gesundheit.
Ein Verstoß gegen sie stellt regelmäßig eine schuldhafte Verletzung der allgemeinen Verkehrssicherungspflicht dar. Entsprechend dieser Vorschrift darf z. B. in die Richtung von Personen weder angeschlagen noch geschossen werden, wenn sie sich in gefährlicher Nähe des Schützen befinden. In einem konkreten Fall beschoss ein Jäger einen Hasen auf ca. 25 Meter Entfernung, der sich auf gleicher Höhe mit den treibenden Durchgehschützen befand. Dieser Schütze hatte allein für die Verletzung eines Durchgehschützen durch seinen Schrotschuss zu haften, obwohl der Verletzte nicht vorschriftsmäßig die orange-rote Kleidung trug (OLG Koblenz, Urteil vom 25. Oktober 1990, Az: 5 U 1753/89).
Neben dem eigentlichen Jagen mit der Schusswaffe fallen auch alle übrigen jagdlichen Aktivitäten, welche die öffentliche Ruhe, Ordnung oder Sicherheit stören bzw. Menschenleben gefährden könnten, in diesen Rahmen. Hierzu zählen z.B. auch die Fallenjagd oder eine Gefährdung des Straßenverkehrs durch die bloße jagdliche Beunruhigung des Wildes.
Bei Treibjagden an Straßen sind daher mindestens Warnschilder aufzustellen, um auf die Gefahr aufmerksam zu machen.
Die Regelung gilt auch für öffentliche Wege und befriedete Bezirke.
Betretungsverbote, welche sich aus anderen Vorschriften ergeben, so z.B. für Eisenbahnanlagen oder Autobahnen haben jedoch Vorrang.
Auch ist in diesem Zusammenhang auf das Sonn- und Feiertagsgesetz unseres Landes hinzuweisen. Es gilt danach der auch für die Jagd wichtige Grundsatz, dass alle öffentlich bemerkbaren Handlungen,

die geeignet sind, die äußere Ruhe der Sonn- und Feiertage zu stören, verboten sind.

Wird die Nutzbarkeit eines Grundstücks durch Regelungen einer Naturschutzverordnung situationsbedingt eingeschränkt, stellt dies eine Bestimmung von Inhalt und Schranken des Eigentums dar (Art. 14 Abs. 1 GG). Es handelt sich dabei um keine Enteignungen (Art. 14 Abs. 3 GG), (BVerwG, Urteil vom 24. Juni 1993, Az: C 26.92). 2

§ 21 Abschussregelung (LJagdG: § 20, 21)

(1) Der Abschuss des Wildes ist so zu regeln, dass die berechtigten Ansprüche der Land-, Forst- und Fischereiwirtschaft auf Schutz gegen Wildschäden voll gewahrt bleiben sowie die Belange von Naturschutz und Landschaftspflege berücksichtigt werden. Innerhalb der hierdurch gebotenen Grenzen soll die Abschussregelung dazu beitragen, dass ein gesunder Wildbestand aller heimischen Tierarten in angemessener Zahl erhalten bleibt und insbesondere der Schutz von Tierarten gesichert ist, deren Bestand bedroht erscheint[1].

(2) Schalenwild (mit Ausnahme von Schwarzwild) sowie Auer-, Birk- und Rackelwild dürfen nur auf Grund und im Rahmen eines Abschussplanes erlegt werden, der von der zuständigen Behörde im Einvernehmen mit dem Jagdbeirat (§ 37) zu bestätigen oder festzusetzen ist. Seehunde dürfen nur auf Grund und im Rahmen eines Abschussplanes bejagt werden, der jährlich nach näherer Bestimmung der Länder für das Küstenmeer oder Teile davon auf Grund von Bestandsermittlungen aufzustellen ist. In gemeinschaftlichen Jagdbezirken ist der Abschussplan vom Jagdausübungsberechtigten im Einvernehmen mit dem Jagdvorstand aufzustellen. Innerhalb von Hegegemeinschaften sind die Abschusspläne im Einvernehmen mit den Jagdvorständen der Jagdgenossenschaften und den Inhabern der Eigenjagdbezirke aufzustellen, die der Hegegemeinschaft angehören. Das Nähere bestimmt die Landesgesetzgebung. Der Abschussplan für Schalenwild muss erfüllt werden[2]. Die Länder treffen Bestimmungen, nach denen die Erfüllung des Abschussplanes durch ein Abschussmeldeverfahren überwacht und erzwungen werden kann; sie können den körperlichen Nachweis der Erfüllung des Abschussplanes verlangen.

(3) Der Abschuss von Wild, dessen Bestand bedroht erscheint, kann in bestimmten Revieren dauernd oder zeitweise gänzlich verboten werden.

(4) Den Abschuss in den Staatsforsten regeln die Länder.

ERLÄUTERUNGEN

1 Die Regelungen zum Abschuss des Wildes sind ein wesentliches Mittel, mit dem die in § 1 Abs. 2 festgeschriebenen Hegeziele erreicht werden sollen.
Deutlich wird an dieser Stelle der Vorrang der berechtigten Nutzeransprüche, der heimischen Tierarten und des Schutzes bestandesbedrohter Wildarten hervorgehoben.
Um über die Abschussregelung einen gesunden Wildbestand zu erreichen, werden u.a. Richtlinien für die Wildbewirtschaftung (C 16) erlassen.

2 Zur Unterstützung der Hegeziele wird für einige Wildarten ein behördlicher Abschussplan festgesetzt, der unter Beteiligung des Jagdbeirates zu erstellen ist. Als Voraussetzung für die behördliche Bestätigung hat zwischen den Jagdausübungsberechtigten und den Jagdgenossenschaftsvorständen sowie den Hegegemeinschaften ein Beteiligungsverfahren stattzufinden.
Wird jedoch z. B. durch einen behördlich zu niedrig festgesetzten Rotwildabschussplan Wald in seinem Wert gemindert, stellt dies einen enteignungsgleichen Eingriff in das Waldeigentum dar, der Entschädigungszahlungen zur Folge haben kann. Für die Ermittlung der Entschädigungshöhe sind fiktiv die durch den Wildschaden verursachte Minderung des aktuellen Verkaufserlöses für das Waldgrundstück und anteilig die zukünftig zu erwartende Holzwertminderung heranzuziehen (BGH, Urteil vom 14. März 1996, Az: III ZR 139/93).
Die Abschusszahlen des Abschussplanes gelten als Obergrenze, die zum einen erfüllt werden muss und zum anderen nur mit behördlicher Genehmigung überschritten werden darf. Das gilt – neben der festgelegten Gesamtstückzahl – auch für die Anzahl der Stücke nach Alter und Qualität. Wer Schalenwild, welches nur auf Grund eines Abschussplanes erlegt werden darf, abweichend von den Planvorgaben erlegt, begeht nach § 39 Abs. 2 Nr. 3 eine Ordnungswidrigkeit. Dieses gilt nur

für die Wildarten mit bundesgesetzlich vorgeschriebenem Abschussplan. Für Schwarzwild z.B. sind daher abweichende Regelungen des Landes möglich.

§ 22 Jagd- und Schonzeiten (LJagdG: §§ 42, 43)

(1) Nach den in § 1 Abs. 2 bestimmten Grundsätzen der Hege bestimmt das Bundesministerium durch Rechtsverordnung mit Zustimmung des Bundesrates die Zeiten, in denen die Jagd auf Wild ausgeübt werden darf (Jagdzeiten). Außerhalb der Jagdzeiten ist Wild mit der Jagd zu verschonen (Schonzeiten). Die Länder können die Jagdzeiten abkürzen oder aufheben; sie können die Schonzeiten für bestimmte Gebiete oder für einzelne Jagdbezirke aus besonderen Gründen, insbesondere aus Gründen der Wildseuchenbekämpfung und Landeskultur, zur Beseitigung kranken oder kümmernden Wildes, zur Vermeidung von übermäßigen Wildschäden, zu wissenschaftlichen, Lehr- und Forschungszwecken, bei Störung des biologischen Gleichgewichts oder der Wildhege, aufheben. Für den Lebendfang von Wild können die Länder in Einzelfällen Ausnahmen von Satz 2 zulassen[1].

(2) Wild, für das eine Jagdzeit nicht festgesetzt ist, ist während des ganzen Jahres mit der Jagd zu verschonen[2]. Die Länder können bei Störung des biologischen Gleichgewichts oder bei schwerer Schädigung der Landeskultur Jagdzeiten festsetzen oder in Einzelfällen zu wissenschaftlichen, Lehr- und Forschungszwecken Ausnahmen zulassen.

(3) Aus Gründen der Landeskultur können Schonzeiten für Wild gänzlich versagt werden (Wild ohne Schonzeit).

(4) In den Setz- und Brutzeiten dürfen bis zum Selbstständigwerden der Jungtiere die für die Aufzucht notwendigen Elterntiere, auch die von Wild ohne Schonzeit, nicht bejagt werden[3]. Die Länder können für Schwarzwild, Wildkaninchen, Fuchs, Ringel- und Türkentaube, Silber- und Lachmöwe sowie für nach Landesrecht dem Jagdrecht unterliegende Tierarten aus den in Absatz 2 Satz 2 und Absatz 3 genannten Gründen Ausnahmen bestimmen. Die nach Landesrecht zuständige Behörde kann im Einzelfall das Aushorsten von Nestlingen und Ästlingen der Habichte für Beizzwecke aus den in Artikel 9 Abs. 1 Buchstabe c der Richtlinie 79/409/EWG genannten Gründen und nach den in Artikel 9 Abs. 2 dieser Richtlinie genannten

Maßgaben genehmigen. Das Ausnehmen der Gelege von Federwild ist verboten[4]. Die Länder können zulassen, dass Gelege in Einzelfällen zu wissenschaftlichen, Lehr- und Forschungszwecken oder für Zwecke der Aufzucht ausgenommen werden. Die Länder können ferner das Sammeln der Eier von Ringel- und Türkentauben sowie von Silber- und Lachmöwen aus den in Artikel 9 Abs. 1 der Richtlinie 79/409/ EWG genannten Gründen und nach den in Artikel 9 Abs. 2 dieser Richtlinie genannten Maßgaben erlauben.

ERLÄUTERUNGEN

1 Das Bundesministerium hat mit der Rechtsverordnung „Verordnung über die Jagdzeiten" die Zeiten bestimmt, in denen auf bestimmte Wildarten gejagt werden darf (C 1). Aus der JagdzV des Bundes ergeben sich die Schonzeiten, die insbesondere der Regeneration der Wildbestände dienen. Weitergehende Regelungen trifft die Jagdzeitenverordnung des Landes (C 2) Die Erlegung von Wild mit ganzjähriger Schonzeit sowie von Elterntieren vor dem Selbstständigwerden ihrer Jungtiere stellt nach § 38 eine Straftat dar.

§ 22 Absatz 1 Satz 1 i.d.F. des Artikel 207 Nr. 2 Buchstabe a der siebenten Zuständigkeitsanpassungs-Verordnung vom 29. Oktober 2001 (BGBl. I S. 2785) rechtskräftig m.W. vom 07. November 2001 (Anpassung der Ministeriumsbezeichnung).

2 Wildarten ohne Jagdzeit, die in unserem Land vorkommen oder vorkommen können, sind: Elchwild, Mauswiesel, Fischotter, Seehund sowie beim Federwild:

Bergente (Aythya marila), Brandente (Tadorna tadorna), Dreizehenmöwe (Rissa tridactyla), Eiderente (Somateria mollissima), Eisente (Clangula hyemalis), Gänsesäger (Mergus merganser), Graureiher (Ardea cinerea), Haubentaucher (Podiceps cristatus), Hohltaube (Columba oenas), Kolbenente (Netta rufina), Kolkrabe (Corvus corax), Kurzschnabelgans (Anser brachyrhynchos), Löffelente (Anas clypeata), Mittelsäger (Mergus serrator), Rebhuhn (Perdix perdix), Reiherente (Aythya fuligula), Ringelgans (Branta bernicla), Samtente (Melanitta fusca), Schellente (Bucephala clangula), Schnatterente (Anas strepera), Schwarzkopfmöwe (Larus melanocephalus), Spießente (Anas acuta), Trauerente (Melanitta nigra), Wachtel (Coturnix coturnix), Weißwangengans (Branta leucopsis), Zwergmöwe (Larus minutus), Zwergsäger

(Mergus albellus) und alle heimischen Greife und Falken (s. BWildSchV, Anlage 4, C 3).

Grundsätzlich gilt für alle Wildarten, auch für die ohne Schonzeiten, dass die für die Aufzucht notwendigen Elterntiere während der Setz – und Brutzeit nicht bejagt werden dürfen. Allgemein wird mit der Regelung zu den Setz- und Brutzeiten das Ziel verfolgt, eine den Regeln der Weidgerechtigkeit und des Tierschutzes entsprechende Jagdausübung zu gewährleisten sowie eine übermäßige Dezimierung einzelner Wildarten zu verhindern. Der Jagdausübungsberechtigte hat die Pflicht, in Abhängigkeit von der Biologie der Wildarten in jedem Einzelfall zu entscheiden, ob die Elternteile für die Jungenaufzucht noch erforderlich sind. Deren Schonung ist nicht mehr notwendig, wenn die Jungtiere sich selbstständig ernähren können und ohne Schutz der Elterntiere normal überlebensfähig sind. Jungtiere können, sofern es nicht den anerkannten Grundsätzen der Weidgerechtigkeit zuwider läuft, auch in der Setz- und Brutzeit erlegt werden. 3
Die Brutzeit beginnt für Zugvögel mit Rückzug in die Brutgebiete (EU-Vogelschutzrichtlinie), ansonsten mit der Eiablage. Das Ausnehmen der Gelege aller Federwildarten ist grundsätzlich verboten, um auch auf diesem Wege die Vermehrung der Wildvogelarten zu schützen.

§ 22 a Verhinderung von vermeidbaren Schmerzen oder Leiden des Wildes[1] (LJagdG: §§ 24, 32–34, 42)

(1) Um krankgeschossenes Wild vor vermeidbaren Schmerzen oder Leiden zu bewahren, ist dieses unverzüglich zu erlegen; das Gleiche gilt für schwerkrankes Wild, es sei denn, dass es genügt und möglich ist, es zu fangen und zu versorgen[2].

(2) Krankgeschossenes oder schwerkrankes Wild, das in einem fremden Jagdbezirk wechselt, darf nur verfolgt werden (Wildfolge), wenn mit dem Jagdausübungsberechtigten dieses Jagdbezirkes eine schriftliche Vereinbarung über die Wildfolge abgeschlossen worden ist. Die Länder erlassen nähere Bestimmungen, insbesondere über die Verpflichtung der Jagdausübungsberechtigten benachbarter Jagdbezirke, Vereinbarungen über die Wildfolge zu treffen; sie können darüber hinaus die Vorschriften über die Wildfolge ergänzen oder erweitern.

ERLÄUTERUNGEN

1 Der Tierschutzgedanke, dem Wild unnötige Qualen zu ersparen, ist ein wesentlicher Bestandteil der deutschen Weidgerechtigkeit. „§ 22 a wurde aufgenommen, um die Jäger entsprechend dieses Grundsatzes in die Pflicht zu nehmen. Das Tierschutzgesetz (TierSchG, D 8) regelt dazu folgendes: „Ist die Tötung eines Wirbeltieres ohne Betäubung im Rahmen weidgerechter Ausübung der Jagd.... zulässig..., so darf die Tötung nur vorgenommen werden, wenn hierbei nicht mehr als unvermeidbare Schmerzen entstehen“. Nach dem TierSchG begeht eine Straftat, wer einem Tier aus Rohheit erhebliche – oder länger anhaltende – oder mehrfach erhebliche Schmerzen oder Leiden zufügt. Nach dem BJagdG kann der Verstoß gegen diesen Grundsatz der deutschen Weidgerechtigkeit zum Jagdscheinentzug führen.

2 Es wird unterschieden zwischen einerseits krankgeschossenem und andererseits durch Krankheiten oder Unfälle schwerkrankem Wild. Um das Wild von seinen Qualen zu befreien, ist zunächst die Erlegung immer und unabhängig von den Schonzeiten in Betracht zu ziehen. Im zweiten Fall ist jedoch abzuwägen, ob es ausreichend ist, das Wild einzufangen und gesund zu pflegen. Eingefangenes krankes Wild sollte entsprechend fachlich qualifizierten Einrichtungen überlassen werden.

VI. ABSCHNITT: Jagdschutz (C 19)

§ 23 Inhalt des Jagdschutzes (LJagdG: §§ 18, 23–25)

Der Jagdschutz[1] umfasst nach näherer Bestimmung durch die Länder den Schutz des Wildes, insbesondere vor Wilderern, Futternot, Wildseuchen, vor wildernden Hunden und Katzen, sowie die Sorge für die Einhaltung der zum Schutz des Wildes und der Jagd erlassenen Vorschriften[2].

ERLÄUTERUNGEN

1 Der Jagdschutz beinhaltet allgemein den Schutz des Wildes vor unnatürlichen Störungen in seinem Lebensraum und vor lebensbedrohenden

Gefahren sowie die Gewährleitung der Einhaltung der zum Schutz des Wildes und der Jagd erlassenen Vorschriften. Beispielhaft werden einige Gefahren genannt, vor denen das Wild zu schützen ist. Auch können das Abwenden von Verkehrsunfällen und von Gefahren, die durch land-, forst- oder fischereiwirtschaftliche Arbeiten drohen, oder die Seuchenbekämpfung und die Regulierung der Fuchspopulation zum Schutz des Niederwildes dazu gezählt werden.

Zu den Vorschriften sind neben der Jagdgesetzgebung auch andere 2
Gesetze und Verordnungen oder Teile von ihnen zu zählen, die den Schutz des Wildes und der Jagd zum Ziel haben, wie Naturschutz-, Tierschutz-, Tierseuchen- und Strafvorschriften oder auch das Waldgesetz und das Tierkörperbeseitigungsgesetz.

§ 24 **Wildseuchen** (LJagdG: § 43)

Tritt eine Wildseuche auf, so hat der Jagdausübungsberechtigte dies unverzüglich der zuständigen Behörde anzuzeigen; sie erlässt im Einvernehmen mit dem beamteten Tierarzt die zur Bekämpfung der Seuche erforderlichen Anweisungen[1].

ERLÄUTERUNGEN

Der Jagdausübungsberechtigte ist verpflichtet, das Auftreten von Wildseuchen, auch von seuchenähnlichen Erkrankungserscheinungen oder im Verdachtsfall, bei der Jagdbehörde anzuzeigen. Notwendiges Untersuchungsmaterial ist sicherzustellen.
Nach dem Tierseuchengesetz (D 8) hat die Jagdbehörde bei dem Bekanntwerden von Seuchen oder im Verdachtsfall immer den beamteten Tierarzt hinzuzuziehen. Das Tierseuchengesetz regelt u.a. die Bekämpfung von Seuchen, die bei anderen Tieren (hier Wild) auftreten und auf Haustiere übertragbar sind (Tierseuchen). Zu anzeigepflichtigen Tierseuchen siehe auch Erläuterung 1 zum Tierseuchengesetz (D 8).
Ein Verstoß gegen die Meldepflicht kann als Ordnungswidrigkeit geahndet werden (§ 39 Abs. 2 Nr. 4). Weitere Regelungen befinden sich auch in der Tollwutverordnung (TollwutV. D 9).
Körper von verendeten Tieren sind, sofern sie nicht für die Untersuchung benötigt werden, unschädlich zu beseitigen.

Zur unschädlichen Beseitigung von Wild gehört nach dem Tierkörperbeseitigungsgesetz – TierKBG – auch das Vergraben (mindestens 50 cm tief, nicht in Trinkwasserschutzgebieten).

§ 25 Jagdschutzberechtigte (LJagdG §§ 23, 25)

(1) Der Jagdschutz in einem Jagdbezirk liegt neben den zuständigen öffentlichen Stellen[1] dem Jagdausübungsberechtigten[2] ob sofern er Inhaber eines Jagdscheines ist, und den von der zuständigen Behörde bestätigten Jagdaufsehern[3]. Hauptberuflich angestellte Jagdaufseher sollen Berufsjäger oder forstlich ausgebildet sein.

(2) Die bestätigten Jagdaufseher haben innerhalb ihres Dienstbezirkes in Angelegenheiten des Jagdschutzes die Rechte und Pflichten der Polizeibeamten und sind Hilfsbeamte der Staatsanwaltschaft, sofern sie Berufsjäger oder forstlich ausgebildet sind[4]. Sie haben bei der Anwendung unmittelbaren Zwanges die ihnen durch Landesrecht eingeräumten Befugnisse.

(3) (weggefallen)

ERLÄUTERUNGEN

1 Zuständige öffentliche Stellen für den Jagdschutz sind die Jagd-, Forst- und Polizeibehörden in ihrem jeweiligen Zuständigkeitsbereich.

2 Die jagdausübungsberechtigten Jäger haben in ihrem Jagdbezirk auch die Aufgaben des Jagdschutzes wahrzunehmen. Öffentliche Stellen schreiten erst ein, wenn der Jagdausübungsberechtigte Versäumnisse zulässt oder er auf Grund einer ihn überfordernden Situation Unterstützung benötigt (z.B. Wilderei, Seuchen). Jagdgäste mit unentgeltlicher und entgeltlicher Jagderlaubnis und angestellte Jäger sind keine Jagdausübungsberechtigten und haben somit keine gesetzlichen Jagdschutzbefugnisse. Im Rahmen der vom Jagdausübungsberechtigten erteilten Jagderlaubnis können ihnen bestimmte jagdliche Befugnisse übertragen werden (Raubwild, Wildseuchen, Fütterung in der Notzeit). Wenn sie in dem Jagdbezirk den Jagdschutz ausüben wollen, bedarf es dazu einer behördlichen Bestätigung zum Jagdaufseher.

Die behördliche Bestätigung sollte von dem Nachweis entsprechender Kenntnisse abhängig gemacht werden. Darüber hinaus ist die Bestellung durch den Jagdausübungsberechtigten zum Jagdaufseher für seinen Jagdbezirk notwendig. 3
Ein behördlich bestätigter Jagdaufseher hat für einen Jagdbezirk keine über den Jagdschutz hinausgehenden Befugnisse. Soll durch ihn auch bestimmtes Wild bejagt werden, so ist dies in einem gesonderten privaten Vertrag (Jagderlaubnis) zu vereinbaren.
Den Jagdausübungsberechtigten und den bestätigten Jagdaufsehern stehen neben den jagdrechtlichen Jagdschutzbefugnissen ebenfalls die so genannten Jedermannsrechte zu, wie z.B. Notwehr nach § 32 des StGB (D 5) oder die vorläufige Festnahme nach § 127 Abs. 1 Strafprozessordnung (StPO, D 6).
Bestätigte Jagdaufseher genießen bei ihren Handlungen zur Vollstreckung des Jagdschutzes Strafschutz nach den allgemein geltenden Vorschriften des StGB, insbesondere z.B. bei Körperverletzung oder Freiheitsberaubung.
Im Rahmen des Jagdschutzes ist ein Waffengebrauch gegen Menschen nur in den äußersten Fällen der Notwehr denkbar.

Berufsjäger oder forstlich ausgebildete Personen (die mindestens ein Forstingenieurstudium absolviert haben), die als bestätigte Jagdaufseher fungieren, sind kraft BJagdG mit den Rechten und Pflichten der Polizeibeamten ausgestattet und sind Hilfsbeamte der Staatsanwaltschaft. 4
Die Hilfsbeamten der Staatsanwaltschaft genießen nach § 114 StGB in Ausübung ihrer Pflichten den gleichen Schutz wie Polizeibeamte. Nach § 113 StGB stellt es eine Straftat dar, wenn sich jemand mit Gewalt gegen die Durchsetzung eines Rechts zur Wehr setzt.
Die StPO regelt die Pflichten und Befugnisse der Hilfsbeamten der Staatsanwaltschaft. Danach haben sie auch Aufgaben der Beweissicherung in Zuarbeit für die Staatsanwaltschaft ihres Dienstbezirkes wahrzunehmen. Bei Gefahr im Verzug nach § 105 der StPO können sie Beschlagnahmen (Waffe, Wild, sonstiges Tatwerkzeug) und Durchsuchungen (Personen, Behältnisse, Fahrzeug, Wohnung) zur Aufklärung der Tat durchführen. Auch dürfen sie im Verdachtsfall gegenüber Personen ermitteln, wenn Anhaltspunkte für eine rechtswidrige Tat vorliegen, und notfalls auch eine Festnahme durchführen.

Im Übrigen sind bestätigte Jagdaufseher, da ihnen von der Jagdbehörde hoheitliche Befugnisse übertragen sind, der Dienstaufsicht und Weisungsbefugnis der Jagdbehörde unterstellt.

VII. ABSCHNITT: Wild- und Jagdschaden

1. Wildschadensverhütung

§ 26 Fern halten des Wildes

Der Jagdausübungsberechtigte sowie der Eigentümer oder Nutzungsberechtigte eines Grundstückes sind berechtigt, zur Verhütung von Wildschäden das Wild von den Grundstücken abzuhalten oder zu verscheuchen[1]. Der Jagdausübungsberechtigte darf dabei das Grundstück nicht beschädigen[2], der Eigentümer oder Nutzungsberechtigte darf das Wild weder gefährden noch verletzen[3].

ERLÄUTERUNGEN

1 Der Eigentümer bzw. Nutzungsberechtigte und der Jagdausübungsberechtigte sollten sich vor dem Verscheuchen von Wild verständigen. Wird der Jäger durch das Verscheuchen während seiner Bejagung des zu Schaden gehenden Wildes am Jagderfolg gehindert, so kann den Eigentümer ein Mitverschulden nach BGB (§ 254) treffen, wenn in Folge einer solchen Behinderung das Wild weiterhin Schaden verursacht.

2 Vorrangig ist daran gedacht, dass durch Maßnahmen des Jagdausübungsberechtigten die land-, forst- oder fischereiwirtschaftliche Nutzung nicht gefährdet werden darf. Zäune zur Wildabwehr dürfen z.B. nur mit Zustimmung des Eigentümers errichtet werden. Für den Eigentümer besteht diesbezüglich keine Duldungspflicht. Bei unbegründeter Ablehnung eines Schutzzaunes kann jedoch ein Mitverschulden am Wildschaden die Folge sein.

3 Der Eigentümer oder Nutzungsberechtigte hat die Wildabwehrmaßnahmen so durchzuführen, dass das Wild nicht gefährdet oder verletzt wird. Es wären also Maßnahmen, wie das Verscheuchen mit Geräuschen, das Abgehen der Felder, Einzäunungen usw., denkbar.

§ 27 Verhinderung übermäßigen Wildschadens (LJagdG: § 21, 43)

(1) Die zuständige Behörde[1] kann anordnen, dass der Jagdausübungsberechtigte unabhängig von den Schonzeiten innerhalb einer bestimmten Frist in bestimmtem Umfange den Wildbestand zu verringern hat, wenn dies mit Rücksicht auf das allgemeine Wohl, insbesondere auf die Interessen der Land-, Forst- und Fischereiwirtschaft und die Belange des Naturschutzes und der Landschaftspflege, notwendig ist.

(2) Kommt der Jagdausübungsberechtigte der Anordnung nicht nach, so kann die zuständige Behörde für dessen Rechnung den Wildbestand vermindern lassen[2]. Das erlegte Wild ist gegen angemessenes Schussgeld dem Jagdausübungsberechtigten zu überlassen.

ERLÄUTERUNGEN

Die untere Jagdbehörde kann behördlich – auch nach Antrag – anordnen, dass der zu Schaden gehende Wildbestand zu reduzieren ist. Diese Maßnahme kann über den festgelegten Abschussplan hinaus und auch in der Schonzeit durchgeführt werden. Die Setz- und Brutzeiten nach § 22 Abs. 4 sind jedoch einzuhalten. **1**

Die untere Jagdbehörde hat die zusätzliche Möglichkeit, ihre Anordnung zur Wildbestandsreduzierung mit Zwang durchzusetzen. Es ist hierzu ein Bescheid zu erlassen, in dem die Wildreduzierung verlangt wird. In dem zu erlassenden Bescheid sind mindestens: **2**
a) der Zeitraum, in dem der Wildbestand zu verringern ist;
b) die Anzahl des zu erlegenden Wildes (nach Stückzahl und – sofern es sich um Schalenwild handelt, welches nur im Rahmen eines Abschussplanes erlegt werden darf – Geschlecht und Altersklasse);
c) und der örtliche Bereich, für den die Auflage gilt,
festzulegen.
Gleichzeitig kann mitgeteilt werden, dass bei Nichterfüllung der Abschussauflagen die Jagdbehörde die Wildbestandsreduzierung auf Kosten der Jagdausübungsberechtigten vornehmen lässt.

Kommt ein beauflagter Jäger den Forderungen nicht nach, kann über die Ersatzpflicht nach § 29 hinaus auch auf der Basis des BGB (§ 823) ein Schadensersatzanspruch gegen ihn persönlich geltend gemacht werden.

§ 28 Sonstige Beschränkungen in der Hege (LJagdG: §§ 18, 31, 42)

(1) Schwarzwild darf nur in solchen Einfriedungen gehegt werden, die ein Ausbrechen des Schwarzwildes verhüten[1].

(2) Das Aussetzen von Schwarzwild und Wildkaninchen ist verboten.

(3) Das Aussetzen oder das Ansiedeln fremder Tiere[2] in der freien Natur ist nur mit schriftlicher Genehmigung der zuständigen obersten Landesbehörde oder der von ihr bestimmten Stelle zulässig.

(4) Das Hegen oder Aussetzen weiterer Tierarten kann durch die Länder beschränkt oder verboten werden.

(5) Die Länder können die Fütterung von Wild untersagen oder von einer Genehmigung abhängig machen.

ERLÄUTERUNGEN

1 Diese Regelung soll als Schutzvorschrift dafür sorgen, dass die Wildarten mit starkem Vermehrungspotenzial nicht zusätzlich durch den Menschen begünstigt werden. Auch ist hierbei die Gefahr der möglichen Seuchenverbreitung zu beachten.
Bricht Schwarzwild trotz ordnungsgemäßer Einfriedung aus einem Gehege aus und geht zu Schaden, wird dieser Fall nach § 30 (nicht nach § 29) geregelt.

2 Als fremde Tiere können solche betrachtet werden, die bei In-Kraft-Treten des BJagdG (1990) im Land Mecklenburg-Vorpommern nicht vorkamen. Sollte eine Einbürgerung weiterer Arten im Einvernehmen mit der Behörde (Jagdbehörde) in Erwägung gezogen werden, kann eine solche Maßnahme nur sinnvoll sein, wenn die Arten nicht in Konkurrenz zu den heimischen Wildarten treten oder diese schädigen. Solange es keine anders lautende Regelung gibt, ist die fachlich zuständige oberste Behörde die Entscheidungsbehörde.

So entschied beispielsweise der Verwaltungsgerichtshof (VGH) Baden-Württemberg in einem Urteil (5 S 2197/96) gegen einen Antrag zur Wiederansiedlung des Luchses. Bei dem Luchs handle es sich um ein „fremdes" Tier im Sinne des Jagdrechts, so dass es u.a. auch einer jagdrechtlichen Genehmigung für sein Aussetzen bedarf. Der maßgebliche § 28 Abs. 3 räume dem zuständigen Ministerium ein Ermessen bei der Entscheidung (Ablehnung) über den Aussetzungsantrag ein.

2. Wildschadensersatz

§ 29 **Schadensersatzpflicht** (LJagdG: §§ 27, 28)

(1) Wird ein Grundstück, das zu einem gemeinschaftlichen Jagdbezirk gehört oder einem gemeinschaftlichen Jagdbezirk angegliedert ist (§ 5 Abs. 1), durch Schalenwild, Wildkaninchen oder Fasanen beschädigt, so hat die Jagdgenossenschaft dem Geschädigten den Wildschaden zu ersetzen. Der aus der Genossenschaftskasse geleistete Ersatz ist von den einzelnen Jagdgenossen nach dem Verhältnis des Flächeninhalts ihrer beteiligten Grundstücke zu tragen. Hat der Jagdpächter den Ersatz des Wildschadens ganz oder teilweise übernommen, so trifft die Ersatzpflicht den Jagdpächter. Die Ersatzpflicht der Jagdgenossenschaft bleibt bestehen, soweit der Geschädigte Ersatz von dem Pächter nicht erlangen kann[1].

(2) Wildschaden an Grundstücken, die einem Eigenjagdbezirk angegliedert sind (§ 5 Abs. 1), hat der Eigentümer oder der Nutznießer des Eigenjagdbezirks zu ersetzen. Im Falle der Verpachtung haftet der Jagdpächter, wenn er sich im Pachtvertrag zum Ersatz des Wildschadens verpflichtet hat. In diesem Falle haftet der Eigentümer oder der Nutznießer nur, soweit der Geschädigte Ersatz von dem Pächter nicht erlangen kann[2].

(3) Bei Grundstücken, die zu einem Eigenjagdbezirk gehören, richtet sich, abgesehen von den Fällen des Absatzes 2, die Verpflichtung zum Ersatz von Wildschaden (Absatz 1) nach dem zwischen dem Geschädigten und dem Jagdausübungsberechtigten bestehenden Rechtsverhältnis. Sofern nichts anderes bestimmt ist, ist der Jagdausübungsberechtigte ersatzpflichtig, wenn er durch unzulänglichen Abschuss den Schaden verschuldet hat[3].

(4) Die Länder können bestimmen, dass die Wildschadensersatzpflicht auch auf anderes Wild ausgedehnt wird und dass der Wildschadensbetrag für bestimmtes Wild durch Schaffung eines Wildschadensausgleichs auf eine Mehrheit von Beteiligten zu verteilen ist (Wildschadensausgleichskasse).

ERLÄUTERUNGEN

1 Tritt trotz der Maßnahmen zur Wildschadensverhütung Schaden durch Wild an land-, forst-, oder fischereiwirtschaftlich genutzten Flächen auf, ist er, soweit durch Schalenwild, Wildkaninchen oder Fasanen verursacht und nur für jagdlich nutzbare Flächen, gesetzlich ersatzpflichtig. Die Eigentümer oder Nutzer von befriedeten oder jagdlich nicht genutzten Flächen haben keinen Wildschadensersatzanspruch. Wildschäden, die durch die restlichen Wildarten entstehen, sind nicht ersatzpflichtig. Dies gilt auch bei Vorliegen eines Mitverschuldens an einem solchen Wildschaden.

Für Art und Umfang des zu leistenden Wildschadens gelten die Vorschriften über den Schadensersatz des BGB (§§ 249 ff.). Das BGB strebt den Ersatz des entstandenen Wildschadens in voller Höhe an.

Schäden an Zäunen oder sonstigen mit dem Grundstück in Verbindung stehenden Anlagen oder Bestandteilen (§ 94 BGB) können auch wildschadensersatzpflichtig sein.

Der nach dem Jagdrecht Ersatzpflichtige (Jagdgenossenschaft bzw. Pächter) haftet für jeden gesetzlich ersatzpflichtigen Wildschaden. Sein Verschulden oder Nichtverschulden führt in der Regel zu keiner Veränderung der Haftung.

Durch Wild an Personen oder durch Verkehrsunfälle verursachte Schäden fallen nicht unter die jagdgesetzlich geregelte Ersatzpflicht.

In gemeinschaftlichen Jagdbezirken ist es üblich, dass der Wildschadensersatz durch die Jagdgenossenschaft mit dem Pachtvertrag auf den Jagdpächter übertragen wird. Auch sollte der Pachtvertrag für die Beiträge zur Wildschadensausgleichskasse entsprechende Vereinbarungen enthalten. Der Pächter eines Jagdbezirkes kann sich mit dem Pachtvertrag zur weiteren Übernahme von weiteren nicht ersatzpflichtigen Wildschäden verpflichten. Der Umfang der Übernahme solcher Wildschäden ist frei zu vereinbaren. Der Pachtzins sollte bei Übernahme der Wildschäden dementsprechend angepasst werden. Enthält ein Pachtvertrag keine Wildschadensregelung, hat die Jagdgenossenschaft über ihre Jagdgenossen für den Ersatz aufzukommen.

Die an einen Eigenjagdbezirk angegliederten Flächen werden jagdrechtlich gesehen dessen Bestandteil. Für den Wildschadensersatz gilt hier die spezielle Regelung, dass nicht der Eigentümer der angegliederten Flächen ersatzpflichtig ist, sondern der Inhaber des Eigenjagdbezirkes, sofern diese Pflicht nicht dem Pächter übertragen wurde. **2**

Im Gegensatz zu den gemeinschaftlichen Jagdbezirken richtet sich in Eigenjagdbezirken der Ersatz von jagdrechtlich ersatzpflichtigen Wildschäden nach dem rechtlichen Verhältnis zwischen dem geschädigten land-, forst-, oder fischereiwirtschaftlichen Nutzer (Eigentümer, Pächter) und dem Jagdausübungsberechtigten (Eigentümer, Nutznießer, Pächter, benannter Jäger). Vertraglich kann der Eigentümer sowohl mit dem landwirtschaftlichen Nutzer im Landpachtvertrag als auch mit dem Jagdpächter im Jagdpachtvertrag eine Regelung zur Wildschadensersatzpflicht vereinbaren. Dem Jagdpächter können die gleichen Wildschadensersatzverpflichtungen, wie sie für gemeinschaftliche Jagdbezirke jagdrechtlich geregelt sind, auferlegt werden. Bei der Verpachtung der Flächen für die landwirtschaftliche Nutzung kann im Landpachtvertrag z.B. auch vereinbart werden, dass Schadensersatzforderungen direkt an den Jagdpächter zu richten sind. Eine solche Regelung sollte im Jagdpachtvertrag bekannt gegeben werden. **3**

Wenn es keine gesonderten Regelungen gibt, trifft den Jagdausübungsberechtigten die Wildschadensersatzpflicht nur, wenn er diese durch Nichterfüllung des Abschussplanes verschuldet hat.

§ 30 Wildschaden durch Wild aus Gehege (LJagdG: § 31)

Wird durch ein aus einem Gehege ausgetretenes und dort gehegtes Stück Schalenwild Wildschaden angerichtet, so ist ausschließlich derjenige zum Ersatz verpflichtet, dem als Jagdausübungsberechtigten, Eigentümer oder Nutznießer die Aufsicht über das Gehege obliegt[1].

ERLÄUTERUNGEN

Abweichend von den Grundsätzen der Wildschadensregulierung gilt für Wild (herrenlos) der Schalenwildarten, welches aus jagdlichen **1**

Gründen in Gehegen gehalten (gehegt) wird, dass der für das Gehege Aufsichtspflichtige (Jagdausübungsberechtigter, Eigentümer, Nutznießer) im Rahmen der Schadensersatzregelung nach § 823 BGB für den Wildschaden aufzukommen hat.
Für nicht herrenlose (in Eigentum befindliche) Tiere der Wildarten, die beispielsweise in Tiergärten oder Gattern zur Wildfleischerzeugung gehalten werden, gilt der für Tierhalter anzuwendende Haftungsgrundsatz nach § 833 BGB. Danach ist der Eigentümer oder Besitzer (Tierhalter) des Tieres für den Schadensersatz verantwortlich.

§ 31 Umfang der Ersatzpflicht

(1) Nach den §§ 29 und 30 ist auch der Wildschaden zu ersetzen, der an den getrennten, aber noch nicht eingeernteten Erzeugnissen eines Grundstücks eintritt[1].

(2) Werden Bodenerzeugnisse, deren voller Wert sich erst zur Zeit der Ernte bemessen lässt, vor diesem Zeitpunkt durch Wild beschädigt, so ist der Wildschaden in dem Umfange zu ersetzen, wie er sich zur Zeit der Ernte darstellt[2]. Bei der Feststellung der Schadenshöhe ist jedoch zu berücksichtigen, ob der Schaden nach den Grundsätzen einer ordentlichen Wirtschaft durch Wiederanbau im gleichen Wirtschaftsjahr ausgeglichen werden kann[3].

ERLÄUTERUNGEN

1 Zu ersetzen sind Wildschäden an land- oder forstwirtschaftlichen Kulturpflanzen, wenn diese fest mit dem Boden verbunden sind, und an Pflanzen, die bereits im Zuge der Ernte vom Boden getrennt wurden (z. B. gerodete Kartoffeln, Rüben).
Eine Einerntung hat jedoch bereits stattgefunden, wenn die landwirtschaftlichen Erzeugnisse in Mieten (Kartoffel- oder Rübenmieten) eingelagert wurden, auch wenn diese sich auf dem Feld befinden.

2 Als Bodenerzeugnisse sind hier alle landwirtschaftlichen Feldfrüchte zu verstehen.
Es wird von dem Grundsatz ausgegangen, dass viele Kulturen den Schaden „verwachsen“ können, also der wirkliche Verlust erst mit der Ernte festgestellt werden kann.

Die Meldetermine nach § 34 sind auch einzuhalten, wenn der genaue Schaden erst mit der Ernte eingeschätzt werden kann.

Kann der Schaden durch Wiederanbau ausgeglichen werden – die Verpflichtung dazu besteht nach § 254 Abs. 2 BGB (Mitverschulden, Schadensminderungspflicht) – so ist dies von dem Nutzer zu veranlassen. Wird auf diesem Wege das gleiche Ernteergebnis erzielt, so ist nur der Aufwand für die Nachbestellung zu ersetzen (Saatgut, Arbeitsaufwand). Wird mit einer Fruchtart nachbestellt, die noch gefährdeter als die Vorfrucht ist, kann das zu einem Mitverschulden des Geschädigten führen. 3

§ 32 Schutzvorrichtungen[1]

(1) Ein Anspruch auf Ersatz von Wildschaden ist nicht gegeben, wenn der Geschädigte die von dem Jagdausübungsberechtigten zur Abwehr von Wildschaden getroffenen Maßnahmen unwirksam macht.

(2) Der Wildschaden, der an Weinbergen, Gärten, Obstgärten, Baumschulen, Alleen, einzelstehenden Bäumen, Forstkulturen, die durch Einbringen anderer als der im Jagdbezirk vorkommenden Hauptholzarten einer erhöhten Gefährdung ausgesetzt sind, oder Freilandpflanzungen von Garten- oder hochwertigen Handelsgewächsen entsteht, wird, soweit die Länder nicht anders bestimmen, nicht ersetzt, wenn die Herstellung von üblichen Schutzvorrichtungen unterblieben ist, die unter gewöhnlichen Umständen zur Abwendung des Schadens ausreichen[2]. Die Länder können bestimmen, welche Schutzvorrichtungen als üblich anzusehen sind.

ERLÄUTERUNGEN

In dieser Vorschrift werden konkrete Tatbestände genannt, deren Missachtung zu einem vollständigen Wegfall des Schadensersatzanspruches führt, ohne dass der Anteil der Mitschuld zu prüfen ist. 1

Bei land- oder forstwirtschaftliche Kulturen, die durch ihre Seltenheit in einem Gebiet besonders gefährdet oder wertvoll sind, setzt das Jagdgesetz voraus, dass sie in üblicher Weise vor Wild zu schützen sind, um den Ersatzanspruch bei auftretenden Wildschäden zu erhalten. Dazu werden auch Gärten gezählt. Sie sind hierbei im weitesten 2

Sinne zu verstehen; z. B. können auch außerhalb von Ortschaften liegende Freizeitanlagen unter diese Regelung fallen, wenn durch die Art und Seltenheit ihrer Gestaltung (Bepflanzung) das Wild besonders angelockt wird. Freilandpflanzungen von Gartenpflanzen sind z.B. Spargel-, Erdbeer- oder Bohnenfelder.
Forstkulturen mit seltenen Baumarten sind besonders gefährdet. Dies trifft zu, wenn z.B. in einem Kiefernrevier eine Eichenkultur ohne Schutz (Zaun) angelegt wird.
Als geeignete Schutzvorrichtungen können Drahtgeflechtzäune verwendet werden, die gegen Rot- und Damwild 1,80 – sowie Rehwild 1,50 Meter hoch sind.
Hochwertige Handelsgewächse sind u.a. Flachs, Hanf, Mohn, Sonnenblumen oder auch Tabak, wenn sie nach einer Ver- oder Bearbeitung als Rohmaterial für industrielle Zwecke abgegeben werden sollen. Bei allen diesen Sonderkulturen wird es u.a. auf Grund der Größe der Anbaufläche Übergänge zu einer das normale Maß der Gefährdung nicht überschreitenden üblichen Schadensgefahr geben.

3. Jagdschaden

§ 33 Schadensersatzpflicht

(1) Wer die Jagd ausübt, hat dabei die berechtigten Interessen der Grundstückseigentümer oder Nutzungsberechtigten zu beachten, insbesondere besäte Felder und nicht abgemähte Wiesen tunlichst zu schonen. Die Ausübung der Treibjagd auf Feldern, die mit reifender Halm- oder Samenfrucht oder mit Tabak bestanden sind, ist verboten; die Suchjagd ist nur insoweit zulässig, als sie ohne Schaden für die reifenden Früchte durchgeführt werden kann[1].

(2) Der Jagdausübungsberechtigte haftet dem Grundstückseigentümer oder Nutzungsberechtigten für jeden aus missbräuchlicher Jagdausübung entstehenden Schaden; er haftet auch für den Jagdschaden, der durch einen von ihm bestellten Jagdaufseher oder durch einen Jagdgast angerichtet wird[2].

ERLÄUTERUNGEN

1 Das Betretungsrecht des Jägers für den Jagdbezirk bezieht sich auf alle Flächen, die jagdlich genutzt werden. Es wird in diesem Paragraphen durch die Pflicht der allgemeinen Rücksichtnahme auf die Interessen der Grundstückseigentümer eingeschränkt. Intensive Jagdarten sind auf besonders gefährdeten Kulturen ganz unzulässig. Das Befahren des Jagdbezirkes außerhalb der öffentlichen Wege fällt nicht unter das allgemeine Betretungsrecht des Jägers. Es ist nur in Abstimmung mit dem Eigentümer oder für anders nicht durchführbare jagdliche Maßnahmen (Wildabtransport, Bau jagdlicher Einrichtungen) zulässig. Der Abtransport erlegten Wildes aus stehenden Kulturen hat möglichst schonend zu erfolgen; dabei unvermeidliche Schleifschäden o. ä. sind als hinnehmbar anzusehen.
Wird unter Missachtung dieser Grundsätze dem land-, forst-, oder fischereiwirtschaftlichen Nutzer durch eine unangemessene Art der Bejagung ein Schaden zugefügt, handelt es sich um einen Jagdschaden.

2 Entsteht ein Jagdschaden, so haftet der Jagdausübungsberechtigte dem Eigentümer oder dem Nutzungsberechtigten einschließlich der Schäden, die durch Jagdgäste, Jagdaufseher oder sonstiges Jagdpersonal angerichtet werden.
Darüber hinaus kann nach § 39 Abs. 1 das vorsätzliche Verursachen von Jagdschaden gegenüber jedem Verursacher als Ordnungswidrigkeit geahndet werden. Vom Jagdschaden an Grundstücken zu unterscheiden sind so genannte Delikt- oder Haftpflichtschäden anderer Art. Deliktschäden können durch vorsätzliches oder fahrlässiges Handeln des Jagdausübungsberechtigten an Sachen oder Personen verursacht werden. Der Jagdausübungsberechtigte als Verursacher haftet dem Geschädigten. Für die Regulierung solcher Schäden ist die Jagdhaftpflichtversicherung zuständig.

4. Gemeinsame Vorschriften

§ 34 Geltendmachung des Schadens (LJagdG: §§ 27, 28)

Der Anspruch auf Ersatz von Wild- oder Jagdschaden erlischt, wenn der Berechtigte den Schadensfall nicht binnen einer Woche,

nachdem er von dem Schaden Kenntnis erhalten hat oder bei Beobachtung gehöriger Sorgfalt erhalten hätte, bei der für das beschädigte Grundstück zuständigen Behörde anmeldet. Bei Schaden an forstwirtschaftlich genutzten Grundstücken genügt es, wenn er zweimal im Jahre, jeweils zum 1. Mai oder 1. Oktober, bei der zuständigen Behörde angemeldet wird. Die Anmeldung soll die als ersatzpflichtig in Anspruch genommene Person bezeichnen[1].

ERLÄUTERUNGEN

1 In den Paragraphen 34 und 35 werden grundsätzliche Verfahrensvorschriften zur Regulierung von Wild- und Jagdschaden festgelegt, die den Rahmen für weitergehende Regelungen bilden.

Die Meldefrist von einer Woche für bekannt gewordene Wildschäden wurde insbesondere festgeschrieben, um bei der Begutachtung und Schätzung des Schadens vor Ort die Schadensursachen eindeutig erkennen zu können. Der Geschädigte kann den Schaden, sobald er Kenntnis davon erhält, auch ohne vorherige persönliche Besichtigung melden, um der Meldefrist gerecht zu werden. Entscheidend ist der Eingang der Schadensmeldung bei der zuständigen Behörde. Tritt Folgeschaden ein, ist dieser erneut zu melden. Die kurze Frist hat auch den Effekt, dass schnell die notwendigen Maßnahmen zur Verhinderung weiterer Schäden eingeleitet werden können.

Für Schäden an forstlich genutzten Grundstücken wird eine abweichende Regelung für die Meldefrist getroffen. Hier reicht eine Anmeldung zu den Terminen 1. Mai sowie 1. Oktober aus. Diese Fristen sind fachlich begründet, da bei der forstlichen Nutzung die Schäden nicht so schnell verwachsen und deren Ursachen über einen längeren Zeitraum erkennbar bleiben.

Die genannten Fristen stellen eine Ausschlussfrist dar. Werden die Meldefristen nicht eingehalten, so kann dies eine Zurückweisung der Anmeldung des Wildschadens zur Folge haben.

Geht eine Anmeldung objektiv nicht fristgemäß ein, so muss der Geschädigte den Beweis erbringen, dass triftige Hinderungsumstände vorlagen.

§ 35 Verfahren in Wild- und Jagdschadenssachen (LJagdG § 28)

Die Länder können in Wild- und Jagdschadenssachen das Beschreiten des ordentlichen Rechtsweges davon abhängig machen, dass zuvor ein Feststellungsverfahren vor einer Verwaltungsbehörde (Vorverfahren) stattfindet, in dem über den Anspruch eine vollstreckbare Verpflichtungserklärung (Anerkenntnis, Vergleich) aufzunehmen oder eine nach Eintritt der Rechtskraft vollstreckbare Entscheidung (Vorbescheid) zu erlassen ist. Die Länder treffen die näheren Bestimmungen hierüber[1].

ERLÄUTERUNGEN

Es wird festgeschrieben, dass Streitigkeiten zu Wild- und Jagdschadens- 1
sachen durch Beschreiten des ordentlichen Rechtswegs geklärt werden, also die örtlichen Amtsgerichte zuständig sind, wenn es zuvor auf der Behördenebene zu keiner Beilegung des Streits gekommen ist. Weiteres zum behördlichen Vorverfahren regelt eine Verordnung (C 12) zum LJagdG.

VIII. ABSCHNITT: Inverkehrbringen und Schutz von Wild

§ 36 Ermächtigungen (LJagdG: § 42)

(1) Das Bundesministerium[2] wird ermächtigt, durch Rechtsverordnung[1] mit Zustimmung des Bundesrates, soweit dies aus Gründen der Hege, zur Bekämpfung von Wilderei und Wildhehlerei, aus wissenschaftlichen Gründen oder zur Verhütung von Gesundheitsschäden durch Fallwild erforderlich ist, Vorschriften zu erlassen über

1. **die Anwendung von Ursprungszeichen bei der Verbringung von erlegtem Schalenwild aus dem Erlegungsbezirk und der Verbringung von erlegtem Schalenwild in den Geltungsbereich dieses Gesetzes,**
2. **den Besitz, den Erwerb, die Ausübung der tatsächlichen Gewalt oder das sonstige Verwenden, die Abgabe, das Feilhalten, die Zucht, den Transport, das Veräußern oder das sonstige Inverkehrbringen von Wild,**

3. die Ein-, Durch- und Ausfuhr sowie das sonstige Verbringen von Wild in den, durch den und aus dem Geltungsbereich dieses Gesetzes,
4. die Verpflichtung zur Führung von Wildhandelsbüchern,
5. das Kennzeichnen von Wild[1].

(2) Die Länder erlassen insbesondere Vorschriften über
1. die behördliche Überwachung des gewerbsmäßigen Ankaufs, Verkaufs und Tausches sowie der gewerbsmäßigen Verarbeitung von Wildbret und die behördliche Überwachung der Wildhandelsbücher,
2. das Aufnehmen, die Pflege und die Aufzucht verletzten oder kranken Wildes und dessen Verbleib.

(3) Die Vorschriften nach Absatz 1 Nr. 2 und 3 und Absatz 2 Nr. 2 können sich auch auf Eier oder sonstige Entwicklungsformen des Wildes, auf totes Wild, auf Teile des Wildes sowie auf die Nester und die aus Wild gewonnenen Erzeugnisse erstrecken[1].

(4) Rechtsverordnungen nach Absatz 1 Nr. 1 bedürfen des Einvernehmens mit dem Bundesministerium[2] für Wirtschaft und Technologie; Rechtsverordnungen nach Absatz 1 Nr. 3 bedürfen des Einvernehmens mit dem Bundesministerium[2] der Finanzen. Rechtsverordnungen nach Absatz 1 Nr. 2 bis 5 bedürfen, soweit sie Rechtsakte des Rates oder der Kommission der Europäischen Gemeinschaften auf dem Gebiet des Artenschutzes oder Verpflichtungen aus internationalen Artenschutzübereinkommen zu beachten haben, des Einvernehmens mit dem Bundesministerium[2] für Umwelt, Naturschutz und Reaktorsicherheit.

(5) Das Bundesministerium[2] der Finanzen und die von ihm bestimmten Zollstellen wirken bei der Ein-, Durch- und Ausfuhr sowie bei dem sonstigen Verbringen von Wild mit. Das Bundesministerium[2] der Finanzen regelt im Einvernehmen mit dem Bundesministerium[2] durch Rechtsverordnung ohne Zustimmung des Bundesrates die Einzelheiten des Verfahrens nach Satz 1; er kann dabei insbesondere Pflichten zu Anzeigen, Anmeldungen, Auskünften und zur Leistung von Hilfsdiensten sowie zur Duldung von Besichtigungen und von Entnahmen unentgeltlicher Muster und Proben vorsehen. Das Bundesministerium[2] gibt im Einvernehmen mit dem Bundesministerium[2] der Finanzen im Bundesanzeiger die Zollstellen bekannt, bei denen Wild zur Ein-, Durch- und Ausfuhr sowie zum sonstigen Verbringen abgefertigt wird, wenn die Ein-, Durch- und Ausfuhr

sowie das sonstige Verbringen durch Rechtsverordnung nach Absatz 1 Nr. 3 geregelt ist.

ERLÄUTERUNGEN

Das Bundesministerium hat mit dem Erlass der BWildSchV von seinen 1
Ermächtigungen Gebrauch gemacht (C 3).
Die BWildSchV als spezielle Artenschutzvorschrift zum Jagdrecht schränkt für bestandesgefährdete Wildarten gegenüber Jedermann u.a. den Besitz, den Erwerb, den Handel und die Verarbeitung ein, regelt das artgerechte Halten von Greifvögeln und den gewerbsmäßigen Umgang mit Wild.

Absatz 1, Absatz 4 Satz 1 u. 2, Absatz 5 Satz 1–3 i.d.F. des Artikels 2
207 Nr. 2 Buchstabe b und c und Nr. 3 der siebenten Zuständigkeitsanpassungs-Verordnung vom 29. Oktober 2001 (BGBl. I S. 2785), rechtskräftig m.W. vom 07. November 2001, und Artikel 10 des Gesetzes zur Änderung des Finanzverwaltungsgesetzes und anderer Gesetzes vom 14. Dezember 2001 (BGBl. I S. 3714), rechtskräftig m.W. vom 21. Dezember 2001.

§ 36 a (aufgehoben)

IX. ABSCHNITT: Jagdbeirat und Vereinigungen der Jäger

§ 37 (LJagdG: §§ 39, 40)

(1) In den Ländern sind Jagdbeiräte zu bilden, denen Vertreter der Landwirtschaft, der Forstwirtschaft, der Jagdgenossenschaften, der Jäger und des Naturschutzes angehören müssen.

(2) Die Länder können die Mitwirkung von Vereinigungen der Jäger für die Fälle vorsehen, in denen Jagdscheininhaber gegen die Grundsätze der Weidgerechtigkeit verstoßen (§ 1 Abs. 3).

X. ABSCHNITT: Straf- und Bußgeldvorschriften

§ 38 Straftaten[1]

(1) Mit Freiheitsstrafe bis zu fünf Jahren oder mit Geldstrafe wird bestraft, wer

1. einer vollziehbaren Anordnung nach § 21 Abs. 3 zuwiderhandelt,

2. entgegen § 22 Abs. 2 Satz 1 Wild nicht mit der Jagd verschont oder

3. entgegen § 22 Abs. 4 Satz 1 ein Elterntier bejagt[2].

(2) Handelt der Täter fahrlässig[3], so ist die Strafe Freiheitsstrafe bis zu sechs Monaten oder Geldstrafe bis zu einhundertachtzig Tagessätzen[2].

ERLÄUTERUNGEN

1 Neben den hier genannten jagdrechtlichen Straftaten gibt es nach dem StGB (§ 292) den Straftatbestand der Jagdwilderei (D 5), der von unmittelbarer Bedeutung für die Jagd ist. Die jagdrechtlichen Straftatbestände richten sich nur gegen Jagdausübungsberechtigte, die eine strafbare Handlung im Zusammenhang mit einer befugten Jagdausübung begehen. Die Verletzung fremden Jagdrechts, also die Durchführung von jagdlichen Handlungen ohne Befugnis, wird in jedem Fall als Jagdwilderei verfolgt.

2 Mit der Änderung des Bundesjagdgesetzes im November 1996 wurden die Straftatbestände neu geregelt. Einige sind seitdem als Ordnungswidrigkeit eingestuft. Die Bejagung von Wild mit ganzjähriger Schonzeit und von Elterntieren in der Setz- und Brutzeit sind die nach der Neuregelung verbliebenen Straftatbestände.
Die Straftaten werden verfolgt, wenn die Tat vorsätzlich oder fahrlässig begangen wurde. Vorsätzlich handelt, wer die Tat wissentlich oder ahnend (bedingter Vorsatz) der Rechtsfolgen begeht.

3 Die Tat wird geringer bestraft, wenn sie fahrlässig begangen wurde. Fahrlässig handelt, wer eine Tat begeht, ohne dass er sich der Folgen bewusst ist, obwohl er in der Lage gewesen wäre, sich entsprechend über die rechtliche Lage zu informieren, dies aber in Vernachlässigung seiner Sorgfaltspflicht nicht tat.

§ 38 Absatz 1 i.d.F. des Artikel 1 Nr. 3 des Gesetzes zur Änd. BJagdG u. WaffG vom 21. November 1996 (BGBl. I S. 1779) rechtskräftig m.W. vom 27. November 1996.

§ 39 Ordnungswidrigkeiten (LJagdG: § 41)

(1) Ordnungswidrig handelt[1], wer

1. **in befriedeten Bezirken die Jagd ausübt oder einer Beschränkung der Jagderlaubnis (§ 6) zuwiderhandelt;**
2. **auf vollständig eingefriedeten Grundflächen die Jagd entgegen einer nach § 7 Abs. 3 vorgeschriebenen Beschränkung ausübt;**
3. **auf Grund eines nach § 11 Abs. 6 Satz 1 nichtigen Jagdpachtvertrages, einer nach § 11 Abs. 6 Satz 2 nichtigen entgeltlichen Jagderlaubnis oder entgegen § 12 Abs. 4 die Jagd ausübt;**
4. **als Inhaber eines Jugendjagdscheines ohne Begleitperson die Jagd ausübt (§ 16);**
5. **den Vorschriften des § 19 Abs. 1 Nr. 3 bis 9, 11 bis 14, 16 bis 18, § 19 a oder § 20 Abs. 1 zuwiderhandelt;**
6. **zum Verscheuchen des Wildes Mittel anwendet, durch die Wild verletzt oder gefährdet wird (§ 26);**
7. **einer Vorschrift des § 28 Abs. 1 bis 3 über das Hegen, Aussetzen und Ansiedeln zuwiderhandelt;**
8. **den Vorschriften des § 33 Abs. 1 zuwiderhandelt und dadurch Jagdschaden anrichtet;**
9. **den Jagdschein auf Verlangen nicht vorzeigt (§ 15 Abs. 1).**

(2) Ordnungswidrig handelt, wer vorsätzlich oder fahrlässig

1. **die Jagd ausübt, obwohl er keinen gültigen Jagdschein mit sich führt oder obwohl ihm die Jagdausübung verboten ist (§ 41 a);**
2. **den Vorschriften des § 19 Abs. 1 Nr. 1, 2, 10 und 15 zuwiderhandelt;**
3. **Schalenwild oder anderes Wild, das nur im Rahmen eines Abschussplanes bejagt werden darf, erlegt, bevor der Abschussplan bestätigt oder festgesetzt ist (§ 21 Abs. 2 Satz 1), oder wer den Abschussplan überschreitet;**

3 a. **entgegen § 22 Abs. 1 Satz 2 Wild nicht mit der Jagd verschont[2];**

4. **als Jagdausübungsberechtigter das Auftreten einer Wildseuche nicht unverzüglich der zuständigen Behörde anzeigt oder den Weisungen der zuständigen Behörde zur Bekämpfung der Wildseuche nicht Folge leistet (§ 24);**

5. einer Rechtsverordnung nach § 36 Abs. 1 oder 5 oder einer landesrechtlichen Vorschrift nach § 36 Abs. 2 zuwiderhandelt, soweit sie für einen bestimmten Tatbestand auf diese Bußgeldvorschrift verweist;
6. zur Jagd ausgerüstet unbefugt einen fremden Jagdbezirk außerhalb der zum allgemeinen Gebrauch bestimmten Wege betritt.

(3) Die Ordnungswidrigkeit kann mit einer Geldbuße bis zu fünftausend Euro geahndet werden[3].

ERLÄUTERUNGEN

1 Das Ordnungswidrigkeitengesetz (OWiG) legt fest, dass vorsätzlich begangene Ordnungswidrigkeiten generell geahndet werden können. Fahrlässige Verstöße werden nur geahndet, wenn dies ausdrücklich im betreffenden Gesetz festgelegt wird (Absatz 2). Die Tatbestände gemäß Absatz 1 können daher nur bei nachgewiesenem Vorsatz geahndet werden.

2 Absatz 2 Nr. 3 a eingefügt durch Artikel 1 Nr. 4 des Gesetzes zur Änderung des BJagdG u. WaffG vom 21. November 1996 (BGBl. I S. 1779) rechtskräftig m.W. vom 27. November 1996 (vorher Straftatbestand).

3 Es liegt im Ermessen der zuständigen Jagdbehörde, die Höhe der Geldbuße festzulegen. Genauso liegt es gegebenenfalls in ihrem Ermessen zu entscheiden, ob sie eine Ordnungswidrigkeit verfolgt (§ 47 Abs. 1 OWiG).
Wird ein Bußgeld festgelegt, so ist hierzu ein Bescheid zu erlassen. Ein Widerspruch dagegen kann zur Folge haben, dass das zuständige Gericht abschließend entscheidet. Dieses kann gemäß den Umständen auch zum Nachteil des Widerspruchführers entscheiden (§§ 67–78 OWiG, § 411 StPO).
Absatz 3 i.d.F. des Artikel 41 Nr. 2 des Gesetzes zur Umstellung von Vorschriften im land- und forstwirtschaftlichen Bereich auf Euro vom 25. Juni 2001 (BGBl. I S. 1215), rechtskräftig m.W. vom 01. Januar 2002.

§ 40 Einziehung[1]

(1) Ist eine Straftat nach § 38 oder eine Ordnungswidrigkeit nach § 39 Abs. 1 Nr. 5 oder Abs. 2 Nr. 2 bis 3 a[2] oder 5 begangen worden, so können

1. Gegenstände, auf die sich die Straftat oder Ordnungswidrigkeit bezieht, und

2. Gegenstände, die zu ihrer Begehung oder Vorbereitung gebraucht worden oder bestimmt gewesen sind,

eingezogen werden.

(2) § 74 a des Strafgesetzbuches und § 23 des Gesetzes über Ordnungswidrigkeiten sind anzuwenden.

ERLÄUTERUNGEN

Diese Regelung lehnt sich an die Vorschriften der §§ 74 und 74 a StGB 1
zur Einziehung von Gegenständen an. Bei einer Straftat gegen das BJagdG können hiernach Gegenstände und Beute bzw. Tiere, gegen die sich die Tat richtete, oder Teile von ihnen gerichtlich eingezogen werden.
Die Einziehung im Zusammenhang mit den aufgeführten Ordnungswidrigkeiten obliegt der zuständigen unteren Jagdbehörde. Sie hat demnach z.B. die Möglichkeit Trophäen, die gegen die Festlegung des Abschussplanes erbeutet wurden (Fehlabschüsse), oder Abwurfstangen, die ohne schriftliche Erlaubnis des Jagdausübungsberechtigten gesammelt wurden, einzuziehen (§ 39 Abs. 2 Nr. 3 und § 19 Abs. 1 Nr. 17 aus der Aufzählung des Absatz 1). Näheres zum Verfahren der Einziehung im Zusammenhang mit einer Ordnungswidrigkeit regeln §§ 22 ff. OWiG.

Absatz 1 i.d.F. des Artikel 1 Nr. 5 des Gesetzes zur Änd. BJagdG u. 2
WaffG vom 21. November 1996 (BGBl. I S. 1779) rechtskräftig m.W. vom 27. November 1996.

§ 41 Anordnung der Entziehung des Jagdscheines

(1) Wird jemand wegen einer rechtswidrigen Tat

1. nach § 38 dieses Gesetzes,

2. nach den §§ 113, 114, 223 bis 227, 231[1], 239, 240 des Strafgesetzbuches, sofern derjenige, gegen den sich die Tat richtete, sich in

Ausübung des Forst-, Feld-, Jagd- oder Fischereischutzes befand, oder

3. nach den §§ 292 bis 294 des Strafgesetzbuches

verurteilt oder nur deshalb nicht verurteilt, weil seine Schuldunfähigkeit erwiesen oder nicht auszuschließen ist, so ordnet das Gericht die Entziehung des Jagdscheines an, wenn sich aus der Tat ergibt, dass die Gefahr besteht, er werde bei weiterem Besitz des Jagdscheines erhebliche rechtswidrige Taten der bezeichneten Art begehen[2].

(2) Ordnet das Gericht die Entziehung des Jagdscheines an, so bestimmt es zugleich, dass für die Dauer von einem Jahr bis zu fünf Jahren kein neuer Jagdschein erteilt werden darf (Sperre)[3]. Die Sperre kann für immer angeordnet werden, wenn zu erwarten ist, dass die gesetzliche Höchstfrist zur Abwehr der von dem Täter drohenden Gefahr nicht ausreicht. Hat der Täter keinen Jagdschein, so wird nur die Sperre angeordnet. Die Sperre beginnt mit der Rechtskraft des Urteils.

(3) Ergibt sich nach der Anordnung Grund zu der Annahme, dass die Gefahr, der Täter werde erhebliche rechtswidrige Taten der in Absatz 1 bezeichneten Art begehen, nicht mehr besteht, so kann das Gericht die Sperre vorzeitig aufheben.

ERLÄUTERUNGEN

1 Absatz 1 Nr. 2 i.d.F. des Artikel 4, Absatz 10, des Sechsten Gesetzes zur Reform des Strafrechts vom 26. Januar 1998 (BGBl. I S. 164), rechtskräftig m. W. v 01. April 1998 (§ 231 StGB: „Beteiligung an einer Schlägerei", D 5).

2 Diese Regelung ist nur durch ein Gericht anwendbar. Die Entziehung des Jagdscheines durch die Jagdbehörde nach § 18 bleibt von dieser Regelung unberührt. Das Gericht kann die Entziehung des Jagdscheines anordnen, wenn eine Straftat nach § 38, wegen eines Widerstandes (u.a. Nötigung, Körperverletzung) gemäß StGB gegen eine im Forst-, Feld-, Jagd- oder Fischereischutz tätige Person oder wegen Wilderei vorliegt.

3 Die gerichtliche Anordnung einer Jagdscheinerteilungssperre hat zur Folge, dass die Jagdbehörde den Jagdschein für ungültig erklärt und ihn

erst wieder erteilen darf, wenn die gerichtlich festgelegte Dauer der Sperre abgelaufen ist.
Mit dem rechtskräftigen Jagdscheinentzug erlischt gleichzeitig ein eventuell mit dem Inhaber abgeschlossener Jagdpachtvertrag (§ 13).

§ 41 a Verbot der Jagdausübung

(1) Wird gegen jemanden

1. **wegen einer Straftat, die er bei oder im Zusammenhang mit der Jagdausübung begangen hat, eine Strafe verhängt oder**
2. **wegen einer Ordnungswidrigkeit nach § 39, die er unter grober oder beharrlicher Verletzung der Pflichten bei der Jagdausübung begangen hat, eine Geldbuße festgesetzt,**

so kann ihm in der Entscheidung für die Dauer von einem Monat bis zu sechs Monaten verboten werden, die Jagd auszuüben[1].

(2) Das Verbot der Jagdausübung wird mit der Rechtskraft der Entscheidung wirksam. Für seine Dauer wird ein erteilter Jagdschein, solange er nicht abgelaufen ist, amtlich verwahrt; das Gleiche gilt für einen nach Ablauf des Jagdjahres neu erteilten Jagdschein. Wird er nicht freiwillig herausgegeben, so ist er zu beschlagnahmen.

(3) Ist ein Jagdschein amtlich zu verwahren, so wird die Verbotsfrist erst von dem Tage an gerechnet, an dem dies geschieht. In die Verbotsfrist wird die Zeit nicht eingerechnet, in welcher der Täter auf behördliche Anordnung in einer Anstalt verwahrt wird.

(4) Über den Beginn der Verbotsfrist nach Absatz 3 Satz 1 ist der Täter im Anschluss an die Verkündung der Entscheidung oder bei deren Zustellung zu belehren.

ERLÄUTERUNGEN

§ 41 regelt die Entziehung des Jagdscheines infolge begangener und zu befürchtender weiterer Straftaten. 1
Liegt aufgrund der geringeren Schwere der Tat die Voraussetzung für eine Jagdscheinentziehung nicht vor, kann nach § 41 a ein Jagdausübungsverbot ausgesprochen werden. Das Verbot der Jagdausübung stellt keinen rechtskräftigen Jagdscheinentzug dar. Diese Maßnahme

setzt jedoch mindestens grobe oder beharrliche Verletzung der Pflichten des Jagdausübungsberechtigten voraus. Das Jagdverbot ist dann ein Teil der Bestrafung. Die Behörde zieht den Jagdschein für die Dauer des Verbotes ein. Ein bestehender Pachtvertrag erlischt nicht. Der Jagdschein kann auch während der amtlichen Verwahrung verlängert werden, sodass er nach Ablauf der Frist sofort wieder zur Jagdausübung berechtigt.

§ 42 Landesrechtliche Straf- und Bußgeldbestimmungen (LJagdG: § 41)

Die Länder können Straf- und Bußgeldbestimmungen für Verstöße gegen die von ihnen erlassenen Vorschriften treffen, soweit solche nicht schon in diesem Gesetz enthalten sind.

XI. ABSCHNITT: Schlussvorschriften

§ 43 Ablauf von Jagdpachtverträgen[1]

Als Jahr der Beendigung des Krieges im Sinne der Verordnung über die Fortdauer von Jagdpachtverträgen und über die Mitgliedschaft aktiver Wehrmachtsangehöriger bei der Deutschen Jägerschaft während des Krieges vom 19. Februar 1940 in der Fassung der Änderungsverordnung vom 10. Februar 1941 (Reichsgesetzblatt – RGBl. I S. 96) gilt das Jahr 1945. Verpächter und Pächter, die auf Grund dieser Verordnung einen Jagdpachtvertrag bis zu einem späteren Zeitpunkt als dem 31. März 1946 als fortdauernd behandelt haben, können sich für die Zeit bis zum Ende des Jagdjahres, in das dieser Zeitpunkt fällt, spätestens jedoch bis zum 31. März 1953, auf den Ablauf des Vertrages nicht berufen.

§ 44 Sonderregelungen[1]

Die zuständigen Landesregierungen werden ermächtigt, durch Rechtsverordnung im Benehmen mit dem Bundesministerium[2] die Ausübung des Jagdrechts auf der Insel Helgoland und die Jagd auf Wasservögel auf dem Untersee und dem Rhein bei Konstanz abweichend von den Vorschriften dieses Gesetzes zu regeln.

ERLÄUTERUNGEN

Die §§ 43 und 44 haben für das Land Mecklenburg-Vorpommern keine Bedeutung. 1

§ 44 i.d.F des Artikel 207, Nr. 2 Buchstabe c der siebenten Zuständigkeitsanpassung-Verordnung vom 29. Oktober 2001 (BGBl. I S. 2785) rechtskräftig m.W. vom 07. November 2001 (Behördenanpassung). 2

§ 44 a Unberührtheitsklausel

Vorschriften des Lebensmittelrechts[1], Seuchenrechts[2], Fleischhygienerechts[3] und Tierschutzrechts[4] bleiben unberührt.

ERLÄUTERUNGEN

Zusätzlich zu den Bestimmungen des BJagdG nennt § 44 a einige wesentliche Rechtsbereiche, die neben den jagdrechtlichen Bestimmungen Gültigkeit haben und unbedingt zu beachten sind: 1
Das Rahmengesetz für das Lebensmittelrecht bildet das Lebensmittel- und Bedarfsgegenständegesetz (LMBG) i.d.F. der Bekanntmachung vom 09. September 1997 (BGBl. I S. 2296) zuletzt geändert durch Gesetz vom 08. August 2002 (BGBl. I S. 3116). Nach diesem Gesetz sind Wildbret und durch Verarbeitung daraus hergestellte Produkte als Lebensmittel einzustufen. Es ist verboten, Lebensmittel für andere derart herzustellen oder zu behandeln, dass ihr Verzehr geeignet ist, die Gesundheit zu schädigen. Weder durch eine Krankheit, durch unsachgemäßes oder zu spätes Aufbrechen noch durch irgendeine unsachgemäße Lagerung und Behandelung darf eine Gefahr für die Gesundheit des Menschen entstehen. Der Jäger trägt hierfür die Verantwortung gegenüber dem Abnehmer bzw. Verbraucher.

Im Zusammenhang mit der Meldepflicht des Jagdausübungsberechtigten zu § 24 wurde das TierSG (D 8) als Zentralgesetz des Tierseuchenrechts bereits angesprochen. § 24 Abs. 3 TierSG regelt, dass dem Jagdausübungsberechtigten besondere Pflichten zur Seuchenbekämpfung auferlegt werden können (Informations- und Mithilfepflicht). Gleichzeitig wird dort festgeschrieben, dass die von behördlichen Anordnungen zur Seuchenbekämpfung betroffene Tierart durch 2

die Maßnahmen nicht der Gefahr der Ausrottung ausgesetzt werden darf.
Die TollwutV, (D 9) wurde auf der Basis des TierSG erlassen. Hiernach kann u.a. angeordnet werden, dass der Jagdausübungsberechtigte den Fuchs als Tollwutüberträger verstärkt zu bejagen hat (§ 12 Abs. 1).
§ 11 der TollwutV regelt weiterhin, dass alles tollwutverdächtige Wild sofort erlegt und unschädlich beseitigt werden muss. Diese Pflicht trifft auch für Tiere zu, die nicht dem Jagdrecht unterliegen. Seuchenübertragende bzw. verdächtige Tiere sind über den Abschussplan hinaus zu erlegen.

3 Das Fleischhygienerecht wird grundsätzlich mit dem Fleischhygienegesetz (FlHG, D 11) geregelt. Es schreibt im § 1 grundsätzlich die amtliche Untersuchungspflicht für geschlachtete Haustiere vor. Für erlegtes Haarwild wird diese Pflicht teilweise aufgehoben, und zwar, wenn das Fleisch gesund erscheint und es für den Eigenbedarf verwendet, an andere Personen oder in kleinen Mengen an Verarbeitungsbetriebe abgegeben werden soll. Hier hängt es eindeutig vom Jäger ab, auch im Sinne des Lebensmittelgesetzes, das Wildbret sicher als gesund einzuschätzen. Bei Abgaben an Großverbraucher ist davon auszugehen, dass dort eine Fleischuntersuchung notwendig ist.
Für fleischfressende Wildtiere (hierzu zählen auch Allesfresser) ist, wenn sie für den menschlichen Verzehr gedacht sind, eine Trichinenschau nach § 1 Abs. 3 vorgeschrieben. Im Wesentlichen betrifft dies das Wildbret von Wildschweinen, und zwar unabhängig von der Verwendung des Fleisches (Privatverbrauch bis Großhandel).
In den Anlagen zum FIHG werden wichtige einzuhaltende hygienische Anforderungen, beginnend mit dem Aufbrechen über das Beachten von auffälligen Merkmalen, die das Fleisch gesundheitlich bedenklich erscheinen lassen, bis hin zur Lagerung des Wildbrets genannt.
Verstöße gegen die Untersuchungspflicht (Fleischbeschau, Trichinenschau) können eine Straftat darstellen.

4 Die Grundlage für das Tierschutzrecht bildet das TierSchG (D 7). Es lässt an verschiedenen Stellen Ausnahmen von seiner Grundregelung – wonach niemand einem Tier ohne vernünftigen Grund Schmerzen, Leiden oder Schäden zufügen darf – für die weidgerechte Jagdausübung

zu. Es sollen jedoch nicht mehr als unvermeidbare Schmerzen verursacht werden.
Nach diesem Gesetz sind das Hetzen von Tieren mit Tieren und das Töten von Tieren ohne Betäubung im Rahmen weidgerechter Jagdausübung zulässig.
In Gerichtsurteilen wurde festgestellt, dass ein Verstoß gegen § 3 Nr. 8 TierSchG in bestimmten Fällen der Ausbildung zu brauchbaren Jagdhunden an einer lebenden Ente vorliegt. Danach handle es sich um keine weidgerechte Jagdausübung, wenn ein Jagdhund auf eine vorübergehend flugunfähig gemachte lebende Ente gehetzt wird (Hessischen VGH, Urteil vom 6. November 1996, Az: 11 TG 4486/96; Oberverwaltungsgericht Schleswig, Urteil vom 17. März 1998(Az: 4 L 219/94,).

§ 45 (Aufgehoben durch Artikel 1 Nr. 6 des Gesetzes zur Änd. BJagdG u. WaffG vom 21. November 1996 (BGBl. I S. 1779), rechtskräftig m. W. vom 27. November 1996.)

§ 46 In-Kraft-Treten des Gesetzes[1]

(1) (In-Kraft-Treten der ursprünglichen Fassung des Gesetzes)

(2) (Aufhebung von Vorschriften)

(3) Verweisungen auf Vorschriften, die nach Absatz 2 außer Kraft getreten sind, gelten als Verweisungen auf die entsprechenden Vorschriften dieses Gesetzes oder die entsprechenden landesrechtlichen Vorschriften.

ERLÄUTERUNGEN

In der Zeit vom 03. Oktober 1990 bis 31. März 1992 galt gemäß **1**
Artikel 3 des Einigungsvertrags das BJagdG im Gebiet der neuen Bundesländer mit folgender Maßgabe:
„In Abweichung vom II. Abschnitt „Jagdbezirke und Hegegemeinschaften“ und III. Abschnitt „Beteiligung Dritter an der Ausübung des Jagdrechts“ sind, solange die zur Ausübung des Jagdrechts erforderlichen landesjagdrechtlichen Vorschriften in dem in Artikel 3 des Vertrages genannten Gebiet noch nicht in Kraft getreten sind, die am

Tag des Wirksamwerdens des Beitritts im vorgenannten Gebiet geltenden Vorschriften über die Jagdausübung durch die Jagdgesellschaften innerhalb der bestehenden Jagdgebiete noch anzuwenden, jedoch nicht über den 31. März 1992 hinaus.“

B Jagdgesetz des Landes Mecklenburg-Vorpommern (Landesjagdgesetz – LJagdG M-V)

Vom 22. März 2000 (GVOBl. M-V S. 126), geändert durch Artikel 32 des Gesetzes vom 22. November 2001 (GVOBl. M-V S. 438)

Vorbemerkung

Die hierarchische Struktur von Bundes- und Landesgesetz macht es notwendig, zu bestimmten Sachverhalten sowohl hier wie dort nachzulesen. Der bei den Paragrafen des Landesjagdgesetzes genannte Verweis auf den oder die Paragrafen des Bundesgesetzes mit gleichem Bezug ermöglicht schnelles Nachschlagen dort und wird auch unbedingt empfohlen. Die Erläuterungen zu beiden Gesetzen ergänzen einander und informieren erst so umfassend.

Inhaltsübersicht:

Abschnitt 4
Jagdschein und Gebühren

Abschnitt 5
Jagdbeschränkungen und Jagdschutz

Abschnitt 6
Wild- und Jagdschaden

Abschnitt 7
Besondere Rechte und Pflichten bei der Jagdausübung

Abschnitt 8
Jagdverwaltung

Präambel

Die freilebende Tierwelt ist wesentlicher Bestandteil der Natur. Sie ist als Teil der überregionalen natürlichen Umwelt in ihrer Vielfalt zu bewahren[1]. Die Hege ist eine gesellschaftliche Aufgabe[2] und hat die Nachhaltigkeit der Vorkommen an heimischen Wildtierarten zu gewährleisten[3].

ERLÄUTERUNGEN

Die neuformulierte Präambel unterstreicht die enge Verbindung zwischen Jagdwesen und Naturschutz, indem sie die Hege des Wildes gemäß § 1 BJagdG als wesentliche Aufgabe im Rahmen des Erhalts der gesamten, vielfältigen Naturausstattung unseres Landes einordnet. **1**

Aus dieser Einordnung begründet sich die Hegepflicht der Jäger nicht nur aus der Wahrnehmung spezifischer Rechte aus Eigentum oder Pacht, sondern ebenso als Verpflichtung gegenüber der Gesellschaft. Gleicherweise ist damit jedoch auch die Gesellschaft selbst verpflichtet, zur Erhaltung des Wildes beizutragen. Der weitgespannte Bogen dessen reicht von der Erhaltung der Lebensräume bis zur Rücksichtnahme auf die Lebensbedürfnisse der Wildtierarten im Rahmen aller Bereiche der Landnutzung wie der Land- und Forstwirtschaft oder des Tourismus. **2**

3 Die mit der Jagd verbundene Nutzung von Wildpopulationen unterliegt durch die Abschussplanung, vor allem aber auch aus revierbezogener Verantwortung heraus einer Beschränkung insoweit, als durch die Bejagung keine Wildtierpopulation in ihrem Bestand gefährdet werden darf. Der dafür gängige Slogan „Jagd nutzt, was nachwächst" hat dabei gleichermaßen für die sich bei uns fortpflanzenden wie für die wandernden, bei uns nur zeitweilig heimischen Arten zu gelten.

ABSCHNITT 1 Grundsätze

§ 1 **Gesetzeszweck** (zu § 1 BJagdG)

Dieses Gesetz soll ergänzend zum Bundesjagdgesetz (BJagdG) vom 29. September 1976 (BGBl. I S. 2849), zuletzt geändert durch Artikel 4 Abs. 10 des Gesetzes vom 26. Januar 1998 (BGBl. I S.164), und zur Bundeswildschutzverordnung[1] vom 25. Oktober 1985 (BGBl. I S. 2040) dazu dienen,

1. **einen artenreichen und gesunden[2] Wildbestand in einem ausgewogenen Verhältnis zu seinen natürlichen Lebensgrundlagen[3] als besonderen Landesreichtum zu erhalten,**
2. **bedrohte Wildarten zu schützen,**
3. **die natürlichen Lebensgrundlagen des Wildes zu sichern und zu verbessern[4],**
4. **die von jagdbaren Tieren verursachten Schäden am Wald und auf landwirtschaftlichen Kulturen auf ein tragbares Maß[5] zu begrenzen,**
5. **die jagdlichen Interessen mit den sonstigen öffentlichen Belangen, insbesondere mit denen der Landeskultur, des Naturschutzes und der Landschaftspflege, in Einklang zu bringen[6].**

ERLÄUTERUNGEN

1 Die vom Bundeslandwirtschaftsminister erlassene Bundeswildschutzverordnung (C 3) setzt EG-Bestimmungen u.a. über Besitz-, Verwendungs- und Handelsbeschränkungen für bestimmte Wildarten in Bundesrecht um. Da damit u.a. das Verfügungsrecht der Jagdausübungsberechtigten über tot gefundene oder erlegte Wildtiere bestimmter Arten eingeschränkt wird, ist die Kenntnis dieser Verordnung für jeden Jäger unerlässlich (vgl. Erl. 1 zu § 36 BJagdG).

Die Forderung nach Erhalt eines gesunden Wildbestandes bezieht sich nicht nur auf dessen Schutz vor Krankheiten verschiedenster Art, sondern auch auf dessen Gliederung gemäß der artspezifischen Sozialstruktur besonders durch einen angemessenen Anteil vollentwickelter, älterer Tiere am Bestand. 2

Den Wildbestand in einem ausgewogenen Verhältnis zu seinen natürlichen Lebensgrundlagen zu erhalten, stellt den Grundsatz dar, durch den überhöhte, untragbare Schäden in der Land- und Forstwirtschaft verursachende Wildbestände (in Absatz 4 noch einmal explizit gefordert) ebenso ausgeschlossen werden sollen wie eine unnatürliche Erhöhung der Lebensgrundlagen z.B. durch Fütterung (vgl. § 18). 3

Unterstreicht die bereits in § 1 Abs. 2 BJagdG enthaltene Pflicht, sich nicht nur um den Wildbestand selbst zu bemühen, sondern gleicherweise um dessen Lebensraum und die in ihm gegebenen Lebensbedingungen („Biotophege"): Die Erhaltung einer Wildtierart setzt die Erhaltung der von ihr benötigten Lebensräume voraus. Die Pflicht dazu obliegt der Jägerschaft ebenso wie anderen gesellschaftlichen Bereichen (s. Präambel Satz 3). 4

Das „tragbare Maß" von Schäden wird naturgemäß vom Einzelnen sehr unterschiedlich gesehen. Es kann in grundsätzlicher Sicht jedoch nicht individuell beurteilt werden, sondern ergibt sich aus der Abwägung der schadenbedingten wirtschaftlichen Verluste gegenüber der gesellschaftlichen Verpflichtung zum Erhalt artenreicher Wildbestände. Da in der vom Menschen geformten Kulturlandschaft die großen pflanzenfressenden Tiere selbst in sehr geringer Anzahl nicht leben können, ohne bestimmte Schäden an Kulturpflanzen zu verursachen, müssen solche im Interesse der Arterhaltung auch von der Gesellschaft in Kauf genommen werden. 5

Damit wird der einzelne Landnutzer jedoch nicht verpflichtet, diese Schäden allein zu tragen. Die durch Schalenwild, Wildkaninchen und Fasanen angerichteten Schäden (abgesehen von solchen an besonderen Kulturen, vgl. § 32 BJagdG) sind ihm zu ersetzen (s. § 29 BJagdG).

Jagdliche Interessen mit sonstigen öffentlichen Belangen in Einklang zu bringen, ergibt sich aus der fast immer konkurrierenden Nutzung des Landes, verbunden mit Eingriffen in Naturhaushalt und Landschaft. In 6 der Abwägung der Belange sind auf der jagdlichen Seite nicht individuelle Interessen der Jäger von Gewicht, sondern die zur Erhaltung der Wildbestände, auch von jagdrechtlich geschützten Arten (Wild ohne Jagdzeit), gegebenen Erfordernisse. Die Beziehungen zum Naturschutz sind geprägt durch gemeinsame Ziele (Schutz und Erhaltung der Wildtierarten), wobei die Jagd gleichzeitig die spezielle Aufgabe der Regulation bei den landeskulturell bedeutsamen Arten zu erfüllen hat. Daraus resultieren Jagd- und Naturschutzrecht als zwei eigenständige Rechtskreise, die einander ergänzen.

ABSCHNITT 2 Jagdbezirke und Jagdausübungsrecht

§ 2 Gestaltung der Jagdbezirke (zu § 5 BJagdG)

(1) Die Abrundung von Jagdbezirken wird von der Jagdbehörde auf Antrag der Beteiligten[1] oder von Amts wegen vorgenommen. Hierbei soll die Gesamtgröße der Jagdbezirke wenig verändert werden[2]. Jagdabrundungen, durch die ein Jagdbezirk seine gesetzliche Mindestgröße verliert, sind, außer in den Fällen des Absatzes 3, unzulässig.

(2) Der Eigentümer einer Grundfläche, die einem Eigenjagdbezirk angegliedert wird, hat gegen den Eigentümer, dessen Grundflächen den Eigenjagdbezirk bilden, einen Anspruch auf eine angemessene ortsübliche Entschädigung. Als angemessene ortsübliche Entschädigung ist der Pachtpreis anzusehen, der für den gemeinschaftlichen Jagdbezirk der Gemeinde gezahlt wird, in der der Eigenjagdbezirk liegt, oder, wenn in einer Gemeinde mehrere gemeinschaftliche Jagdbezirke bestehen oder der Eigenjagdbezirk sich über mehrere Gemeinden erstreckt, der Durchschnittspachtpreis der an den Eigenjagdbezirk angrenzenden gemeinschaftlichen Jagdbezirke. Bei verpachteten Eigenjagdbezirken hat der Eigentümer einen Anspruch auf eine anteilmäßige Entschädigung in Höhe des Pachtpreises, wenn dieser höher ist als die nach Satz 2 zu zahlende Entschädigung.

(3) Wird der tatsächliche Zusammenhang eines Jagdbezirkes durch ein Bauwerk (Kanal, Wildschutzzaun oder ähnliche Anlagen) unterbrochen, das für das Wild im Allgemeinen ein nicht zu überwinden-

des Hindernis darstellt, kann die Jagdbehörde Maßnahmen nach § 5 des Bundesjagdgesetzes treffen[3].

(4) Jagdbezirke, die infolge von Abrundungen nach Absatz 3 die vorgeschriebene Mindestgröße nicht mehr aufweisen, verlieren ihre Eigenschaft als selbstständige Jagdbezirke nur dann, wenn durch die Abrundung die bejagbare Fläche die Mindestgröße um mehr als ein Drittel unterschreitet[4]. In diesem Fall sind die Restflächen – soweit ein Jagdpachtvertrag besteht, nach dessen Ablauf – benachbarten Jagdbezirken anzugliedern.

ERLÄUTERUNGEN

Beteiligte in diesem Sinn sind zunächst die Eigentümer eines Eigenjagd- **1** bezirkes oder die Jagdgenossenschaften für gemeinschaftliche Jagdbezirke; greift die Abrundung in ein laufendes Pachtverhältnis ein, jedoch auch die Pächter. Zweckmäßig ist es, notwendig werdende Abrundungen zum Termin von Neuverpachtungen oder Pachtverlängerungen vorzunehmen.
Wird eine Abrundung aus Erfordernissen der Jagdpflege und Jagdausübung als notwendig betrachtet (s. dazu die Erläuterungen zu § 5 BJagdG), richten die Beteiligten gemeinsam einen schriftlichen Abrundungsvorschlag an die Jagdbehörde. Einigen sich die Beteiligten nicht, kann die Jagdbehörde nach deren Anhörung eine Abrundung von Amts wegen vornehmen.

Der zur Abrundung führende Flächenaustausch zwischen den Jagd- **2** bezirken soll möglichst im Verhältnis 1 : 1 erfolgen. Unter den möglichen Varianten ist eine solche zu bevorzugen, die nicht nur durch eine klare Grenzziehung eine ordnungsgemäße Jagdausübung gestattet, sondern zugleich nicht durch eine Zerschneidung von Einständen etc. den Belangen des Wildes widerspricht.

In solchen Fällen wird die Behörde den durch das trennende Bauwerk **3** abgegrenzten Teil des Jagdbezirkes einem angrenzenden Bezirk zuordnen. Besteht die Möglichkeit dazu, erfolgt das als Abrundung durch Flächenaustausch gemäß Abs. 1; andernfalls erfolgt eine Angliederung an den angrenzenden Jagdbezirk.

Erst wenn sich durch die Abrundung die bejagbare Fläche eines Eigen- **4** jagdbezirkes unter 50 ha oder die eines gemeinschaftlichen Jagdbezirkes unter 100 ha verringert, verlieren sie ihre Eigenschaft als selbstständige Jagdbezirke. Ihre Flächen werden von der Jagdbehörde benachbarten Jagdbezirken angegliedert.

§ 3 Eigenjagdbezirke (zu § 7 BJagdG)

(1) Ist der Eigentümer oder der Nutznießer eines Eigenjagdbezirkes eine juristische Person oder eine Personengemeinschaft[1], und wird die Jagd weder durch Verpachtung noch durch angestellte Jäger ausgeübt, so sind jagdausübungsberechtigt diejenigen, die der Verfügungsberechtigte der Jagdbehörde benennt[2]. Diese kann ihm hierzu eine angemessene Frist setzen. Benennt der Verfügungsberechtigte innerhalb dieser Frist keine geeignete Person, so kann die Jagdbehörde die zur Ausübung und zum Schutze der Jagd erforderlichen Anordnungen auf seine Kosten treffen. Für die Benennung gelten § 11 des Bundesjagdgesetzes und § 11 entsprechend[3], sofern der Benannte ein Entgelt für seine Benennung zu entrichten hat. Die Benennung endet bei einem Eigentumswechsel mit dem Besitzübergang.

(2) Die Jagdbehörde kann die Zahl der Jagdausübungsberechtigten auf einer Grundfläche bis zu 250 Hektar auf zwei beschränken und für jede weiteren 150 Hektar um einen erhöhen[4].

(3) Der Eigentümer eines Eigenjagdbezirkes kann durch schriftliche Erklärung gegenüber der Jagdbehörde auf die Selbstständigkeit seines Jagdbezirkes verzichten[5]. Im Falle des Verzichts gliedert die Jagdbehörde den Jagdbezirk im Einvernehmen mit den beteiligten Eigentümern einem anderen an; sofern Gründe der Jagdpflege und Wildhege dem nicht gegenüberstehen, hat sie den Jagdbezirk dem mit der längsten gemeinsamen Grenze anzugliedern. Auf Antrag des Eigentümers ist die Angliederung wieder aufzuheben. Der Antrag kann nur mit einer Frist von sechs Monaten zum Ende des Jagdjahres (1. April bis 31. März) und, wenn der Bezirk ganz oder zum Teil Bestandteil eines verpachteten Jagdbezirkes geworden ist, zum Ende der Pachtzeit gestellt werden[6].

(4) Die oberste Jagdbehörde kann durch Verordnung[7] Vorschriften über die Erklärung der im § 7 Abs. 3 des Bundesjagdgesetzes genannten Flächen zu Eigenjagdbezirken erlassen und die Jagdausübung in diesen Bezirken beschränken.

ERLÄUTERUNGEN

Unter den juristischen Personen gehören dem Land Mecklenburg-Vor- 1
pommern, den Kommunen, der Bodenverwertungs- und -verwaltungsgesellschaft (BVVG) als Treuhand-Nachfolge-Institution, großen Landwirtschaftsbetrieben sowie den Kirchen die meisten Eigenjagdbezirke im Land, für deren jagdliche Nutzung sie die nachfolgend genannten Möglichkeiten haben.

Bei der Verpachtung oder der Benennung von Jägern wird das Jagd- 2
ausübungsrecht übertragen, bei der Nutzung durch angestellte Jäger verbleibt es bei der juristischen Person.

Dieser Bezug auf das BJagdG für Benennungen, für die der Benannte 3
ein Entgelt zu zahlen hat, lässt u.a. eine Benennung nur solcher Jäger zu, die schon vorher während dreier Jahre einen Jagdschein in Deutschland besessen haben und deren Jagdausübungsrecht sich auf insgesamt nicht mehr als 1000 ha Fläche erstreckt. Die Benennung muss mindestens für 9 Jahre gelten; bei einem vorzeitigen Eigentumswechsel endet sie jedoch mit dem Besitzübergang.

Während die Höchstzahl von Pächtern auch in Eigenjagdbezirken 4
beschränkt ist (vgl. § 11 Abs. 2), kann die Zahl der Benennungen (entgeltlich oder unentgeltlich) durch die Jagdbehörde beschränkt werden; ihre Höchstzahl entspricht dann der auf der Fläche zulässigen Pächter. Aus Gründen der Wildhege sollten Abweichungen hiervon nur unter sehr speziellen Bedingungen zugelassen werden.

Zu Beginn der ersten Verpachtungsperiode 1992 ist ein solcher Verzicht 5
relativ häufig ausgesprochen und der Eigenjagdbesitzer Jagdgenosse geworden. Der Verzicht auf Selbstständigkeit des Jagdbezirkes ist zweckmäßig, wenn die dazu gehörenden Flächen kaum bejagbar sind (z. B. relativ kleine, reine Ackerflächen ohne Einstände und ohne aufgliedernde Geländestrukturen) oder bei übergreifender Landnutzung keine offenkundigen Grenzen zum angrenzenden Jagdbezirk aufweisen.

Mit dem nunmehr bevorstehen Ende vieler Pachtverhältnisse ist die 6
Angliederung, sofern ein Antrag des Eigentümers vorliegt, wieder zu beenden, wie auch die bis zum Pachtende gültige Einbeziehung zwi-

schenzeitlich entstandener Eigenjagdbezirke erlischt. Die Anträge auf Selbstständigkeit der Eigenjagdbezirke sind mit einer Frist von 6 Monaten zum Ende der Pachtzeit zu stellen.

7 Eine solche Verordnung wurde in Mecklenburg-Vorpommern bisher nicht erlassen.

§ 4 Gemeinschaftliche Jagdbezirke (zu § 8 BJagdG)

(1) Weisen die zusammenhängenden Grundflächen einer Gemeinde, die nicht zu einem Eigenjagdbezirk gehören, einschließlich der Grundflächen, auf denen die Jagd ruht, nicht die Mindestgröße von 150 Hektar auf[1], sind sie von der Jagdbehörde einem oder mehreren Jagdbezirken anzugliedern. Werden sie von einem Jagdbezirk umschlossen (Enklaven)[2], sind sie dessen Bestandteil.

(2) Zuständige Behörde im Sinne von § 8 Abs. 2 und 3 des Bundesjagdgesetzes ist die Jagdbehörde.

ERLÄUTERUNGEN

1 Hiermit ist die bisherige Mindestgröße gemeinschaftlicher Jagdbezirke von 350 ha aufgehoben und die Regelung des BJagdG dazu unmittelbar übernommen worden. Damit wurde dem Umstand Rechnung getragen, dass bislang vielerorts auf Grund des Herauslösens auch relativ kleiner Eigenjagdbezirke der bisherige gemeinschaftliche Jagdbezirk aufhörte zu existieren. Nunmehr bleibt er in vielen Fällen bestehen.
Wird die Mindestgröße nicht erreicht, gibt es zwei Möglichkeiten: Bei gegebenem räumlichem Zusammenhang können die Grundstückseigentümer beantragen, mit dem benachbarten Gemeinschaftsjagdbezirk zusammengelegt zu werden, andernfalls gliedert die Jagdbehörde die Flächen von Amts wegen einem oder mehreren anderen Jagdbezirken an. In Anlehnung an die Regelung in § 3 Abs. 3 soll das vorrangig an den Jagdbezirk mit der längsten gemeinsamen Grenze erfolgen.
Mit der geänderten Mindestgröße insgesamt verbunden ist der Wegfall der Forderung nach einer Mindestgröße der Teile von 500 ha bei der Teilung eines gemeinschaftlichen Jagdbezirkes in mehrere selbstständige Teiljagdbezirke. Auch hier gilt jetzt unmittelbar § 8 Abs. 3 BJagdG, nach der jeder Teiljagdbezirk mindestens 250 ha umfassen muss.

Enklaven besitzen keinen Zusammenhang mit den anderen Grundflächen der Gemeinde. Haben sie als zusammenhängende Flächen nicht selbst die Mindestgröße von 150 ha (aus der sich die Eigenschaft als – eventuell zweiter – gemeinschaftlicher Jagdbezirk begründen würde), sind sie per Gesetz Bestandteil des umgebenden Eigenjagdbezirkes. Mit dieser allgemeinen Regelung ist eine Vielzahl bisher notwendiger Verwaltungsakte der Jagdbehörden nicht mehr erforderlich. 2
Die Grundeigentümer der Enklave gehören nicht zur Jagdgenossenschaft des gemeinschaftliches Jagdbezirkes, sondern bilden eine Angliederungsgenossenschaft (s. § 9).

§ 5 Befriedete Bezirke (zu § 6 BJagdG)

(1) Befriedete Bezirke sind[1]:

1. Gebäude, die zum Aufenthalt von Menschen[2] dienen, und Gebäude, die mit solchen Gebäuden räumlich zusammenhängen,
2. Hofräume und Hausgärten, die unmittelbar an eine Behausung angrenzen und durch eine Umfriedung[3] begrenzt oder sonst vollständig abgegrenzt sind,
3. umzäunte landwirtschaftliche Betriebsstätten[4],
4. Tiergehege,
5. Friedhöfe, öffentliche Parkanlagen sowie Sport- und Spielplätze[5], die mit bebauten Bereichen im Zusammenhang stehen,
6. Autobahnen,
7. Liegenschaften des Bundesministers der Verteidigung unter 75 Hektar, die durch eine Umfriedung oder amtliche Schilder begrenzt sind,
8. Kleingärten.

(2) Die Jagdbehörde kann auf Antrag des Eigentümers oder Nutzungsberechtigten oder von Amts wegen ganz oder teilweise zu befriedeten Bezirken erklären:

1. öffentliche Anlagen sowie Grundflächen, die durch Einzäunung oder auf andere Weise gegen den Zutritt von Menschen abgeschlossen, deren Eingänge absperrbar sind und die keine Einsprünge haben,
2. künstliche Fischteiche mit darin gelegenen Inseln und andere Wasserflächen ab 100 Meter von der Uferlinie[7].

(3) Der Eigentümer oder Nutzungsberechtigte und die von ihm Beauftragten dürfen in befriedeten Bezirken Füchse, Steinmarder,

Iltisse und Wildkaninchen[8] innerhalb der Jagdzeit tierschutzgerecht fangen[9], töten und sich aneignen. Eines Jagdscheines bedarf es nicht. Anderes Wild ist, wenn es lebensfähig in den Besitz des Grundeigentümers oder Nutzungsberechtigten kommt, im Jagdbezirk in Freiheit zu setzen. Verendetes oder nicht lebensfähiges Wild darf sich der Jagdausübungsberechtigte des Jagdbezirkes aneignen. Die Jagdbehörde kann auf Antrag Ausnahmen zulassen.

(4) In befriedeten Bezirken kann die Jagdbehörde Jagdscheininhabern die Erlaubnis zum Erlegen von Wild erteilen[10]. Die von der Jagdbehörde beauftragten Personen gelten als Beauftragte der Eigentümer.

(5) Schusswaffen dürfen in befriedeten Bezirken nur mit Erlaubnis der Jagdbehörde verwendet werden. Die Erlaubnis darf nur Jagdscheininhabern erteilt werden.

(6) Der Jagdausübungsberechtigte und der von diesem beauftragte Inhaber einer Jagderlaubnis haben das Recht, befriedete Bezirke innerhalb des Jagdbezirkes, auf den sich die Berechtigung erstreckt, zur Tötung schwerkranken Wildes und zur Aneignung von verendetem Wild zu betreten. Die Wildfolge durch anerkannte Schweisshundeführer (§ 32 Abs. 3) ist zu dulden. Der Eigentümer oder Nutzungsberechtigte ist unverzüglich[11] zu benachrichtigen.

ERLÄUTERUNGEN

1 Auf den in Absatz 1 genannten Flächen ruht die Jagd Kraft Gesetz und ohne Ausnahme, während sich die Befriedung auf den in Absatz 2 genannten Flächen erst aus einer entsprechenden Erklärung der Jagdbehörde ergibt.
Die befriedeten Grundstücke zählen innerhalb eines Gemeinschaftsjagdbezirkes mit zu dessen Fläche, nicht dagegen bei Eigenjagdbezirken.

2 Nicht zum Aufenthalt von Menschen bestimmte Gebäude, bei denen ein derartiger räumlicher Zusammenhang nicht gegeben ist (z.B. einzelstehende Feldscheunen, Lagerhallen u.ä.), fallen nicht unter die Befriedung, in ihnen ist eine „normale“ Jagdausübung zulässig.

3 An die Art der Umfriedung werden dabei keine besonderen Ansprüche gestellt, wenn nur der Wille des Eigentümers oder Nutzungsberechtig-

ten zur Abgrenzung deutlich gemacht wird. Auch lückenhafte Zäune, Hecken, Grenzgräben o.ä. genügen dem.
Wochenendhäuser sind streng genommen zwar keine Behausungen und an sie angrenzende Gärten daher keine befriedeten Bezirke, doch empfiehlt es sich dringend, eine eventuelle Bejagung mit dem Eigentümer oder Nutzungsberechtigten abzustimmen.

Dazu gehören Betriebshöfe, Stallanlagen usw., nicht jedoch ständig oder zweitweilig abgezäunte Weideflächen (Koppeln) wie auch eingezäunte Forstkulturen. **4**

Öffentliche Parkanlagen gehen nicht selten übergangslos in die Landschaft über. Die Grenzziehung zwischen beiden sollte schon im Flächenkataster des Jagdbezirkes eindeutig festgelegt werden. **5**
Nicht unter die Befriedung fallen großflächige Golfplätze in ihrer Gesamtheit! Zwar gelten für die Betriebsgebäude und deren abgegrenzte unmittelbare Umgebung die Ziffern 1 und 2 des § 5, die ausgedehnten Spielflächen jedoch sind „normal" bejagbare Teile von Jagdbezirken. Der rege Publikumsverkehr auf den Grünflächen und deren erhöhte Gefährdung durch Schwarzwildschäden sind auf Golfplätzen immer problematisch; für eine reibungsfreie Jagdausübung auf ihnen empfehlen sich daher eindeutige Regelungen und Abstimmungen bereits bei der Verpachtung des Jagdbezirkes bzw. bei der Regelung des Jagdausübungsrechts durch den Eigentümer oder Verfügungsberechtigten eines Eigenjagdbezirkes.

Die Befriedung öffentlicher Anlagen durch die Jagdbehörde setzt nicht das Vorhandensein einer Umfriedung voraus; beim Fehlen einer solchen empfiehlt sich auch hier eine eindeutige Festlegung der Grenzen im Jagdkataster. **6**

Bei der Befriedung größerer Gewässer bleibt ein uferparalleler Streifen in Breite von 100 Metern – sofern dieser zum landseitigen Jagdbezirk gehört – für die Jagdausübung frei. **7**

Mit den angegebenen Arten beschränkt sich die Freigabe auf Raubwild, das erhebliche Verluste in Geflügelhaltungen etc. anrichten kann, sowie auf die in Gärten schadenverursachenden Wildkaninchen. Anderem Wild, etwa Rehen, die in Gärten zu Schaden gehen, darf von Nichtjagdscheininhabern nicht nachgestellt werden. Werden andere als die **8** genannten Tiere zufällig erbeutet, dürfen Grundeigentümer oder Nutzungsberechtigten sie sich nicht aneignen!

9 Die Forderung nach tierschutzgerechtem Fang innerhalb der Jagdzeit unterwirft den Fänger in befriedeten Bezirken den gleichen Einschränkungen, wie sie auch für die normale Jagdausübung gelten. Rechtzeitige Information darüber bei einem Jagdscheininhaber oder sicherer noch die Beauftragung eines solchen mit dem Fang ist zu empfehlen.

10 Sollte es notwendig werden, andere als die genannten Wildarten in befriedeten Bezirken zu bejagen, kann die Jagdbehörde dafür sowie ebenso wie für den Einsatz von Schusswaffen eine Erlaubnis, jedoch nur an Jagdscheininhaber, erteilen. Gegebenenfalls kann sie in Zusammenhang damit auch über das Aneignungsrecht für das erbeutete Wild entscheiden. Derartige Regelungen können insbesondere für Parke, Friedhöfe und ähnliche Anlagen in Städten erforderlich sein, wobei insbesondere an den Schusswaffengebrauch strenge Maßstäbe anzulegen sind.

11 Die Jäger des angrenzenden oder umgebenden Jagdbezirkes können befriedete Bezirke betreten, um schwerkrankes Wild zu töten und sich totes Wild anzueignen. Sie sind also auch ohne Vorliegen einer Wildfolgevereinbarung (die ja nur zwischen benachbarten Jagdbezirken abgeschlossen werden kann) zur Nachsuche in den befriedeten Bezirk hinein berechtigt und verpflichtet, gleichzeitig jedoch gehalten, darüber den Eigentümer oder Nutzungsberechtigten anschließend unverzüglich zu informieren.

§ 6 Bejagbare Flächen gemeinschaftlicher Jagdbezirke

Sinkt die bejagbare Fläche eines gemeinschaftlichen Jagdbezirks um mehr als ein Drittel unter die gesetzliche Mindestgröße[1], so erlischt der gemeinschaftliche Jagdbezirk. Restflächen werden von den Jagdbehörden einem oder mehreren umliegenden Jagdbezirken angegliedert.

ERLÄUTERUNGEN

1 Die zusammenhängenden Grundflächen einer Gemeinde müssen einschließlich derer, auf denen die Jagd ruht, eine Mindestgröße von 150

Hektar aufweisen, um einen gemeinschaftlichen Jagdbezirk zu bilden. Können davon nicht wenigstens 100 Hektar bejagt werden – überschreitet die Summe der befriedeten Bezirke also 50 Hektar, erlischt dieser Jagdbezirk und die Flächen werden anderen angegliedert (vgl. § 4 Erl. 1)

§ 7 Gebietsänderungen

Werden mehrere Gemeinden zu einer neuen Gemeinde zusammengeschlossen oder werden Flächen einer Gemeinde in eine andere Gemeinde eingegliedert, so bleiben die gemeinschaftlichen Jagdbezirke im Gebiet der neuen oder vergrößerten Gemeinde bestehen[1]. Die Jagdbehörde kann auf Antrag der Jagdgenossenschaften die Jagdbezirke zusammenlegen[2].

ERLÄUTERUNGEN

Mit dieser neuen Regelung bleiben bei einem Zusammenschluss poli- **1**
tischer Gemeinden die derzeitigen Gemeinschaftsjagdbezirke erhalten. Deren Definitionen nach den § 8 BJagdG und §§ 4 und 6 beziehen sich weiterhin auf die Territorien der ursprünglichen Gemeinden, für die auch die Jagdgenossenschaften bestehen bleiben. In der neuen, größeren Gemeinde kann es dann also mehrere Gemeinschaftsjagdbezirke und Jagdgenossenschaften geben!

Eine solche Zusammenlegung ist erst bei Ablauf bestehender Jagd- **2**
pachtverträge möglich, sofern nicht die beteiligten Pächter ihre Zustimmung dazu geben.

§ 8 Jagdgenossenschaft (zu § 9 BJagdG)

(1) Die Jagdgenossenschaft ist eine Körperschaft des öffentlichen Rechts[1].

(2) Sie untersteht der Fachaufsicht der Jagdbehörde[2].

(3) Die Jagdgenossenschaft gibt sich eine Satzung, die der Genehmigung der Jagdbehörde bedarf. Die oberste Jagdbehörde kann eine Mustersatzung erlassen und durch Verordnung vorschreiben, dass bei Einhaltung dieser Mustersatzung die Anzeige an die Stelle der Genehmigung tritt. Sie kann vorschreiben, dass die Muster-

satzung für diejenigen Jagdgenossenschaften verbindlich ist, die innerhalb einer von der Jagdbehörde gesetzten Frist keine Satzung aufgestellt haben[3].

(4) Die Ansprüche der Jagdgenossenschaft gegen die Jagdgenossen aufgrund des § 29 Abs. 1 des Bundesjagdgesetzes[4] können wie Gemeindeabgaben beigetrieben werden. Die Gemeinden haben den Jagdgenossenschaften insoweit Amtshilfe zu leisten.

(5) Die Jagdgenossenschaft kann die Verpachtung auf den Kreis jagdpachtfähiger Personen beschränken, deren Hauptwohnung nicht weiter als 50 Kilometer entfernt vom Jagdbezirk liegt[5].

(6) Gemeindevorstand im Sinne von § 9 Abs. 2 Satz 3 des Bundesjagdgesetzes ist der Bürgermeister[6].

ERLÄUTERUNGEN

1 Legt die Rechtsform des Zusammenschlusses der Eigentümer aller bejagbaren Grundflächen, die zu einem gemeinschaftlichen Jagdbezirk gehören, fest. Dieser Zusammenschluss bildet sich per Gesetz, bedarf also keiner speziellen Gründung.

2 Diese Aufsicht erstreckt sich auf alle Aufgaben, die die Jagdgenossenschaft nach Bundes- und Landesjagdgesetz zu erfüllen hat.

3 Eine solche Verordnung wurde im Land erlassen (C 14). Die Jagdgenossenschaft kann eine von der Mustersatzung abweichende Satzung aufstellen; empfehlenswert ist das aber nur unter sehr speziellen Bedingungen. Durch die dann erforderliche Genehmigung der Jagdbehörde wird gewährleistet, dass diese den rechtlichen Ansprüchen genügt.

4 Nach dem Bundesjagdgesetz ist die Jagdgenossenschaft ersatzverpflichtet, wenn ein zu einem Gemeinschaftsjagdbezirk gehörendes Grundstück durch Schalenwild, Fasanen oder Wildkaninchen beschädigt wird. Wurde diese Ersatzpflicht nicht wirksam weitergegeben, ist sie von den Jagdgenossen jeweils anteilig zu tragen und die entsprechenden Beiträge können wie Gemeindeabgaben unter Amtshilfe der Gemeinden beigetrieben werden.

Diese Kannbestimmung mit empfehlendem Charakter verweist auf die Vorteile einer Verpachtung an ortsansässige oder ortsnah wohnende Jäger, die eine enge Beziehung zum Jagdbezirk erwarten lassen und denen eine kontinuierliche Erfüllung ihrer jagdlichen Aufgaben, insbesondere des Jagdschutzes und der Minderung von Wildschäden, möglich ist. Wie die Verpachtung selbst bedarf auch eine derartige Regelung eines Beschlusses der Jagdgenossenschaftsversammlung, nicht nur des Vorstandes. 5

Solange die Jagdgenossenschaft keinen eigenen Vorstand gewählt hat, ist damit der Bürgermeister der Gemeinde für die Geschäftsführung zuständig. Da eine Vorstandswahl durch das BJagdG jedoch zwingend vorgeschrieben ist, ist es Aufgabe des Bürgermeisters, diese zu organisieren und damit das Bestehen eines geschäftsfähigen Vorstandes zu gewährleisten. Das Gleiche gilt, wenn ein Vorstand nicht mehr geschäftsfähig ist. 6

§ 9 Angliederungsgenossenschaft

Sind Grundflächen von mehr als fünf Eigentümern einem Eigenjagdbezirk angegliedert, so bilden diese Personen zur Vertretung ihrer Rechte, die sich aus der Angliederung ergeben, eine Angliederungsgenossenschaft[1]. § 9 des Bundesjagdgesetzes gilt entsprechend[2].

ERLÄUTERUNGEN

Die Angliederungsgenossenschaft ist eine Interessenvertretung der Eigentümer von Grundstücken, die einem Eigenjagdbezirk angegliedert wurden. Sie ist ein privatrechtlich organisierter Zusammenschluss, der die Rechte der Grundeigentümer aus der Angliederung nach § 29 Abs. 2 BJagdG sowie § 2 Abs. 2 wahrnimmt. 1

Die in § 9 des Bundesjagdgesetzes die Jagdgenossenschaft betreffenden Bestimmungen – wie etwa gerichtliche und außergerichtliche Vertretung, Wahl des Vorstandes, Wahrnehmung der Geschäfte oder Beschlussfassung – gelten entsprechend auch für die Angliederungsgenossenschaft. 2

§ 10 Hegegemeinschaft (zu § 10 a BJagdG)

(1) Zur ordnungsgemäßen Hege[1] des Wildes können die Jagdausübungsberechtigten[2] für mehrere zusammenhängende Jagdbezirke eine Hegegemeinschaft als privatrechtlichen Zusammenschluss bilden. Für Rot-, Dam- oder Schwarzwild bestimmt die Jagdbehörde nach Anhörung der Landesjägerschaft die Grenzen des räumlichen Wirkungsbereichs der Hegegemeinschaft[3] in Übereinstimmung mit dem jeweiligen Lebensraum, bei Überschreitung von Kreisgrenzen im Einvernehmen mit der anderen Jagdbehörde. Wird das Einvernehmen nicht hergestellt, entscheidet die oberste Jagdbehörde.

(2) Abweichend von Abs. 1 entsteht die Hegegemeinschaft, wenn

1. **eine Aufforderung im Sinne des § 10 a Abs. 2 des Bundesjagdgesetzes erfolglos bleibt und**
2. **sich mehr als 50 vom Hundert der betroffenen Jagdausübungsberechtigten, die gleichzeitig mehr als 50 vom Hundert der für die Hegegemeinschaft in Betracht kommenden Jagdflächen vertreten, auf einer Gründungsversammlung schriftlich für die Bildung der Hegegemeinschaft ausgesprochen haben[4].**

(3) Aufgaben einer Hegegemeinschaft sind insbesondere die

1. **Umsetzung der Wildbewirtschaftungsrichtlinie (§ 21 Abs. 12)[5],**
2. **Anpassung der Wildbestände an ihren Lebensraum unter Beachtung land- und forstwirtschaftlicher Erfordernisse[6],**
3. **Abstimmung von Hegemaßnahmen[7],**
4. **Erstellung des Gesamtabschussplanvorschlages, untersetzt nach Gruppen- und Einzelabschussplanvorschlägen[8] und**
5. **Abschusskontrolle[9].**

(4) Die Hegegemeinschaft gibt sich eine Satzung[10], die mindestens enthalten muss:

1. **Name und Gebiet,**
2. **das Ziel und die Aufgaben,**
3. **die Mehrheitsverhältnisse bei Abstimmungen und**
4. **Bestimmungen über die Auflösung.**

(5) Die Satzung und ihre Änderungen sind innerhalb eines Monats nach Beschlussfassung der Jagdbehörde anzuzeigen.

ERLÄUTERUNGEN

Eine „ordnungsgemäße“ Hege bestimmt sich nach dem Maßstab des § 1 Abs. 2 BJagdG. 1
Insbesondere die dort gestellte Forderung nach Erhaltung eines den landschaftlichen und landeskulturellen Verhältnissen angepassten Wildbestandes verlangt bei den Wildarten, deren tages- und jahreszeitliche Wanderungen regelmäßig über die Grenzen einzelner Jagdbezirke hinausführen, eine großräumige Wildbewirtschaftung und eine koordinierte Abschussplanung. Dafür muss es eine einheitliche Zielsetzung und übereinstimmende Abschussrichtlinien geben.

Die Hegegemeinschaft ist, unabhängig von der Art ihrer Bildung, stets 2
ein Zusammenschluss von Jagdausübungsberechtigten, nicht jedoch von Jagdbezirken.

Um Größen und Grenzen von Hegegemeinschaft für Rot-, Dam- und 3
Schwarzwild wirkungsvoll zu gestalten, haben sie sich an den durch ihre Naturausstattung und ihr Wildvorkommen ausgezeichneten Lebensräumen dieser Arten zu orientieren. Ihre Grenzen werden unter Einschluss der Jagdbezirke aller Eigentumsformen von den Jagdbehörden nach Anhören der Landesjägerschaft und damit unter Einbeziehung der jeweiligen örtlichen Jägerschaft, bestimmt.
Bei sehr ausgedehnten Lebensräumen ist eine zweckmäßige Unterteilung angebracht, um den organisatorischen, mit der Arbeit der Hegegemeinschaft verbundenen Aufwand ehrenamtlich tragbar zu halten (für das Schwarzwild s. auch Anm. 9 zu § 21). Wichtig dabei ist, dass sich die benachbarten Hegegemeinschaften auf gleiche Hegegrundsätze und Abschussrichtlinien verständigen (C 16).

Der Idealfall, dass innerhalb eines derart abgegrenzten räumlichen 4
Wirkungsbereiches einer Hegegemeinschaft sich alle beteiligten Jagdausübungsberechtigten an einem privatrechtlichen Zusammenschluss beteiligen, dürfte nicht überall gegeben sein. Absatz 2 regelt daher das Verfahren der Bildung einer Hegegemeinschaft durch Mehrheitsbeschluss, wenn die Jagdbehörde eine solche Bildung „aus Gründen der Hege im Sinne des § 1 Abs. 2“ BJagdG als erforderlich betrachtet und eine entsprechende Aufforderung an die Jagdausübungsberechtigten richtet.

Unabhängig von der Art ihrer Bildung erstreckt sich die Arbeit der Hegegemeinschaft (s. Abs. 3) auf den gesamten, durch die Jagdbehörde für sie bestimmten räumlichen Wirkungsbereich.

5 Die Wildbewirtschaftungsrichtlinie des Landes (C 16) weist den Hegegemeinschaften ausdrücklich bestimmte Festlegungsrechte (z.B. zum Zielbestand, zur Abschussplanung, zu den Kriterien der Abschussdurchführung) zu, die sie durch ihre Beschlüsse wahrnimmt. Darüber hinaus ist sie neben der zuständigen Jagdbehörde das wesentliche Wildbewirtschaftungs- und Abschussplanungsinstrument, um die abschließenden Festlegungen der Wildbewirtschaftungsrichtlinie in der Praxis umzusetzen.

6 Die Steuerung der Wildstandsentwicklung in ihrem Wirkungsbereich besitzt für die Hegegemeinschaft besondere Priorität. Ausgehend von der kritischen Analyse der Wildschadensituation in der Land- und Forstwirtschaft ihres Wirkungsbereiches sind der Zielbestand festzulegen und die Abschusshöhe zu bestimmen. Dabei sollen extreme Eingriffe in die Wildbestände ebenso vermieden werden wie deren Verringerung unter eine das langfristige Überleben sichernde Größe.

7 Hegemaßnahmen größeren Umfangs für die Schalenwildarten haben stets Einfluss auf die Verteilung des Wildes in der Region. Sie sollten daher in der Hegegemeinschaft so abgestimmt werden, dass die Vorteile für das betreffende Revier gleichzeitig zu einer solchen Wildverteilung im Wirkungsbereich führen, die auch dem Interesse der anderen beteiligten Reviere entspricht.

8 Eine gemeinsame Abschussplanung ist das wichtigste Instrument, um die Wildbestandsentwicklung in der gewünschten bzw. notwendigen Weise zu erreichen. Einzelheiten dazu regelt § 21 Abs. 4.

9 Die quantitative ebenso wie die qualitative Erfüllung der Abschusspläne setzt eine wirksame Kontrolle der Strecken in der Hegegemeinschaft voraus. Jährliche Trophäenschauen genügen dafür nicht. Notwendige Abschussumverteilungen oder Gruppenabschüsse erfordern eine aktuelle Übersicht über bereits erreichte Strecken; eine detaillierte Streckenstatistik nach Altersklassen u.a. informiert über die durch den praktizierten Wahlabschuss erreichte Struktur der Wildbestände usw.

Zur Sicherung der erhobenen Daten und zur Vertrauensbildung unter den Beteiligten sind zweckmäßige Verfahren des körperlichen Nachweises der Strecke dabei empfehlenswert, sie sollten stärker als bisher zur Anwendung kommen.

Die Satzung als Verfahrensregelung der Zusammenarbeit in der Hegegemeinschaft kann für deren Funktionieren entscheidend sein. Sie sollte sich daher in der Regel nicht auf die nachfolgend geforderten Mindestinhalte beschränken. 10

ABSCHNITT 3 Beteiligung Dritter an der Ausübung des Jagdrechts

§ 11 Jagdpacht (zu §§ 11 und 12 BJagdG)

(1) Die Mindestpachtzeit beträgt für Niederwildjagden neun Jahre, für Hochwildjagden[1] zwölf Jahre. Die Entscheidung, ob eine Jagd als Hochwildjagd anzusehen ist, trifft die Jagdbehörde nach Anhörung des Jagdbeirates.

(2) Die Zahl der Jagdpächter wird bei Jagdbezirken bis zu 250 Hektar auf zwei beschränkt[2], in größeren Jagdbezirken darf für je weitere angefangene 150 Hektar eine weitere Person Pächter sein.

(3) Als Jagdpacht gilt auch eine Unterverpachtung[3]. Sie setzt das schriftliche Einverständnis des Verpächters und die Anzeige bei der Jagdbehörde voraus.

(4) Für die Änderung oder Verlängerung eines Jagdpachtvertrages gelten die Bestimmungen des § 12 Abs. 1 bis 3 des Bundesjagdgesetzes entsprechend. Alle Jagdpachtverträge, auch Änderungen und Verlängerungen, sind der Jagdbehörde binnen vier Wochen nach Vertragsabschluss anzuzeigen.

(5) Bei Abschluss des Jagdpachtvertrages bestehende Beschränkungen der Jagdausübung sind dem Pächter bekannt zu geben[4].

(6) Verträge, die gegen die Absätze 1 bis 3 verstoßen, sind nichtig[5].

ERLÄUTERUNGEN

1 Wenngleich Hochwild in § 2 Abs. 4 BJagdG definiert ist und das Landesjagdgesetz dazu nichts Näheres bestimmt, würde eine schematische Einstufung fast aller Jagdbezirke im Land wegen des Vorkommens von Schwarzwild als Hochwildjagden der gegebenen Differenzierung nicht Rechnung tragen. Empfehlenswerter als Kriterium dafür ist das Vorkommen von Rot- oder Damwild sowie die Einbeziehung des Jagdbezirkes in eine entsprechende Hegegemeinschaft.

2 In die Höchstzahl der Jagdausübungsberechtigten sind auch die Inhaber einer entgeltlichen Jagderlaubnis, die sich auf eine bestimmte Fläche bezieht, einzubeziehen (§ 11 Abs. 3 BJagdG sowie 13 Abs. 2 Satz 2 LJagdG).

3 Die Unterpacht, ursprünglich ein rein privatrechtliches Vertragsverhältnis, wird durch diesen Absatz der Pacht eines Gemeinschafts- oder Eigenjagdbezirkes gleich gestellt. Damit gelten auch die jagdgesetzlichen Regelungen insbesondere zur Pachtdauer, zum Umfang des verpachteten Jagdausübungsrechtes und zur Pachtfähigkeit.

4 Damit besteht eine Gewährleistungspflicht des Verpächters für den bei Abschluss des Vertrages gegebenen Umfang des verpachteten Jagdausübungsrechtes. Insbesondere bei Einbeziehung von in Nationalparken und Naturschutzgebieten gelegenen Flächen in den Jagdbezirk können derartige Beschränkungen bedeutsam sein (vgl. § 20).
Um spätere Streitigkeiten um neu eintretende Beschränkungen – die nicht mit Größe und Ergiebigkeit des Jagdbezirkes gleich zu setzen sind! – zu vermeiden, ist solchen zweckmäßigerweise im Pachtvertrag mit entsprechenden Vorbehalten Rechnung zu tragen.

5 Nichtigkeit eines Vertrages heißt, dass dieser von Anfang an unwirksam ist. Nichtig sind auch Jagdpachtverträge, die bestimmten Festlegungen des § 11 BJagdG widersprechen.
Begründen erst nach bereits erfolgter Bestätigung eines Jagdpachtvertrages durch die Jagdbehörde bekanntwerdende Umstände die Nichtigkeit des Vertrages, steht die Feststellung dessen nicht mehr der Jagdbehörde, sondern nur dem Gericht zu.

§ 12 Vorläufige Maßnahmen zur Ausübung und zum Schutze der Jagd (zu § 12 BJagdG)

Die Jagdbehörde kann während der Dauer eines wegen der Nichtigkeit (§ 11 Abs. 6 des Bundesjagdgesetzes und § 11 Abs. 6) oder einer Beanstandung (§ 12 des Bundesjagdgesetzes) des Pachtvertrages anhängigen Verfahrens im Einzelfall zum Schutz und zur Ausübung der Jagd einen Jagdaufseher[1] bestellen, der die erforderlichen Maßnahmen nach §§ 23 bis 25 des Bundesjagdgesetzes und nach §§ 18, 21, 23, 32 bis 34 durchzuführen hat. Die Kosten der Anordnung und ihrer Durchführung hat die unterlegene Partei zu tragen.

ERLÄUTERUNGEN

Wer von der Jagdbehörde bestellter Jagdaufseher sein kann, bestimmt § 25. Nach Bestellung obliegen ihm bis zur Rechtswirksamkeit des Jagdpachtvertrages mindestens der Jagdschutz, die Anzeige auftretender Wildseuchen, die Abschussplanung und die Sicherung der Wildfolge. 1

§ 13 Jagderlaubnis

(1) Jagdausübungsberechtigte können Jagdgästen eine Jagderlaubnis[1] erteilen. Ein Jagdgast ist nicht Jagdausübungsberechtigter im Sinne der jagdgesetzlichen Bestimmungen[2].

(2) Eine Jagderlaubnis gegen Entgelt, die sich auf eine bestimmte Fläche bezieht, ist nur gültig, wenn sie von allen Jagdausübungsberechtigten des Jagdbezirkes unterschrieben ist[3]. Die Jagdbehörde kann für eine vorübergehende Jagdausübung in Einzelfällen Ausnahmen von den Vorschriften des § 11 Abs. 2 zulassen[4]. §§ 12 und 13 des Bundesjagdgesetzes gelten entsprechend[5].

(3) Ein Jagdgast darf die Jagd ohne Begleitung des Jagdausübungsberechtigten nur ausüben, wenn er einen Erlaubnisschein bei sich führt, der von allen Jagdausübungsberechtigten des Jagdbezirkes ausgestellt ist. Eine Begleitung durch den Jagdausübungsberechtigten liegt vor, wenn dieser gleichzeitig im Revier und ohne besondere Schwierigkeiten zu erreichen ist. § 15 Abs. 1 Satz 1 des Bundesjagdgesetzes gilt entsprechend[6].

(4) Die Jagdbehörde kann die Zulassung von Jagdgästen aus Gründen der Jagdpflege beschränken oder untersagen[7].

ERLÄUTERUNGEN

1 § 11 Abs. 1 BJagdG überlässt es den Ländern, die Erteilung von Jagderlaubnisscheinen zu regeln. Jagderlaubnis ist jede Befugnis zur Ausübung der Jagd, die der oder die Jagdausübungsberechtigten einem anderen als Jagdgast erteilen und die keine Form eines Pacht- oder Dienstverhältnisses hat.

2 Als nicht Jagdausübungsberechtigter ist der Jagdgast beispielsweise nicht befugt, den Jagdschutz (s. § 23) auszuüben und z.B. wildernde Hunde und Katzen zu töten.

3 Damit kann eine entgeltliche Jagderlaubnis, auch für einen Teiljagdbezirk, nur mit Zustimmung aller Mitglieder der Pächtergemeinschaft des Jagdbezirkes erteilt werden; ohne solche ist sie selbst bei bereits geleistetem Entgelt nichtig.

4 Würde bei Erteilung einer entgeltlichen Jagderlaubnis die auf der Fläche zulässige Höchstzahl der Jagdausübungsberechtigten überschritten, kann sie nur bei Zustimmung durch die Jagdbehörde für eine vorübergehende Jagdausübung im Einzelfall erteilt werden.

5 Durch diesen Verweis auf §§ 12 und 13 BJagdG muss die Erteilung einer entgeltlichen Jagderlaubnis, die sich auf eine bestimmte Fläche bezieht, bei der Jagdbehörde angezeigt werden. Die Erlaubnis erlischt, wenn dem Erlaubnisnehmer der Jagdschein unanfechtbar entzogen wurde.

6 Auch ein einzelner Jagdausübungsberechtigter kann einem Jagdgast eine – unentgeltliche! – Jagderlaubnis erteilen, die Jagd darf der Jagdgast dann jedoch nur in Begleitung des ihn einladenden Jagdausübungsberechtigten ausüben. Soll er auch ohne Begleitung jagen können, bedarf es einer schriftlichen Erlaubnis, die jedoch wiederum von allen Jagdausübungsberechtigten des Jagdbezirkes zu unterschreiben ist und damit wie bei einer entgeltlichen Erlaubnis deren aller Zustimmung bedarf.

7 Eine Beschränkung oder Untersagung von Jagdgästen durch die Jagdbehörde wird dann erforderlich, wenn mit deren Vielzahl unangemessene Eingriffe in den Wildbestand verbunden sind. Da solche beim Schalenwild durch die Abschussplanung ausgeschlossen sind, ist der-

artiges nur beim Niederwild geboten. Beispielhaft sei hier eine ständige, sich über längere Zeiträume erstreckende Bejagung von Wildgänsen in der Nähe großer, zumal in Schutzgebieten gelegener Rastplätze genannt, die das Schutzgebiet beeinträchtigt.

§ 14 Tod des Jagdpächters

(1) Stirbt der Pächter vor Ablauf der Pachtzeit, so haben seine Erben[1] der Jagdbehörde die jagdausübungsberechtigten Erben unter Beachtung des § 11 Abs. 2 zu benennen. Ist keiner der Erben jagdausübungsberechtigt, so haben die Erben der Jagdbehörde eine jagdpachtfähige Person (§ 11 Abs. 5 des Bundesjagdgesetzes) zu benennen.

(2) Wird innerhalb einer den Erben gesetzten angemessenen Frist keine geeignete Person benannt, so kann die Jagdbehörde die zur Ausübung und zum Schutze der Jagd erforderlichen Maßnahmen auf Kosten der Erben selbst treffen[2]. In diesem Fall erlischt am Ende des ersten nach dem Tode des Jagdpächters beginnenden Jagdjahres der Pachtvertrag.

(3) Bei mehr als einem Pächter eines Jagdbezirkes gelten die untereinander getroffenen Regelungen[3]; fehlen solche, gelten die Absätze 1 und 2 entsprechend.

ERLÄUTERUNGEN

Das entspricht den erbrechtlichen Grundsätzen des Bürgerlichen Gesetzbuches und soll die Rechte der Erben eines verstorbenen Jagdpächters sichern. 1

Während in von mehreren Pächtern übernommenen Jagdbezirken die Pflichten des verstorbenen Pächters in der Regel von den Mitpächtern übernommen werden dürften, muss nach dem Tod eines Einzelpächters bei fehlender Entscheidung durch die Erben die Betreuung des Jagdbezirkes durch die Jagdbehörde geregelt werden. Unter Einbeziehung der Erlöse aus der Jagdnutzung werden diese Maßnahmen fast immer kostenneutral getroffen werden können. 2

Anders ist es mit der zu zahlenden Jagdpacht. Gewinnen die Erben keinen eigenen Nachfolger für den verstorbenen Pächter und einigen sie sich nicht vernünftigerweise mit dem Verpächter des Jagdbezirkes auf ein früheres Vertragsende, so erlischt der Vertrag per Gesetz erst am Ende des ersten nach dem Tod des Pächters beginnenden Jagdjahr, d.h. z.B. bei Tod im Mai erst am 31. März des darauf folgenden zweiten Kalenderjahres. Bis dahin bleibt dem Verpächter der Anspruch auf die vertraglich vereinbarte Pachtzahlung erhalten.

3 Solche Regelungen für den Fall des Todes eines Mitpächters in den Vertrag zum Innenverhältnis der Pächtergemeinschaft aufzunehmen, empfiehlt sich dringend (s. Erl. 1 zu § 13 a BJagdG).

ABSCHNITT 4 Jagdschein und Gebühren

§ 15 **Jagdschein** (zu §§ 11 und 17 BJagdG)

(1) Die Jagdbehörde[1] erteilt und entzieht den Jagdschein. Der Jahresjagdschein wird für höchstens drei Jagdjahre erteilt. Der Antragsteller hat den Abschluss einer der Geltungsdauer des Jahresjagdscheines entsprechenden Jagdhaftpflichtversicherung[2] nachzuweisen. Er ist verpflichtet, Änderungen der Versicherungsverhältnisse der Jagdbehörde unverzüglich anzuzeigen.

(2) Wer die Erteilung oder Verlängerung eines Jahresjagdscheines beantragt, hat anzugeben[3], ob er
1. als Eigentümer oder Nutznießer eines Eigenjagdbezirkes,
2. als Jagdpächter oder Unterpächter[4],
3. als Mitpächter[4] oder
4. als Inhaber einer anzeigepflichtigen oder sonstigen entgeltlichen Jagderlaubnis[5]
in einem Jagdbezirk zur Jagdausübung befugt ist und für welche Flächen, in den Fällen der Nummern 3 und 4 die anteilig auf ihn entfallenden Flächen. Der Antragsteller hat Änderungen der ihm für die Jagdausübung zustehenden Fläche der Jagdbehörde unverzüglich anzuzeigen.

(3) Absatz 2 findet keine Anwendung auf entgeltliche Jagderlaubnisse, die lediglich zu einer vorübergehenden Jagdausübung berechtigen (Vergabe von Einzelabschüssen).

(4) Der Abschluss einer Jagdhaftpflichtversicherung als Gemeinschaftsversicherung ohne Beteiligungszwang durch die Landesjägerschaft (§ 40 Abs. 1)[6] ist zulässig.

ERLÄUTERUNGEN

Für die Erteilung des Jagdscheines zuständige Behörden sind die Landräte der Kreise und die Oberbürgermeister (Bürgermeister) der kreisfreien Städte, in denen der Antragsteller seinen Wohnsitz hat (s. § 15 Abs. 2 BJagdG). 1

Diese Pflichtversicherung ergibt sich aus § 17 Abs. 1 Nr. 4 BJagdG; sie deckt Schäden Dritter, jedoch keine Schäden, die der Versicherte selbst erleidet. 2
Unabhängig davon gibt es noch eine Pflichtversicherung der Revierinhaber bei der landwirtschaftlichen Berufsgenossenschaft (für Mecklenburg-Vorpommern zuständig ist die LBG Berlin), die gegen „Arbeitsunfälle" im Jagdbetrieb schützt (C 21).

Diese Angaben, die in den Jagdschein übertragen werden, dienen einerseits der Legitimation bei der selbstständigen Jagdausübung in den angegebenen Jagdbezirken, andererseits der Kontrolle, dass die zulässige Gesamtfläche von 1000 ha, auf der einem Jagdausübungsberechtigten die Ausübung des Jagdrechtes zustehen darf, nicht überschritten wird. 3

Bei Einzel- und Unterpächtern gilt die jeweils gepachtete Fläche in ihrer tatsächlichen Größe, bei Mitpächtern der ihrer Anzahl entsprechende Flächenanteil des Jagdbezirkes. Beispielsweise entfallen bei drei Pächtern eines Jagdbezirkes von 750 ha Größe auf jeden von ihnen 250 ha, auch wenn im Innenverhältnis vereinbarte Pirschbezirke andere Größen aufweisen. 4

Anzeigepflichtig bei der Behörde sind nach § 11 Abs. 3 BJagdG alle gegen Entgelt vergebenen Jagderlaubnisse, selbst wenn sie nur für einzelne Wildarten und zeitlich beschränkt gelten. Nach Absatz 3 fällt lediglich eine vorübergehende Jagdausübung in Form von Einzelabschüssen nicht hierunter. 5

Eine derartige, durch die große Zahl der Versicherungsnehmer günstige Gemeinschaftsversicherung bietet der Landesjagdverband Mecklenburg-Vorpommern e. V. seinen Mitgliedern an. Sie ist an die Mitgliedschaft gebunden, ihre Wirksamkeit setzt daher die Zahlung des laufenden Mitgliedsbeitrages voraus. 6

§ 16 Jagdscheingebühren und Jagdabgabe

(1) Von dem Aufkommen aus den Jagdscheingebühren stehen 30 vom Hundert der obersten Jagdbehörde und 70 vom Hundert den Jagdbehörden zu. Die den aufgelösten oberen Jagdbehörden zustehenden, nicht verausgabten Jagdscheingebühren verwendet die oberste Jagdbehörde für die Einführung einer landeseinheitlichen Jagdstatistik.

(2) Die Jagdbehörden erheben eine Jagdabgabe. Das Aufkommen aus der Jagdabgabe steht der obersten Jagdbehörde zu, die es im Einvernehmen mit der Landesjägerschaft und dem Jagdbeirat zur Förderung des Jagdwesens verwendet.

(3) Abgabepflichtig sind
1. der Erwerber eines Jagdscheines und
2. der Jagdpächter, sofern er nicht in Mecklenburg-Vorpommern einen Jagdschein erwirbt[1].

Die Abgabeschuld entsteht mit der Erteilung des Jagdscheines, für den Jagdpächter mit der Bestätigung oder Festsetzung des jährlichen Abschussplanes.

(4) Die oberste Jagdbehörde wird ermächtigt, die Höhe der Jagdabgabe durch Verordnung festzusetzen[2]. Die Jagdabgabe darf das Doppelte der Jagdscheingebühr in Mecklenburg-Vorpommern pro Jagdjahr nicht überschreiten.

(5) Aus der Jagdabgabe sind insbesondere zu fördern:
1. Maßnahmen zur Erhaltung und Verbesserung der Lebensgrundlagen des Wildes; Förderung der Biotopgestaltung zur Erhaltung und Wiederherstellung der einheimischen Artenvielfalt,
2. Erforschung der Lebens- und Umweltbedingungen der Wildarten,
3. Erforschung von Möglichkeiten zur Verhütung und Verminderung von Wildschäden in der Land-, Forst- und Fischereiwirtschaft,
4. die Aus- und Weiterbildung der Jäger,
5. die Errichtung und der Betrieb von Muster- und Lehrrevieren sowie sonstige Maßnahmen und Einrichtungen zur Aus- und Fortbildung der Jäger, der Jagdvorsteher sowie der für den Vollzug der jagdrechtlichen Vorschriften zuständigen Organe,
6. Öffentlichkeitsarbeit für das Jagdwesen unter Berücksichtigung des Naturschutzes und der Landschaftspflege.

ERLÄUTERUNGEN

Die Förderung aus der Jagdabgabe kommt dem Jagdwesen und das Jagdwesen berührende Bereiche im gesamten Land zugute, die Abgabe soll daher auch von allen in Mecklenburg-Vorpommern den Jagdschein lösenden oder die Jagd ausübenden Jägern getragen werden. Bei den im Land lebenden ist das durch die Kopplung an den Erwerb des Jagdscheines bei der für den Wohnsitz zuständigen Jagdbehörde gegeben, von den im Land nur die Jagd ausübenden werden durch die Bindung an die Pacht eines Jagdbezirkes alle diejenigen erfasst, die ständig hier jagen. 1

Zu deren derzeitiger Höhe siehe C 15. 2

ABSCHNITT 5 Jagdbeschränkungen und Jagdschutz

§ 17 Nachtjagd (zu § 19 BJagdG)

In der Zeit vom 1. Oktober bis 31. Januar kann Rot- und Damwild zur Nachtzeit erlegt werden[1], wenn nicht die Jagdbehörde Einschränkungen bestimmt. Bei schweren Wildschäden kann die Jagdbehörde die Jagd zur Nachtzeit außerhalb dieses Zeitraumes genehmigen.

ERLÄUTERUNGEN

Das durch § 19 Abs. 1 Nr. 4 BJagdG ausgesprochene allgemeine Erlegungsverbot für Schalenwild, ausgenommen Schwarzwild, während der Nachtzeit wird hiermit für die beiden Wildarten Rot- und Damwild in den Monaten Oktober bis Januar aufgehoben. Diese Regelung soll dazu dienen, durch eine Bejagung auf den Äsungsflächen in Feldrevieren den mancherorts zu hohen Wildbeständen wirksamer begegnen zu können. 1
Damit nicht aufgehoben ist die Verpflichtung der Jäger zur weidgerechten Jagdausübung nach §§ 1 und 21 BJagdG. Die zur Nachtzeit stets eingeschränkten Lichtverhältnisse werden in der Regel nur einen Abschuss von Kälbern zulassen, während der von Hirschen ein höchst zweifelhaftes Unterfangen ist. Einen fehlerhaften Abschuss mit einem Nachtabschuss zu begründen, entschuldigt nicht.

§ 18 **Notzeit** (zu §§ 19 und 23 BJagdG)

(1) Bei witterungsbedingter Futternot des Wildes (Notzeit) ist der Jagdausübungsberechtigte verpflichtet, für angemessene und artgerechte Wildfütterung zu sorgen. Die Jagdbehörde legt für Schalenwild den Zeitraum der Notzeit[1] fest. Kommt der Jagdausübungsberechtigte seiner Verpflichtung trotz Aufforderung durch die Jagdbehörde nicht nach, so kann diese auf seine Rechnung die Fütterung vornehmen. Außerhalb festgelegter Notzeit ist das Füttern von Schalenwild ohne Genehmigung der Jagdbehörde verboten[2]. Wildäcker und Wildwiesen gelten nicht als Fütterung.

(2) Das gelegentliche Ankirren[3] von Schwarzwild gilt nicht als Füttern, sofern die Kirrung nicht mit mehr als drei Kilogramm Mais, Getreide oder Baumfrüchten beschickt ist.

ERLÄUTERUNGEN

1 Unter unseren norddeutschen Bedingungen treten regelmäßige Notzeiten während des Winters nicht auf. Eine Verpflichtung zur Wildfütterung durch die Jagdausübungsberechtigten nach § 23 BJagdG entsteht daher nur bei besonderen Witterungslagen und durch entsprechende Entscheidung der Jagdbehörde.

2 Diese Regelung stellt ein grundsätzliches Fütterungsverbot für Schalenwild dar. Genehmigungen der Jagdbehörden für Ausnahmen davon erfordern stichhaltige Begründungen und werden in der Regel nur für notwendige, zeitweilige Ablenkfütterungen zur Verminderung von Wildschäden zu erteilen sein.

3 Nach der hier gegebenen Definition unterscheidet sich die zulässige Kirrung von einer verbotenen Fütterung durch das gelegentliche (nicht ständige!) Ausbringen von Futter, das nur aus Mais, Getreide oder Baumfrüchten bestehen und lediglich in Mengen bis zu drei Kilogramm ausgebracht werden darf.

§ 19 **Beunruhigen von Wild** (zu § 19 a BJagdG)

(1) Die oberste Jagdbehörde kann für bestimmte Wildarten zu wissenschaftlichen Zwecken, Lehr- und Forschungszwecken Ausnahmen von den Verboten des § 19 a des Bundesjagdgesetzes[1] zulassen.

(2) Für Wildarten, die internationalen Artenschutzabkommen unterliegen, sind die Ausnahmen im Einvernehmen mit der obersten Naturschutzbehörde zu regeln.

ERLÄUTERUNGEN

Eine solche Ausnahmegenehmigung wird benötigt, wenn bestandsgefährdete oder -bedrohte Wildarten an ihren Wohn- oder Zufluchtsstätten z.B. näher beobachtet, fotografiert oder gefilmt werden sollen. 1

§ 20 Jagd in Nationalparken, Natur- und Wildschutzgebieten (zu § 20 BJagdG)

(1) Die Jagd in Nationalparken und in Naturschutzgebieten soll dem jeweiligen Schutzzweck dienen[1].

(2) Die oberste Jagdbehörde wird ermächtigt, im Einvernehmen mit der obersten Naturschutzbehörde die Jagdausübung in Nationalparken und Naturschutzgebieten durch Verordnung allgemein[2] und im Einzelfall[3] zu regeln.

(3) Wildschutzgebiete[4] sind bestimmte Jagdbezirke oder Teile von ihnen, die für die Wildhege und Wildforschung von besonderer Bedeutung sind (Wildforschungsgebiete, Schutzzonen für bestandesgefährdete Wildarten, Wildeinstandsgebiete).

(4) Die oberste Jagdbehörde wird ermächtigt, durch Verordnung
1. **Wildschutzgebiete zu bestimmen und in diesen die Jagd auf betroffene Arten zu beschränken oder zu untersagen,**
2. **das Betreten und Befahren von Flächen (Wildschutzgebieten) und nicht öffentlichen Wegen während der Fortpflanzungszeit und Brutzeit oder des Vogelzuges für Nichtjagdausübungsberechtigte zu untersagen.**

ERLÄUTERUNGEN

Das durch Gesetz oder Verordnung ausgewiesene Schutzziel der Nationalparke und Naturschutzgebiete bestimmt, in welchem Umfang und in welcher Art das Jagdausübungsrecht auf den Schutzgebietsflächen wahrgenommen werden kann. Daraus können sowohl ein völliger Jagdverzicht (z.B. in Gebieten, die von jeglicher Nutzung ausgeschlossen sind und die auch keiner Regulation einzelner Wildarten bedürfen, 1

wie etwa ausgewiesener Jagdruhezonen), als auch nur zeitliche, örtliche oder methodische Beschränkungen der Jagd, wie etwa Kranichruhezonen, resultieren.
Die präzise Definition des Schutzzieles, welches in großen Schutzgebieten meist räumlich differenziert ist, erlaubt den Erfordernissen entsprechende, angemessene und akzeptanzfindende Regelungen dazu. Mit deren praktischer Umsetzung tragen die Jäger dazu bei, die Aufgaben der Schutzgebiete zu verwirklichen.

2 Eine solche Regelung im allgemeinen ist durch die „Verordnung zur Regelung der Jagdausübung in den Nationalparken des Landes Mecklenburg-Vorpommern" (C 4) getroffen.

3 Die Vielfalt der Naturschutzgebiete mit sehr unterschiedlicher Ausstattung und unterschiedlichen Schutzzielen lässt zielführende Regelungen oftmals nur für den Einzelfall zu. Sie erfolgen in den jeweiligen Erklärungen der einzelnen Gebiete.
Für Schutzgebiete mit anderem Status (Landschaftsschutzgebiete, Naturparks, geschützte Landschaftsbestandteile) gibt es keine aus der Unterschutzstellung abgeleiteten Beschränkungen der Jagdausübung.

4 Die Bestimmung von Wildschutzgebieten für Wildarten, deren Bestand bedroht erscheint, basiert auf den §§ 20 Abs. 2 und 21 Abs. 3 BJagdG. In ihnen können durch Verordnung sowohl die Jagdausübung auf diese Arten als auch das Betretungsrecht für Nicht-Jagdausübungsberechtigte teilweise oder völlig eingeschränkt werden.

§ 21 Abschussregelung (zu §§ 21 und 27 BJagdG)

(1) Für jede Schalenwildart mit Ausnahme von Schwarzwild ist ein jährlicher Abschussplan[1] zu erstellen. Dieser ist der Jagdbehörde vom Jagdausübungsberechtigten getrennt nach Wildart, Geschlecht und Altersklassen auf einem durch die oberste Jagdbehörde vorgeschriebenem Formblatt vorzuschlagen. Der Termin für die Vorlage der Abschusspläne wird von der Jagdbehörde bestimmt.

(2) Der Pächter eines Jagdbezirkes stellt für die Vorlage der Abschusspläne das Einvernehmen mit dem Verpächter[2] her.

(3) Die Abschusspläne werden durch die Jagdbehörde im Einvernehmen mit dem Jagdbeirat bestätigt oder festgesetzt.

(4) Die Hegegemeinschaft (§ 10) beschließt für die von ihr bewirtschafteten Wildarten jeweils einen Gesamtabschussplan[3], der mit Gruppen- und Einzelabschussplänen[4] für alle Jagdbezirke ihres räumlichen Wirkungsbereiches[5] untersetzt ist, und legt diesen der Jagdbehörde, bei Staatsforsten zusätzlich der obersten Jagdbehörde[6], vor. Die Beschlussfassung über diesen Abschussplan erfolgt in einer ausdrücklich zu diesem Zweck einberufenen Mitgliederversammlung[7], zu der die Jagdvorsteher der Jagdgenossenschaften und die Eigenjagdbesitzer der Jagdbezirke, die zur Hegegemeinschaft gehören, zu laden sind. Über die Mitgliederversammlung und deren Ergebnis ist eine Niederschrift zu fertigen, die zugleich mit dem Abschussplan nach Satz 1 der Jagdbehörde vorzulegen ist.

(5) Beruht ein Einzelabschussplan nach Absatz 1 auf einem Gruppenabschussplan, so gilt die in dem Einzelabschussplan ausgewiesene Stückzahl für die gesamte Gruppe[8] . Sobald die Gruppe die in einem Einzelabschussplan ausgewiesenen Stücke erlegt hat, erlischt für diese Stücke der Einzelabschussplan.

(6) Die Jagdbehörde kann gegenüber Jagdausübungsberechtigten zur Vermeidung oder Verminderung von Wildschäden Mindestabschüsse für Schwarzwild festsetzen[9].

(7) Im Falle einer kreisübergreifenden Hegegemeinschaft können die betroffenen Jagdbehörden durch öffentlich-rechtlichen Vertrag vereinbaren, dass eine Jagdbehörde die Abschussplanbestätigung oder -festsetzung für alle Jagdbezirke übernimmt, die im Gebiet der Hegegemeinschaft liegen[10]. § 165 der Kommunalverfassung gilt entsprechend.

(8) Der Jagdausübungsberechtigte hat über den Abschuss des Wildes, der erlegten Hunde und Katzen sowie über das Fallwild eine Streckenliste auf einem vorgeschriebenen Formblatt[11] zu führen. Jeder Abschuss und das Fallwild sind innerhalb einer Woche in diese Liste einzutragen[12]. Die Streckenliste, bei männlichem Schalenwild auch die Trophäe und der dazugehörige Unterkiefer ist der Jagdbehörde auf Verlangen vorzulegen. Bis zum 10. April jeden Jahres ist der Jagdbehörde die Strecke des vorangegangenen Jagdjahres auf einem durch die oberste Jagdbehörde vorgeschriebenem Formblatt anzuzeigen[13].

(9) Erfüllt der Jagdausübungsberechtigte einen Abschussplan nach Absatz 1 oder die Mindestabschüsse nach Absatz 6 nicht, so kann ihn die Jagdbehörde hierzu mit ordnungsbehördlichen Mitteln anhalten[14].

(10) Die Jagdbehörde kann anordnen, dass jeder Abschuss von Schalenwild[15] bei ihr oder der Hegegemeinschaft anzuzeigen oder körperlich nachzuweisen ist.

(11) Den Abschuss in den Staatsforsten regelt die oberste Jagdbehörde mit dem Ziel, ökologisch sowie land-, forst- und fischereiwirtschaftlich verträgliche Wildbestände zu sichern[16].

(12) Die oberste Jagdbehörde wird ermächtigt, eine Richtlinie für die Hege und Bejagung des Schalenwildes (Wildbewirtschaftungsrichtlinie) zu erlassen[17].

ERLÄUTERUNGEN

1 Der für alle Schalenwildarten mit Ausnahme des Schwarzwildes durch das BJagdG (§ 21) vorgeschriebene Abschussplan ist grundsätzlich durch die Jagdausübungsberechtigten für jeden Jagdbezirk zu erstellen. Vor seiner Bestätigung oder einer (vom Vorschlag abweichenden) Festsetzung durch die Jagdbehörde ist ein Abschuss der genannten Wildarten unzulässig. Während die Abschussplanbestätigung gebührenfrei erfolgt, ist eine Festsetzung des Abschussplanes gebührenpflichtig.
Gehört der Jagdbezirk zu einer Hegegemeinschaft für Rot- oder Damwild, bleiben die Jagdausübungsberechtigten zwar generell für die Abschussplanerstellung auch für diese Wildarten verantwortlich, der Verfahrensgang hierbei richtet sich jedoch nach den Vorschriften des Absatzes 4 (s. Erl. 3 bis 7).
Die verwaltungsrechtliche Handhabung der Abschussplanung sowie zur Festsetzung von Mindestabschüssen beim Schwarzwild regelt die dazu erlassene, unter C 17 aufgeführte Verwaltungsvorschrift.

2 Durch die Einbeziehung des Verpächters in die Abschussplanerstellung hat dieser die Möglichkeit, den Abschuss und damit die Entwicklung des Wildbestandes mitzubestimmen. Die Jagdvorstände der gemeinschaftlichen Jagdbezirke und die Besitzer von Eigenjagdbezirken sollten diese Möglichkeit auch nutzen, um ihrerseits sowohl einem unerwünschten Anwachsen als auch einer bedrohlichen Absenkung der Bestände in ihren Revieren entgegenzuwirken.

Bei Rot- und Damwild ist eine zielgerichtete Bestandsentwicklung nur durch Einwirkung auf den Gesamtbestand im räumlichen Wirkungsbereich der Hegegemeinschaft möglich. Dafür stellt sie im ersten Schritt durch Beschluss einen Gesamtabschussplan auf, der nach Geschlecht und Altersklassen gemäß den vorgegebenen Anteilen zu untersetzen ist. Der Gesamtplan sollte auf der Einschätzung des Bestandstrends, der Wildschadensituation, des Aufwandes zur Erfüllung des letztjährigen Abschussplanes sowie auf den Ergebnissen zweckmäßiger Bestandserfassungen und Streckenrückrechnungen aufbauen und in geeigneter Weise frühzeitig diskutiert werden. **3**

Im zweiten Schritt wird der Gesamtabschuss in angemessener Weise auf die beteiligten Jagdbezirke aufgeteilt und in deren Abschusspläne übernommen. Diese Aufteilung unter Berücksichtigung der Reviergrößen, der jahreszeitlichen Einstände des Wildes, der aufgetretenen Schäden, der bisherigen Strecken u.a.m. bringt erfahrungsgemäß den Höhepunkt der jährlichen Abschussplan-Diskussion. Aus der Einsicht, dass die aufzuteilende Strecke insgesamt begrenzt ist und aus der Zuversicht, dass in den Folgejahren evtl. notwendige Ausgleiche stattfinden, wachsen jedoch von allen Beteiligten mitgetragene Vorschläge. **4**
Oftmals ist es für den einzelnen Jagdbezirk sehr schwierig, das durch den Abschussplan in einer bestimmten Altersklasse freigegebene Wild auch erlegen zu können. Hier bietet sich der Zusammenschluss benachbarter Jagdbezirke zu einem Planungsbezirk an, deren Revierinhaber sich auf einen sog. Gruppenabschuss verständigen. Hierbei ist das freigegebene Wild für jeden Jagdbezirk der Gruppe frei (s. auch Erläuterung 8); wurde es gestreckt, ist der diesbezügliche Abschussplan aller beteiligten Jagdbezirke erfüllt.
Dieses Verfahren setzt die Zustimmung der beteiligten Jagdausübungsberechtigten voraus und erfordert in der Durchführung die umgehende Meldung erlegter Stücken an einen Verantwortlichen der Gruppe, der die Planerfüllung der beteiligten Jagdbezirke kontrolliert und gegebenenfalls den weiteren Abschuss sperrt.

Die Untersetzung des Gesamtabschussplanes gilt für alle Jagdbezirke, **5**
die innerhalb des räumlichen Wirkungsbereiches der Hegegemein-

schaft liegen, unabhängig davon, ob deren Jagdbezirksinhaber der Hegegemeinschaft angehören oder nicht.

6 Diese doppelte Weiterleitung trägt dem Umstand Rechnung, dass die Abschusspläne für die Staatsforsten des Bundes und des Landes durch die oberste Jagdbehörde bestätigt oder festgesetzt werden (§ 21 Abs. 11). Für diese Behörde muss erkennbar sein, wie das jeweilige Forstamt am Gesamtabschuss der Hegegemeinschaft beteiligt ist.

7 Diese Mitgliederversammlung zur Abschussplanung gewährleistet die Beteiligung aller in der Hegegemeinschaft zusammengefassten Jagdausübungsberechtigten, der Jagdvorsteher und Eigenjagdbesitzer in die Beschlussfassung und ist zugleich der effektivste Weg, die notwendigen Zustimmungen einzuholen.

8 Dieser Absatz regelt das technische Verfahren der Abschussplanung in einer Gruppe (vgl. Erl. 4). Die Abschussfreigabe für die Gruppe erscheint, entsprechend kenntlich gemacht, in jedem Einzelabschussplan der beteiligten Jagdbezirke. Informiert der dafür Verantwortliche darüber, dass die freigegebenen Stücke in einem oder mehreren dieser Jagdbezirke erlegt wurden, erlischt die Freigabe in den Abschussplänen aller Jagdbezirke der Gruppe. Die Abschussplanerfüllung ergibt sich somit nach dem sog. Stopp-Verfahren.

9 Als vorerst einziges Bundesland unterwirft Mecklenburg-Vorpommern damit auch das Schwarzwild gewissen Abschussregularien. Im Gegensatz zu den anderen Schalenwildarten begrenzt dieser Plan jedoch nicht die zulässige Strecke nach oben, sondern fordert einen Abschuss in der festgesetzten Mindesthöhe. Die angegebene Abschusszahl kann also ohne weiteres auch überschritten werden.
Wie bei den anderen großen Schalenwildarten auch setzt eine wirksame Planung der Schwarzwild-Abschüsse ebenso wie deren Realisierung und die Einhaltung der Abschussrichtlinie das Zusammenwirken mehrerer benachbarter Jagdbezirke voraus. Dem entspricht die bereits in § 10 vorgesehene Bildung von Hegegemeinschaften für Schwarzwild mit den dort genannten Aufgaben.
Um den organisatorischen Aufwand dafür in Grenzen zu halten, können die bestehenden Hegegemeinschaften für Rot- und Damwild auch die Schwarzwildbewirtschaftung übernehmen. Schwarzwild-Hegege-

meinschaften können aber auch in der Struktur der bestehenden Hegeringe des Landesjagdverbandes unter Einbeziehung derjenigen Jagdausübungsberechtigten im Bereich, die nicht Mitglieder des Verbandes sind, gebildet werden.

Eine solche Vereinbarung erlaubt dem Vorstand der Hegegemeinschaft, 10
bei der Abschussplanung nur noch mit einer Jagdbehörde (bzw. ohnehin zwei, wenn Staatsforstbezirke in die Hegegemeinschaft eingeschlossen sind) zusammenzuarbeiten, was seinen Aufwand und den der beteiligten Jagdbehörden vermindern kann. Die ständige aktuelle Information der anderen Jagdbehörde über die Situation in deren Zuständigkeitsbereich kann behördlicherseits auferlegt werden, sollte aber ohnehin selbstverständlich sein.
Alle anderen Kompetenzen der Jagdbehörden außerhalb der Abschussplanung, wie etwa die Anordnung des körperlichen Nachweises (s. Erl. 15) bleiben bei der jeweils zuständigen Jagdbehörde.

Dieses Formblatt ersetzt die bisher oft geführten individuellen Stre- 11
ckenbücher einzelner Jagdausübungsberechtigter, deren Angaben z.B. in Pächtergemeinschaften erst von deren Obmann zu einer offiziellen Liste für den Jagdbezirk zusammengefügt wurden. Siehe dazu auch die unter C 18 aufgeführte Verwaltungsvorschrift.

Die Pflicht, die Streckenliste für alle Wildarten aktuell zu halten, er- 12
möglicht gegebenenfalls den exakten Nachweis der bisherigen Strecke gegenüber der Jagdbehörde und die Überprüfung unklarer Tatbestände.

Dieses als „Wildnachweisung“ bezeichnete Formblatt ist Grundlage 13
der Jagdstatistik und dient den Jagdbehörden zugleich zur Auswertung des Jagdjahres. Die landesweite Zusammenstellung der Wildnachweisungen ist die Basis für den jährlich erscheinenden Jagdbericht der obersten Jagdbehörde.
Unabhängig davon fordert die Verwaltungsvorschrift zur Abschussplanung von Schwarz- und Raubwild vom 30. Juli 2003 (C 25) eine jeweils monatliche Meldung der Schwarz- und Raubwildstrecke der Jagdbezirke an die Jagdbehörde, um deren aktuelle Übersicht über den Stand der Strecke zu gewähren.

Das erfolgt durch Anordnung der Jagdbehörden an den Jagdaus- 14
übungsberechtigten zum Abschuss des Wildes nach Art und Anzahl

in vorgegebener Frist. Wird der Anordnung nicht Folge geleistet, so kann die Behörde den Abschuss auf Rechnung der Jagdausübungsberechtigten vornehmen lassen (s. Erl. zu § 27 BJagdG).

15 Ist die Anzeige aller Abschüsse notwendig (z. B. bei Gruppenfreigaben im Abschussplan!) oder beschließt die Hegegemeinschaft den körperlichen Nachweis für bestimmtes Wild, so sollten entsprechende Beschlüsse der Hegegemeinschaft durch eine solche behördliche Anordnung gefestigt werden. Verstöße dagegen sind dann nicht nur Verstöße gegen Gemeinschaftsbeschlüsse, sondern gemäß § 41 Abs. 3 Nr. 8 bußgeldbewehrte Ordnungswidrigkeiten.

16 Näheres hierzu, insbesondere über die Beteiligung privater Jäger in der Landesforst, ist in der Jagdnutzungsanweisung des Landes Mecklenburg-Vorpommern und den dazu ergangenen Jagdbeteiligungs- und Entgeltbestimmungen geregelt. Darüber hinaus sind die Formalitäten hinsichtlich der Abschussplanung und der Abschussplanbestätigung oder -festsetzung für die Forst- und die Nationalparkämter sowie für die Bundesforstämter per Erlass geregelt.

17 Wurde als gemeinsame Richtlinie der Länder Brandenburg und Mecklenburg-Vorpommern 2001 festgelegt (C 16).

§ 22 Sachliche Verbote (zu § 19 BJagdG)

(1) Es ist verboten, die Jagd unter Verwendung von Betäubungs- oder Lähmungsmitteln auszuüben. Die oberste Jagdbehörde kann im Einzelfall die Ausübung der Jagd unter Verwendung von Betäubungs- oder Lähmungsmitteln für Zwecke der Forschung und Lehre genehmigen.

(2) Es ist verboten, Wild aus Luftfahrzeugen, Kraftfahrzeugen[1] oder maschinengetriebenen Wasserfahrzeugen zu beschießen; das Verbot umfasst nicht das Beschießen von Wild aus Kraftfahrzeugen durch Körperbehinderte mit Erlaubnis der Jagdbehörde.

(3) Es ist verboten, die Jagdausübung absichtlich zu stören[2].

(4) Die oberste Jagdbehörde wird ermächtigt, durch Verordnung nach Maßgabe des § 19 Abs. 2 des Bundesjagdgesetzes sachliche Verbote zu erlassen oder einzuschränken.

ERLÄUTERUNGEN

Dieses Verbot gilt unabhängig davon, ob sich das Kraftfahrzeug in Bewegung befindet oder nicht. Die teilweise verbreitete Nutzung stehender PKW als mobiler Ansitzeinrichtung ist daher nur dann legitim, wenn das Fahrzeug zur Schussabgabe verlassen wird und diese erst durch den außerhalb dessen befindlichen Jäger erfolgt. 1
Die Nutzung eines stehenden Kraftfahzeuges zum Anstreichen oder Auflegen der Waffe ist zulässig, sollte aber aus Sicherheitsgründen niemals unter Verbleib einer zweiten Person im Fahrzeug erfolgen.

Diese erst in das neue Gesetz aufgenommene Festlegung stellt in Verbindung mit § 41 Abs. 2 Nr. 4 jede absichtliche Störung der Jagdausübung als Ordnungswidrigkeit fest, die durch die Jagdbehörde geahndet werden kann. Als Störung gilt dabei die bewusste Zerstörung jagdlicher Einrichtungen (die als Sachbeschädigung ohnehin strafbar ist) ebenso wie z.B. das gezielte Verscheuchen des Wildes vor einem anwartenden Jäger, das Verwittern von Wechseln nahe fremder jagdlicher Einrichtungen oder das vorsätzliche Stören einer Gesellschaftsjagd. 2

§ 23 Jagdschutz[1] (zu §§ 23 und 25 BJagdG)

(1) Die zur Ausübung des Jagdschutzes in einem Jagdbezirk berechtigten Personen[2] sind befugt,

1. **Personen anzuhalten[3] und ihre Identität festzustellen, die unberechtigt jagen oder sonst jagdrechtlichen Vorschriften zuwiderhandeln[4] oder außerhalb der zum allgemeinen Gebrauch bestimmten Wege zur Jagd ausgerüstet angetroffen werden. Sie sind weiter befugt, ihnen gefangenes und erlegtes Wild, Schuss- und sonstige Waffen, Jagd-und Fanggeräte, Hunde und Frettchen abzunehmen.**
2. **Hunde, die Wild aufsuchen oder verfolgen und außerhalb der Einwirkung ihres Führers, und Katzen, die weiter als 200 m vom nächsten Haus angetroffen werden[5], zu töten. Das Gleiche gilt für Hunde und Katzen, die sich in Fallen gefangen haben. Diese Regelungen gelten nicht gegenüber Hirten-, Jagd-, Blinden- und Polizeihunden, soweit sie als solche kenntlich sind[6] und solange sie vom Berechtigten zu ihrem Dienst verwandt werden, auch wenn sie sich dabei vorübergehend der Einwirkung ihres Führers entzogen haben.**

(2) Es ist verboten, einen Hund ohne Genehmigung des Jagdausübungsberechtigten außerhalb der Einwirkung seines Führers in einem Jagdbezirk laufen zu lassen[7].

ERLÄUTERUNGEN

1 Die im abgelösten Gesetz unter diesem Paragraphen getroffenen Regelungen zur Fütterung des Wildes entfallen infolge abschließender Festlegungen bereits im § 18.

2 Nach § 25 BJagdG und § 25 LJagdG sind das neben den zuständigen öffentlichen Stellen die Jagdausübungsberechtigten des jeweiligen Jagdbezirkes sowie gegebenenfalls für diesen bestätigte Jagdaufseher, nicht jedoch Jagdgäste mit entgeltlichen oder unentgeltlichen Erlaubnisscheinen oder angestellte Jäger.

3 Unter „Anhalten" ist gegebenenfalls auch die Ausübung von Zwang zum Halten zu verstehen, um die Feststellung der Personalien zu ermöglichen. Die Landesverordnung zur Bestimmung von Vollzugsbeamten vom 13. August 2001 (GVOBl. M-V S. 315) ermächtigt zur Ausübung solchen unmittelbaren Zwangs.
Dazu kann notfalls auch körperliche Gewalt eingesetzt werden. Der Gebrauch der Schusswaffe ist jedoch nur zur eigenen Notwehr zulässig. In jedem Fall ist der Grundsatz der Verhältnismäßigkeit zu beachten, wonach die eingesetzten Mittel dem Grad der Zuwiderhandlung entsprechen müssen.
Zu Details siehe die Verwaltungsvorschrift zum Jagdschutz und zur Bestätigung von Jagdaufsehern unter C 19.

4 Um unberechtigtes Jagen oder Zuwiderhandlungen gegenüber jagdrechtlichen Vorschriften handelt es sich nicht nur bei einer Jagdausübung mit der Schusswaffe durch im jeweiligen Jagdbezirk dazu nicht Berechtigte, sondern z.B. auch beim Einsatz von Fallen, in denen sich jagdbare Tiere fangen können. Gleiches gilt bei der Aneignung von krankem oder verendetem Wild oder von Abwurfstangen (§ 1 Abs. 5 BJagdG), ja sogar schon beim gezielten Aufsuchen von Wild in seinen Einständen oder an seinen Ruheplätzen, wodurch das Wild gestört wird (§ 19 a BJagdG).

Während die Befugnis zur Tötung umherstreunender Katzen eindeutig formuliert ist, wird sie bei Hunden durch die Einschränkung, dass solche nur außerhalb der Einwirkung ihres Führers getötet werden dürfen, in der Praxis oft umstritten sein. Die Behauptung, eine solche Einwirkung wäre noch möglich gewesen, ist nicht immer zu widerlegen, wie sie umgekehrt jedoch auch nur schwer zu beweisen ist. Der Jagdschutzberechtigte hat daher die jeweilige Sachlage sehr sorgfältig zu prüfen und sollte sich nur bei eindeutig oder wiederholt wildernden Hunden zu deren Tötung entschließen. 5

Bei einer Stöberjagd überjagende oder im Anschluss an eine Schweißarbeit das kranke Wild hetzende Jagdhunde geraten relativ oft in fremde Jagdbezirke, ohne dass sie dort als „wildernd" getötet werden dürfen. Das sollte zwar eigentlich selbstverständlich sein, wird hier jedoch noch einmal ausdrücklich betont. Besondere Sorgfalt bei der Rasseansprache des jagenden Hundes einerseits und dessen Kennzeichnung durch ein schockfarbenes Warnhalsband andererseits tragen dazu bei, derartigen Übergriffen vorzubeugen. 6

Der Hinweis auf diese gesetzliche Festlegung beim aufklärenden Gespräch mit im Jagdbezirk befindlichen Hundeführern oder -haltern, deren Hunde unangeleint herumlaufen, sollte dazu beitragen, dass die Hunde gar nicht erst außerhalb der Einwirkung ihres Führers geraten. Zuwiderhandlungen stellen nach § 41 Abs. 1 Nr. 2 LJagdG eine Ordnungswidrigkeit dar, für deren Verfolgung und Ahndung die untere Jagdbehörde zuständig ist, und die man in schweren Fällen (mehrfache Wiederholung nach Verwarnung) seitens des Jagdausübungsberechtigten auch beantragen sollte. 7

§ 24 Wildschutzmaßnahmen (zu § 22 a BJagdG)

(1) Die Jagdausübungsberechtigten, ihre Beauftragten und Jagdgäste sind verpflichtet, dem Wild unnötige Schmerzen und Leiden zu ersparen[1].

(2) Hat ein Jagdausübungsberechtigter seinen Hauptwohnsitz nicht in der Gemeinde seines Jagdbezirkes und ist für diesen kein dort wohnhafter bestätigter Jagdaufseher bestellt, so hat der Jagdausübungsberechtigte der Jagdbehörde eine im Allgemeinen ohne Schwierigkeiten erreichbare Person am Ort zu benennen, die In-

haber eines Jagdscheines und in der Lage sein muss, zur Vermeidung von Schmerzen und Leiden des Wildes unaufschiebbare Maßnahmen des Jagdschutzes im Jagdbezirk sowie in befriedeten Bezirken innerhalb des Jagdbezirkes gemäß § 5 Abs. 3 bis 6, insbesondere hinsichtlich kranken, verletzten und verendeten Wildes, in Abwesenheit des Jagdausübungsberechtigten durchzuführen[2].

(3) Wer als Führer eines Kraftfahrzeuges Schalenwild angefahren oder überfahren hat, muss dies dem Jagdausübungsberechtigten oder der Polizei unverzüglich anzuzeigen[3].

ERLÄUTERUNGEN

1 Mit dieser Verpflichtung wird einer der anerkannten Grundsätze der deutschen Weidgerechtigkeit und damit eigentlich eine Selbstverständlichkeit zur gesetzlichen Forderung. Zwar spricht diese nach wie vor besonders die gegenüber dem bejagtem Wild gegebene persönliche Verantwortung jeden Jägers an, da der Begriff „unnötig" in der jagdlichen Praxis oft nur schwer zu definieren ist. Doch stellen z.B. wiederholte leichtsinnige Weitschüsse oder solche auf nicht breitstehendes Wild, die nur zu Verletzungen führen, oder gar unterlassene Fangschüsse (was ohnehin schon einer Forderung des § 22 a BJagdG widerspräche) diesbezüglich eindeutige Rechtsverletzungen dar.

2 Zu diesen unaufschiebbaren Maßnahmen gehört besonders die rasche Tötung kranken oder verletzten Wildes, wie sie zunehmend nach dessen Kollision mit Kraftfahrzeugen oder u.U. auch bei einer in den Jagdbezirk hineinführenden Nachsuche notwendig wird. Für die praktische Umsetzung bei Wildunfällen hat es sich bewährt, den Leitstellen der Landkreise oder kreisfreien Städte aktuelle Aufstellungen über die jeweils beiderseits der Straßen verantwortlichen (und erreichbaren) Jäger zur Verfügung zu stellen. sodass eine umgehende Weiterleitung der Meldungen möglich ist.
Die Beseitigung toten Wildes ist strenggenommen nicht originäre Aufgabe des Jägers, da dieser erst mit der durch ihn vorgenommenen Aneignung zum Besitzer des zuvor herrenlosen Wildes wird. Er sollte diese Aufgabe aus moralischen und praktischen Gründen jedoch als die seine betrachten und sie, wie schon traditionell immer praktiziert, wahrnehmen.

Diese Meldepflicht für die Führer von Kraftfahrzeugen wurde neu ins Gesetz aufgenommen, um es den Jägern zu ermöglichen, alles angefahrene Schalenwild rasch von seinen Leiden zu erlösen. Wurden folgenreiche Unfälle aus Versicherungsgründen bereits bisher immer gemeldet, so sollte im Zeitalter der Mobiltelefone aus Tierschutzgründen auch die Meldung weniger schwer (weniger schwer meist nur für das Kraftfahrzeug!) verlaufender Unfälle an die Leitstelle selbstverständlich werden. Über die vorgenannte Aufstellung der zuständigen Jäger erfolgt dann deren rasche Weiterleitung. 3

§ 25 Jagdschutzberechtigter (zu § 25 BJagdG)

(1) Zur Beaufsichtigung der Jagd kann der Jagdausübungsberechtigte jagdpachtfähige Personen als Jagdaufseher bestellen, die durch die Jagdbehörde bestätigt werden[1]. Bei Jagdbezirken über 1000 Hektar muss der Jagdaufseher jagdwirtschaftlich oder forstlich[2] ausgebildet sein. Der Jagdaufseher weist sich durch ein Dienstabzeichen aus, das die Jagdbehörde kostenfrei erteilt.

(2) Auf Verlangen der Jagdbehörde[3] ist ein Jagdaufseher zu bestellen.

ERLÄUTERUNGEN

Hält es der Eigentümer eines Eigenjagdbezirkes oder der Pächter eines Jagdbezirkes für angebracht, kann er einem Jagdaufseher, der in seinem Dienstbezirk die Rechte und Pflichten eines Polizeibeamten hat, die Verantwortung für den Jagdschutz übertragen. Voraussetzungen für eine solche Tätigkeit sind: 1

- der Besitz eines gültigen Jahresjagdscheines,
- der vorherige Besitz eines solchen während dreier Jahre in Deutschland (§ 11 Abs. 5 BJagdG),
- in Jagdbezirken von über 1000 Hektar eine entsprechende Qualifikation,
- die Bestellung durch den oder die Jagdausübungsberechtigten,
- die Bestätigung durch die untere Jagdbehörde,
- der öffentliche Ausweis durch ein sichtbar getragenes Dienstabzeichen.

Siehe speziell dazu C 19.

2 Gemäß § 25 Abs. 2 BJagdG sind bestätigte Jagdaufseher, die Berufsjäger oder forstlich ausgebildet sind, stets Hilfsbeamte der Staatsanwaltschaft. Auch sie sind, wie auch die Jagdausübungsberechtigten selbst, zur Ausübung unmittelbaren Zwanges ermächtigt (vgl. Erläuterung 3 zu § 23).

3 Ein solches Verlangen der Jagdbehörde ist dann zulässig, wenn ohne die Bestellung der Jagdbezirk ohne gehörigen Jagdschutz wäre; z.B. dann, wenn der oder die Jagdschutzberechtigten ihren Wohnsitz weit entfernt vom Jagdbezirk haben und diesen nur in größeren Zeitabständen aufsuchen können.

§ 26 Jagdbare Tierarten (zu § 2 Abs. 2 BJagdG)

(1) Folgende Tierarten werden für jagdbar[1] erkärt:
1. Marderhund (*Nyctereutes procyonides GRAY),*
2. Waschbär (*Procyon lotor L.),*
3. Mink (*Mustela vison SCHREBER).*

(2) Die oberste Jagdbehörde wird ermächtigt, durch Erlass weitere Tierarten zu bestimmen, die dem Jagdrecht unterliegen, soweit die Erhaltung eines artenreichen, den landschaftlichen und landeskulturellen Verhältnissen angepassten Wildbestandes oder die Sicherung einer Lebensgrundlage es erfordern.

ERLÄUTERUNGEN

1 Diese Erklärung als jagdbar heißt, dass die genannten Tierarten in Erweiterung von § 2 Abs. 1 BJagdG dem Jagdrecht unterliegen. Wieweit sie tatsächlich zu bejagen sind, ergibt sich aus der Zumessung einer Jagdzeit durch Landesverordnung (C 2).
Die im vorherigen Landesjagdgesetz noch für jagdbar erklärte Tierart „Wolf“ wurde aus Artenschutzgründen von der Liste der dem Jagdrecht unterstehenden Tierarten gestrichen und darf daher auch verletzt oder krank nicht mehr bejagt werden.

ABSCHNITT 6 Wild- und Jagdschaden

§ 27 Wildschadenausgleichskasse

(1) In jedem Landkreis und jeder kreisfreien Stadt wird eine Wildschadensausgleichskasse[1] (Kasse) als Körperschaft des öffentlichen Rechts errichtet. Mitglieder[2] der Kasse sind die Jagdgenossenschaften, die Eigentümer eines Eigenjagdbezirkes (Eigenjagdbesitzer), die Pächter eines Jagdbezirkes und die Landwirte, die eine Nutzfläche von mindestens 75 Hektar bewirtschaften. Alle anderen Landwirte können der Kasse beitreten. Mehrere Kassen können durch öffentlich-rechtlichen Vertrag vereinbaren, dass eine der Kassen die Aufgaben der übrigen Kassen übernimmt. § 165 der Kommunalverfassung gilt entsprechend. Die Kasse untersteht der Fachaufsicht der Jagdbehörde[3].

(2) Die Kasse hat die Aufgabe, Wildschäden zu verhindern und von Rot-, Dam- und Schwarzwild verursachte Wildschäden auszugleichen[4].

(3) Die Kasse regelt ihre Angelegenheiten in eigener Verantwortung durch Satzung[5] (Haupt-/Beitragssatzung). Eine Satzung wird mit Zwei-Drittel-Mehrheit der anwesenden Mitglieder beschlossen. Beschließt die Kasse nicht bis zum Ablauf von sechs Monaten nach ihrer Errichtung ihre Hauptsatzung, erlässt und veröffentlicht sie die Jagdbehörde auf Kosten der Kasse. Beschluss und Änderung einer Satzung bedürfen der Genehmigung durch die Jagdbehörde. Die oberste Jagdbehörde kann durch Verordnung Mustersatzungen gemäß Satz 1 erlassen und vorschreiben, dass bei Einhaltung der Mustersatzungen die Anzeige an die Stelle der Genehmigung tritt.

(4) Die erste Mitgliederversammlung wird durch die Jagdbehörde einberufen. Die Einladung erfolgt mit Monatsfrist durch Veröffentlichung in den Mitteilungsblättern der Landkreise, kreisfreien Städte und Ämter sowie mit Wochenfrist in der örtlichen Tagespresse.

(5) Die Kasse wählt einen Vorstand, der aus mindestens drei Mitgliedern besteht. Der Vorstand bestimmt einen Geschäftsführer, der die Kasse vertritt. Ein Geschäftsführer kann mehrere Kassen vertreten. Sofern kein Geschäftsführer bestimmt wird, setzt die Jagdbehörde einen Geschäftsführer zu Lasten der Kasse ein.

(6) Zur Erfüllung ihrer Aufgaben erhebt die Kasse durch Satzung Beiträge von ihren Mitgliedern. Die Höhe der Beiträge richtet sich nach dem Wildschadensgeschehen. Von der Beitragszahlung befreit sind Eigenjagdbesitzer für die Grundfläche, die in ihrem Eigentum steht, sowie die Landwirte[6]. Die Beitragssatzung bestimmt Art und Umfang von Sachbeiträgen, die Landwirte erbringen sollen[7]. Für die Haushaltsführung der Kassen gelten das Landesverwaltungsverfahrensgesetz und die Bestimmungen über die Haushaltswirtschaft der Gemeinden entsprechend. Absatz 3 Satz 3 gilt entsprechend.

(7) Abweichend von Absatz 6 Satz 3 kann die Kasse im Einvernehmen mit der Jagdbehörde von einem Eigenjagdbesitzer Beiträge auch für die Grundflächen erheben, die in seinem Eigentum stehen, wenn Wildschäden in benachbarten Jagdbezirken auf unzulänglichen Abschuss von Rot-, Dam- oder Schwarzwild im Eigenjagdbezirk zurückzuführen sind[8].

(8) Der Schadensersatzverpflichtete (Verpflichtete) kann sich insoweit nicht auf ein Verschulden eines Landwirtes berufen, als dieser nach Maßgabe der Beitragssatzung Sachbeiträge geleistet hat, die zur Verhinderung des konkreten Schadens geeignet waren.

(9) Die Kasse ist im Feststellungsverfahren beteiligt[9]. Sie gewährt dem Verpflichteten nach Maßgabe der Hauptsatzung auf Antrag einen Ausgleich bis zur Höhe von 90 vom Hundert der Schadenssumme. Haben sich Verpflichteter und Geschädigter über die Schadenshöhe geeinigt, erfolgt der Ausgleich nur, wenn die Kasse der Einigung zugestimmt hat.

(10) Rechte und Pflichten der Wildschadensausgleichskassen nach § 27 des Landesjagdgesetzes vom 10. Februar 1992 (GVOBl. M-V S. 30), geändert durch Artikel 26 des Gesetzes vom 5. Mai 1994 (GVOBl. M-V S. 566), gehen mit Genehmigung der Hauptsatzung nach Absatz 3 auf die für dasselbe Gebiet neu errichteten Kassen über.

ERLÄUTERUNGEN

1 Gemäß § 29 Abs. 4 des Bundesjagdgesetzes können die Länder bestimmen, dass der Wildschadensbetrag für bestimmtes Wild durch Schaffung eines Wildschadensausgleichs auf eine Mehrheit von Beteiligten zu verteilen ist (Wildschadensausgleichskasse). Dieser Regelung liegt

der Solidargedanke mit anteiliger, flächenbezogener Beitragspflicht zu Grunde, um durch einen gemeinsamen Schadensausgleich im Einzelfall soziale Härten ausschließen zu können.
Von vorgenannter Ermächtigung wurde Gebrauch gemacht, wobei als Gebiet einer Wildschadensausgleichskasse der Zweckmäßigkeit halber das Gebiet eines Landkreises oder einer kreisfreien Stadt bestimmt wurde.

Als Mitglieder wurden die ursächlich Wildschadensersatzverpflichteten (Jagdgenossenschaften, Pächter von Eigenjagdbezirken) sowie diejenigen bestimmt, die Einfluss auf einen Wildschaden als Jagdnachbar (Eigenjagdbesitzer) oder als landwirtschaftlicher Nutzer (Landwirt im Haupterwerb) haben können. 2

Die Kasse als Körperschaft des öffentlichen Rechts bedarf der Aufsicht. 3
Diese nimmt die untere Jagdbehörde mit ihren fachlichen und örtlichen Kenntnissen wahr. Gleichzeitig kann so die oberste Jagdbehörde fachaufsichtlich die unteren Jagdbehörden und somit die Kassen unterstützen.

Die hiermit der Kasse neben dem Wildschadensausgleich ausdrücklich 4
übertragene Aufgabe, Wildschäden bereits zu verhindern, ist vor allem durch eine auf die Schadenverhütung ausgerichtete Beitragsgestaltung zu erreichen. Dem dient u.a. die in der Verordnung über die Mustersatzungen für Wildschadensausgleichskassen (C 13) genannte Unterteilung der finanziellen Beiträge in einen Grund-, einen Schadens- und einen Grenzbeitrag. Durch deren zweckmäßige Differenzierung werden Jagdbezirke, in denen wiederholte oder hohe Wildschäden auftreten, veranlasst, sich in besonderem Maße um vorbeugende Maßnahmen zu bemühen.

Damit die Kassen sofort ordnungsgemäß arbeiten können, wurde im 5
Gesetz der Verfahrensweg zur Herstellung der Arbeitsfähigkeit dargelegt. Insbesondere die Beschlussfassung der Satzungen, deren Genehmigung und der Fall, dass die Kasse keinen Beschluss zur Satzung trifft, wurden geregelt. Zu Satzungsfragen siehe die einschlägige Verordnung unter C 13.

Abweichend zur Mitgliedschaft ist bestimmt, dass eine finanzielle Bei- 6
tragszahlung durch Eigenjagdbesitzer für die in ihrem Eigentum stehenden Flächen zunächst, durch Landwirte grundsätzlich nicht erfolgt.

7 Landwirte können Sachleistungen erbringen. Diese sind zwar freiwillig, ermöglichen aber, dass im Schadensfalle ein Mitverschulden des Landwirtes am Schaden ausgeschlossen wird. Ziel ist es, mit dieser Vorgehensweise die Landwirte zur Erbringung von Sachleistungen zu stimulieren, um in Folge die Wildschadensverhütung und die ihr dienende Bejagung noch zu verbessern.

8 Wenn ein Eigenjagdbesitzer durch unzulänglichen Abschuss einen Wildbestand duldet, der in benachbarten Jagdbezirken Wildschaden verursacht, kann er zur Beitragszahlung herangezogen werden. Um einen Missbrauch dieser Regelung zu verhindern, kann diese Beitragserhebung nur im Einvernehmen mit der Jagdbehörde erfolgen.

9 Da die Kasse einen hohen Anteil an den Kosten eines Wildschadens übernimmt und diese Kosten auf alle beitragspflichtigen Mitglieder umlegt, ist es in deren Interesse notwendig, dass die Kasse im Schadensfall im Wildschadensfeststellungsverfahren beteiligt wird. Stellt sie dabei ein direktes Verschulden des Jagdausübungsberechtigten fest, so kann sie nach Erhalt des Antrages zur Entschädigungszahlung den Betrag entsprechend reduzieren.
Einigen sich Geschädigter und Ersatzverpflichteter gütlich über den Schadensersatz, so beteiligt sich die Kasse daran nur, wenn sie der getroffenen Einigung zugestimmt hat. Eine nachträgliche Beteiligung der Kasse an den Kosten ist ausgeschlossen.

§ 28 Verfahren in Wild- und Jagdschadenssachen
(zu § 35 BJagdG)

(1) Wild- und Jagdschaden ist bei den örtlichen Ordnungsbehörden[1] anzumelden.

(2) Wildschäden an Grundstücken, auf denen die Jagd ruht oder nicht ausgeübt werden darf[2] (§ 5), werden nicht erstattet. Diese Grundstücke bleiben bei der Berechnung der anteiligen Ersatzleistung für Wildschäden an anderen Grundstücken außer Betracht (§ 29 Abs. 1 Satz 2 des Bundesjagdgesetzes).

(3) Vor Beschreiten des ordentlichen Rechtsweges findet ein Feststellungsverfahren[3] vor der örtlichen Ordnungsbehörde statt. Einzelheiten des Verfahrens regelt die oberste Jagdbehörde durch Verordnung im Einvernehmen mit dem Innenministerium.

(4) Den Ausgleich von Schäden, die durch Wildarten verursacht werden, bei denen die Möglichkeit der Einflussnahme der Jäger zur Verhinderung von Wildschäden gering ist, regelt die Landesregierung durch Verordnung.

ERLÄUTERUNGEN

Zuständige örtliche Ordnungsbehörden sind die Ordnungsämter der Gemeinden oder der Amtsbezirke, in denen sich der jeweilige Jagdbezirk befindet. 1
Die Anmeldung ist nicht erforderlich, sofern sich Geschädigter und Ersatzverpflichteter über die Höhe des Schadens und dessen Ausgleich gütlich einigen. Bei geringen Schäden ist ein solcher Weg schon wegen der ansonsten fälligen Verfahrenskosten (siehe C 12) anzuraten.

Dazu gehören insbesondere die befriedeten Bezirke nach § 6 BJagdG und § 5 dieses Gesetzes (z. B. Haus- und Kleingärten, Friedhöfe, Sportplätze und Parkanlagen), aber auch Grundstücke in Schutzgebieten, in denen die Jagd auf die schadensverursachende Wildart nicht ausgeübt werden darf. 2

Das Feststellungsverfahren nach der unter C 12 abgedruckten Verordnung ist ein gerichtliches Vorverfahren, welches im Wesentlichen der Entlastung der Amtsgerichte dient. Gegenstand des Verfahrens ist die Feststellung des Ersatzanspruches des Schadensersatzberechtigten (Geschädigten) gegen den Schadensersatzverpflichteten (Verpflichteten). 3

ABSCHNITT 7 Besondere Rechte und Pflichten bei der Jagdausübung

§ 29 Wegerecht

(1) Kann ein Jagdausübungsberechtigter seinen Jagdbezirk nur auf einem nicht zumutbaren Umweg erreichen, so dürfen er und seine Jagdgäste einen fremden Jagdbezirk in Jagdausrüstung auf einem nicht zum allgemeinen Gebrauch bestimmten Weg (Jägernotweg) betreten[1], der mit dem Grundstückseigentümer schriftlich zu vereinbaren ist. Kommt eine Einigung nicht zustande, legt die Jagdbehörde den Jägernotweg fest. Der Eigentümer des Grundstücks,

über das der Notweg führt, unterrichtet den auf seinem Grundstück Jagdausübungsberechtigten[2]. Er kann eine angemessene Entschädigung verlangen. Die Höhe der Entschädigung setzt die Jagdbehörde auf Antrag fest.

(2) Bei Benutzung des Notweges dürfen Schusswaffen nur ungeladen und in einem Überzug oder mit verbundenem Schloss und Hunde nur an der Leine mitgeführt werden.

ERLÄUTERUNGEN

1 Das Betreten fremder Jagdbezirke in Jagdausrüstung außerhalb öffentlicher Wege ist grundsätzlich nicht gestattet. Kann ein Jagdausübungsberechtigter seinen Jagdbezirk oder Teile davon jedoch nur mit einem nicht zumutbaren Umweg auf öffentlichen Wegen erreichen, darf er dazu einen sonst nicht zum allgemeinen Gebrauch bestimmten Weg (Feldweg, Holzabfuhrweg, Waldschneise) benutzen, sofern er dies mit dem Eigentümer dieses Weges vereinbart oder die Jagdbehörde eine derartige Festlegung trifft.

2 Zwar obliegt dem Grundstückseigentümer dieses Notweges die Informationspflicht gegenüber dem dort zuständigen Jagdausübungsberechtigten, doch empfiehlt es sich dringend, dass die beiden Jagdausübungsberechtigten sich bereits im Vorfeld einer solchen Vereinbarung oder Festlegung miteinander verständigen und möglichst einigen.

§ 30 Jagdeinrichtungen

(1) Der Jagdausübungsberechtigte darf auf land- und forstwirtschaftlich genutzten Grundstücken besondere Anlagen (jagdliche Einrichtungen) wie Futterplätze, Ansitze nur mit Genehmigung des Grundeigentümers errichten. Dieser muss die Genehmigung erteilen, wenn ihm die Duldung der Anlage zugemutet werden kann[1]. In Streitfällen entscheidet die Jagdbehörde darüber, ob dem Grundstückseigentümer die Duldung der Anlage zugemutet werden kann. Sie setzt auf Antrag auch die Höhe einer Entschädigung fest. Jagdliche Einrichtungen (Ansitzleitern, Ansitzkanzeln, Fütterungen) sind, solange sie aus Naturmaterial bestehen und sich auf das angemessene Maß beschränken, zugelassen[2]. Bei der Errichtung von Jagdeinrichtungen sind die Belange des Naturschutzes und

der Landschaftspflege zu beachten. Insbesondere ist eine Beeinträchtigung des Landschaftsbildes auszuschließen.

(2) Das Landschaftsbild beeinträchtigende oder baufällige[3] jagdliche Einrichtungen sind rückzubauen[4]. Kommt ein Jagdausübungsberechtigter dieser Pflicht trotz Aufforderung durch die Jagdbehörde nicht nach, so kann diese auf seine Kosten den Rückbau vornehmen.

ERLÄUTERUNGEN

Eine Duldung der Anlage ist zumutbar, wenn die Nutzung des Grundstücks nicht wesentlich beeinträchtigt wird. Das gilt z.B. für die Errichtung einer Ansitzkanzel direkt am Rand einer landwirtschaftlich genutzten Fläche, während ein Standort auf dieser Fläche selbst u.U. zu Arbeitserschwernissen führt und vom Grundstückseigentümer (bzw. in dessen Auftrag vom Flächennutzer) abgelehnt oder eine Entschädigung dafür verlangt werden kann. 1

Das verpflichtet die Jäger, stationäre Anlagen wie z.B. geschlossene Kanzeln nur so zu errichten, dass sie aus Holz gefertigt und dem Gelände angepasst aufgestellt werden. Bei mobilen Ansitzleitern u.ä. können auch Metallkonstruktionen verwandt werden, da sie meist nur kurzzeitig eingesetzt und aus Tarnungsgründen ohnehin möglichst an Bäume oder Hecken „angelehnt“ werden. Die Anzahl insbesonders der freistehenden Kanzeln sollte dem wirklichen Bedarf entsprechen; eine Kette solcher Kanzeln in Abständen von weniger als 150 Metern entlang einer Wald-Feld-Kante geht mit Sicherheit darüber hinaus. 2

In dieser Hinsicht wird besonders oft gesündigt: Um einen weiten Überblick zu haben, werden Kanzeln sehr häufig auf geländebeherrschende Höhen gesetzt und fallen dort in großem Umkreis auf. Hier ist weniger meist mehr, nicht nur aus Rücksicht auf andere, sondern auch, weil man bei der Jagd von solchen Aussichtspunkten fast immer eher Landschaft genießen kann als tatsächlich zu Schuss kommt. 3

Der Rückbau baufälliger, also nicht mehr gebrauchsfähiger und unsicherer jagdlicher Einrichtungen sollte selbstverständlich sein; er wird auch von der Unfallverhütungsvorschrift „Jagd“ (C 22) gefordert. Besondere Bedeutung hat der Rückbau, um Personenschäden bei un- 4

befugter Benutzung auszuschließen, da dem Jagdausübungsberechtigten die Verkehrssicherungspflicht für alle von ihm errichteten Anlagen obliegt.
Umgekehrt hat der Jagdausübungsberechtigte bei einer Beschädigung seiner jagdlichen Anlagen als deren Eigentümer sowohl einen Schadenersatzanspruch nach dem BGB als auch die Möglichkeit, Strafanzeige wegen Sachbeschädigung oder gegebenenfalls auch wegen Körpergefährdung zu erstatten (s. § 303 StGB; D 5).

§ 31 Wildgatter

(1) Die Eingatterung von Jagdbezirken oder Teilen davon zum Zwecke der Jagd (Jagdgatter) ist verboten.

(2) Die Eingatterung von Flächen kann durch die Jagdbehörde genehmigt werden, wenn das Gatter als Eingewöhnungsgatter, Paarungsgatter, Fanggatter oder Quarantänegatter der Erhaltung oder der Einbürgerung bestimmter Wildarten dient (Wildgatter). Die erforderliche fachkundige Betreuung des Wildes muss gewährleistet sein.

ERLÄUTERUNGEN

Nicht unter das Jagdrecht und damit unter diesen Paragrafen fällt die Eingatterung von land- oder forstwirtschaftlichen Flächen, auf denen Damwild oder andere Schalenwildarten zum Zwecke der Zucht und Mast nutzviehartig gehalten werden (landwirtschaftliche Wildtierhaltung). Derartige Gatter gelten als landwirtschaftliche Anlagen. Die in ihnen befindlichen Tiere sind nicht wie das Wild herrenlos, sondern sie haben einen Besitzer. Ihr Töten mittels Schusswaffe bedarf einer gesonderten waffenbehördlichen Schusserlaubnis und ist keine Jagdausübung. Nach § 38 Abs. 2 des Landesnaturschutzgesetzes bedürfen Errichtung, Erweiterung, Änderung und der Betrieb von Tiergehegen zum Zwecke der landwirtschaftlichen Wildtierhaltung mit Ausnahme des Damwildes der Genehmigung durch die untere Naturschutzbehörde. Genehmigungspflichtig ist auch der Wechsel des Betreibers des Tiergeheges. Die Genehmigung schließt die Baugenehmigung ein.
Weitergehende Bestimmungen, insbesondere über Größe, Ausstattung, Einrichtungen und Standort eines Geheges, Bestandsdichte oder An-

forderungen an die fachgerechte Betreuung wurden in der Tiergehegerichtlinie der Umweltministerin vom 10. Dezember 1991 (AmtsBl. M-V 1992 S. 161) erlassen.

§ 32 Wildfolge (zu § 22 a BJagdG)

(1) Die Jagdausübungsberechtigten benachbarter Jagdbezirke sind verpflichtet, innerhalb von drei Monaten nach der Entstehung neuer Jagdbezirke oder nach dem Wechsel eines Jagdausübungsberechtigten eine Wildfolgevereinbarung[1] schriftlich abzuschließen und diese bei der Jagdbehörde anzuzeigen.

(2) Wechselt krankgeschossenes oder schwerkrankes Wild in einen benachbarten Jagdbezirk[2], so hat der Schütze den Anschuss und die Stelle des Überwechselns kenntlich zu machen. Das Überwechseln ist dem Jagdausübungsberechtigten des Nachbarbezirkes oder dessen Vertreter unverzüglich zu melden. Für die Nachsuche auf krankgeschossenes Schalenwild hat der Schütze sich selbst oder eine sonstige mit den Vorgängen vertraute Person zur Verfügung zu stellen.

(3) Abweichend von Absatz 2 sind Jagdausübungsberechtigte verpflichtet zu dulden, dass ein durch die Jagdbehörde anerkannter Schweisshundeführer ihren Jagdbezirk unter Mitführung einer Schusswaffe zur Nachsuche betritt und das kranke oder verletzte Schalenwild erlegt. Jagdausübungsberechtigte, durch deren Jagdbezirk die Nachsuche geführt hat, sind unverzüglich zu unterrichten. Das Nähere, insbesondere die Bestimmungen zur Anerkennung und Kenntlichmachung von Schweisshundeführern, regelt die oberste Jagdbehörde durch Verordnung[3].

ERLÄUTERUNGEN

Die Mindestnormen der Wildfolge – das Recht und die Pflicht der Verfolgung krankgeschossenen oder schwerkranken Wildes in einen benachbarten fremden Jagdbezirk – sind im nachfolgenden Absatz 2 sowie in den §§ 33 und 34 verbindlich festgelegt. Durch die Auflage, Vereinbarungen über die Wildfolge schriftlich zu treffen, soll erreicht werden, dass sich die Jagdausübungsberechtigten benachbarter Jagdbezirke miteinander und direkt über die Modalitäten der Wildfolge verständigen und dabei eine vom Grad des jeweiligen Vertrauens ab- 1

hängige, möglichst einfache Regelung treffen. Durch eine solche Vereinbarung, die privatrechtlichen Charakter hat, können dem nachsuchenden Jäger durchaus weiterreichende Rechte (z.B. die Folge in den fremden Jagdbezirk hinein, das Mitführen einer schussbereiten Waffe dabei, die Tötung des verletzten Tieres und das Verfügungsrecht über dessen Trophäe und Wildbret, eingeräumt werden. Wird das nicht gewollt, sind in der geforderten Vereinbarung die gesetzlichen Normen aufzuführen.
Weitergehende Befugnisse der Wildfolge dürften in der Praxis viele Umstände und Verzögerungen ersparen; sie sind zudem risikolos, da bei missbrauchtem Vertrauen die Wildfolgevereinbarungen jederzeit auf Verlangen eines der Beteiligten wieder geändert werden können.

2 Wechselt krankgeschossenes oder schwerkrankes Wild aus dem eigenen Jagdbezirk hinaus in einen befriedeten Bezirk innerhalb des eigenen Jagdbezirkes hinein, so ist nach § 5 Abs. 6 LJagdG die Wildfolge ohne Verzögerung möglich. Anschließend ist der Eigentümer oder Nutzungsberechtigte des betretenen befriedeten Bezirkes unverzüglich zu benachrichtigen.

3 Weitergehende Einzelheiten wurden mit Verwaltungsvorschrift geregelt, siehe unter C 26.

§ 33 Krankgeschossenes Schalenwild (zu § 22 a BJagdG)

(1) Wechselt krankgeschossenes Schalenwild in einen benachbarten Jagdbezirk, so ist es von dem Jagdbezirk aus, in dem es beschossen wurde, durch Fangschuss zu erlegen, wenn es sich noch in schussgerechter Entfernung befindet. Der Erleger ist berechtigt, das Wild an Ort und Stelle aufzubrechen und zu versorgen; es darf nur mit Zustimmung des benachbarten Jagdausübungsberechtigten fortgeschafft werden.

(2) Trophäe und Wildbret des übergewechselten Schalenwildes gehören dem am Fundort Jagdausübungsberechtigten und sind auf seinen Abschussplan anzurechnen. Es kann vereinbart werden, dass der Jagdausübungsberechtigte, in dessen Bezirk das Wild beschossen worden ist, das Verfügungsrecht über die Trophäe, das Wildbret oder beides erhält und auf wessen Abschussplan es anzurechnen ist.

§ 34 Anderes krankgeschossenes Wild (zu § 22 a BJagdG)

(1) Wechselt anderes Wild als Schalenwild krankgeschossen in einen benachbarten Jagdbezirk und verendet dort in Sichtweite, so ist es dem am Fundort Jagdausübungsberechtigten oder seinem Beauftragten spätestens am nächsten Tag abzuliefern, sofern nichts anderes vereinbart ist.

(2) § 33 Abs. 1 Satz 1 gilt entsprechend.

§ 35 Jagdhundeeinsatz

(1) Bei jeder Such-, Drück- oder Treibjagd, bei jeder Jagd auf Schnepfen oder Wasserwild sowie bei jeder Nachsuche auf Wild[1] sind Jagdhunde, deren jagdliche Eignung (Brauchbarkeit) die Jagdbehörde bestätigt hat[2], in genügender Zahl mitzuführen und nur solche zu verwenden[3].

(2) Für die Prüfung der Brauchbarkeit von Jagdhunden erlässt die oberste Jagdbehörde eine Verordnung[4]. Ausbildung und Prüfung sind Jagdausübung[5].

ERLÄUTERUNGEN

Ein ordnungsgemäßer Jagdbetrieb gemäß den in § 1 Abs. 3 BJagdG geforderten Grundsätzen weidgerechten Jagens erfordert bei den aufgeführten Jagdarten, bei Notwendigkeit umgehend einen Jagdhund vorrangig zur Nachsuche und zum Apportieren verfügbar zu haben. Brauchbare Hunde sind daher in für die betreffende Jagd genügender Zahl mitzuführen; wieweit sie eingesetzt werden, ergibt sich aus den jeweiligen Umständen. **1**

Die Bestätigung der jagdlichen Eignung erfolgt nach Prüfung des Hundes auf einer speziellen Brauchbarkeitsprüfung oder durch Verordnung (C11) gleich gesetzter erfolgreicher Prüfung auf einer von den Rassevereinen veranstalteten Suche. **2**

Hunde ohne anerkannte Brauchbarkeit, also auch in Ausbildung befindliche Junghunde, dürfen bei derartigen Jagden zwar mitgeführt, jedoch nicht eingesetzt werden. **3**

Diese Verordnung ist am 14.1.1999 in Kraft getreten, siehe unter C 11. **4**

5 Die Definition von Ausbildung und Prüfung von Jagdhunden als Jagdausübung soll den direkten Praxisbezug des Jagdgebrauchshundewesens gewährleisten. Aus ihr ergibt sich, dass sowohl das Ausbilden als auch das Prüfen von Jagdhunden im Lande Mecklenburg-Vorpommern den Besitz eines Jagdscheines nach § 15 BJagdG voraussetzt; Nichtjägern ist also beides verwehrt.
Hundeprüfungen im Sinne des Gesetzes sind dabei die durch die genannte Verordnung geregelten Brauchbarkeitsprüfungen bzw. diejenigen, die durch Verordnung diesen gleich gestellten Prüfungen der Zuchtvereine.

ABSCHNITT 8 Jagdverwaltung

§ 36 Jagdbehörden

(1) Oberste Jagdbehörde ist das für das Jagdwesen zuständige Ministerium.

(2) Untere Jagdbehörden (Jagdbehörden) sind die Landräte der Landkreise sowie die Oberbürgermeister der kreisfreien Städte. Die Aufgaben der Jagdbehörden werden den Landkreisen und kreisfreien Städten übertragen; sie nehmen diese Aufgaben nach Weisung der obersten Jagdbehörde wahr.

§ 37 Kreisjägermeister

(1) Zur sachverständigen Beratung der Jagdbehörde werden auf Vorschlag der Landesjägerschaft[1] ein Kreisjägermeister und sein Stellvertreter für die Dauer von fünf Jahren durch die Jagdbehörde widerruflich bestellt; sie sind ehrenamtlich[2] tätig. Ist es wegen der Größe des Kreisgebietes zur Entlastung des Kreisjägermeisters erforderlich, so kann die Jagdbehörde mit Zustimmung des Kreisjägermeisters den Stellvertreter mit der Wahrnehmung der Aufgaben für einen Teil des Kreisgebietes oder für einzelne Sachgebiete betrauen. Der Stellvertreter nimmt im Rahmen seiner Aufgaben mit beratender Stimme an den Sitzungen des Jagdbeirates teil.

(2) Zum Kreisjägermeister und zu seinem Stellvertreter darf nur bestellt werden, wer

1. Deutscher im Sinne des Grundgesetzes ist,

2. Jagdpächter sein darf,
3. seinen Wohnsitz oder ständigen Aufenthalt im Zuständigkeitsbereich der Jagdbehörde hat.

ERLÄUTERUNGEN

Das bisherige aufwändige Verfahren der direkten Wahl eines Kreisjä- **1**
germeisters durch die Jagdscheininhaber des Kreisgebietes hat sich nicht bewährt. Um bei der nunmehrigen Bestellung durch die Jagdbehörde trotzdem sicherzustellen, dass der Inhaber dieser verantwortungsvollen Funktion vom Vertrauen der Jäger getragen wird, wurde das Vorschlagsrecht der Landesjägerschaft übertragen. Es wird durch die jeweilige Kreisjägerschaft mit ihrer detaillierten Kenntnis geeigneter Persönlichkeiten wahrgenommen.

Den Aufwand im Ehrenamt, der bei der Ausübung der Aufgaben **2**
entsteht, trägt jedoch die berufende Behörde.

§ 38 Auskunftspflicht

Die Jagdausübungsberechtigten sind verpflichtet, den Jagdbehörden die zur Erfüllung ihrer Aufgaben notwendigen Auskünfte zu erteilen.

ERLÄUTERUNGEN

Diese Auskunftspflicht bezieht sich auf die Beantwortung aller Auskunftsersuchen der Jagdbehörden sowie auf die regelmäßigen Meldungen zur Abschussregelung (u.a. Abschussplan, Streckenliste, Wildnachweisung, Wildursprungsscheine u.a.m.) nach § 21.

§ 39 Jagdbeirat (zu § 37 BJagdG)

(1) Zur Beratung und Unterstützung der unteren sowie der obersten Jagdbehörde in Angelegenheiten der jagdlichen Verwaltung werden Jagdbeiräte[1] gebildet. Die Amtszeit der Jagdbeiräte beträgt fünf Jahre.

(2) Dem Beirat der obersten Jagdbehörde[2] gehören an:

1. der Vorsitzende,
2. ein Vertreter der Landwirtschaft,

3. ein Vertreter der Forstwirtschaft,
4. ein Vertreter der Landesjägerschaft,
5. ein Vertreter einer Jagdgenossenschaft,
6. ein Vertreter einer Gemeinde,
7. ein Vertreter der Fischerei,
8. ein Vertreter des Naturschutzes,
9. ein Vertreter des Veterinärwesens.

Der Vorsitzende des Jagdbeirates wird durch die oberste Jagdbehörde nach Anhörung der Landesjägerschaft berufen. Die oberste Jagdbehörde beruft die Vertreter der Jagdgenossenschaft und der Gemeinde auf Vorschlag des Städte- und Gemeindetages Mecklenburg-Vorpommern und die übrigen Mitglieder des Jagdbeirates auf Vorschlag der jeweiligen Fachverbände. Wird kein Vorschlag gemacht, bestimmt die oberste Jagdbehörde den Vertreter. Unter den Mitgliedern soll mindestens ein Eigenjagdbesitzer sein. Für jeden Vertreter ist ein Stellvertreter zu benennen.

(3) Den Jagdbeiräten der Jagdbehörden[3] gehören an:

1. der Kreisjägermeister als Vorsitzender,
2. ein Vertreter der Wildschadensausgleichskasse,
3. ein Vertreter der Landwirtschaft,
4. ein Vertreter der Forstwirtschaft,
5. ein Vertreter der Jagdgenossenschaften,
6. ein Vertreter der Fischerei,
7. ein Vertreter des Naturschutzes,
8. ein Vertreter der Landesjägerschaft,
9. ein Vertreter des Veterinärwesens.

Die Jagdbehörde beruft den Vertreter der Jagdgenossenschaften und auf Vorschlag der Wildschadensausgleichskasse deren Vertreter. Die übrigen Mitglieder des Jagdbeirates werden durch die Jagdbehörde auf Vorschlag des jeweiligen Fachverbandes berufen. Wird kein Vorschlag gemacht, bestimmt die Jagdbehörde den Vertreter. Unter den Mitgliedern soll mindestens ein Eigenjagdbesitzer sein. Für jeden Vertreter ist ein Stellvertreter zu benennen.

(4) Ein Jagdbeirat wird durch die jeweilige Jagdbehörde oder auf Antrag der Mehrheit der Mitglieder durch den Vorsitzenden einberufen.

(5) Die Mitglieder der Beiräte sind ehrenamtlich tätig. Den Aufwand, der ihnen bei der Ausübung ihrer Aufgaben entsteht, trägt das Land, der Landkreis oder die kreisfreie Stadt.

(6) Die Mitglieder der Jagdbeiräte sollen Inhaber eines Jagdscheines sein.

ERLÄUTERUNGEN

Die Bildung von Jagdbeiräten ist durch § 37 BJagdG verbindlich vorgeschrieben. Er setzt sich zusammen aus Vertretern der unmittelbar berührten Fachbereiche. 1

Die genannte Zusammensetzung und das Vorschlagsrecht für den Städte- und Gemeindetag sowie die jeweiligen Fachverbände des Landes verhindern eine einseitige Betrachtung der zu beratenden Probleme und sichern einen wirksamen Interessenausgleich bei den Entscheidungen des Gremiums. Die unerlässliche fachliche Qualifikation wird durch den in Absatz 6 geforderten Besitz eines Jagdscheines für die Beiratsmitglieder gewährleistet. 2

Neben der Beratung in wichtigen jagdlichen Fragen ist der Beirat bei der unteren Jagdbehörde vor allem regelmäßig an der Bestätigung oder Festsetzung der Abschusspläne nach § 21 Abs. 2 BJagdG sowie § 21 Abs. 3 LJagdG beteiligt. 3

§ 40 Landesjägerschaft

(1) Weist eine Vereinigung von Jägern nach, dass ihr mindestens 50 vom Hundert der Jagdscheininhaber des Landes angehören, so wird sie als Landesjägerschaft durch die oberste Jagdbehörde anerkannt[1]. Die Anerkennung wird widerrufen, wenn diese Voraussetzung nicht mehr vorliegt.

(2) Die Jagdbehörde hat der Landesjägerschaft Gelegenheit zur Stellungnahme zu geben, wenn ein Jagdschein nach § 17 Abs. 2 Nr. 4 des Bundesjagdgesetzes versagt oder nach § 18 des Bundesjagdgesetzes in Verbindung mit § 17 Abs. 2 Nr. 4 des Bundesjagdgesetzes eingezogen werden soll[2]. Die Landesjägerschaft kann bei der Jagdbehörde beantragen, dass ein Jagdschein wegen Verstoßes gegen die Grundsätze der Weidgerechtigkeit nicht erteilt oder eingezogen wird. Will die Jagdbehörde von einer Stellungnahme der Landesjägerschaft abweichen oder einem Antrag der Landesjägerschaft nicht entsprechen, so bedarf die Entscheidung der Zustimmung der obersten Jagdbehörde.

ERLÄUTERUNGEN

1 Als Landesjägerschaft in Mecklenburg-Vorpommern anerkannt ist der Landesjagdverband Mecklenburg-Vorpommern e.V. (Geschäftsstelle in 19374 Damm, Forsthof 1, Tel.: 03871/63120).

2 Das betrifft insbesondere die Einziehung des Jagdscheines, wenn der Inhaber bei der Ausübung der Jagd schwer oder wiederholt gegen die allgemein anerkannten Grundsätze deutscher Weidgerechtigkeit verstoßen hat. Auf der Grundlage von § 37 Abs. 2 BJagdG und der hier getroffenen Regelung hat die Landesjägerschaft in solchen Fällen das Recht (und die moralische Verpflichtung!) zur Stellungnahme und zum Antrag auf Einziehung des Jagdscheines selbst dann, wenn der Betreffende nicht Mitglied der Landesjägerschaft ist. Eine von der Auffassung der Landesjägerschaft, die durch Verhandlung ihrer Disziplinarkommission begründet ist, abweichende Entscheidung kann nur mit Zustimmung der obersten Jagdbehörde getroffen werden.

ABSCHNITT 9 Ahndungsbestimmungen

§ 41 Ordnungswidrigkeiten[1]

(1) Ordnungswidrig handelt, wer

1. gegenüber einem Jagdschutzberechtigten

a) wegen Zuwiderhandlungen oder Verdacht auf Zuwiderhandlungen entgegen § 23 Abs. 1 Nr. 1 Satz 1 über seinen Vor-, Familien- oder Geburtsnamen, den Ort oder Tag seiner Geburt, seinen Familienstand, seinen Beruf oder seine Staatsangehörigkeit eine unrichtige Angabe macht oder die Angabe verweigert oder

b) entgegen § 23 Abs. 1 Nr. 1 Satz 2 die Herausgabe der Gegenstände verweigert,

2. entgegen § 23 Abs. 2 Hunde außerhalb der Einwirkung seines Führers in einem Jagdbezirk laufen lässt.

(2) Ordnungswidrig handelt ferner, wer

1. entgegen § 18 Abs. 1 trotz Aufforderung durch die Jagdbehörde nicht für angemessene und artgerechte Wildfütterung in der Notzeit sorgt,

2. entgegen § 21 Abs. 1 den Abschussplan nicht zu dem von der Jagdbehörde bestimmten Termin vorlegt,
3. entgegen § 21 Abs. 8 eine Streckenliste nicht oder nicht ordnungsgemäß führt, sie der Jagdbehörde auf Verlangen nicht vorlegt oder die Jagdstrecke der Jagdbehörde nicht bis zum 10. April schriftlich anzeigt,
4. entgegen § 22 Abs. 3 die Jagdausübung absichtlich stört,
5. entgegen § 24 Abs. 1 dem Wild unnötige Schmerzen und Leiden nicht erspart,
6. entgegen § 24 Abs. 2 der Jagdbehörde innerhalb der von dieser gesetzten Frist keine für die Durchführung unaufschiebbarer Maßnahmen des Jagdschutzes zuständige Person benennt,
7. entgegen § 25 Abs. 2 trotz Verlangen der Jagdbehörde keinen Jagdaufseher bestellt,
8. entgegen § 30 Abs. 2 der behördlichen Aufforderung zum Rückbau von das Landschaftsbild beeinträchtigenden oder baufälligen jagdlichen Einrichtungen nicht fristgemäß nachkommt,
9. entgegen § 31 Abs. 1 Jagdbezirke oder Teile davon zum Zwecke der Jagd eingattert,
10. entgegen § 31 Abs. 2 Satz 1 ohne Genehmigung Flächen als Eingewöhnungs-, Paarungs-, Fang- oder Quarantänegatter eingattert,
11. entgegen § 31 Abs. 2 Satz 2 nicht die erforderliche fachkundige Betreuung des Wildes gewährleistet,
12. entgegen § 35 Abs. 1 nicht bei jeder Such-, Drück- oder Treibjagd, bei jeder Jagd auf Schnepfen oder Wasserwild sowie bei jeder Nachsuche auf Wild Jagdhunde, deren jagdliche Eignung (Brauchbarkeit) die Jagdbehörde bestätigt hat, in genügender Zahl mitführt,
13. entgegen § 35 Abs. 1 bei einer Such-, Drück- oder Treibjagd, bei einer Jagd auf Schnepfen oder Wasserwild oder bei einer Nachsuche auf Wild Hunde, deren Eignung jagdliche (Brauchbarkeit) die Jagdbehörde nicht bestätigt hat, verwendet,
14. entgegen § 38 einem Auskunftsersuchen der Jagdbehörde nicht, nicht vollständig oder nicht rechtzeitig nachkommt oder falsche Angaben macht.

(3) Ordnungswidrig handelt ferner, wer vorsätzlich oder fahrlässig

1. entgegen § 11 Abs. 4 in Verbindung mit § 12 Abs. 1 des Bundesjagdgesetzes den Abschluss, die Änderung oder Verlängerung eines Jagdpachtvertrages nicht binnen vier Wochen anzeigt,

2. entgegen § 13 Abs. 3
   a) als Jagdgast ohne Begleitung des Jagdausübungsberechtigten die Jagd ausübt, ohne einen gültigen Erlaubnisschein bei sich zu führen,
   b) den Erlaubnisschein auf Verlangen des Jagdschutzberechtigten nicht vorzeigt,
3. entgegen einer Anordnung der Jagdbehörde nach § 13 Abs. 4 Jagdgäste beteiligt,
4. entgegen § 15 Abs. 2 nicht die erforderlichen Angaben macht,
5. entgegen § 18 Abs. 1 außerhalb festgelegter Notzeit Schalenwild ohne Genehmigung der Jagdbehörde füttert,
6. einer nach § 20 Abs. 2 oder Abs. 4 erlassenen Verordnung zur Regelung der Jagdausübung in Nationalparken, Natur- und Wildschutzgebieten zuwiderhandelt, soweit die Verordnung für bestimmte Tatbestände auf diese Bußgeldvorschrift verweist,
7. entgegen § 21 Abs. 8 trotz Anordnung der Jagdbehörde nicht die Trophäe und den dazugehörigen Unterkiefer vorlegt,
8. entgegen § 21 Abs. 10 trotz Anordnung der Jagdbehörde
   a) den Abschuss von Schalenwild nicht bei der Jagdbehörde oder der Hegegemeinschaft anzeigt,
   b) nicht den körperlichen Nachweis führt,
9. entgegen § 22 Abs. 1 die Jagd unter Verwendung von Betäubungs- oder Lähmungsmitteln ohne Genehmigung ausübt,
10. entgegen § 22 Abs. 2 Wild aus Luftfahrzeugen, Kraftfahrzeugen oder maschinengetriebenen Wasserfahrzeugen beschießt,
11. entgegen § 24 Abs. 3 als Führer eines Kraftfahrzeuges Schalenwild angefahren oder überfahren hat und eine unverzügliche Anzeige bei dem Jagdausübungsberechtigten oder der Polizei unterlässt,
12. entgegen § 29 Abs. 2, § 33 Abs. 1 oder § 34 Abs. 1 beim Betreten des Nachbarreviers eine geladene Schusswaffe mitnimmt,
13. entgegen § 32 Abs. 1 nicht innerhalb von drei Monaten nach der Entstehung neuer Jagdbezirke oder nach Wechsel eines Jagdausübungsberechtigten eine Wildfolgevereinbarung schriftlich abschließt,
14. entgegen § 32 Abs. 1 die schriftlich abgeschlossene Wildfolgevereinbarung nicht bei der Jagdbehörde anzeigt,
15. entgegen § 32 Abs. 2 das Überwechseln krankgeschossenen Schalenwildes nicht entsprechend der Wildfolgevereinbarung meldet,

16. entgegen § 33 Abs. 1 Satz 2 Schalenwild ohne Zustimmung des Jagdausübungsberechtigten fortschafft,
17. entgegen § 34 Abs. 1 Wild nicht innerhalb der vorgeschriebenen Frist beim Jagdausübungsberechtigten oder seinem Beauftragten abliefert, sofern nichts anderes vereinbart ist,
18. einer nach § 22 Abs. 4, § 32 Abs. 3 oder § 42 erlassenen Verordnung zuwiderhandelt, soweit die Verordnung für bestimmte Tatbestände auf diese Bußgeldvorschrift verweist.

(4) Die Ordnungswidrigkeit kann mit einer Geldbuße bis zu 5 000 Euro geahndet werden. Daneben kann die Entziehung des Jagdscheines für bestimmte Zeit angeordnet werden.

(5) Zuständige Behörde nach § 36 Abs. 1 Nr. 1 des Gesetzes über Ordnungswidrigkeiten für die Verfolgung und Ahndung von Ordnungswidrigkeiten aufgrund des Bundesjagdgesetzes und dieses Gesetzes ist die Jagdbehörde.

ERLÄUTERUNGEN

Straftaten durch Übertretung des Jagdgesetze durch an sich Jagdberechtigte behandelt bereits § 38 BJagdG, Jagdvergehen durch Nichtjagdberechtigte das Strafgesetzbuch (§§ 292 ff.; D 4).

ABSCHNITT 10 Schlussvorschriften

§ 42 Verordnungsermächtigungen

(1) Die oberste Jagdbehörde wird ermächtigt, durch Verordnung
1. nach § 15 Abs. 5 des Bundesjagdgesetzes eine Prüfungsordnung für die Erlangung des ersten Jagdscheines zu erlassen[1],
2. nach § 15 Abs. 7 des Bundesjagdgesetzes eine Prüfungsordnung zur Erlangung des ersten Falknerjagdscheines zu erlassen[2],
3. nach § 22 Abs. 1 Satz 3 des Bundesjagdgesetzes die Jagdzeiten abzukürzen oder aufzuheben[3],
4. nach § 22 Abs. 1 Satz 3 des Bundesjagdgesetzes die Schonzeiten für bestimmte Gebiete oder für einzelne Jagdbezirke aus besonderen Gründen aufzuheben[4];[5]

5. nach § 22 Abs. 2 des Bundesjagdgesetzes im Einvernehmen mit der obersten Naturschutzbehörde aus den dort genannten Gründen Jagdzeiten festzusetzen,
6. nach § 22 Abs. 3 des Bundesjagdgesetzes aus Gründen der Landeskultur Schonzeiten für Wild gänzlich zu versagen,
7. nach § 22 Abs. 4 Satz 1 des Bundesjagdgesetzes zur Durchsetzung des dort genannten Jagdverbotes die Brut- und Setzzeiten zu bestimmen und für die in § 22 Abs. 4 Satz 2 des Bundesjagdgesetzes genannten Tiere aus Gründen der Landeskultur Ausnahmen von dem Verbot des § 22 Abs. 4 Satz 1 des Bundesjagdgesetzes zuzulassen,
8. nach § 28 Abs. 4 des Bundesjagdgesetzes aus Gründen der Landeskultur sowie der Erhaltung eines gesunden und artenreichen Wildbestandes und der Pflege und Sicherung seiner Lebensgrundlagen das Hegen oder Aussetzen weiterer Tierarten zu beschränken oder zu verbieten,
9. nach § 32 Abs. 2 des Bundesjagdgesetzes für die dort genannten Kulturen zu bestimmen, welche Schutzvorrichtungen als üblich anzusehen sind,
10. nach § 36 Abs. 2 Nr. 1 des Bundesjagdgesetzes Vorschriften über die behördliche Überwachung des gewerbsmäßigen Ankaufes, Verkaufes und Tausches sowie der gewerbsmäßigen Verarbeitung von Wildbret des Schalenwildes und die behördliche Überwachung der Wildhandelsbücher zu erlassen[6],
11. nach § 36 Abs. 2 Nr. 2 des Bundesjagdgesetzes Vorschriften über das Aufnehmen, die Pflege und die Aufzucht verletzten oder kranken Wildes und dessen Verbleib einschließlich von § 1 des Bundesjagdgesetzes abweichender Vorschriften über das Aneignungsrecht zu erlassen.
12. nach § 36 Abs. 2 Nr. 2 und Abs. 3 des Bundesjagdgesetzes Vorschriften über das Aufnehmen und den Verbleib von totem Schalenwild, von Teilen des Schalenwildes und von aus Schalenwild gewonnenen Erzeugnissen zu erlassen.

(2) Vor Erlass der Verordnungen ist der Jagdbeirat der obersten Jagdbehörde zu hören.

(3) Die oberste Jagdbehörde kann weitere Durchführungsvorschriften erlassen, soweit sie durch Ausführungsverordnungen zum Bundesjagdgesetz den Ländern vorbehalten werden.

(4) Die oberste Jagdbehörde kann zur Durchführung dieses Gesetzes die erforderlichen Verwaltungsvorschriften erlassen[7].

ERLÄUTERUNGEN

s. C 8: Verordnung über die Prüfung zur Erlangung des ersten Jagdscheines des Landes Mecklenburg-Vorpommern (Jägerprüfungsverordnung – JägerPVO M-V) vom 14. Februar 2002 **1**

s. C 9: Verordnung über die Prüfung zur Erlangung des ersten Falknerjagdscheines des Landes Mecklenburg-Vorpommern (Falknerprüfungsverordnung – FalknerPVO MV) vom 14. Februar 2002 **2**

s. C 2: Verordnung zur Änderung der Jagdzeiten und der sachlichen Verbote (Jagdzeitenverordnung – JagdZVO MV –) vom 20. August 1999 **3**

Derartige Regelungen werden grundsätzlich räumlich und zeitlich beschränkt getroffen. Als Beispiel für derartige Verordnungen wird unter C 5 die Verordnung über die Aufhebung der Schonzeiten im Landkreis Mecklenburg-Strelitz vom 10. Januar 2002 aufgeführt. **4**

s. C 6: Verordnung über die Aufhebung von Schonzeiten vom 27. Juli 2003 **5**

s. C 7: Verordnung zum Nachweis der Aufnahme und des Verbleibs von totem Schalenwild sowie zur Überwachung und Kontrolle des Wildhandels (Wildhandelsüberwachungsverordnung – WildHÜVO MV –) vom 23. März 2001 **6**

Von ihnen sind als jagdpraktisch besonders bedeutsam ganz oder auszugsweise in dieser Sammlung enthalten: **7**
- die Gebührenordnung für Amtshandlungen im Bereich des Jagdwesens (C 10),
- die Verwaltungsvorschrift zur Abschussplanung und zur Festsetzung von Mindestabschüssen für Schwarzwild (C 17),
- die Verwaltungsvorschrift zur Verwendung der Formblätter „Streckenliste“ und „Wildnachweisung“ (C 18),
- die Verwaltungsvorschrift zum Jagdschutz und zur Bestätigung von Jagdaufsehern (C 19),

- der Erlass zur Verhinderung übermäßiger Wildgänseschäden auf frisch eingedrillten Wintergetreide- und Rapsaussaaten (C 23),
- die Ertragsausfallrichtlinie (C 24),
- die Verwaltungsvorschrift zur Abschussplanung von Schwarz- und Raubwild (C 25).

§ 43 Zuständigkeiten

(1) Die oberste Jagdbehörde ist im Einzelfall zuständig für

1. die Genehmigung von Ausnahmen von den Vorschriften des § 22 Abs. 1 Satz 2 des Bundesjagdgesetzes für den Lebendfang von Wild nach § 22 Abs. 1 Satz 4 des Bundesjagdgesetzes,

2. die Erlaubnis zum Aushorsten von Ästlingen und Nestlingen der Habichte für Beizzwecke im Einvernehmen mit der obersten Naturschutzbehörde im Rahmen der Vorgaben des § 22 Abs. 4 Satz 3 des Bundesjagdgesetzes,

3. die Erlaubnis zum Ausnehmen von Gelegen zu wissenschaftlichen Lehr- und Forschungszwecken oder für Zwecke der Aufzucht nach § 22 Abs. 4 Satz 5 des Bundesjagdgesetzes.

(2) Zuständige Behörde im Sinne von § 24 des Bundesjagdgesetzes ist die Jagdbehörde, bei kreisübergreifenden Wildseuchen die oberste Jagdbehörde.

(3) Zuständige Behörde im Sinne von § 27 des Bundesjagdgesetzes ist die Jagdbehörde, für die staatlichen Eigenjagdbezirke die oberste Jagdbehörde.

§ 44 In-Kraft-Treten, Außer-Kraft-Treten

(1) Dieses Gesetz tritt am 1. April 2000 in Kraft.

(2) Gleichzeitig tritt das Landesjagdgesetz vom 10. Februar 1992 (GVOBl. M-V S. 30), geändert durch Artikel 26 des Gesetzes vom 5. Mai 1994 (GVOBl. M-V S. 566), außer Kraft.

Schwerin, den 22. März 2000

Der Ministerpräsident	**Der Minister für Ernährung, Landwirtschaft, Forsten und Fischerei**
Dr. Harald Ringstorff	**Till Backhaus**

C Durchführungsverordnungen und Verwaltungsvorschriften

Verordnung [des Bundes] über die Jagdzeiten 1

vom 2. April 1977 (BGBl. I S. 531), zuletzt geändert durch Verordnung vom 25. April 2002 (BGBl. I S. 1487)

Auf Grund des § 22 Abs. 1 Satz 1 des Bundesjagdgesetzes in der Fassung der Bekanntmachung vom 29. September 1976 (BGBl. I S. 2849) wird mit Zustimmung des Bundesrates verordnet:

§ 1

(1) Die Jagd darf ausgeübt werden auf

1. Rotwild	
Kälber	vom 1. August bis 28. Februar
Schmalspießer	vom 1. Juni bis 28. Februar
Schmaltiere	vom 1. Juni bis 31. Januar
Hirsche und Alttiere	vom 1. August bis 31. Januar
2. Dam- und Sikawild	
Kälber	vom 1. September bis 28. Februar
Schmalspießer	vom 1. Juli bis 28. Februar
Schmaltiere	vom 1. Juli bis 31. Januar
Hirsche und Alttiere	vom 1. September bis 31. Januar
3. Rehwild	
Kitze	vom 1. September bis 28. Februar
Schmalrehe	vom 1. Mai bis 31. Januar
Ricken	vom 1. September bis 31. Januar
Böcke	vom 1. Mai bis 15. Oktober
4. Gamswild	vom 1. August bis 15. Dezember
5. Muffelwild	vom 1. August bis 31. Januar
6. Schwarzwild	vom 16. Juni bis 31. Januar

7. Feldhasen	vom 1. Oktober bis 15. Januar
8. Stein- und Baummarder	vom 16. Oktober bis 28. Februar
9. Iltisse	vom 1. August bis 28. Februar
10. Hermeline	vom 1. August bis 28. Februar
11. Mauswiesel	vom 1. August bis 28. Februar
12. Dachse	vom 1. August bis 31. Oktober
13. Rebhühner	vom 1. September bis 15. Dezember
14. Fasanen	vom 1. Oktober bis 15. Januar
15. Wildtruthähne	vom 15. März bis 15. Mai und vom 1. Oktober bis 15. Januar
16. Wildtruthennen	vom 1. Oktober bis 15. Januar
17. Ringel- und Türkentauben	vom 1. November bis 20. Februar
18. Höckerschwäne	vom 1. November bis 20. Februar
19. Graugänse	vom 1. August bis 31. August und vom 1. November bis 15. Januar
20. Bläß-, Saat-, Ringel- und Kanadagänse	vom 1. November bis 15. Januar
21. Stockenten	vom 1. September bis 15. Januar
22. Pfeif-, Krick-, Spieß-, Berg-, Reiher-, Tafel-, Samt- und Trauerenten	vom 1. Oktober bis 15. Januar
23. Waldschnepfen	vom 16. Oktober bis 15. Januar
24. Blässhühner	vom 11. September bis 20. Februar
25. Lach-, Sturm-, Silber-, Mantel-und Heringsmöwen	vom 1. Oktober bis 10. Februar

(2) Vorbehaltlich der Bestimmungen des § 22 Abs. 4 des Bundesjagdgesetzes darf die Jagd das ganze Jahr ausgeübt werden beim Schwarzwild auf Frischlinge und Überläufer, auf Wildkaninchen und Füchse.

(3) Die in Absatz 1 festgesetzten Jagdzeiten umfassen nur solche Zeiträume einschließlich Tageszeiten, in denen nach den örtlich gegebenen

äußeren Umständen für einen Jäger die Gefahr der Verwechselung der Tierarten nicht besteht.

§ 2

Diese Verordnung tritt am Tage nach der Verkündung in Kraft. Gleichzeitig tritt die Verordnung über die Jagdzeiten vom 13. Juli 1967 (BGBl. I S. 723) außer Kraft.

2 Verordnung zur Änderung der Jagdzeiten und der sachlichen Verbote (Jagdzeitenverordnung – JagdZVO M-V)

Vom 20. August 1999 (GVOBl. M-V S. 483)

Aufgrund des § 22 Abs. 3 sowie des § 42 Abs. 1 Nr. 5, 6 und 7 des Landesjagdgesetzes vom 10. Februar 1992 (GVOBl. M-V S. 30), geändert durch Artikel 26 des Gesetzes vom 5. Mai 1994 (GVOBl. M-V S. 566), verordnet das Ministerium für Ernährung, Landwirtschaft, Forsten und Fischerei im Einvernehmen mit dem Umweltministerium:

§ 1 Ausnahmen von der Jagdzeitenverordnung des Bundes

Für folgende Wildarten gelten im Gebiet des Landes abgekürzte Jagdzeiten[1]:

1. Rotwild
   Kälber vom 1. August bis 31. Januar,
   Schmalspießer vom 1. Juni bis 31. Januar,
2. Damwild
   Kälber vom 1. September bis 31. Januar,
   Schmalspießer vom 1. Juli bis 31. Januar,
3. Rehwild
   Kitze vom 1. September bis 31. Januar,
4. Feldhase vom 1. Oktober bis 31. Dezember,
5. Hermelin vom 16. Oktober bis 28. Februar,
6. Ringel- und Türkentaube vom 16. Juli bis 31. März[2],
7. Lachmöwe vom 16. Juli bis 31. März[2],
8. Sturm-, Silber-, Mantel- und Heringsmöwe vom 16. August bis 31. März[2],
9. Waldschnepfe vom 16. Oktober bis 31. Dezember.

§ 2 Aufhebung der Jagdzeit

Für folgende Tierarten wird die Jagdzeit landesweit aufgehoben[1]:

1. Mauswiesel,

2. Seehund,
3. Rebhuhn bis 15. Dezember 2004,
4. Fasan mit Ausnahme des Hahnes,
5. Ringelgans,
6. alle Wildenten mit Ausnahme von Stock-, Pfeif-, Krick- und Tafelente.

§ 3 Einführung von Jagdzeiten

Das ganze Jahr über darf die Jagd ausgeübt werden auf:

1. Marderhund,
2. Waschbär,
3. Mink.

§ 4 Bejagungsverbote

Es ist verboten, die Jagd auszuüben:

1. auf aufgezogenes und danach im Jagdbezirk ausgesetztes Wild bis zu einem Jahr nach dem Aussetzen,
2. auf den Feldhasen mittels Such-, Drück- oder Treibjagd, mit Ausnahme der Suchjagd zur Ausbildung oder Prüfung von Jagdgebrauchshunden,
3. auf jagdbare Wildgänse auf den in der Anlage genannten Gewässern und im 500-Meter-Abstand von deren Ufer im Zeitraum gerechnet von zwei Stunden vor Sonnenuntergang bis zu einer Stunde vor Sonnenaufgang. Die Anlage ist Bestandteil dieser Verordnung. Weitergehende Regelungen für Naturschutzgebiete und Nationalparke bleiben unberührt.

§ 5 Ordnungswidrigkeiten

(1) Ordnungswidrig im Sinne des § 41 Abs. 3 Nr. 15 des Landesjagdgesetzes handelt, wer vorsätzlich oder fahrlässig:

1. entgegen § 4 Abs. 1 Nummer 1 die Jagd auf aufgezogenes und danach im Jagdbezirk ausgesetztes Wild bis zu einem Jahr nach dem Aussetzen ausübt,

2. entgegen § 4 Abs. 1 Nummer 2 den Feldhasen mittels Such-, Drück- oder Treibjagd bejagt, ausgenommen die Suchjagd zur Ausbildung oder Prüfung von Jagdgebrauchshunden,
3. entgegen § 4 Abs. 1 Nummer 3 jagdbare Wildgänse auf den in der Anlage genannten Gewässern und im 500-Meter-Abstand von deren Ufer im Zeitraum gerechnet von zwei Stunden vor Sonnenuntergang bis zu einer Stunde vor Sonnenaufgang bejagt.

(2) Die Höhe der Geldbuße bestimmt sich nach § 41 Abs. 4 des Landesjagdgesetzes.

(3) Zuständige Jagdbehörde ist die in § 41 Abs. 5 des Landesjagdgesetzes bestimmte Behörde.

§ 6 In-Kraft-Treten, Außer-Kraft-Treten

(1) Diese Verordnung tritt am 1. Oktober 1999 in Kraft.

(2) Gleichzeitig tritt die Jagdzeitenverordnung vom 3. September 1997 (GVOBl. M-V S. 494), geändert durch Verordnung vom 23. November 1998 (GVOBl. M-V 1999 S. 138), außer Kraft.

Schwerin, den 20. August 1999

Der Minister für Ernährung,
Landwirtschaft, Forsten und Fischerei

In Vertretung

Dr. Frank Tidick

Anlage
(zu § 4 Abs. 3)

Landkreis/ kreisfreie Stadt	Bezeichnung des Gewässers
Bad Doberan / Hansestadt Rostock	Salzhaff, Conventer See, Unterwarnow mit Breitling, Heiligensee, Entenmoor bei Moitin, Brooksee bei Benitz, Torfstiche bei Schwaan, Horster Moor bei Sanitz, Göldenitzer Moor, Stassower See,
Demmin	Trebel von Nossendorf bis Demmin, Kummerower See, Malchiner See, Rittermannshäger See, Ivenacker See, Möllnsee, Gädebehner See, Kastorfer See,
Güstrow	Großer Rühner See, Bützower Stadtsee, Großer Peetscher See, Oetteliner See, Parumer See, Sumpfsee, Inselsee, Großer Upahler See, Lenzer See, Karcheezer See, Radener See, Wotrumer See, Hofsee, Warinsee, Duckwitzer See, Teterower See, Malchiner See, Krakower See, Dobbiner See, Serrahner See, Linstower See, Großer Tessiner See, Lohmener See, Garder See, Breeser See, Hohensprenzer See,
Ludwigslust	Schaalsee, Goldensee, Dutzower See, Niendorfer Binnensee, Dümmer See, Fischteiche der Lewitz, Neustädter See, Elbe
Mecklenburg-Strelitz	Galenbecker See, Geveziner See, Klein Vielener See, Rödeliner See, Carwitzer See, Plätlinsee
Müritz	Rittermannshäger See, Varchentiner See, Torgelower See, Penzliner See, Malliner See, Krukower See, Kucksee, Lapitzsee, Tauchowsee, Leistener See, Drewitzer See, Dreiersee, Orth-See, Cramoner Hof-See, Malkwitzer See, Kraatzer See, Tiefer und Flacher See, Bergsee, Fleesensee, Kölpinsee, Jabelscher See, Müritz, Mönchsee bei Wredenhagen, Massower See,
Nordvorpommern	Bodstedter Bodden, Borgwallsee, Krummenhäger See,
Ostvorpommern / Hansestadt Greifswald	Kooser See, Dänische Wiek, Peenestrom, Hohendorfer See, Krumminer Wiek, Achterwasser, Nepperminer See, Kachliner See, Gothensee, Kleines Haff westlich Mönkebude Welzin, Putzarer See

Landkreis/ kreisfreie Stadt	Bezeichnung des Gewässers
Nordwestmecklenburg / Hansestadt Wismar	Dassower See, Pötenitzer Wiek, Deipsee, Wohlenberger Wiek, Lieps, Eggers Wiek, Fauler See, Kirchsee, Breitling, Flachgewässer um Langenwerder, Redentiner Bucht und See, südliche Wismarbucht mit Hafen, Viereggenhofer und Rosenthaler Fischteich, Mechowsee, Kuhlrader Moor, Röggeliner See, Lankower See, Santower See, Tressower See, Neddersee, Vietlübber See, Großer Dambecker See, Kleiner Dambecker See, Schweriner See, Döpe, Ventschower See, Kirchstücker See, Bibowsee, Neuhofer See, Neuklostersee, Großer Wariner See, Groß Labenzer See, Grambower Moor, Goldensee, Dutzower See, Dümmer See,
Parchim	Ramper Moor, Pinnower See, Vorbecker See, Cambser See, Keezer See, Mickowsee, Rummelborn-See, Nedder-See, Tempziner See, Großer Sternberger See, Trentsee, Holzendorfer See, Gägelower See, Dabeler See, Klein Pritzer See, Barniner See, Dannhusener See, Schönfelder See, Kobrower See, Rothener See, Bolzer See, Woseriner See, Dobbertiner See, Goldberger See, Groß Medower See, Langenhägener Seewiesen, Penzliner See, Poseriner See, Damerower See, Passower See, Weisiner See, Zahrener See, Plauer See, Settiner See,
Rügen / Hansestadt Stralsund	Tromper Wiek, Rassower Strom, Neuendorfer Wiek, Breeger Bodden, Tetzitzer See, Großer Jasmunder Bodden, Kleiner Jasmunder Bodden, Wostevitzer Teiche, Schmachter See, Nonnensee, Strelasund, Deviner See, Wamper Wiek, Gustower Wiek, Glewitzer Wiek, Puddeminer Wiek, Schoritzer Wiek, Rügischer Bodden, Having, Hagenscheer Wiek, Zickerscher See, Wreechensee,
Stadt Neubrandenburg	Tollense-See und Lieps,
Stadt Schwerin	Schweriner See, Medeweger See, Torfstiche im Siebendörfer Moor,
Uecker-Randow	Großer Koblentzer See, Kleiner Koblentzer See, Haussee bei Rothenklempenow, Latzigsee, Penkuner Schlosssee, Neuwarper See.

ERLÄUTERUNGEN

Mit der Jagdzeitenverordnung vom 20. August 1999 wurden in §§ 1 und 2 Ausnahmen von der Jagdzeitenverordnung des Bundes bestimmt. Bei diesen Ausnahmen handelt es sich für ausgewählte Wildarten um Abkürzungen oder Aufhebungen von durch den Bund bestimmten Jagdzeiten (Einschränkung des Rechtsrahmens). 1

Mit In-Kraft-Treten der Zweiten Verordnung zur Änderung der Verordnung über die Jagdzeiten vom 25. April 2002 (BGBl. I S. 1487) und den damit vorgenommenen Jagdzeitenverkürzungen überschreiten plötzlich die nach Landesrecht bestimmten Jagdzeiten für die Wildarten Ringel- und Türkentaube sowie Lach-, Sturm-, Silber-, Mantel- und Heringsmöwe in Mecklenburg-Vorpommern den Rechtsrahmen des Bundes. Wegen der eingangs erwähnten Höherrangigkeit des Bundesrechts gelten für die vorgenannten Wildarten die Jagdzeiten des Bundes nunmehr unmittelbar; die entsprechenden landesrechtlichen Regelungen sind somit nichtig geworden. 2

3 Verordnung über den Schutz von Wild (Bundeswildschutzverordnung – BWildSchV)

– Auszug –

Vom 25. Oktober 1985 (BGBl. I S. 2040), zuletzt geändert durch Verordnung vom 14. Oktober 1999 (BGBl. I S. 1955)

Auf Grund des § 36 Abs. 1 Nr. 2, 4 und 5 in Verbindung mit § 36 Abs. 3 des Bundesjagdgesetzes in der Fassung der Bekanntmachung vom 29. September 1976 (BGBl. I S. 2849) wird mit Zustimmung des Bundesrates verordnet:

§ 1 Anwendungsbereich, Begriffsbestimmungen

(1) Diese Verordnung findet Anwendung auf Tiere der in den Anlagen 1 und 4 genannten Arten. Für die Abgrenzung der Tierarten im Sinne dieser Verordnung ist ihre wissenschaftliche Bezeichnung maßgebend. Die Art schließt Unterarten ein, auch soweit diese im Geltungsbereich des Bundeswaldgesetzes in der Natur nicht vorkommen.

(2) Der Begriff Tiere im Sinne dieser Verordnung umfasst lebende und tote Tiere, ihre ohne weiteres erkennbaren Teile, ohne weiteres erkennbar aus ihnen gewonnenen Erzeugnisse sowie ihre Eier, sonstigen Entwicklungsformen und Nester.

§ 2 Verbote

(1) Es ist verboten, Tiere der in Anlage 1 genannten Arten

1. in Besitz zu nehmen, zu erwerben, die tatsächliche Gewalt über sie auszuüben, sie zu be- oder verarbeiten oder sonst zu verwenden
2. abzugeben, anzubieten, zu veräußern oder sonst in den Verkehr zu bringen sowie
3. für eine der in Nummer 2 genannten Tätigkeiten zu befördern.

Das Aneignungsrecht des Jagdausübungsberechtigten sowie Vorschriften der Länder nach § 36 Abs. 2 Nr. 2 des Bundesjagdgesetzes über das Aufnehmen, die Pflege und die Aufzucht verletzten oder kranken Wildes und dessen Verbleib bleiben unberührt.

(2) Die Verbote des Absatzes 1 gelten nicht für Tiere, an denen nach In-Kraft-Treten dieser Verordnung im Rahmen der Ausübung des Jagdrechts Eigentum erworben wurde. Diese Tiere dürfen jedoch nicht an Dritte gegen Entgelt abgegeben oder zu diesem Zweck befördert, gehalten oder angeboten werden. Ausgenommen von diesen Beschränkungen sind

1. Tiere der in Anlage 2 genannten Arten,
2. Tiere der in Anlage 3 genannten Arten, soweit die in Satz 2 aufgeführten Tätigkeiten nicht zu gewerbsmäßigen Zwecken erfolgen sowie
3. in der Natur aufgefundenen tote Tiere, soweit sie für Zwecke der Forschung oder Lehre verwendet werden.

(3) Die Verbote des Absatzes 1 gelten ferner nicht für Tiere, die

1. vor In-Kraft-Treten dieser Verordnung in Übereinstimmung mit den Vorschriften zum Schutz der betreffenden Art im Geltungsbereich des Bundeswaldgesetzes erworben sind,
2. in Übereinstimmung mit den Vorschriften zum Schutz der betreffenden Art in den Geltungsbereich des Bundeswaldgesetzes gelangt sind. Für Tiere der in Anlage 1 genannten Arten, die auf Grund einer lediglich zum persönlichen Gebrauch oder als Hausrat zulässigen Einfuhr in den Geltungsbereich des Bundeswaldgesetzes gelangt sind, gelten die Beschränkungen des Absatzes 2 Satz 2 entsprechend.

(4) Die Verbote des Absatzes 1 gelten ferner nicht für Tiere der Arten Rebhuhn, Fasan, Wachtel und Stockente, die im Geltungsbereich des Bundeswaldgesetzes in der Gefangenschaft gezüchtet und nicht herrenlos geworden sind.

(5) Die nach Landesrecht zuständige Behörde kann im Einzelfall Ausnahmen von den Verboten des Absatzes 1 zulassen, soweit dies für die Verwertung beschlagnahmter oder eingezogener Tiere erforderlich ist. Sie kann ferner im Einzelfall Ausnahmen von den Verboten des Absatzes 1 sowie von den Verboten des Absatzes 2 Satz 2 und des Absatzes 3 Satz 2 zulassen, soweit dies

1. für Zwecke der Forschung oder Lehre,
2. zur Ansiedlung von Tieren in der freien Natur oder der damit zusammenhängenden Aufzucht oder
3. aus einem sonstigen vernünftigen Grund für eine Nutzung von Tieren in geringen Mengen

erforderlich ist und Belange des Arten- und Biotopschutzes sowie Rechtsakte des Rates oder der Kommission der Europäischen Gemeinschaften oder Verpflichtungen aus internationalen Artenschutzübereinkommen nicht entgegenstehen.

§ 3 Halten von Greifen und Falken

(1) Die Haltung von Greifen oder Falken der in Anlage 4 genannten Arten ist nur nach Maßgabe der Absätze 2 bis 6 zulässig.

(2) Wer Greife oder Falken hält,

1. muss Inhaber eines auf seinen Namen lautenden gültigen Falknerjagdscheines sein,
2. darf insgesamt nicht mehr als zwei Exemplare der Arten Habicht, Steinadler und Wanderfalke halten,
3. hat unverzüglich die Greife und Falken dauerhaft und unverwechselbar nach Maßgabe des Absatzes 3 zu kennzeichnen und
4. hat der nach Landesrecht zuständigen Stelle
   a) spätestens bis zum 1. Juni 1986, bei späterem Beginn der Haltung binnen vier Wochen nach Begründung des Eigenbesitzes, den Bestand an Greifen und Falken und
   b) nach der Bestandsanzeige jeweils unverzüglich den Zu- und Abgang von Greifen und Falken

   schriftlich anzuzeigen; die Anzeige muss Angaben enthalten über Zahl, Art, Alter, Geschlecht, Herkunft, Verbleib, Standort, Verwendungszweck und Kennzeichen der Greife und Falken. Die Verlegung des regelmäßigen Standortes der Greife und Falken ist ebenfalls unverzüglich anzuzeigen. Das durch den Tod eines Tieres freigewordene Kennzeichen ist mit der Anzeige über den Abgang zurückzugeben.

(3) Die Kennzeichnung der gemäß Absatz 1 gehaltenen Greifen und Falken der Anlage 4 hat nach den Bestimmungen der §§ 7 bis 11 der Bundesartenschutzverordnung zu erfolgen.

(4) Die nach Landesrecht zuständige Behörde kann im Einzelfall von den Voraussetzungen des Absatzes 2 Nr. 1 und 2 Ausnahmen zulassen, wenn

1. die Haltung wissenschaftlichen, Lehr- oder Forschungszwecken dient oder die Ausnahme zur Nachzucht für einen der vorstehenden Zwe-

cke, zur Nachzucht für die Ausübung der Beizjagd oder zur Nachzucht für die Ansiedlung in der freien Natur erforderlich ist,

2. der Halter die erforderliche Zuverlässigkeit und ausreichende Kenntnisse über das Halten und die Pflege von Greifen und Falken besitzt und

3. eine fachgerechte Betreuung sowie eine den tierschutzrechtlichen Vorschriften entsprechende Haltung gewährleistet sind.

(5) Absatz 2 Nr. 1 und 2 ist nicht anzuwenden auf Greife und Falken, die bei In-Kraft-Treten dieser Verordnung in Übereinstimmung mit den zu ihrem Schutz geltenden Vorschriften gehalten werden. Die Anwendung des Absatzes 2 Nr. 1 und 2 auf die Erweiterung solcher Bestände und auf den Ersatz des Abgangs bleibt unberührt.

(6) Die Absätze 2 bis 5 gelten nicht für zoologische Einrichtungen von juristischen Personen des öffentlichen Rechts sowie für behördlich genehmigte oder anerkannte Auffang- und Pflegestationen.

§ 4 Aufzeichnungs- und Kennzeichnungspflichten

(1) Wer gewerbsmäßig

1. tote Tiere der in Anlage 5 genannten Arten oder Teile dieser Tiere präpariert oder

2. lebende oder tote Tiere der in Anlage 5 genannten Arten oder Teile dieser Tiere in der Verkehr bringt oder erwirbt,

hat über diese Tiere ein Aufnahme- und Auslierferungsbuch mit täglicher Eintragung nach dem Muster der Anlage 6 zu führen. Werden Tiere nach Nummer 2 im Einzelhandel abgegeben, brauchen Name und Anschrift des Empfängers sowie der Abgangstag nur bei den Tieren angegeben zu werden, deren Verkaufspreis über 250 Deutsche Mark beträgt.

(2) Alle Eintragungen in das Buch sind in dauerhafter Form vorzunehmen; § 43 Abs. 2 bis 4 Satz 1 und 2 des Handelsgesetzbuches gilt sinngemäß.

(3) Die Bücher mit den Belegen sind der nach Landesrecht zuständigen Stelle auf Verlangen zur Prüfung auszuhändigen.

(4) Die Bücher mit den Belegen sind fünf Jahre aufzubewahren. Die Aufbewahrungsfrist beginnt mit dem Schluss des Kalenderjahres, in

dem die letzte Eintragung für ein abgeschlossenes Geschäftsjahr gemacht worden ist.

(5) Die in Absatz 1 genannten Tiere und Teile von Tieren sind zu kennzeichnen, soweit dies mit angemessenem Aufwand möglich ist.

§ 5 Rechtmäßiger Besitz, Nachweispflicht

Wer Tiere der in Anlage 5 genannten Arten besitzt oder die tatsächliche Gewalt darüber ausübt, kann sich gegenüber der zuständigen Behörde auf eine Berechtigung hierzu nur berufen, wenn er auf Verlangen nachweist, dass die Voraussetzungen für eine Ausnahme nach § 2 Abs. 2 bis 5 vorliegen oder glaubhaft macht, dass er oder ein Dritter die Tiere bei In-Kraft-Treten dieser Verordnung in Besitz hatte. Für Gegenstände zum persönlichen Gebrauch oder Hausrat gilt dies nur, wenn Tatsachen die Annahme rechtfertigen, dass eine Berechtigung nach § 2 Abs. 2 bis 5 nicht besteht.

§ 6 Ordnungswidrigkeiten

Ordnungswidrig im Sinne des § 39 Abs. 2 Nr. 5 des Bundesjagdgesetzes handelt, wer vorsätzlich oder fahrlässig

1. entgegen § 2 Abs. 1 Satz 1 dort bezeichnete Tiere in Besitz nimmt, erwirbt, die tatsächliche Gewalt über sie ausübt, sie be- oder verarbeitet oder sonst verwendet, in den Verkehr bringt oder befördert,
2. entgegen § 2 Abs. 2 Satz 2 oder Abs. 3 Nr. 2 Satz 2 dort bezeichnete Tiere an Dritte gegen Entgelt abgibt oder zu diesem Zweck befördert, hält oder anbietet,
3. entgegen § 3 Abs. 2 Nr. 1 Greife oder Falken hält,
4. einer Vorschrift des § 3 Abs. 2 Nr. 2, 3 oder 4 über die Haltung oder Kennzeichnung von Greifen oder Falken, über Anzeigepflichten oder über die Pflicht zur Rückgabe eines freigewordenen Kennzeichens zuwiderhandelt oder
5. einer Vorschrift des § 4 Abs. 1 Satz 1, Abs. 2 bis 5 über die Führung, Form, Aushändigung oder Aufbewahrung von Aufnahme- und Auslieferungsbüchern oder Belegen oder über die Kennzeichnung von Tieren oder Teilen von Tieren zuwiderhandelt.

§ 7 Berlin-Klausel

(gegenstandslos)

§ 8 In-Kraft-Treten

§ 3 Abs. 2 Nr. 3 und 4 und Abs. 3, § 4 sowie § 6, soweit er sich auf die genannten Vorschriften bezieht, treten am 1. April 1986 in Kraft; im übrigen tritt diese Verordnung am Tage nach der Verkündung in Kraft. Gleichzeitig treten außer Kraft:

[...]

Bonn, den 25. Oktober 1985

Der Bundesminister für Ernährung, Landwirtschaft und Forsten

I. Kiechle

C · Bundeswildschutzverordnung

Anlage 1 (zu § 2 Abs. 1)

1. Haarwild

Steinwild (Capra ibex L.)
Schneehase (Lepus timidus L.)
Murmeltier (Marmota marmota L.)
Seehund (Phoca vitulina L.)

2. Federwild

Rebhuhn (Perdix perdix L.)
Fasan (Phasianus coichicus L.)
Wachtel (Cotumix cotumix L.)
Auerwild (Tetrao urogailus L.)
Birkwild (Lyrurus tetrix L.)
Rackelwild (Lyrurus tetrix x Tetrao urogailus)
Haselwild (Tetrastes bonasia L.)
Alpenschneehuhn (Lagopus mutus MONTIN)
Wildtruthuhn (Meleagris gallopavo L.)
Hohltaube (Columba cenas L.)
Ringeltaube (Columba palumbus L.)
Turteltaube (Streptopelia turtur L.)
Türkentaube (Streptopelia decaocto FRIVALDSKY)
Höckerschwan (Cygnus olor GMELIN)
Graugans (Anser anser L.)
Bläßgans (Anser albifrons SCOPOLI)
Saatgans (Anser labalis LATHAM)
Kurzschnabelgans (Anser brachyrhynchos BAILLON)
Ringelgans (Branta bernicia L.)
Weißwangengans (Branta leucopsis BECHSTEIN)
Kanadagans (Branta canadensis L.)
Stockente (Anas platymynchos L.)
Löffelente (Anas clypeata L.)
Schnatterente (Anas strepera L.)
Pfeifente (Anas penelope L.)
Krickente (Anas crecca L.)
Spießente (Anas acuta L.)
Kolbenente (Netta rufina PALLAS)
Bergente (Aythya marila L.)
Reiherente (Aythya fuligula L.)
Tafelente (Aythya ferina L.)
Schellente (Bucephaia clangula L.)

Brandente (Tadorna tadorna L.)
Eisente (Clangula hyemalis L.)
Samtente (Melanitta fusca L.)
Trauerente (Melanitta nigra L.)
Eiderente (Somateria mollissima L.)
Mittelsäger (Mergus serrator L.)
Gänsesäger (Mergus merganser L.)
Zwergsäger (Mergus albellus L.)
Waldschnepfe (Scolopax rusticola L.)
Bläßhuhn (Fulica atra L.)
Mantelmöwe (Larus marinus L.)
Heringsmöwe (Larus fuscus L.)
Silbermöwe (Larus argentatus PONTOPPIDAN)
Sturmmöwe (Larus canus l)
Lachmöwe (Larus ridibundus L.)
Schwarzkopfmöwe (Larus melanocephalus TEMMINCK)
Zwergmöwe (Larus minutus PALLAS)
Dreizehenmöwe (Rissa tndactyla L.)
Haubentaucher (Podiceps cristatus L.)
Graureiher (Ardea Cinerea L.)
Kolkrabe (Corvus corax L.)

Anlage 2 (zu § 2 Abs. 2 Satz 3 Nr. 1)

Rebhuhn (Perdix perdix L.)
Fasan (Phasianus colchicus L.)
Ringeltaube (Columba palumbus L.)
Graugans (Anser anser L.)
Stockente (Anas platyrhynchos L.)
Pfeifente (Anas peneiope L.)
Krickente (Anas crecca L.)
Spießente (Anas acuta L.)
Tafelente (Aythya fenna L.)
Bläßhuhn (Fulica atra L.)

Anlage 3 (zu § 2 Abs. 2 Satz 3 Nr. 2)

Bläßgans (Anser albifrons SCOPOLI)
Reiherente (Aythya fuligula L.)
Waldschnepfe (Scolopax rusticola L.)

Anlage 4 (zu § 3 Abs. 1)

Fischadler (Pandion haliaeetus L.)
Wespenbussard (Pernis apivorus L.)
Schwarzmilan (Milvus migrans BODDAERT)
Rotmilan (Milvus milvus L.)
Seeadler (Haliaeetus albicilla L.)
Rohrweihe (Circus aeruginosus L.)
Kornweihe (Circus cyaneus L.)
Wiesenweihe (Circus pygargus L.)
Sperber (Accipiter nisus L.)
Habicht (Accipiter gentilis L.)
Mäusebussard (Buteo buteo L.)
Rauhfußbussard (Buteo lagopus BRUENNICH)
Steinadler (Aqulia chrysaetos L.)
Turmfalke (Falco tinnunculus)
Rotfußfalke (Falco vespertinus L.)
Merlin (Falco columbarius L.)
Baumfalke (Falco subbuteo L.)
Wanderfalke (Falco peregrinus TUNSTALL)

Anlage 5 (zu § 4 Abs. 1, § 5)

1. Haarwild

Steinwild (Capra ibex L.)
Schneehase (Lepus timidus L.)
Murmeltier (Marmota marmota L.)
Seehund (Phoco vitulina L.)

2. Federwild

Wachtel (Coturnix coturnix L.)
Auwerwild (Tetrao urogallus L.)
Birkwild (Lyrurus tetrix L.)
Rackelwild (Lyrurus tetrix x Tetrao urogallus)
Haselwild (Tetrastes bonasia L.)
Alpenschneehuhn (Lagopus mutus (MONTIN)
Hohltaube (Columba oenas L.)
Turteltaube (Streptopelia turtur L.)
Kurzschnabelgans (Anser brachyrhynchos BAILLON)
Weißwangengans (Branta leucopsis BECHSTEIN)
Löffelente (Anas clypeata L.)

Schnatterente (Anas strepera L.)
Kolbenente (Netta rufina PALLAS)
Scheilente (Bucephala clangula L.)
Brandente (Tadorna tadorna L.)
Eisente (Clangula hyemalis L.)
Eiderente (Somateria mollissima L.)
Mittelsäger (Mergus serrator L.)
Gänsesäger (Mergus merganser L.)
Zwergsäger (Mergus albellus L.)
Schwarzkopfmöwe (Larus meianocephalus TEMMINCK)
Zwergmöwe (Larus minutus PALLAS)
Dreizehenmöwe (Rissa tridactyla L.)
Haubentaucher (Podiceps cristatus L.)
Graureiher (Ardea cinerea L.)
Kolkrabe (Corvus corax L.)

Anlage 6 (zu § 4 Abs. 1)

Aufnahme- und Auslieferungsbuch

Lfd. Nr.	Eingangstag	Bezeichnung der im Bestand vorhandenen oder übernommenen Sache nach Art, Zahl ggf. Kennzeichen und ggf. Bezeichnung der zum Erwerb berechtigenden Dokumente	Name und genaue Anschrift des Einlieferers oder der sonstigen Bezugsquelle	Abgangstag	Name und genaue Anschrift des Empfängers oder Art des sonstigen Abgangs

4 Verordnung zur Regelung der Jagdausübung in den Nationalparken des Landes Mecklenburg-Vorpommern (Nationalpark-Jagdverordnung-NLPJagdVO M-V)

– ohne Anlagen –

Vom 8. Juni 1998 (GVOBl. M-V S. 588)

Aufgrund des § 20 Abs. 2 und 4 des Landesjagdgesetzes vom 10. Februar 1992 (GVOBl. M-V S. 30), geändert durch Artikel 26 des Gesetzes vom 5. Mai 1994 (GVOBl. M-V S. 566), verordnet das Ministerium für Landwirtschaft und Naturschutz:

§ 1 Grundsätze der Jagdausübung, Wildarten

(1) Die Jagdausübung in den Nationalparken dient der Wildbestandsregulierung. Sie verfolgt ausschließlich das Ziel der Erhaltung gesunder, naturgemäß gegliederter Schalenwildbestände in einer Dichte, die das Ankommen und den Aufwuchs natürlicher Verjüngung in den Wäldern nicht behindert und Wildschäden an landwirtschaftlichen Kulturen möglichst ausschließt. Maßnahmen der Hege dürfen dieses Ziel nicht beeinträchtigen. Besuchern soll es ermöglicht werden, wild lebende Tiere in ihren natürlichen Lebensräumen beobachten zu können.

(2) Die Jagdausübung in den Nationalparken wird auf Schalenwild, Fuchs, Marderhund, Waschbär und Mink beschränkt. Ausnahmen können auf Antrag oder von Amts wegen durch die oberste Jagdbehörde im Einvernehmen mit der obersten Naturschutzbehörde zugelassen werden.

(3) Verordnungen, die in Verbindung mit § 79 Abs. 3 des Tierseuchengesetzes in der Fassung der Bekanntmachung vom 20. Dezember 1995 (BGBl. I S. 2083) jagdrechtliche Regelungen treffen, bleiben unberührt.

§ 2 Abschussplanung

(1) Zur Ermittlung der Schalenwilddichte richten die Nationalparkämter auf je 200 Hektar Waldfläche eine Verbißkontrollfläche ein und führen die Erfassung durch. Die Kontrollflächen sind vorzugsweise in Staatsforsten, auf Bundesflächen in Abstimmung mit den zuständigen Bundesforstämtern, anzulegen.

(2) Die Nationalparkämter bestimmen nach dem Grad des eingetretenen Verbisses auf den Verbißkontrollflächen bis zum 10. Dezember eines jeden Jahres, ob über die Abschussdurchführung eine Reduzierung oder ein Erhalt des Schalenwildbestandes erreicht werden soll. Diese Feststellungen (erwartete Strecke) sind mit fachlicher Begründung bis zum 1. Februar eines jeden Jahres den Jagdausübungsberechtigten zu übergeben.

(3) Unter Berücksichtigung des Absatzes 2 ist für alle Jagdbezirke ein Abschussplanvorschlag zu erarbeiten, der bis zum 1. März eines jeden Jahres der Hegegemeinschaft zur Beratung übergeben wird. Die untere Jagdbehörde, das Nationalparkamt und der Jagdbeirat sind in diese Beratung einzubeziehen, um bereits in dieser Phase einen abgestimmten Abschussplanvorschlag der Hegegemeinschaft zu erreichen.

(4) Auf der Grundlage der Abschussplanvorschläge nach Absatz 3 werden die Abschusspläne:

1. für die Flächen des Bundes und des Landes durch das Landesnationalparkamt festgesetzt,
2. für die übrigen Jagdbezirke durch die untere Jagdbehörde im Einvernehmen mit dem Nationalparkamt bestätigt oder in Fällen des § 21 Abs. 3 des Landesjagdgesetzes festgesetzt; kann kein Einvernehmen hergestellt werden, entscheidet die oberste Jagdbehörde.

(5) Von den Jagdausübungsberechtigten der privaten und kommunalen Eigenjagdbezirke und der gemeinschaftlichen Jagdbezirke ist die Streckenliste vierteljährlich der unteren Jagdbehörde bis zum 10. Werktag nach Quartalsschluss vorzulegen. Die untere Jagdbehörde hat die Streckenergebnisse unverzüglich jagdbezirksweise dem Nationalparkamt vorzulegen. Streckenlisten der Verwaltungsjagdbezirke des Bundes und des Landes sind in gleicher Zeitfolge dem Landesnationalparkamt anzuzeigen.

§ 3 Wildschutzgebiete und Jagdruhezonen

(1) Zu Wildschutzgebieten und Jagdruhezonen werden in den Grenzen nach Satz 3 bestimmt:

1. im Nationalpark Vorpommersche Boddenlandschaft:
   a) Darßer Ort, Sundische Wiese/Pramort,
   b) Bock, Gellen, Neubessin, Bug,

2. im Müritz-Nationalpark:
   a) Ostufer der Müritz,
   b) Serrahn,
   c) Lieper See – Krummer See,
   d) Caarp-See.

Die Lage der Wildschutzgebiete und Jagdruhezonen ist auf den Übersichtskarten im Maßstab 1:25 000, die als Anlagen zu dieser Verordnung veröffentlicht sind, durch eine fettgedruckte schwarze Linie gekennzeichnet. Die Grenzen der Wildschutzgebiete und Jagdruhezonen sind auf den Abgrenzungskarten im Maßstab 1:10 000 in gleicher Weise dargestellt. Die Karten sind Bestandteil dieser Verordnung und werden beim Ministerium für Landwirtschaft und Naturschutz, Paulshöher Weg 1, 19061 Schwerin, archivmäßig verwahrt.

Ausfertigungen der Karten befinden sich

1. beim Landesnationalparkamt

   Specker Schloss
17192 Speck,

2. weitere Ausfertigungen der Karten für deren jeweiligen örtlichen Zuständigkeitsbereich
   a) beim Nationalparkamt Vorpommersche Boddenlandschaft
Am Wald 13
18375 Born,
   b) beim Nationalparkamt Müritz,
An der Fasanerie 13
17235 Neustrelitz,
   c) bei der unteren Jagdbehörde des Landkreises Nordvorpommern
Bahnhofstraße 12/13
18507 Grimmen,
   d) bei der unteren Jagdbehörde des Landkreises Rügen
Billrothstraße 5
18528 Bergen,
   e) bei der unteren Jagdbehörde des Landkreises Müritz
Kietzstraße 10/11
17192 Waren,

f) bei der unteren Jagdbehörde des Landkreises Mecklenburg-Strelitz
Woldegker Chaussee 35
17235 Neustrelitz.

Die Karten können bei den genannten Behörden während der Dienstzeiten eingesehen werden.

(2) In den Wildschutzgebieten und Jagdruhezonen ist die Jagd untersagt. Ausgenommen davon ist die Jagd auf Fuchs, Marderhund, Waschbär, Mink und Schwarzwild in Küstenvogelbrutbereichen des Neubessin. Weitere Ausnahmen von Satz 1 können in begründeten Einzelfällen auf Antrag des Jagdausübungsberechtigten oder von Amts wegen durch die oberste Jagdbehörde im Einvernehmen mit der obersten Naturschutzbehörde zugelassen werden.

(3) Die Wildschutzgebiete und Jagdruhezonen sind durch die Nationalparkämter in ihrer Wirkung auf die Entwicklung der Wildbestände und der natürlichen Vegetation alle drei Jahre zu bewerten.

(4) Während der Zeit des herbstlichen Kranichzuges ist im Umkreis von 1000 Metern um die Kranichschlafplätze die Jagd so auszuüben, dass Störungen und Beeinträchtigungen der einfallenden, rastenden und schlafenden Kraniche vermieden werden. Die Nationalparkämter stellen jährlich durch Allgemeinverfügung den Zeitraum des herbstlichen Kranichzuges, die Lage der Kranichschlafplätze sowie zur Störungsvermeidung geeignete Maßnahmen fest und informieren die betroffenen Jagdausübungsberechtigten.

§ 4 Jagdliche Einrichtungen

(1) Standorte von Jagdansitzen oder von Kirrungen für Schwarzwild in nicht bundes- oder landeseigenen Jagdbezirken bedürfen der Zustimmung des Nationalparkamtes; die Zustimmung gilt als erteilt, wenn sie nicht vier Wochen nach Eingang des Ersuchens des Jagdausübungsberechtigten verweigert wird. Nicht zulässig sind ortsfeste Jagdansitze in den Wildschutzgebieten und Jagdruhezonen gemäß § 3 und den um die Brutstätten bestandesgefährdeter Vogelarten bestehenden Horstschutzzonen; Ausnahmen können bei nicht landeseigenen Jagdbezirken durch das Nationalparkamt zugelassen werden.

(2) Die Anlage oder Unterhaltung von Kirrungen ist ausschließlich zur Bestandsregulierung von Schwarzwild zulässig. Es ist nur Körnermais, Getreide oder Baumfrucht in einer Menge von insgesamt nicht mehr als

einem Kilogramm je Tag und Kirrung so auszubringen, dass die Aufnahme durch andere Tierarten erschwert wird.

(3) Vorhandene Wildwiesen, die überwiegend durch natürliche Ansamung entstanden und für das Wild ganzjährig erreichbar sind, dürfen durch Mahd erhalten werden. Der Flächenanteil von Wildwiesen ist innerhalb der Nationalparke grundsätzlich auf 0,5 vom Hundert der Holzbodenfläche beschränkt. Eine bestmögliche Verteilung der Wildwiesen ist anzustreben. Die Bepflanzung oder Ansaat von Flächen zum Zwecke der Anlage oder Unterhaltung von Wildäckern oder Dauergrünäsungsflächen ist nicht zulässig.

(4) Die Fütterung von Wild ist in den Nationalparken verboten. Ausgenommen vom Fütterungsverbot sind Zeiten außergewöhnlicher Not. Die untere Jagdbehörde stellt im Einvernehmen mit dem Nationalparkamt die Zeiten außergewöhnlicher Not gemäß Satz 2 von Amts wegen fest und unterrichtet die Jagdausübungsberechtigten. Die Art des Futters und die Art der Futterausbringung werden in gleicher Weise angeordnet. Die Errichtung oder Unterhaltung stationärer Fütterungseinrichtungen ist nicht zulässig; Ausnahmen können durch die untere Jagdbehörde im Einvernehmen mit dem Nationalparkamt zugelassen werden.

(5) Die Errichtung oder die Unterhaltung von Jagdgattern aller Art ist nicht zulässig; Ausnahmen können für auf den Schutzzweck des Nationalparkes bezogene wissenschaftliche Untersuchungen und für Maßnahmen zur Tierseuchenbekämpfung durch die oberste Jagdbehörde im Einvernehmen mit der obersten Naturschutzbehörde zugelassen werden.

(6) Die Fallenjagd ist nicht zulässig; Ausnahmen können für auf den Schutzzweck des Nationalparkes bezogene wissenschaftliche Untersuchungen, für Maßnahmen gegen Beutegreifer in Küstenvogelbrutgebieten und für Maßnahmen zur Tierseuchenbekämpfung durch die Nationalparkämter zugelassen werden.

§ 5 Ordnungswidrigkeiten

Ordnungswidrig im Sinne des § 41 Abs. 3 Nr. 5 des Landesjagdgesetzes handelt, wer vorsätzlich oder fahrlässig entgegen

1. § 1 Abs. 2 anderes als das dort genannte Wild ohne Ausnahmegenehmigung bejagt;

2. § 2 Abs. 5 Satz 1 die Streckenlisten der zuständigen unteren Jagdbehörde nicht bis zum 10. Werktag nach Quartalsende unaufgefordert vorlegt;
3. § 3 Abs. 2 in Wildschutzgebieten und Jagdruhezonen ohne Ausnahmegenehmigung die Jagd ausübt;
4. § 4 Abs. 1 Jagdansitze oder Kirrungen für Schwarzwild ohne Zustimmung errichtet oder ortsfeste Jagdansitze in Wildschutzgebieten oder Horstschutzzonen ohne Ausnahmegenehmigung errichtet oder unterhält;
5. § 4 Abs. 2 Kirrungen mit anderem Futter als Körnermais oder Getreide oder Baumfrucht oder mit mehr als einem Kilogramm je Tag und Kirrung beschickt;
6. § 4 Abs. 3
   a) Satz 1 Wildwiesen anders als durch Mahd erhält,
   b) Satz 2 mehr als 0,5 vom Hundert der Holzbodenfläche als Wildwiese unterhält,
   c) Satz 4 Flächen zum Zwecke der Anlage eines Wildackers oder einer Dauergrünäsungsfläche ansät, bepflanzt oder unterhält;
7. § 4 Abs. 4 ohne Ausnahmegenehmigung nach
   a) Satz 1 und 3 außerhalb von festgestellten außergewöhnlichen Notsituationen Wild füttert,
   b) Satz 3 und 4 anderes als von der Jagdbehörde zugelassenes Futter ausbringt oder die vorgeschriebene Ausbringungsart nicht einhält,
   c) Satz 5 stationäre Fütterungseinrichtungen errichtet oder unterhält;
8. § 4 Abs. 5 ohne Ausnahmegenehmigung Jagdgatter errichtet oder unterhält;
9. § 4 Abs. 6 ohne Ausnahmegenehmigung die Fallenjagd betreibt.

§ 6 In-Kraft-Treten

Diese Verordnung tritt am Tage nach ihrer Verkündung in Kraft.

Schwerin, den 8. Juni 1998

Der Minister für
Landwirtschaft und Naturschutz

Martin Brick

Verordnung über die Aufhebung von Schonzeiten im Landkreis Mecklenburg-Strelitz (Schonzeitenaufhebungsverordnung MST – MST SchonzeitenAVO M-V) 5

– ohne Anlage –

Vom 10. Januar 2002 (GVOBl. M-V S. 28)

Aufgrund des § 42 Abs. 1 Nr. 4 und Absatz 2 des Landesjagdgesetzes vom 22. März 2000 (GVOBl. M-V S. 126), geändert durch Artikel 32 des Gesetzes vom 22. November 2001 (GVOBl. M-V S. 438), verordnet das Ministerium für Ernährung, Landwirtschaft, Forsten und Fischerei nach Anhörung des Jagdbeirates der obersten Jagdbehörde:

§ 1 Aufhebung der Schonzeit

Die Schonzeit für Kälber des Damwildes wird für die Monate Februar und März, die Schonzeit für Schmaltiere und Schmalspießer des Damwildes wird für die Monate Februar, März und April aufgehoben.

§ 2 Bestimmtes Gebiet

(1) Die Aufhebung nach § 1 erfolgt für das Gebiet folgender Gemeinden im Landkreis Mecklenburg-Strelitz:

Amt Mirow	Gemeinden Diemitz und Roggentin sowie Stadt Mirow
Amt Wesenberg	Gemeinden Priepert und Wustrow sowie Stadt Wesenberg
Amt Neustrelitz-Land	Gemeinden Blankensee, Blumenholz, Carpin, Godendorf, Grünow, Hohenzieritz, Klein Vielen, Kratzeburg, Möllenbeck, Rödlin-Thurow, Userin, Watzkendorf und Wokuhl-Dabelow
Amt Woldegk	Gemeinden Göhren und Petersdorf sowie Stadt Woldegk
Amt Stargarder Land	Gemeinde Ballin
	amtsfreie Gemeinde Feldberger Seenlandschaft
	amtsfreie Stadt Neustrelitz

(2) Das nach Absatz 1 bestimmte Gebiet geht kartographisch aus der Anlage hervor. Die Anlage ist Bestandteil dieser Verordnung.

§ 3 In-Kraft-Treten, Außer-Kraft-Treten

Diese Verordnung tritt am 1. Februar 2002 in Kraft. Sie tritt am 30. April 2004 außer Kraft.

Schwerin, den 10. Januar 2002

**Der Minister für Ernährung,
Landwirtschaft, Forsten und Fischerei**

Dr. Till Backhaus

ERLÄUTERUNGEN: Anlage (Karte) ist nicht abgebildet

Verordnung über die Aufhebung von Schonzeiten (Schonzeitenaufhebungsverordnung – SchonzeitenAVO M-V) 6

Vom 27. Juli 2003 (GVOBl. M-V S. 405)

Auf Grund des § 42 Abs. 1 Nr. 4 und Abs. 2 des Landesjagdgesetzes vom 22. März 2000 (GVOBl. M-V S. 126), geändert durch Artikel 32 des Gesetzes vom 22. November 2001 (GVOBl. M-V S. 438), verordnet das Ministerium für Ernährung, Landwirtschaft, Forsten und Fischerei nach Anhörung des Jagdbeirates der obersten Jagdbehörde:

§ 1 Aufhebung der Schonzeit

(1) Für nachfolgend aufgeführte Wildarten wird im Gebiet des Landes Mecklenburg-Vorpommern die Schonzeit aufgehoben:

1. Schwarzwild:
   a) nicht führende Bachen ab einem Alter von zwei Jahren,
   b) Keiler ab einem Alter von zwei Jahren,
2. Dachs,
3. Steinmarder.

(2) Als Elterntier beim Schwarzwild im Sinne von § 22 Abs. 4 Satz 1 des Bundesjagdgesetzes gelten Bachen, deren Frischlinge noch gelbe Längsstreifen aufweisen.

§ 2 In-Kraft-Treten

Diese Verordnung tritt am 1. September 2003 in Kraft.

Schwerin, den 27. Juli 2003

Der Minister
für Ernährung, Landwirtschaft,
Forsten und Fischerei

Dr. Till Backhaus

7 Verordnung zum Nachweis der Aufnahme und des Verbleibs von totem Schalenwild sowie zur Überwachung und Kontrolle des Wildhandels (Wildhandelsüberwachungsverordnung – WildHÜVO M-V)[1]

– ohne Anlage –

Vom 23. März 2001 (GVOBl. M-V S. 79, ber. 109)

Aufgrund des § 42 Abs. 1 Nr. 10 und 12 sowie Absatz 2 des Landesjagdgesetzes vom 22. März 2000 (GVOBl. M-V S. 126) verordnet das Ministerium für Ernährung, Landwirtschaft, Forsten und Fischerei nach Anhörung des Jagdbeirates der obersten Jagdbehörde:

§ 1 Geltungsbereich

Diese Verordnung gilt für das Aufnehmen und den Verbleib von totem Schalenwild aus Mecklenburg-Vorpommern (Schalenwild) sowie für dessen Ankauf, Verkauf oder Tausch (Handel) einschließlich der behördlichen Überwachung der Wildhandelsbücher. Weitergehende veterinär-, fleischhygiene- und lebensmittelrechtliche Vorschriften bleiben unberührt.

§ 2 Wildmarke und Wildursprungsschein[2]

(1) Jedes Stück Schalenwild, das der Verwertung[3] zugeführt werden soll, ist mit einer nummerierten Wildmarke in der Brust- oder Bauchwand und einem Wildursprungsschein, in dem die Wildmarkennummer sowie Angaben über das Stück Schalenwild, das Aufnehmen, das Untersuchen und den Verbleib des Schalenwildes zu vermerken sind, zu kennzeichnen. Bei Schalenwild, das für die Behandlung in einer Tierkörperbeseitigungsanstalt vorgesehen ist, erfolgt die Anbringung der Wildmarke am Ohr. Bei Fallwild, das im Jagdbezirk beseitigt wird, entfällt die Pflicht zur Kennzeichnung mit einer Wildmarke[4].

(2) Das Anbringen der Wildmarke gemäß Absatz 1 hat sofort nach dem Erlegen oder dem Auffinden des Schalenwildes im Jagdbezirk zu erfolgen. Der Wildursprungsschein gemäß Absatz 1 ist unverzüglich auszufüllen[5].

(3) Die Wildmarke muss bis zur Zerlegung des Schalenwildes am Wildkörper verbleiben.

(4) Für die ordnungsgemäße Kennzeichnung gemäß Absatz 1 ist der Jagdausübungsberechtigte verantwortlich. Dies gilt auch, wenn der Jagdausübungsberechtigte Dritte hiermit beauftragt.

(5) Der Handel mit Schalenwild ohne Kennzeichnung gemäß Absatz 1 ist unzulässig.

§ 3 Verwendung des Wildursprungsscheines

(1) Der Wildursprungsschein wird im Durchschreibverfahren (dreifach) erstellt. Der Jagdausübungsberechtigte behält das Original (weiß) und die erste Durchschrift (grün). Die zweite Durchschrift (gelb) erhält der Abnehmer zusammen mit dem Schalenwild; diese Durchschrift verbleibt als Begleitpapier beim Schalenwild bis zu dessen Zerlegung.

(2) Das Original und die Durchschriften des Wildursprungsscheines sind von den Beteiligten bis zum Ende des auf die Erlegung folgenden Jagdjahres aufzubewahren, sofern andere Vorschriften nicht längere Fristen vorschreiben[6].

(3) Die Jagdbehörde kann zu Prüfungszwecken gegenüber dem Jagdausübungsberechtigten anordnen, dass ihr die erste Durchschrift (grün) zu übersenden ist.

§ 4 Ausgabe und Nachweis der Wildmarken und der Wildursprungsscheine

(1) Die Ausgabe der Wildmarken und der Wildursprungsscheine erfolgt durch die Jagdbehörde an den Jagdausübungsberechtigten entsprechend der Anzahl der für das jeweilige Jagdjahr vorgesehenen Abschüsse[7].

(2) Die Nummern nicht verwendeter Wildmarken zeigt der Jagdausübungsberechtigte der Jagdbehörde zusammen mit der Strecke des vorangegangenen Jagdjahres (Wildnachweisung) an. Die Nummern in Verlust geratener Wildmarken sind unverzüglich anzuzeigen.

(3) Für Staatsforsten tritt an die Stelle der Jagdbehörde die oberste Jagdbehörde.

§ 5 Wildhandelsbuch

(1) Wer Schalenwild gewerbsmäßig an- oder weiterverkauft, muss ein Wildhandelsbuch führen, in dem das Eingangsdatum, die Wildmarken-

nummer, die Wildart, das Geschlecht, das Gewicht, die Herkunft nach Jagdbezirk, das Ergebnis amtlicher Untersuchungen, Besonderheiten, das Abnahmedatum und der Abnehmer zu vermerken sind. Die Form des Wildhandelsbuches ergibt sich aus der Anlage, die Bestandteil dieser Verordnung ist.

(2) Eintragungen im Wildhandelsbuch müssen für die Dauer von drei Jahren nachweisbar sein.

§ 6 Auskunft, Nachschau, Vorzeigepflicht

(1) Wer Schalenwild, das der Kennzeichnungspflicht gemäß § 2 unterliegt, aufnimmt, anderen überlässt, damit Handel treibt oder auf sonstige Weise die tatsächliche Gewalt darüber ausübt, sowie die in seinem Auftrage tätigen Personen haben dem Landrat des Landkreises sowie dem Oberbürgermeister der kreisfreien Stadt und den von ihnen beauftragten Personen auf Verlangen die für die Durchführung dieser Verordnung erforderlichen Auskünfte zu erteilen. Sie können die Auskunft auf solche Fragen verweigern, deren Beantwortung sie selbst oder einem der in § 383 Abs. 1 Nr. 1 bis 3 der Zivilprozessordnung bezeichneten Angehörigen der Gefahr strafrechtlicher Verfolgung oder eines Verfahrens nach dem Gesetz über Ordnungswidrigkeiten aussetzen würde.

(2) Betreibt der Auskunftspflichtige einen gewerbsmäßigen Handel mit Schalenwild, so sind die vom Landrat des Landkreises sowie dem Oberbürgermeister der kreisfreien Stadt mit der Überwachung des Betriebes beauftragten Personen berechtigt, Betriebsgrundstücke und Geschäftsräume sowie das Innere von Betriebsfahrzeugen während der Betriebs- und Arbeitszeit zu betreten, um dort die Prüfung der Kennzeichnung gemäß § 2 vorzunehmen. Der Auskunftspflichtige hat diese Maßnahme zu dulden.

(3) Der Inhaber der tatsächlichen Gewalt über Schalenwild ist verpflichtet, dieses den mit dem Vollzug dieser Verordnung beauftragten Mitarbeitern des Landrates des Landkreises sowie des Oberbürgermeisters der kreisfreien Stadt auf Verlangen zur Prüfung der Kennzeichnung nach § 2 vorzuzeigen.

(4) Das Wildhandelsbuch ist auf Verlangen des Landrates des Landkreises sowie des Oberbürgermeisters der kreisfreien Stadt oder deren Beauftragten vorzulegen, auch in deren Diensträumen.

§ 7 Ordnungswidrigkeiten

Ordnungswidrig im Sinne des § 41 Abs. 3 Nr. 18 des Landesjagdgesetzes handelt, wer vorsätzlich oder fahrlässig:

1. entgegen § 2 Abs. 1 Satz 1 Schalenwild, das der Verwertung zugeführt werden soll, nicht mit einer nummerierten Wildmarke kennzeichnet,
2. entgegen § 2 Abs. 1 Satz 1 die Wildmarke nicht in der Brust- oder Bauchwand anbringt,
3. entgegen § 2 Abs. 1 Satz 1 Schalenwild nicht mit einem Wildursprungsschein, in dem die Wildmarkennummer sowie Angaben über das Stück Schalenwild, das Aufnehmen, das Untersuchen und den Verbleib des Schalenwildes vermerkt sind, kennzeichnet,
4. entgegen § 2 Abs. 1 Satz 2 Schalenwild, das für die Behandlung in einer Tierkörperbeseitigungsanstalt vorgesehen ist, nicht mit einer Wildmarke am Ohr kennzeichnet,
5. entgegen § 2 Abs. 2 die Wildmarke nicht sofort nach dem Erlegen oder dem Auffinden im Jagdbezirk anbringt,
6. entgegen § 2 Abs. 2 den Wildursprungsschein nicht unverzüglich ausfüllt,
7. entgegen § 2 Abs. 3 die Wildmarke nicht bis zur Zerlegung des Wildes am Wildkörper belässt,
8. entgegen § 2 Abs. 5 mit Schalenwild handelt, das nicht gemäß § 2 Abs. 1 gekennzeichnet ist,
9. entgegen § 3 Abs. 2 das Original oder die Durchschriften des Wildursprungsscheines nicht bis zum Ende des auf die Erlegung folgenden Jagdjahres aufbewahrt,
10. entgegen § 3 Abs. 3 nicht die erste Durchschrift (grün) entsprechend der Anordnung der Jagdbehörde übersendet,
11. entgegen § 4 Abs. 2 Satz 1 die Nummern nicht verwendeter Wildmarken der Jagdbehörde nicht anzeigt,
12. entgegen § 4 Abs. 2 Satz 2 die Nummern in Verlust geratener Wildmarken der Jagdbehörde nicht unverzüglich anzeigt,
13. entgegen § 5 Abs. 1 Satz 1 ein Wildhandelsbuch nicht oder nicht ordnungsgemäß führt,

14. entgegen § 5 Abs. 2 ein Wildhandelsbuch nicht so führt, dass die Eintragungen für die Dauer von drei Jahren nachweisbar sind,
15. entgegen § 6 Abs. 1 dem Landrat des Landkreises sowie dem Oberbürgermeister der kreisfreien Stadt und den von ihnen beauftragten Personen auf Verlangen die für die Durchführung dieser Verordnung erforderlichen Auskünfte nicht, nicht vollständig oder nicht richtig erteilt,
16. entgegen § 6 Abs. 2 das Betreten von Betriebsgrundstücken und Geschäftsräumen sowie das Innere von Betriebsfahrzeugen während der Betriebs- und Arbeitszeit zum Zwecke der Prüfung der Kennzeichnung gemäß § 2 nicht duldet,
17. entgegen § 6 Abs. 3 als Inhaber der tatsächlichen Gewalt über Schalenwild dieses zur Prüfung der Kennzeichnung nach § 2 nicht vorzeigt,
18. entgegen § 6 Abs. 4 das Wildhandelsbuch nicht vorlegt.

§ 8 In-Kraft-Treten

Diese Verordnung tritt am Tage nach ihrer Verkündung in Kraft.

Schwerin, den 23. März 2001

Der Minister für Ernährung, Landwirtschaft, Forsten und Fischerei

Till Backhaus

ERLÄUTERUNGEN

1 Vor dem Hintergrund des seinerzeitigen BSE-Geschehens, aus Gründen des Verbraucherschutzes, der Tierseuchenprophylaxe, der Bekämpfung von Wilderei und in Umsetzung von EU- und Bundesrecht und nicht zuletzt im Interesse der Werbung für das Produkt Wildfleisch ist die Einführung eines landeseinheitlichen Wildnachweises unausweichlich gewesen. Dabei ist es Anliegen der entsprechenden Verordnung, so schnell wie möglich einen verbraucherorientierten Herkunftsnachweis zum Zwecke der jagdbezirksweisen Rückverfolgbarkeit für Wild aus Mecklenburg-Vorpommern zu schaffen.

Die Wildmarken sind nummerierte amtliche Dokumente. Sie werden durch die Jagdbehörde dem Jagdausübungsberechtigten gegen Unterschrift übergeben. 2

Der Verordnungsgeber hat nicht näher ausgeführt, was er unter dem Begriff „Verwertung" i. S. v. § 2 Abs. 1 Satz 1 versteht. Er geht davon aus, dass hierunter nicht nur der menschliche Verzehr gemeint ist, sondern weitere Nutzungen, wie etwa die Verarbeitung von Schalenwild zu Hundefutter. 3

Auch wenn die Pflicht zur Kennzeichnung mit einer Wildmarke bei Fallwild, das im Jagdbezirk unschädlich beseitigt (vergraben) wird, entfällt, ist der dazugehörige Wildursprungsschein auszufüllen. 4

Der Wildursprungsschein ist unverzüglich auszufüllen, es ist jedoch nicht zwingend, den Wildursprungsschein schon im Jagdbezirk auszufüllen. 5

Für die Jagdausübungsberechtigten in gemeinschaftlichen Jagdbezirken oder privaten Eigenjagdbezirken kann die angegebene Frist nur durch Verordnung aus dem Bereich des Veterinärwesens oder der Lebensmittelüberwachung verlängert werden. Für die Verwaltungsjagdbezirke von Bund und Land gelten auf Grund haushaltsrechtlicher Vorschriften längere Aufbewahrungsfristen. 6

Die jährliche Ausgabe der Wildmarken und der Wildursprungsscheine ist an die Ausgabe der bestätigten oder festgesetzten Abschusspläne durch die Jagdbehörde gekoppelt, was den Verwaltungsaufwand abmindert und die Entgegennahme durch den Jagdausübungsberechtigten erleichtert. 7

8 Verordnung über die Prüfung zur Erlangung des ersten Jagdscheines des Landes Mecklenburg-Vorpommern (Jägerprüfungsverordnung – JägerPVO M-V)

– ohne Anlage –

Vom 14. Februar 2002 (GVOBl. M-V S. 122)

Aufgrund des § 42 Abs. 1 Nr. 1 und Abs. 2 des Landesjagdgesetzes vom 22. März 2000 (GVOBl. M-V S. 126), geändert durch Artikel 32 des Gesetzes vom 22. November 2001 (GVOBl. M-V S. 438), verordnet das Ministerium für Ernährung, Landwirtschaft, Forsten und Fischerei nach Anhörung des Jagdbeirates der obersten Jagdbehörde:

§ 1 Zuständige Behörden

Die für die Durchführung der Jägerprüfung (Prüfung) zuständige Behörde ist die untere Jagdbehörde (Jagdbehörde).

§ 2 Prüfer, Prüfungsleiter, Schriftführer

(1) Die Jagdbehörde bestellt die erforderliche Anzahl der Prüfer für den Zeitraum von fünf Jahren. Sie beauftragt einen Prüfer mit der Leitung der Prüfung (Prüfungsleiter). Dies ist in der Regel der Kreisjägermeister. Die Bestellung erfolgt jeweils widerruflich.

(2) Die Prüfer müssen die für die Abnahme der Prüfung erforderliche Befähigung haben.

(3) Als Prüfer an der Prüfung teilnehmen darf nicht, wer bei der Ausbildung der zugelassenen Prüflinge mitgewirkt hat.

(4) Der Prüfungsleiter bestimmt im Bedarfsfall einen Schriftführer.

§ 3 Ehrenamtlichkeit, Unabhängigkeit, Verschwiegenheit

Die Prüfer sind ehrenamtlich tätig und unabhängig in der Ausübung ihres Prüfungsamtes. Sie haben ihre Tätigkeit unparteiisch auszuüben und in allen Prüfungsangelegenheiten Verschwiegenheit gegenüber Dritten zu wahren. Die Pflicht zur Verschwiegenheit gilt auch für den Schriftführer.

§ 4 Zeit und Ort der Prüfung, Bekanntmachung

Die Jagdbehörde legt Ort und Zeitpunkt der Prüfung fest und macht dies ortsüblich bekannt.

§ 5 Gegenstand, Form und Inhalt der Prüfung

(1) Die Prüfung besteht aus den Prüfungsteilen Schießprüfung, schriftliche sowie mündlich-praktische Prüfung. Der Prüfling durchläuft die Prüfung in dieser Reihenfolge.

(2) Die Prüfung ist nicht öffentlich. Ein Vertreter der Jagdbehörde soll, Beauftragte der obersten Jagdbehörde können, an der Prüfung als Beobachter teilnehmen. Im Rahmen der Schießprüfung ist darüber hinaus dem erforderlichen Schießstandspersonal die Anwesenheit gestattet. Der Prüfungsleiter kann mit Zustimmung der Prüflinge und im Einvernehmen mit der Jagdbehörde weiteren Dritten die Anwesenheit bei der Schieß- sowie bei der mündlich-praktischen Prüfung gestatten.

(3) Die Schießprüfung umfasst:

1. Büchsenschießen mit für Schalenwild zugelassenen Büchsenpatronen (ab Kaliber .222 Rem.); die Benutzung von Zielfernrohren ist zulässig:

1.1 fünf Schuss stehend angestrichen auf die Rehbockscheibe (DJV-Scheibe Nummer 1 der Schießvorschrift des Deutschen Jagdschutzverbandes e. V.), Entfernung 100 Meter; zu erzielen sind mindestens drei Treffer in den Ringen drei bis zehn, Mindestleistung 21 Ringe,

1.2 fünf Schuss aus dem jagdlichen Anschlag auf die Überläuferscheibe (DJV-Scheibe Nummer 5), Entfernung 50 Meter, die Überläuferscheibe bewegt sich von rechts nach links in 1,8 bis 2 Sekunden über eine sechs Meter breite Schneise; zu erzielen sind mindestens drei Treffer in den Ringen drei bis zehn,

2. Flintenschießen (Kaliber 20 bis 12) mit Schrotpatronen; aus dem jagdlichen Anschlag, wahlweise durch den Prüfling:

2.1 zehn Tontauben, elf Meter Abstand, Trap, Tontauben in einer Richtung und einer Höhe; jede Tontaube darf zweimal beschossen werden; zu erzielen sind mindestens insgesamt drei Treffer oder

2.2 laufender Hase (Kipp- oder Klapphase) zehnmal vorgeführt, Entfernung 35 Meter; je Hase maximal zwei Schrotschüsse, wobei der

Hase sich in etwa 2 Sekunden über eine sechs Meter breite Schneise bewegt; es müssen mindestens fünf Hasen durch Treffer kippen oder klappen.

(4) Die schriftliche und mündlich-praktische Prüfung umfasst jeweils folgende Prüfungsfächer:

Prüfungsfach 1
Tierarten, Wildbiologie, Wildhege, Biotophege, Wild- und Jagdschadensverhütung, Land- und Waldbau;

Prüfungsfach 2
Jagdbetrieb, Führung von Jagdhunden, jagdliches Brauchtum;

Prüfungsfach 3
Waffenrecht, Waffentechnik, Führung von Jagd- und Faustfeuerwaffen, Munition, Fanggeräte und deren Einsatz;

Prüfungsfach 4
Wildtierkrankheiten, Behandlung des erlegten Wildes unter besonderer Berücksichtigung der hygienisch erforderlichen Maßnahmen und Beurteilung der gesundheitlich unbedenklichen Beschaffenheit des Wildbrets, insbesondere hinsichtlich seiner Gewinnung und Verwendung als Lebensmittel;

Prüfungsfach 5
Tierschutz-, Jagd- und Forstrecht sowie Naturschutz- und Landschaftspflegerecht, ergänzt durch Sicherheits- und andere in Bezug auf die Jagdpraxis einschlägige Vorschriften.

§ 6 Anmeldung und Zulassung zur Prüfung

(1) Der Prüfling hat sich bis sechs Wochen vor Prüfungsbeginn bei der Jagdbehörde zur Prüfung anzumelden, wobei die Jagdbehörde von der Sechs-Wochen-Frist Ausnahmen zulassen kann. Voraussetzung für die Zulassung zur Prüfung durch die Jagdbehörde ist, dass der Prüfling bis spätestens einen Werktag vor Prüfungsbeginn folgende Nachweise erbracht hat:

1. Nachweis, dass er an mindestens 120 Ausbildungsstunden eines in Mecklenburg-Vorpommern anerkannten und dort durchgeführten Ausbildungskurses bei der Landesjägerschaft oder bei einer privaten Jägerschule oder an einem mindestens einjährigen Ausbildungskurs bei einem Mentor teilgenommen hat; das Ende der Ausbildung darf

nicht länger als ein Jahr zurückliegen, wobei die Jagdbehörde von der Jahresfrist Ausnahmen zulassen kann,

2. Nachweis einer Haftpflichtversicherung für den Waffengebrauch,
3. für den Fall seiner Minderjährigkeit, die Einwilligung des gesetzlichen Vertreters sowie
4. Nachweis, dass die Prüfungsgebühren entrichtet wurden.

(2) Falsche Angaben des Bewerbers haben dessen Ausschluss von der Prüfung zur Folge. Bereits entrichtete Prüfungsgebühren werden nicht erstattet.

§ 7 Ausbildungskurs

(1) Als Ausbildungskurs im Sinne von § 6 Abs. 1 Nr. 1 gilt ein durch die oberste Jagdbehörde anerkannter Kurs bei der Landesjägerschaft oder bei einer privaten Jägerschule oder ein durch die Jagdbehörde anerkannter mindestens einjähriger Ausbildungskurs bei einem Mentor.

(2) Während der Ausbildung müssen folgende praxisorientierte Lehrabschnitte absolviert werden:

1. Teilnahme an Einzeljagden oder mindestens einer Gesellschaftsjagd, wobei letztere jahresbedingt auch nachgestellt sein kann,
2. Mitarbeit beim Bau von Reviereinrichtungen oder bei biotopgestaltenden Maßnahmen,
3. Stellen von Fallen sowie Mitarbeit beim Fallenbau,
4. Wildversorgung, insbesondere das Aufbrechen, die Fleischbeschau und das Zerwirken von erlegtem Wild sowie
5. Schießen mit Langwaffen ab Kaliber 7 mm und mit Kurzwaffen sowie Flintenschießen auf Tontauben.

§ 8 Anerkennung von Ausbildungskursen

(1) Ausbildungskurse der Landesjägerschaft sowie privater Jägerschulen werden auf ihren Antrag anerkannt, wenn:

1. der Antragsteller, der Ausbildungsleiter sowie die Ausbilder zuverlässig im Sinne des § 17 Abs. 3 und 4 des Bundesjagdgesetzes in der Fassung der Bekanntmachung vom 29. September 1976 (BGBl. I

S. 2849), zuletzt geändert durch Artikel 42 des Gesetzes vom 25. Juni 2001 (BGBl. I S. 1215), sind,

2. der vom Antragsteller angebotene Ausbildungskurs auf der Grundlage des von der Landesjägerschaft vorgeschlagenen und durch die oberste Jagdbehörde genehmigten Ausbildungsrahmenplanes durchgeführt wird,

3. der Ausbildungsleiter des Antragstellers Jagdscheininhaber ist und ein forstliches, naturwissenschaftliches oder pädagogisches Studium oder einen Abschluss als Revierjagdmeister nachweist oder einen vergleichbaren Ausbildungskurs in einem anderen Bundesland leitet,

4. mindestens ein Ausbilder des Antragstellers ein forstliches Studium abgeschlossen hat und Jagdscheininhaber ist,

5. der Antragsteller geeignetes Lehrmaterial und angemessene Räumlichkeiten für die Ausbildung bereithält,

6. dem Antragsteller für die praktische Ausbildung die Nutzung eines geeigneten Jagdbezirkes sowie ein im Sinne des § 1 Abs. 1 der Jagdhundebrauchbarkeitsverordnung vom 14. Januar 1999 (GVOBl. M-V S. 221) brauchbarer Jagdhund zur Verfügung steht und

7. der Antragsteller jagdliches Ausbildungsschießen anbietet.

(2) Der Ausbildungskurs eines Mentors wird auf dessen Antrag anerkannt, wenn dieser:

1. jagdpachtfähig im Sinne des § 11 Abs. 5 des Bundesjagdgesetzes ist,

2. die Jagd mindestens zehn Jahre lang ausgeübt hat,

3. als Jagdausübungsberechtigter über eine Jagdfläche von mehr als 75 ha verfügt,

4. einen im Sinne des § 1 Abs. 1 der Jagdhundebrauchbarkeitsverordnung brauchbaren Jagdhund führt,

5. die Gewähr für die ordnungsgemäße Vermittlung theoretischer Kenntnisse und praktischer Fähigkeiten bietet und

6. nicht mehr als zwei Personen zur gleichen Zeit ausbildet.

(3) Die Anerkennung der Kurse nach Absatz 1 erfolgt für vier Jahre. Die Anerkennung der Kurse nach Absatz 2 erfolgt gesondert für die einzelnen Kursteilnehmer und nur für die Dauer der Ausbildung.

(4) Die Anerkennung von Ausbildungskursen ist zu versagen, wenn ein berechtigter Grund zur Annahme besteht, dass eine ordnungsgemäße Ausbildung ungeachtet der Erfüllung der in Absatz 1 oder 2 genannten Voraussetzungen nicht gewährleistet ist.

(5) Hinsichtlich des Widerrufes und der Rücknahme der Anerkennung gelten die §§ 48 und 49 des Landesverwaltungsverfahrensgesetzes. Insbesondere kann widerrufen werden, wenn:

1. nachträglich Tatsachen eintreten, die zur Versagung der Anerkennung geführt hätten,
2. eine ordnungsgemäße Ausbildung aus anderen Gründen nicht mehr gewährleistet ist oder
3. gegen Bestimmungen dieser Verordnung oder gegen Auflagen der Anerkennung verstoßen wurde.

Die Anerkennung von Ausbildungskursen im Sinne von Absatz 1 erlischt, wenn nicht innerhalb zweier Jagdjahre ein Ausbildungskurs durchgeführt worden ist.

§ 9 Verhinderung, Rücktritt

(1) Die Prüfung gilt als nicht unternommen, wenn der Bewerber vor ihrem Beginn zurücktritt oder der Prüfung fernbleibt. Bereits entrichtete Prüfungsgebühren werden nicht erstattet.

(2) Ist der Prüfling aus Gründen, die er nicht zu vertreten hat, gehindert, an der Prüfung oder einzelnen Prüfungsteilen teilzunehmen, so kann er diese oder einzelne Prüfungsteile innerhalb eines Jahres einmal wiederholen. Die Jagdbehörde entscheidet, ob bereits erbrachte Prüfungsleistungen angerechnet werden. Der Nachweis der Verhinderung ist unverzüglich zu erbringen; im Falle einer Krankheit geschieht dies durch amtsärztliches Zeugnis. Die Jagdbehörde stellt fest, ob eine vom Bewerber nicht zu vertretende Verhinderung vorgelegen hat. Das Ergebnis ist dem Bewerber schriftlich mitzuteilen.

§ 10 Abnahme der Schießprüfung

(1) Die Jagdbehörde bestimmt den für die Abnahme der Schießprüfung geeigneten und amtlich zugelassenen Schießstand.

(2) Die Abnahme der Schießprüfung erfolgt durch den Prüfungsleiter sowie durch mindestens zwei von diesem bestimmte Prüfer.

(3) Schwerbehinderte können Hilfsmittel verwenden, wenn diese im praktischen Jagdbetrieb zur Anwendung kommen. Männer im Alter ab 55 Jahre und Frauen können im jagdlichen Anschlag oder im Anschlag stehend freihändig (Voranschlag) schießen.

(4) Der Prüfling entscheidet, ob er eine Schießdisziplin, in welcher er die in § 5 Abs. 3 genannten Mindestanforderungen nicht erreicht hat, am Tag der Schießprüfung oder später wiederholen will. Eine Wiederholung ist für jede Schießdisziplin nur einmal möglich. Im Einzelnen legt die Jagdbehörde Zeitpunkt und Ort der Wiederholung fest, wobei diese vor der schriftlichen Prüfung erfolgen muss.

(5) Die Ergebnisse der Schießprüfung sowie die Entscheidung des Prüflings nach Absatz 4 sind zu protokollieren.

(6) Kosten, die durch das Schießen oder die Schießplatznutzung entstehen, insbesondere für die Munition oder Nutzungsentgelte, trägt der Prüfling.

§ 11 Abnahme der schriftlichen Prüfung

(1) Der Prüfungsleiter bestimmt Prüfer zur Erstellung der Prüfungsaufgaben.

(2) Je Prüfungsfach hat der Prüfling 25 Fragen zu beantworten. Bei zehn dieser Fragen sind jeweils drei Antworten vorzugeben, von denen die richtige Antwort durch den Prüfling anzukreuzen ist. Die Antwort auf die übrigen Fragen formuliert der Prüfling selbstständig.

(3) Der Prüfling beantwortet die Prüfungsfragen unter Aufsicht von zwei durch den Prüfungsleiter bestimmten Prüfern in einer Zeit von drei Stunden. Hilfsmittel sind nicht zugelassen. Die Prüflinge sind vor Beginn der Prüfung darüber zu belehren, dass die Verwendung nicht erlaubter Hilfsmittel oder Täuschungsversuche zum Ausschluss von der Prüfung führen.

(4) Die Prüfungsarbeiten werden von zwei vom Prüfungsleiter bestimmten Prüfern bewertet. Weichen die Bewertungen je Frage von einander ab, gilt der Durchschnitt. Ergeben sich hierbei halbe Punkte, ist auf volle Punkte aufzurunden. Die Antworten sind wie folgt zu bewerten:

1. Antworten nach Absatz 2 Satz 2:

   richtig: 1 Punkt,
   falsch: 0 Punkte.

2. Antworten nach Absatz 2 Satz 3:

richtig:	2 Punkte,
teilweise richtig:	1 Punkt,
falsch:	0 Punkte.

(5) Das Ergebnis eines jeden Prüfungsfaches der schriftlichen Prüfung wird wie folgt ermittelt:

ab 36 bis 40 Punkte	Note 1 (sehr gut),
ab 30 bis 35 Punkte	Note 2 (gut),
ab 24 bis 29 Punkte	Note 3 (befriedigend),
ab 18 bis 23 Punkte	Note 4 (ausreichend),
ab 12 bis 17 Punkte	Note 5 (mangelhaft),
unter 12 Punkte	Note 6 (ungenügend).

§ 12 Abnahme der mündlich-praktischen Prüfung

(1) Der Prüfungsleiter bestimmt für jedes Prüfungsfach gemäß § 5 Abs. 4 zwei Prüfer. Diese dürfen nicht mehr als zwei Prüfungsfächer gemeinsam prüfen.

(2) Im Prüfungsfach 3 beschränkt sich die Prüfung auf solche Waffen und Munition, die bei der Jagdausübung oder für den Jagdschutz üblicherweise verwendet werden.

(3) Je Prüfling und Prüfungsfach beträgt die Prüfungszeit 20 Minuten.

(4) Der Prüfling erhält von jedem Prüfer für jedes Prüfungsfach eine Note wie folgt:

eine den Anforderungen in besonderem Maße entsprechende Leistung	Note 1 (sehr gut),
eine den Anforderungen voll entsprechende Leistung	Note 2 (gut),
eine den Anforderungen im Allgemeinen entsprechende Leistung	Note 3 (befriedigend),
eine Leistung, die zwar Mängel aufweist, aber im Ganzen den Anforderungen noch entspricht	Note 4 (ausreichend),
für eine den Anforderungen nicht entsprechende Leistung, die jedoch erkennen lässt, dass Grundkenntnisse vorhanden sind	Note 5 (mangelhaft),

eine den Anforderungen nicht entsprechende Leistung, bei der selbst Grundkenntnisse nicht oder nur unwesentlich vorhanden sind Note 6 (ungenügend).

Die Note des Prüfungsfaches ergibt sich aus dem Durchschnitt der Bewertungen. Zwischennoten sind nicht zu erteilen. Liegt die Bewertung zwischen zwei Notenstufen, so gilt die bessere Note.

(5) Der wesentliche Ablauf sowie die Ergebnisse der mündlich-praktischen Prüfung sind zu protokollieren.

§ 13 Ergebnis der Jägerprüfung, Wiederholung

(1) Die Prüfung ist nicht bestanden, wenn:

1. der Prüfling die Mindestanforderungen der Schießprüfung (§ 5 Abs. 3) nicht erreicht hat oder
2. die Leistung des Prüflings in einem Prüfungsfach der schriftlichen oder mündlich-praktischen Prüfung mit der Note 6 oder in mehr als einem Prüfungsfach mit der Note 5 bewertet wurde oder
3. der Notendurchschnitt aller Prüfungsfächer der schriftlichen und mündlich-praktischen Prüfung den Wert 4,0 überschreitet oder
4. der Prüfling bei der Schießprüfung (§ 10) oder der mündlich-praktischen Prüfung (§ 12) die Waffe entgegen den Sicherheitsvorschriften gehandhabt hat oder
5. der Prüfling es bei der Prüfung unternommen hat, zu täuschen oder sich unzulässiger Hilfsmittel zu bedienen oder
6. wenn der Prüfling bewusst falsche Angaben zu den in § 6 Abs. 1 aufgeführten Zulassungsvoraussetzungen gemacht hat.

(2) Der Prüfungsleiter unterrichtet den Prüfling über die von diesem in der schriftlichen und mündlich-praktischen Prüfung erzielten Leistungen. Hierüber ist eine vom Prüfungsleiter und den beteiligten Prüfern zu unterzeichnende Niederschrift zu fertigen.

(3) Der Prüfling kann ein einziges mit Note 6 oder Note 5 bewertetes Prüfungsfach der schriftlichen sowie der mündlich-praktischen Prüfung wiederholen, wenn eine Verbesserung hierin zum Bestehen der Prüfung führen würde. Die Entscheidung hierüber hat er der Jagdbehörde innerhalb von drei Tagen nach seiner Unterrichtung über das Prüfungsergebnis schriftlich zu übermitteln. Die Wiederholung muss innerhalb von 14

Tagen, gerechnet vom Zeitpunkt der Unterrichtung über das Prüfungsergebnis an, erfolgen. Für die Wiederholung der schriftlichen Prüfung in einem Prüfungsfach beträgt die Bearbeitungszeit 40 Minuten; im Übrigen gelten die §§ 11 und 12 entsprechend.

(4) Bei Bestehen der Prüfung erhält der Prüfling ein Zeugnis nach Maßgabe der Anlage zu dieser Verordnung. Die Anlage ist Bestandteil der Verordnung. Bei Nichtbestehen erhält er einen schriftlichen Bescheid über das Prüfungsergebnis.

(5) Werden nach Ablegung der Prüfung Umstände im Sinne von Absatz 1 Nr. 5 oder 6 bekannt, ist die Prüfung für „nicht bestanden“ zu erklären.

§ 14 Archivierung der Prüfungsunterlagen

Die Prüfungsniederschrift, die Protokolle zur Schießprüfung und zur mündlich-praktischen Prüfung sowie die bewerteten schriftlichen Prüfungsarbeiten sind von der Jagdbehörde für die Dauer von fünf Jahren, eine Ablichtung des Prüfungszeugnisses ist unbefristet, aufzubewahren.

§ 15 Aufwandsentschädigung

(1) Den Prüfern (§) werden folgende Aufwandsentschädigungen durch die Jagdbehörde gewährt:

1. für die Leitung der Prüfung (§ 2 Abs. 1)	50 Euro
2. für die Abnahme der Schießprüfung (§ 10 Abs. 2) je Tag einschließlich der Wiederholungsschießprüfung am gleichen Tag (§ 10 Abs. 4)	75 Euro
3. für die Abnahme der Wiederholungsschießprüfung an einem durch die Jagdbehörde festgelegten Zeitpunkt und Ort (§ 10 Abs. 4)	25 Euro
4. für die Aufsicht bei Beantwortung der Fragen der schriftlichen Prüfung (§ 11 Abs. 3)	25 Euro
5. für jede von ihm benotete Leistung eines Prüflings (§ 11 Abs. 4, § 12 Abs. 4)	6 Euro
6. für die Aufsicht bei Wiederholung der schriftlichen Prüfung in einem Prüfungsfach (§ 13 Abs. 3)	10 Euro

(2) Der Schriftführer (§ 2 Abs. 4) erhält eine Aufwandsentschädigung in Höhe von fünf Euro je Prüfling und Tag.

§ 16 Gleichgestellte Jägerprüfung

Als bestandene Jägerprüfung im Sinne des § 15 Abs. 5 des Bundesjagdgesetzes gilt auch der bis zum In-Kraft-Treten dieser Verordnung erfolgreiche Abschluss eines forstlichen Studiums, sofern dieser Abschluss das Fach Jagdkunde und jagdliches Schießen einschließlich der Waffenhandhabung beinhaltet. Fehlt in dem Abschluss das jagdliche Schießen einschließlich der Waffenhandhabung, kann dieser Prüfungsteil nach Maßgabe dieser Verordnung nachgeholt werden.

§ 17 In-Kraft-Treten, Außer-Kraft-Treten

(1) Diese Verordnung tritt am 1. April 2002 in Kraft.

(2) Gleichzeitig tritt die Jägerprüfungsordnung vom 1. Juli 1997 (GVOBl. M-V S. 336), geändert durch Verordnung vom 2. September 1998 (GVOBl. M-V S. 806), außer Kraft.

Schwerin, den 14. Februar 2002

Der Minister für Ernährung, Landwirtschaft, Forsten und Fischerei

Dr. Till Backhaus

Verordnung über die Prüfung zur Erlangung des ersten Falknerjagdscheines des Landes Mecklenburg-Vorpommern (Falknerprüfungsverordnung – FalknerPVO M-V) 9

– ohne Anlage –

Vom 14. Februar 2002 (GVOBl. M-V S. 128)

Aufgrund des § 42 Abs. 1 Nr. 2 und Abs. 2 des Landesjagdgesetzes vom 22. März 2000 (GVOBl. M-V S. 126), geändert durch Artikel 32 des Gesetzes vom 22. November 2001 (GVOBl. M-V S. 438), verordnet das Ministerium für Ernährung, Landwirtschaft, Forsten und Fischerei nach Anhörung des Jagdbeirates der obersten Jagdbehörde:

§ 1 Zuständige Behörde

Die für die Durchführung der Falknerprüfung (Prüfung) zuständige Behörde ist die oberste Jagdbehörde.

§ 2 Prüfer, Prüfungsleiter, Schriftführer

(1) Die oberste Jagdbehörde bestellt die erforderliche Anzahl der Prüfer für den Zeitraum von fünf Jahren. Sie beauftragt einen Prüfer mit der Leitung der Prüfung (Prüfungsleiter). Die Bestellung erfolgt jeweils widerruflich.

(2) Die Prüfer müssen die für die Abnahme der Prüfung erforderliche Befähigung haben, mindestens zwei Prüfer müssen die Beizjagd ausüben oder sonst die Greifvogelkunde beherrschen.

(3) Als Prüfer an der Prüfung teilnehmen darf nicht, wer bei der Ausbildung der zugelassenen Prüflinge mitgewirkt hat.

(4) Der Prüfungsleiter bestimmt im Bedarfsfall einen Schriftführer.

§ 3 Ehrenamtlichkeit, Unabhängigkeit, Verschwiegenheit

Die Prüfer sind ehrenamtlich tätig und unabhängig in der Ausübung ihres Prüfungsamtes. Die Prüfer haben ihre Tätigkeit unparteiisch auszuüben und in allen Prüfungsangelegenheiten Verschwiegenheit gegenüber Dritten zu wahren. Die Pflicht zur Verschwiegenheit gilt auch für den Schriftführer.

§ 4 Zeit und Ort der Prüfung, Bekanntmachung

Die oberste Jagdbehörde legt Ort und Zeitpunkt der Prüfung fest und macht dies im Amtsblatt für Mecklenburg-Vorpommern bekannt.

§ 5 Gegenstand, Form und Inhalt der Prüfung

(1) Die Prüfung besteht aus einem schriftlichen und einem mündlich-praktischen Prüfungsteil. Der Prüfling durchläuft die Prüfung in dieser Reihenfolge.

(2) Die Prüfung ist nicht öffentlich. Ein Vertreter der obersten Jagdbehörde soll an der Prüfung als Beobachter teilnehmen. Der Prüfungsleiter kann mit Zustimmung der Prüflinge und im Einvernehmen mit der obersten Jagdbehörde weiteren Dritten die Anwesenheit bei der mündlich-praktischen Prüfung gestatten.

(3) Die schriftliche und mündlich-praktische Prüfung umfasst jeweils folgende Prüfungsfächer:

Prüfungsfach 1
Greifvogelkunde und Grundkenntnisse der allgemeinen Vogelkunde, insbesondere Kenntnisse über Biologie, Gefährdung und Schutz von Greifvögeln, insbesondere der einheimischen;

Prüfungsfach 2
Haltung, Pflege und Abtragen von Beizvögeln, insbesondere Kenntnisse über die Aufzucht eines Jungvogels und das Abtragen des Beizvogels sowie Unterbringung, Transport, Atzung, Hygiene, Greifvogelkrankheiten und Falknereigerät;

Prüfungsfach 3
Ausübung der Beizjagd, insbesondere Kenntnisse über historische Falknerei, jagdliches Brauchtum, Haltung und Führung von Jagdhunden und Frettchen für die Beizjagd sowie die Versorgung und die Verwertung des gebeizten Wildes, Falknersprache;

Prüfungsfach 4
Rechtsgrundlagen der Falknerei und des Greifvogelschutzes, insbesondere des Jagdrechts, des Tierschutzrechts, des Natur- und Artenschutzrechts sowie das In-Verkehr-Bringen von Greifen und Falken.

§ 6 Zulassung zur Prüfung

(1) Der Prüfling hat sich bis sechs Wochen vor Prüfungsbeginn bei der obersten Jagdbehörde zur Prüfung anzumelden, wobei die oberste Jagdbehörde von der Sechs-Wochen-Frist Ausnahmen zulassen kann. Voraussetzung für die Zulassung zur Prüfung durch die oberste Jagdbehörde ist, dass der Prüfling bis spätestens einen Werktag vor Prüfungsbeginn folgende Nachweise erbracht hat:

1. Nachweis, dass er an mindestens 90 Ausbildungsstunden eines in Mecklenburg-Vorpommern anerkannten und dort durchgeführten Ausbildungskurses bei der Landesjägerschaft oder bei einer privaten Jägerschule oder an einem mindestens einjährigen Ausbildungskurs bei einem Mentor teilgenommen hat; das Ende der Ausbildung darf nicht länger als ein Jahr zurückliegen, wobei die oberste Jagdbehörde von der Jahresfrist Ausnahmen zulassen kann,

2. für den Fall seiner Minderjährigkeit, die Einwilligung des gesetzlichen Vertreters sowie

3. Nachweis, dass die Prüfungsgebühren entrichtet wurden.

(2) Falsche Angaben des Bewerbers haben dessen Ausschluss von der Prüfung zur Folge. Bereits entrichtete Prüfungsgebühren werden nicht erstattet.

§ 7 Ausbildungskurs

Als Ausbildungskurs im Sinne von § 6 Abs. 1 gilt ein durch die oberste Jagdbehörde anerkannter Kurs bei der Landesjägerschaft oder bei einer privaten Jägerschule oder ein durch die untere Jagdbehörde anerkannter mindestens einjähriger Ausbildungskurs bei einem Mentor.

§ 8 Anerkennung von Ausbildungskursen

(1) Ausbildungskurse der Landesjägerschaft sowie privater Jägerschulen werden auf ihren Antrag anerkannt, wenn:

1. der Antragsteller, der Ausbildungsleiter sowie die Ausbilder zuverlässig im Sinne des § 17 Abs. 3 und 4 des Bundesjagdgesetzes in der Fassung der Bekanntmachung vom 29. September 1976 (BGBl. I S. 2849), zuletzt geändert durch Artikel 42 des Gesetzes vom 25. Juni 2001 (BGBl. I S. 1215), sind,

2. der vom Antragsteller angebotene Ausbildungskurs auf der Grundlage des von der Landesjägerschaft vorgeschlagenen und durch die oberste Jagdbehörde genehmigten Ausbildungsrahmenplanes durchgeführt wird,
3. der Ausbildungsleiter des Antragstellers Jagd- und Falknerjagdscheininhaber ist und ein forstliches, naturwissenschaftliches oder pädagogisches Studium oder einen Abschluss als Revierjagdmeister nachweist oder einen vergleichbaren Ausbildungskurs in einem anderen Bundesland leitet,
4. mindestens ein Ausbilder des Antragstellers ein forstliches Studium abgeschlossen hat und Jagd- und Falknerjagdscheininhaber ist,
5. der Antragsteller geeignetes Lehrmaterial und angemessene Räumlichkeiten für die Ausbildung bereithält,
6. dem Antragsteller für die praktische Ausbildung die Nutzung eines geeigneten Jagdbezirkes sowie ein im Sinne des § 1 Abs. 1 der Jagdhundebrauchbarkeitsverordnung vom 14. Januar 1999 (GVOBl. M-V S. 221) brauchbarer Jagdhund zur Verfügung steht und
7. der Antragsteller mindestens einen Greifvogel hält und diesen jagdlich einsetzt.

(2) Der Ausbildungskurs eines Mentors wird auf dessen Antrag anerkannt, wenn dieser:

1. jagdpachtfähig im Sinne des § 11 Abs. 5 des Bundesjagdgesetzes ist,
2. die Jagd und die Falknerei mindestens zehn Jahre lang ausgeübt hat,
3. als Jagdausübungsberechtigter über eine Jagdfläche von mehr als 75 ha verfügt,
4. einen im Sinne des § 1 Abs. 1 der Jagdhundebrauchbarkeitsverordnung brauchbaren Jagdhund führt,
5. mindestens einen Greifvogel hält und diesen jagdlich einsetzt,
6. die Gewähr für die ordnungsgemäße Vermittlung theoretischer Kenntnisse und praktischer Fähigkeiten bietet und
7. nicht mehr als zwei Personen zur gleichen Zeit ausbildet.

(3) Die Anerkennung der Kurse nach Absatz 1 erfolgt für vier Jahre. Die Anerkennung der Kurse nach Absatz 2 erfolgt gesondert für die einzelnen Kursteilnehmer für die Dauer ihrer Ausbildung.

(4) Die Anerkennung von Ausbildungskursen ist zu versagen, wenn ein berechtigter Grund zur Annahme besteht, dass eine ordnungsgemäße Ausbildung ungeachtet der Erfüllung der in Absatz 1 oder 2 genannten Voraussetzungen nicht gewährleistet ist.

(5) Hinsichtlich des Widerrufes und der Rücknahme der Anerkennung gelten die §§ 48 und 49 des Landesverwaltungsverfahrensgesetzes. Insbesondere kann widerrufen werden, wenn:

1. nachträglich Tatsachen eintreten, die zur Versagung der Anerkennung geführt hätten,
2. eine ordnungsgemäße Ausbildung aus anderen Gründen nicht mehr gewährleistet ist oder
3. gegen Bestimmungen dieser Verordnung oder gegen Auflagen der Anerkennung verstoßen wurde.

Die Anerkennung von Ausbildungskursen im Sinne von Absatz 1 erlischt, wenn nicht innerhalb zweier Jagdjahre ein Ausbildungskurs durchgeführt worden ist.

§ 9 Verhinderung, Rücktritt

(1) Die Prüfung gilt als nicht unternommen, wenn der Bewerber vor ihrem Beginn zurücktritt oder der Prüfung fernbleibt. Bereits entrichtete Prüfungsgebühren werden nicht erstattet.

(2) Ist der Prüfling aus Gründen, die er nicht zu vertreten hat, gehindert, an der Prüfung oder einzelnen Prüfungsteilen teilzunehmen, so kann er diese oder einzelne Prüfungsteile innerhalb eines Jahres einmal wiederholen. Die oberste Jagdbehörde entscheidet, ob bereits erbrachte Prüfungsleistungen angerechnet werden. Der Nachweis der Verhinderung ist unverzüglich zu erbringen; im Falle einer Krankheit geschieht dies durch amtsärztliches Zeugnis. Die oberste Jagdbehörde stellt fest, ob eine vom Bewerber nicht zu vertretende Verhinderung vorgelegen hat. Das Ergebnis ist dem Bewerber schriftlich mitzuteilen.

§ 10 Abnahme der schriftlichen Prüfung

(1) Der Prüfungsleiter bestimmt Prüfer zur Erstellung der Prüfungsaufgaben.

(2) Je Prüfungsfach hat der Prüfling 20 Fragen zu beantworten. Bei zehn dieser Fragen sind jeweils drei Antworten vorzugeben, von denen die

richtige Antwort durch den Prüfling anzukreuzen ist. Die Antwort auf die übrigen Fragen formuliert der Prüfling selbstständig.

(3) Der Prüfling beantwortet die Prüfungsfragen unter Aufsicht von zwei durch den Prüfungsleiter bestimmten Prüfern in einer Zeit von zwei Stunden. Hilfsmittel sind nicht zugelassen. Die Prüflinge sind vor Beginn der Prüfung darüber zu belehren, dass die Verwendung nicht erlaubter Hilfsmittel oder Täuschungsversuche zum Ausschluss von der Prüfung führen.

(4) Die Prüfungsarbeiten werden von zwei vom Prüfungsleiter bestimmten Prüfern bewertet. Weichen die Bewertungen je Frage von einander ab, gilt der Durchschnitt. Ergeben sich hierbei halbe Punkte, ist auf volle Punkte aufzurunden. Die Antworten sind wie folgt zu bewerten:

1. Antworten nach Absatz 2 Satz 2:

richtig:	1 Punkt,
falsch:	0 Punkte.

2. Antworten nach Absatz 2 Satz 3:

richtig:	2 Punkte,
teilweise richtig:	1 Punkt,
falsch:	0 Punkte.

(5) Das Ergebnis eines jeden Prüfungsfaches der schriftlichen Prüfung wird wie folgt ermittelt:

ab 27 bis 30 Punkte	Note 1 (sehr gut),
ab 22 bis 26 Punkte	Note 2 (gut),
ab 18 bis 21 Punkte	Note 3 (befriedigend),
ab 13 bis 17 Punkte	Note 4 (ausreichend),
ab 9 bis 12 Punkte	Note 5 (mangelhaft),
unter 9 Punkte	Note 6 (ungenügend).

§ 11 Abnahme der mündlich-praktischen Prüfung

(1) Der Prüfungsleiter bestimmt für jedes Prüfungsfach gemäß § 5 Abs. 4 zwei Prüfer. Diese dürfen nicht mehr als zwei Prüfungsfächer gemeinsam prüfen.

(2) Je Prüfling und Prüfungsfach beträgt die Prüfungszeit 20 Minuten.

(3) Der Prüfling erhält von jedem Prüfer für jedes Prüfungsfach eine Note wie folgt:

eine den Anforderungen in besonderem Maße entsprechende Leistung	Note 1 (sehr gut),
eine den Anforderungen voll entsprechende Leistung	Note 2 (gut),
eine den Anforderungen im Allgemeinen entsprechende Leistung	Note 3 (befriedigend),
eine Leistung, die zwar Mängel aufweist, aber im Ganzen den Anforderungen noch entspricht	Note 4 (ausreichend),
für eine den Anforderungen nicht entsprechende Leistung, die jedoch erkennen lässt, dass Grundkenntnisse vorhanden sind	Note 5 (mangelhaft),
eine den Anforderungen nicht entsprechende Leistung, bei der selbst Grundkenntnisse nicht oder nur unwesentlich vorhanden sind	Note 6 (ungenügend).

Die Note des Prüfungsfaches ergibt sich aus dem Durchschnitt der Bewertungen. Zwischennoten sind nicht zu erteilen. Liegt die Bewertung zwischen zwei Notenstufen, so gilt die bessere Note.

(4) Der wesentliche Ablauf sowie die Ergebnisse der mündlich-praktischen Prüfung sind zu protokollieren.

§ 12 Ergebnis der Falknerprüfung, Wiederholung

(1) Die Prüfung ist nicht bestanden, wenn:

1. die Leistung des Prüflings in einem Prüfungsfach der schriftlichen oder mündlich-praktischen Prüfung mit der Note 6 oder in mehr als einem Prüfungsfach mit der Note 5 bewertet wurde oder
2. der Notendurchschnitt aller Prüfungsfächer der schriftlichen und mündlich-praktischen Prüfung den Wert 4,0 überschreitet oder
3. der Prüfling es bei der Prüfung unternommen hat, zu täuschen, insbesondere sich unzulässiger Hilfsmittel zu bedienen oder
4. wenn der Prüfling bewusst falsche Angaben zu den in § 6 Abs. 1 aufgeführten Zulassungsvoraussetzungen gemacht hat.

(2) Der Prüfungsleiter unterrichtet den Prüfling im Anschluss an die Prüfung über die von diesem in der schriftlichen und mündlich-praktischen Prüfung erzielten Leistungen. Hierüber ist eine vom Prüfungsleiter und den beteiligten Prüfern zu unterzeichnende Niederschrift zu fertigen.

(3) Der Prüfling kann ein einziges mit Note 6 oder mit Note 5 bewertetes Prüfungsfach der schriftlichen sowie der mündlich – praktischen Prüfung wiederholen, wenn eine Verbesserung hierin zum Bestehen der Prüfung führen würde. Die Entscheidung hierüber hat er der obersten Jagdbehörde innerhalb von drei Tagen nach seiner Unterrichtung über das Prüfungsergebnis schriftlich zu übermitteln. Die Wiederholung muss innerhalb von 14 Tagen, gerechnet vom Zeitpunkt der Unterrichtung über das Prüfungsergebnis an, erfolgen. Für die Wiederholung der schriftlichen Prüfung in einem Prüfungsfach beträgt die Bearbeitungszeit 30 Minuten; im Übrigen gelten die §§ 10 und 11 entsprechend.

(4) Bei Bestehen der Prüfung erhält der Prüfling ein Zeugnis nach Maßgabe der Anlage zu dieser Verordnung. Die Anlage ist Bestandteil der Verordnung. Bei Nichtbestehen erhält er einen schriftlichen Bescheid über das Prüfungsergebnis.

(5) Werden nach Ablegung der Prüfung Umstände im Sinne von Absatz 1 Nr. 3 oder 4 bekannt, ist die Prüfung für „nicht bestanden“ zu erklären.

§ 13 Archivierung der Prüfungsunterlagen

Die Prüfungsniederschrift, das Protokoll zur mündlich-praktischen Prüfung sowie die schriftlichen Prüfungsarbeiten und deren Bewertungen sind von der obersten Jagdbehörde für die Dauer von fünf Jahren, eine Ablichtung des Prüfungszeugnisses ist unbefristet, aufzubewahren.

§ 14 Aufwandsentschädigung

(1) Den Prüfern (§ 2) werden folgende Aufwandsentschädigungen durch die oberste Jagdbehörde gewährt:

1. für die Leitung der Prüfung (§ 2 Abs. 1) — 50 Euro
2. für die Aufsicht bei Beantwortung der Fragen der schriftlichen Prüfung (§ 10 Abs. 3) — 25 Euro
3. für jede von ihm benotete Leistung eines Prüflings (§ 10 Abs. 4, § 11 Abs. 4) — 6 Euro

4. für die Aufsicht bei Wiederholung der schriftlichen Prüfung in einem Prüfungsfach (§ 12 Abs. 3) 10 Euro

(2) Der Schriftführer (§ 2 Abs. 4) erhält eine Aufwandsentschädigung in Höhe von fünf Euro je Prüfling und Tag.

§ 15 In-Kraft-Treten

Diese Verordnung tritt am 1. April 2002 in Kraft.

Schwerin, den 14. Februar 2002

Der Minister für Ernährung,
Landwirtschaft, Forsten und Fischerei

Dr. Till Backhaus

10 Gebührenordnung für Amtshandlungen im Bereich des Jagdwesens (Jagdgebührenverordnung – JagdgebührenVO M-V)

Vom 31. Januar 2002 (GVOBl. M-V S. 101)

Aufgrund des § 2 Abs. 1 und 2 des Verwaltungskostengesetzes des Landes Mecklenburg-Vorpommern vom 4. Oktober 1991 (GVOBl. M-V S. 366, 435), zuletzt geändert durch Artikel 3 des Gesetzes vom 22. November 2001 (GVOBl. M-V S. 438), verordnet das Ministerium für Ernährung, Landwirtschaft, Forsten und Fischerei im Einvernehmen mit dem Innenministerium und dem Finanzministerium:

§ 1

Verwaltungsgebühren für Amtshandlungen auf dem Gebiet des Jagdwesens werden nach dem dieser Verordnung als Anlage beigefügten Gebührenverzeichnis erhoben. Die Anlage ist Bestandteil dieser Verordnung.

§ 2

(1) Diese Verordnung tritt am 1. April 2002 in Kraft.

(2) Gleichzeitig tritt die Gebührenordnung für Amtshandlungen im Bereich des Jagdwesens vom 3. Juli 1992 (GVOBl. M-V S. 397), geändert durch die Verordnung vom 22. Juli 1997 (GVOBl. M-V S. 344), außer Kraft.

Schwerin, den 31. Januar 2002

Der Minister für Ernährung,
Landwirtschaft, Forsten und Fischerei

Dr. Till Backhaus

Anlage

Gebührenverzeichnis für Amtshandlungen im Bereich des Jagdwesens

Inhaltsverzeichnis

Nr.	Gegenstand	Gebühr in Euro
1	**Jägerprüfung**	
	– Jägerprüfungsverordnung vom 14. Februar 2002 (GVOBl. M-V S. 122)	
1.1	Prüfungsgebühr für die Teilnahme an der Jägerprüfung (§ 6 Abs. 1)	215
1.2	Prüfungsgebühr für die Teilnahme an der Jägerprüfung durch Schüler und Studenten (bis zum vollendeten 21. Lebensjahr) (§ 6 Abs. 1)	115
1.3	Anerkennung eines Ausbildungskurses der Landesjägerschaft sowie privater Jagdschulen (§ 8 Abs. 1)	125–500
1.4	Anerkennung eines Ausbildungskurses eines Mentors (§ 8 Abs. 2)	25–125
1.5	Wiederholung der Schießprüfung (§ 10 Abs. 4)	10–75

Nr.	Gegenstand	Gebühr in Euro
1.6	Wiederholung der Schießprüfung durch Schüler und Studenten (bis zum vollendeten 21. Lebensjahr) (§ 10 Abs. 4)	5–50
1.7	Wiederholung eines Prüfungsfaches der schriftlichen Prüfung (§ 13 Abs. 3)	50
1.8	Wiederholung eines Prüfungsfaches der mündlich-praktischen Prüfung (§ 13 Abs. 3)	50
1.9	Wiederholung eines Prüfungsfaches der schriftlichen Prüfung durch Schüler und Studenten (bis zum vollendeten 21. Lebensjahr) (§ 13 Abs. 3)	35
1.10	Wiederholung eines Prüfungsfaches der mündlich-praktischen Prüfung durch Schüler und Studenten (bis zum vollendeten 21. Lebensjahr) (§ 13 Abs. 3)	35
1.11	Schießprüfung zur Vervollständigung einer gleich gestellten Jägerprüfung (§ 16)	75
2	**Falknerprüfung**	
	– Falknerprüfungsverordnung vom 14. Februar 2002 (GVOBl. M-V S. 128)	
2.1	Prüfungsgebühr für die Teilnahme an der Falknerprüfung (§ 6 Abs. 1)	165
2.2	Prüfungsgebühr für die Teilnahme an der Falknerprüfung durch Schüler und Studenten (bis zum vollendeten 21. Lebensjahr) (§ 6 Abs. 1)	90
2.3	Anerkennung eines Ausbildungskurses der Landesjägerschaft sowie privater Jagdschulen (§ 8 Abs. 1)	125–500
2.4	Anerkennung eines Ausbildungskurses eines Mentors (§ 8 Abs. 2)	25–125
2.5	Wiederholung eines Prüfungsfaches der schriftlichen Prüfung (§ 12 Abs. 3)	50

Nr.	Gegenstand	Gebühr in Euro
2.6	Wiederholung eines Prüfungsfaches der mündlich-praktischen Prüfung (§ 12 Abs. 3)	50
2.7	Wiederholung eines Prüfungsfaches der schriftlichen Prüfung durch Schüler und Studenten (bis zum vollendeten 21. Lebensjahr) (§ 12 Abs. 3)	35
2.8	Wiederholung eines Prüfungsfaches der mündlich-praktischen Prüfung durch Schüler und Studenten (bis zum vollendeten 21. Lebensjahr) (§ 12 Abs. 3)	35
3.	**Jagd- und Falknerjagdschein** – Bundesjagdgesetz in der Fassung der Bekanntmachung vom 29. September 1976 (BGBl. I S. 2849), zuletzt geändert durch Artikel 207 der Verordnung vom 29. Oktober 2001 (BGBl. I S. 2785) – Landesjagdgesetz (des Landesjagdgesetzes) vom 22. März 2000 (GVOBl. M-V S. 126), geändert durch Artikel 32 des Gesetzes vom 22. November 2001 (GVOBl. M-V S. 438)	
3.1	Jagdschein für ein Jagdjahr (§ 15 Abs. 2 und 6 des Bundesjagdgesetzes; § 15 Abs. 1 des Landesjagdgesetzes)	25
3.2	Jagdschein für zwei Jagdjahre (§ 15 Abs. 2 und 6 des Bundesjagdgesetzes; § 15 Abs. 1 des Landesjagdgesetzes)	45
3.3	Jagdschein für drei Jagdjahre (§ 15 Abs. 2 und 6 des Bundesjagdgesetzes; § 15 Abs. 1 des Landesjagdgesetzes)	60
3.4	Tagesjagdschein (§ 15 Abs. 2 und 6 des Bundesjagdgesetzes; § 15 Abs. 1 des Landesjagdgesetzes)	15

Nr.	Gegenstand	Gebühr in Euro
3.5	Jugendjagdschein für ein Jagdjahr (§ 16 Abs. 1 und 4 des Bundesjagdgesetzes; § 15 Abs. 1 des Landesjagdgesetzes)	15
3.6	Jugendjagdschein für zwei Jagdjahre (§ 16 Abs. 1 und 4 des Bundesjagdgesetzes; § 15 Abs. 1 des Landesjagdgesetzes)	25
3.7	Tagesjugendjagdschein (§ 16 Abs. 1 und 4 des Bundesjagdgesetzes; § 15 Abs. 1 des Landesjagdgesetzes)	5
3.8	Falknerjagdschein für ein Jagdjahr (§ 15 Abs. 2 und 7 des Bundesjagdgesetzes; § 15 Abs. 1 des Landesjagdgesetzes)	10
3.9	Falknerjagdschein für zwei Jagdjahre (§ 15 Abs. 2 und 7 des Bundesjagdgesetzes; § 15 Abs. 1 des Landesjagdgesetzes)	18
3.10	Falknerjagdschein für drei Jagdjahre (§ 15 Abs. 2 und 7 des Bundesjagdgesetzes; § 15 Abs. 1 des Landesjagdgesetzes)	25
3.11	Falknerjugendjagdschein für ein Jagdjahr (§ 16 Abs. 1; § 15 Abs. 1 des Landesjagdgesetzes)	8
3.12	Falknerjugendjagdschein für zwei Jagdjahre (§ 16 Abs. 1; § 15 Abs. 1 des Landesjagdgesetzes)	12
3.13	Ausfertigung einer Zweitschrift der unter 3.1 bis 3.12 genannten Jagdscheine	25
3.14	Versagung des Jagdscheines (§ 17 Abs. 1 und 2 des Bundesjagdgesetzes)	10–150
3.15	Aussetzung der Entscheidung über den Antrag auf Erteilung des Jagdscheines (§ 17 Abs. 5 des Bundesjagdgesetzes)	25–50
3.16	Einziehung des Jagdscheines (§ 18 des Bundesjagdgesetzes)	25–200

Nr.	Gegenstand	Gebühr in Euro
3.17	Gebührenfreiheit und Ermäßigung entsprechend § 6 des Verwaltungskostengesetzes des Landes Mecklenburg-Vorpommern	
3.17.1	Der unter Nummer 3.1 bis 3.3 genannte Jagdschein sowie der unter Nummer 3.8 bis 3.10 genannte Falknerjagdschein sind gebührenfrei zu erteilen an a) Mitglieder der Jagdbeiräte, b) Vertreter des Kreisjägermeisters sowie c) für Jagdfragen zuständige Bedienstete der Jagdbehörden.	
3.17.2	Der unter Nummer 3.1 bis 3.3 genannte Jagdschein sowie der unter Nummer 3.8 bis 3.10 genannte Falknerjagdschein sind um 50 vom Hundert ermäßigt zu erteilen an a) Angestellte im privaten Forstbetrieb mit abgeschlossener forstlicher Ausbildung an einer Hochschule (Universität, Fachhochschule) oder Fachschule, sofern diese zur Jagdausübung verpflichtet sind, b) Personen, die sich in einer vorgeschriebenen forstlichen Ausbildung zum Diplom-Forstwirt oder Diplom-Forstingenieur befinden, c) Berufsjäger oder Berufsjägerinnen mit vorgeschriebener Prüfung, die als solche tätig sind, sowie d) Personen, die sich in der vorgeschriebenen Ausbildung zum Berufsjäger oder zur Berufsjägerin befinden.	

Nr.	Gegenstand	Gebühr in Euro
3.18	Sachliche Gebührenfreiheit nach § 7 Nr. 4 des Verwaltungskostengesetzes des Landes Mecklenburg-Vorpommern Der unter Nummer 3.1 bis 3.3 genannte Jagdschein sowie der unter Nummer 3.8 bis 3.10 genannte Falknerjagdschein sind gebührenfrei zu erteilen an a) Forstbeamte im öffentlichen Dienst sowie b) Angestellte im öffentlichen Dienst mit forstlicher Ausbildung in der Tätigkeit von Forstbeamten, Ausbildung in der Tätigkeit von Forstbeamten, sofern diese zur Jagdausübung dienstverpflichtet sind.	
4	**Jagdbezirke** – Bundesjagdgesetz – Landesjagdgesetz	
4.1	Abrundungsentscheidung (§ 2 Abs. 1 des Landesjagdgesetzes)	25–250
4.2	Angliederung eines Eigenjagdbezirkes an andere Jagdbezirke bei Verzicht des Inhabers des Jagdrechtes (§ 3 Abs. 3 Satz 2 des Landesjagdgesetzes)	12–25
4.3	Aufhebung der Angliederung eines Eigenjagdbezirkes an andere Jagdbezirke (§ 3 Abs. 3 Satz 3 des Landesjagdgesetzes)	12–25
4.4	Genehmigung des Antrages zur Zusammenlegung von Grundflächen zu gemeinschaftlichen Jagdbezirken (§ 8 Abs. 2 des Bundesjagdgesetzes)	25–100

Nr.	Gegenstand	Gebühr in Euro
4.5	Teilung von gemeinschaftlichen Jagdbezirken (§ 8 Abs. 3 des Bundesjagdgesetzes)	50–200
4.6	Befriedung eines Grundstückes (§ 5 Abs. 2 des Landesjagdgesetzes)	25–150
4.7	Zusammenlegung gemeinschaftlicher Jagdbezirke nach Gebietsänderungen (§ 7 Satz 2 des Landesjagdgesetzes)	25
4.8	Genehmigung der Satzung oder einer Satzungsänderung einer Jagdgenossenschaft (§ 8 Abs. 3 des Landesjagdgesetzes)	25–150
4.9	Gebührenfreiheit entsprechend § 6 des Verwaltungskostengesetzes des Landes Mecklenburg-Vorpommern	
4.9.1	Erlaubnis zum Erlegen von Wild in befriedeten Bezirken (§ 5 Abs. 4 des Landesjagdgesetzes)	ohne
4.9.2	Erlaubnis zur Verwendung von Schusswaffen in befriedeten Bezirken (§ 5 Abs. 5 des Landesjagdgesetzes)	ohne
5	**Jagdpacht und Jagdausübung** – Bundesjagdgesetz – Landesjagdgesetz	
5.1	Zustimmung über das Ruhen der Jagd (§ 10 Abs. 2 des Bundesjagdgesetzes)	50–150
5.2	Zulassung einer Ausnahme für die Jagdpachtfähigkeit (§ 11 Abs. 5 Satz 2 des Bundesjagdgesetzes)	75–150
5.3	Beanstandung des Jagdpachtvertrages (§ 12 Abs. 1 Satz 2 des Bundesjagdgesetzes)	50
5.4	Gestattung der Jagdausübung (§ 12 Abs. 4 des Bundesjagdgesetzes)	25

Nr.	Gegenstand	Gebühr in Euro
5.5	Genehmigung zur Anlage von Saufängen, Fang- oder Fallgruben (§ 19 Abs. 1 Nr. 7 des Bundesjagdgesetzes)	25–50
5.6	Genehmigung zum Aussetzen fremder Tiere (§ 28 Abs. 3 des Bundesjagdgesetzes)	125–250
5.7	Genehmigung von Ausnahmen zum Verbot des Beunruhigens von Wild (§ 19 des Landesjagdgesetzes)	25–125
5.8	Festsetzung des Abschussplanes (§ 21 Abs. 3 des Landesjagdgesetzes)	25–100
5.9	Gestattung der Verwendung von Betäubungs- und Lähmungsmitteln (§ 22 Abs. 1 Satz 2 des Landesjagdgesetzes)	25–50
5.10	Erteilung der Erlaubnis zum Beschießen von Wild aus Kraftfahrzeugen durch Körperbehinderte (§ 22 Abs. 2 des Landesjagdgesetzes)	10
5.11	Bestätigung eines Jagdaufsehers (§ 25 Abs. 1 des Landesjagdgesetzes)	25–75
5.12	Festlegung eines Jägernotweges (§ 29 Abs. 1 Satz 2 des Landesjagdgesetzes)	25–150
5.13	Festlegung der Höhe der Entschädigung für die Duldung eines Jägernotweges (§ 29 Abs. 1 Satz 5 des Landesjagdgesetzes)	10–100
5.14	Entscheidung über die Duldung einer jagdlichen Anlage (§ 30 Abs. 1 Satz 3 des Landesjagdgesetzes)	50–150
5.15	Festlegung der Höhe der Entschädigung für die Duldung einer jagdlichen Anlage (§ 30 Abs. 1 Satz 4 des Landesjagdgesetzes)	10–100
5.16	Genehmigung der Eingatterung von Flächen (§ 31 Abs. 2 des Landesjagdgesetzes)	25–100

Nr.	Gegenstand	Gebühr in Euro
5.17	Gebührenfreiheit entsprechend § 6 des Verwaltungskostengesetzes des Landes Mecklenburg-Vorpommern	
	Bestätigung des Abschussplanes (§ 21 Abs. 3 des Landesjagdgesetzes)	ohne
6	**Wildschadensausgleichskasse**	
	– Landesjagdgesetz	
6.1	Genehmigung der Satzung oder einer Satzungsänderung der Wildschadensausgleichskasse (§ 27 Abs. 3 des Landesjagdgesetzes)	25–150
7	**Wildschadensverhütung und Jagd- und Schonzeiten**	
	– Bundesjagdgesetz	
	– Landesjagdgesetz	
7.1	Ersatzvornahme zur Verhinderung übermäßiger Wildschäden (§ 27 Abs. 2 des Bundesjagdgesetzes)	50–100
7.2	Genehmigung des Fütterns von Schalenwild außerhalb festgelegter Notzeit (§ 18 Abs. 1 Satz 4 des Landesjagdgesetzes)	25–125
7.3	Genehmigung von Ausnahmen für den Lebendfang von Wild (§ 43 Abs. 1 Nr. 1 des Landesjagdgesetzes)	10–50
7.4	Erlaubnis zum Aushorsten von Ästlingen und Nestlingen (§ 43 Abs. 1 Nr. 2 des Landesjagdgesetzes)	50
7.5	Erlaubnis zum Ausnehmen von Gelegen für Zwecke der Aufzucht (§ 43 Abs. 1 Nr. 3 des Landesjagdgesetzes)	10–25

Nr.	Gegenstand	Gebühr in Euro
7.6	Gebührenfreiheit entsprechend § 6 des Verwaltungskostengesetzes des Landes Mecklenburg-Vorpommern	
7.6.1	Anordnung zur Verhinderung übermäßiger Wildschäden (§ 27 Abs. 1 des Bundesjagdgesetzes)	ohne
7.6.2	Gestattung der Jagdausübung zur Nachtzeit (§ 17 des Landesjagdgesetzes)	ohne
7.6.3	Erlaubnis zum Ausnehmen von Gelegen zu wissenschaftlichen Lehr- und Forschungszwecken (§ 43 Abs. 1 Nr. 3 des Landesjagdgesetzes)	ohne
8	**Gebührensätze Bundeswildschutzverordnung**	
	– Bundeswildschutzverordnung vom 25. Oktober 1985 (BGBl. I S. 2040), geändert durch Verordnung vom 14. Oktober 1999 (BGBl. I S. 1955, 2073)	
8.1	Zulassung von Ausnahmen von den Verboten des § 2 Abs. 1 und 2 Satz 2 sowie Abs. 3 Satz 2 (§ 2 Abs. 5 der Bundeswildschutzverordnung)	25–125
8.2	Zulassung von Ausnahmen von den Voraussetzungen des § 3 Abs. 2 Nr. 1 und 2 (§ 3 Abs. 4 der Bundeswildschutzverordnung)	25–125

Verordnung über die Prüfung der Brauchbarkeit von Jagdhunden in Mecklenburg-Vorpommern (Jagdhundebrauchbarkeitsverordnung – JagdHBVO M-V) 11

– ohne Anlagen 3 und 4 –

Vom 14. Januar 1999 (GVOBl. M-V 221), geändert durch Verordnung vom 13. Dezember 2001 (GVOBl. M-V S. 641)

Aufgrund des § 35 Abs. 3 des Landesjagdgesetzes vom 10. Februar 1992 (GVOBl. M-V S. 30), geändert durch Artikel 26 des Gesetzes vom 5. Mai 1994 (GVOBl. M-V S. 566), und aufgrund des § 2 Abs. 1 und 2 sowie des § 10 des Verwaltungskostengesetzes des Landes Mecklenburg-Vorpommern vom 4. Oktober 1991 (GVOBl. M-V S. 366, 435) verordnet das Ministerium für Ernährung, Landwirtschaft, Forsten und Fischerei im Einvernehmen mit dem Innenministerium und dem Finanzministerium:

ABSCHNITT 1 Allgemeine Vorschriften

§ 1 Anerkennung der jagdlichen Eignung

(1) Die Anerkennung der jagdlichen Eignung (Brauchbarkeit) eines Jagdhundes erfolgt auf Antrag. Antragsberechtigt sind die Jagdausübungsberechtigten und Jagderlaubnisinhaber. Der Antrag ist bei der für den Wohnsitz des Antragstellers zuständigen unteren Jagdbehörde zu stellen. Bei Antragstellern, die ihren Wohnsitz außerhalb von Mecklenburg-Vorpommern haben, erfolgt die Anerkennung durch die untere Jagdbehörde, in deren Zuständigkeitsbereich der Jagdausübungsberechtigte oder Jagderlaubnisinhaber regelmäßig jagt. Die Anerkennung der Brauchbarkeit erfolgt auf dem Formblatt der Anlage 1. Die Anlage 1 ist Bestandteil dieser Verordnung.

(2) Voraussetzung für die Anerkennung der jagdlichen Eignung eines Jagdhundes ist der Nachweis einer nach Maßgabe dieser Verordnung erfolgreich abgelegten Brauchbarkeitsprüfung.

§ 2 Gleichwertige Brauchbarkeitsprüfungen

(1) Eine Leistungsprüfung oder Zuchtprüfung der dem Jagdgebrauchshundeverband e. V. angeschlossenen Mitgliedsvereine oder anderer Zuchtvereine für die im Jagdgebrauchshundeverband e. V. vertretenen Jagdhunderassen wird nur anerkannt, wenn diese Prüfung die in dieser Verordnung gestellten Anforderungen erfüllt. Gleichwertige Prüfungen sind in der Anlage 2 aufgeführt. Die Anlage 2 ist Bestandteil dieser Verordnung.

(2) Erfüllt eine Prüfung die Gleichwertigkeitsanforderungen im Sinne dieser Verordnung nicht vollständig, so können fehlende Fächer oder Fachgruppen nachgeprüft werden. In diesem Fall hat der Antragsteller mit der Nennung gemäß § 4 nachzuweisen, in welchen Fächern sein Jagdhund bereits geprüft worden ist.

(3) Eine Brauchbarkeitsprüfung für Jagdhunde entsprechend § 6 Abs. 1, die in einem anderen Bundesland abgelegt wurde, ist gleichwertig, wenn diese Prüfung die in dieser Verordnung gestellten Anforderungen erfüllt und eine Anerkennung erfolgte. Abweichend von § 12 Nr. 1 Buchstabe a genügt es, wenn die geprüfte Schweißfährte mindestens 400 Meter lang war und als Übernachtfährte gestanden hat.

(4) Bestehen bei der unteren Jagdbehörde Zweifel über die Gleichwertigkeit einer anderen Prüfung nach Absatz 1 oder 3, so entscheidet die oberste Jagdbehörde nach Anhörung des Landesjagdverbandes.

(5) Enthalten Prüfungsvorschriften von Zuchtvereinen die Fachgruppe Gehorsam entsprechend § 9 nicht, so können die Zuchtvereine diese Fachgruppe mitprüfen, wenn in der Ausschreibung auf diese Möglichkeit hingewiesen wurde. Das Nenngeld und die Entschädigungszahlung für die Prüfer können sich an den §§ 4 und 7 Abs. 9 anlehnen. § 4 Abs. 3 Satz 2 und 3 ist nicht anzuwenden.

ABSCHNITT 2 Vorbereitung der Brauchbarkeitsprüfung

§ 3 Veranstalter, Bekanntmachung

(1) Die untere Jagdbehörde führt mindestens einmal jährlich im Zeitraum von September bis Januar eine Brauchbarkeitsprüfung durch.

(2) Die untere Jagdbehörde kann die Kreisgruppe des Landesjagdverbandes oder eine andere geeignete Person sowie Einrichtung mit der Prüfungsdurchführung beauftragen (Beauftragter) und setzt die Prüfungstermine fest.

(3) Die Brauchbarkeitsprüfung ist durch die untere Jagdbehörde oder deren Beauftragten mindestens sechs Wochen vorher ortsüblich oder im Mitteilungsblatt des Landesjagdverbandes bekannt zu machen. Die Bekanntmachung muss

1. die zu prüfenden Fachgruppen oder Fächer,
2. den Prüfungstermin,
3. den Prüfungsort,
4. die Höhe des Nenngeldes sowie die Art und Weise und den Termin der Zahlung,
5. den Endtermin der Nennung und
6. die Anschrift, an welche die Nennungen zu richten sind,

enthalten.

§ 4 Nennung, Gebühren

(1) Die Nennung eines Jagdhundes hat fristgerecht unter Verwendung des Formblattes der Anlage 3 bei der in der Bekanntmachung genannten Anschrift zu erfolgen. Die Anlage 3 ist Bestandteil dieser Verordnung. Bei verspätet abgegebener Nennung besteht kein Anspruch auf Teilnahme an der Brauchbarkeitsprüfung.

(2) Für die Durchführung der Brauchbarkeitsprüfung wird eine Verwaltungsgebühr (Nenngeld) erhoben. Das Nenngeld besteht aus einem Grundbetrag von 25,50 Euro und einem Prüfungsentgelt je angemeldeter Fachgruppe nach §§ 9 bis 11 oder je angemeldetem Fach nach §§ 12 bis 14 von 10 Euro. Auslagen des Beauftragten sind mit dem Nenngeld abgegolten. Für die Anerkennung der Brauchbarkeit oder der Gleichwertigkeit einer anderen Prüfung beträgt die Gebühr 5 Euro.

(3) Der Beauftragte legt nach Beendigung der Brauchbarkeitsprüfung der unteren Jagdbehörde eine prüffähige Abrechnung der Einnahmen und Ausgaben vor. Der Beauftragte kann auf Antrag einen Zuschuss aus der Jagdabgabe durch die oberste Jagdbehörde erhalten, wenn das Nenngeld nicht die Kosten der Brauchbarkeitsprüfung deckt. Ein eventueller

Überschuss an Einnahmen ist an die untere Jagdbehörde abzuführen. Führt die untere Jagdbehörde die Brauchbarkeitsprüfung selbst durch, gelten die Sätze 2 und 3 entsprechend.

(4) Mit der Nennung erkennt der Hundeführer die Bedingungen dieser Prüfungsordnung an.

§ 5 Verwaltungsvereinbarung zur Prüfungsdurchführung

Werden einer unteren Jagdbehörde nur wenige Jagdhunde zu einer Brauchbarkeitsprüfung genannt, so kann diese nach Anhörung der betroffenen Hundeführer mit einer anderen unteren Jagdbehörde vereinbaren, dass die Brauchbarkeitsprüfung in deren Zuständigkeitsbereich abgelegt wird. Die Angaben gemäß § 3 Abs. 3 sind den betroffenen Jagdhundeführern mitzuteilen.

§ 6 Zulassung zur Brauchbarkeitsprüfung

(1) Zur Brauchbarkeitsprüfung ist ein Jagdhund nur zuzulassen, wenn er im Zuchtbuch eines für die Rasse zuständigen und vom Jagdgebrauchshundeverband e. V. anerkannten Zuchtvereins eingetragen ist.

(2) Ist das Zuchtbuch durch einen Zuchtverein ausgestellt worden, der nicht dem Jagdgebrauchshundeverband e. V. angeschlossen ist, entscheidet die untere Jagdbehörde im Einvernehmen mit dem Landesjagdhundeverband e. V. über die Zulassung zur Prüfung. Wird das Einvernehmen nicht hergestellt, entscheidet die oberste Jagdbehörde.

(3) Im Ausland gezüchtete Jagdhunde können zur Brauchbarkeitsprüfung zugelassen werden, wenn sie

a) einer Rasse angehören, die von einem dem Jagdgebrauchshundeverband e. V. angeschlossenen Zuchtverein betreut wird, und

b) ihre Ahnentafel von einer der Föderation Cynokologique Internationale angehörigen Organisation ausgestellt ist.

(4) Jagdhunde, die das dritte Lebensjahr vollendet haben, sind in der Regel nicht zuzulassen. In begründeten Ausnahmefällen kann die untere Jagdbehörde ältere Jagdhunde zulassen. Vor der Entscheidung hört die untere Jagdbehörde den Landesjagdhundeverband e. V. an. Für eine Ergänzungsprüfung nach § 2 Abs. 2 besteht keine Altersbeschränkung.

(5) Jagdhunde, die eine gleichwertige Brauchbarkeit bereits durch andere Prüfungen nach § 2 Abs. 1 oder 3 nachgewiesen haben, werden nicht zu einer Brauchbarkeitsprüfung zugelassen.

(6) Jagdhunde, die eine Brauchbarkeitsprüfung gemäß § 15 nicht bestanden haben, dürfen sie zweimal wiederholen.

(7) Bei der Prüfungsabnahme muss der Jagdhundeführer im Besitz eines gültigen Jagdscheines sein. Ein Jagdhundeführer darf bei einer Brauchbarkeitsprüfung höchstens zwei Jagdhunde führen.

(8) Die Ahnentafel im Original und eine Ablichtung sowie der Nachweis über notwendige Schutzimpfungen sind dem Prüfungsleiter vor Beginn der Brauchbarkeitsprüfung zu übergeben. Die Tätowierungsnummer ist am Jagdhund zu überprüfen.

ABSCHNITT 3 Bestellung des Prüfungsleiters und der Prüfer

§ 7 Eignung, Anzahl der Prüfer, Weisungsrecht

(1) Der Beauftragte nach § 3 Abs. 2 schlägt der unteren Jagdbehörde einen Prüfungsleiter zur Bestellung vor. Der Prüfungsleiter ist für die Vorbereitung und Durchführung der Brauchbarkeitsprüfung verantwortlich.

(2) Der Prüfungsleiter schlägt der unteren Jagdbehörde die Prüfer zur Bestellung vor. Er kann sich selbst als Prüfer vorschlagen.

(3) Als Prüfungsleiter oder als Prüfer kann nur bestellt werden, wer

a) anerkannter Leistungsrichter einer vom Jagdgebrauchshundeverband e. V. anerkannten Jagdhunderasse ist,

b) die persönliche Eignung und Zuverlässigkeit besitzt und

c) im Besitz eines gültigen Jagdscheines ist.

Die Bestellung kann aus wichtigem Grunde widerrufen werden. § 22 der Landwirtschaftssachverständigenverordnung vom 26. August 1997 (GVOBl. M-V S. 482, 559) gilt sinngemäß.

(4) Jede Prüfergruppe besteht aus mindestens drei Prüfern. Bei plötzlicher Krankheit eines Prüfers oder ähnlichen Ausnahmefällen kann in

einer Prüfergruppe ein Richteranwärter oder ein erfahrener Jagdhundeführer als Notprüfer eingesetzt werden. Er ist vor Beginn der Prüfung von der unteren Jagdbehörde zu bestellen.

(5) Jeder Prüfer darf nur in den Fächern eingesetzt werden, die auch in den Prüfungen seines Jagdhunderassevereines enthalten sind.

(6) Erfahrene Jagdhundeführer dürfen als Notprüfer nur in den Fächern eingesetzt werden, in denen ihr Jagdhund unter ihrer Führung eine erfolgreiche Leistungsprüfung des jeweiligen Zuchtvereins bestanden hat.

(7) Der Beauftragte bestimmt, ob die Prüfung durch mehrere Prüfergruppen abgenommen wird, die alle an der Prüfung teilnehmenden Jagdhunde in den der jeweiligen Prüfergruppe zugeteilten Fächern prüfen oder ob eine Prüfergruppe alle ihr zugeteilten Jagdhunde in allen Fächern prüft.

(8) Wenn ein Jagdhundeführer während der Prüfung gegen die Anweisungen des Prüfungsleiters oder der Prüfer verstößt und dadurch den Prüfungsablauf stört oder sich ungerechtfertigte Vorteile verschafft, kann er nach einmaliger Ermahnung von der weiteren Prüfung ausgeschlossen werden. Die Ermahnung und der Ausschluss von der Prüfung sind zu protokollieren.

(9) Für Tätigkeiten im Zusammenhang mit der Durchführung der Brauchbarkeitsprüfung werden durch die untere Jagdbehörde oder durch den Beauftragten folgende Aufwandsentschädigungen gewährt:

1. für den Prüfungsleiter 30,50 Euro je Prüfungstag;
2. für einen Prüfer 25,50 Euro je Prüfungstag;
3. für bestellte Helfer (außer bei einer Stöberprüfung anlässlich einer Bewegungsjagd) 13 Euro je Prüfungstag.

Wird der Prüfungsleiter gleichzeitig als Prüfer tätig, erhöht sich die Aufwandsentschädigung um 13 Euro je Prüfungstag. Erfolgen im Vorfeld der Prüfung notwendige praktische Vorbereitungen, können dem Prüfungsleiter bis zu 15,50 Euro, den Prüfern bis zu 13 Euro oder bestellten Helfern bis zu 7,50 Euro als weitere Aufwandsentschädigung gewährt werden. Fahrkosten, die anlässlich der Vorbereitung und Durchführung der Brauchbarkeitsprüfung entstehen, können bis zu einer Höhe von 22 Cent je Kilometer, höchstens bis zu 200 Kilometern, erstattet werden. Sie sind schriftlich nachzuweisen.

ABSCHNITT 4 Inhalt und Durchführung der Brauchbarkeitsprüfung

§ 8 Inhalt der Brauchbarkeitsprüfung

(1) Eine Brauchbarkeitsprüfung besteht aus einer Prüfung in der Fachgruppe Gehorsam nach § 9 und mindestens einer weiteren Fachgruppe der §§ 10 und 11 oder einem weiteren Fach nach den §§ 12 bis 14.

(2) Wurde von einem Jagdhund bereits eine Brauchbarkeitsprüfung bestanden, ist bei einer weiteren Brauchbarkeitsprüfung die Fachgruppe Gehorsam nach § 9 nicht mehr zu prüfen.

§ 9 Fachgruppe Gehorsam

In der Fachgruppe Gehorsam werden die Fächer „Allgemeiner Gehorsam", „Schussfestigkeit", „Ablegen", „Verhalten auf dem Stand" und „Leinenführigkeit" geprüft.

1. Allgemeiner Gehorsam:

Der allgemeine Gehorsam ist bei allen Fächern der Fachgruppe Gehorsam zu bewerten. Der Jagdhund muss erkennen lassen, dass er auf seinen Hundeführer achtet und sich durch Hör- und Sichtzeichen willig lenken lässt.

2. Schussfestigkeit:

a) Während sich der unangeleinte Jagdhund in freier Suche in einem Abstand von etwa 20 Metern zum Hundeführer befindet, werden zwei Schrotschüsse in die Luft abgegeben. Der Jagdhund ist nicht schussfest, wenn er wegläuft oder bei seinem Hundeführer Schutz sucht und nicht innerhalb einer Minute nach Schussabgabe die Suche wieder aufnimmt.

b) Jagdhunde, die den Schussfestigkeitsnachweis bereits bei einer anderen Prüfung erbracht haben, werden nicht noch einmal geprüft.

3. Ablegen:

Der Hundeführer legt seinen Jagdhund an einem vom Prüfer bezeichneten Platz (jedoch nicht an einem Baum) entweder angeleint oder frei, mit oder ohne Gegenstand, ab. Der Hundeführer pirscht sich in eine Deckung, sodass er für den Jagdhund nicht mehr sichtbar ist, gibt dann zwei Schrotschüsse im Abstand von mindestens einer Minute ab und kehrt innerhalb von insgesamt zehn Minuten zum Jagdhund zurück. Der Jagdhund muss sich ruhig verhalten, darf nicht winseln und lautgeben oder den Platz verlassen.

4. Verhalten auf dem Stand:

Die Hundeführer werden als Schützen am Rand einer Dickung angestellt. Jeder hat seinen Jagdhund – angeleint mit Leine oder frei – neben sich abzulegen oder sitzen zu lassen. Die Dickung wird mit dem üblichen Treiberlärm durchgedrückt und es wird auf Anordnung eines Prüfers mehrfach – auch seitens der Hundeführer – geschossen. Der Jagdhund muss sich ruhig verhalten und darf nicht winseln, lautgeben, an der Leine zerren oder den Hundeführer verlassen.

5. Leinenführigkeit:

Der Hundeführer geht mit dem angeleinten Jagdhund und frei durchhängender Leine durch ein Stangenholz oder eine Forstkultur und dabei mehrfach rechts und links dicht an einzelnen Bäumen vorbei. Ohne lautes Kommando muss der Jagdhund dem Hundeführer so folgen, dass sich die Leine nicht verfängt oder der Hundeführer durch Vorprellen oder Zurückbleiben des Jagdhundes am Vorwärtskommen gehindert wird.

§ 10 Fachgruppe Bringen

In der Fachgruppe Bringen werden die Fächer „Haarwildschleppe“, „Federwildschleppe“ und „Bringtreue“ geprüft. Jagdhunde, die Wild vergraben (Totengräber), anfressen (Anschneider) oder stark zerkauen (Knautscher), haben die Prüfung nicht bestanden.

1. Haarwildschleppe:

   a) Anlegen der Schleppe:
   Grundsätzlich wird die Schleppe durch einen Prüfer unter Verwendung von zwei Stücken Haarwild der Arten Kaninchen oder Hase angelegt. Der Anfang der Schleppe (Anschuss) wird durch etwas Bauchwolle gekennzeichnet. Von dort aus wird mit Wind (Nackenwind) das erste Stück Haarwild über eine Strecke von 300 Metern, die mit zwei stumpfwinkligen Haken zu versehen ist, auf dem Boden entlang geschleppt (gezogen). Am Ende der Schleppe wird das zweite, nicht geschleppte Stück Haarwild ausgelegt (niedergelegt). Der Schleppenleger entfernt sich in Verlängerung der

Schleppe, sodass er von dem Jagdhund nicht wahrgenommen werden kann. Hier legt er das erste Stück Haarwild frei vor sich aus. Wird die Schleppe nur mit einem Stück Haarwild angelegt, ist dieses am Ende der Schleppe auszulegen. Werden mehrere Schleppen nebeneinander angelegt, muss die Entfernung zwischen ihnen mindestens 100 Meter betragen.

b) Prüfung:
Zu Beginn der Prüfung wird der Jagdhund vom Hundeführer am Anfang der Schleppe angesetzt und zum Bringen aufgefordert. Die ersten 20 Meter der Schleppe darf der Jagdhund an der Leine arbeiten. Dann hat der Hundeführer ihn zu schnallen (von der Leine zu lösen) und darf dem arbeitenden Jagdhund nicht folgen. Verlässt der Jagdhund die Schleppe, kann er zweimal entweder durch Einwirkung des Hundeführers oder durch erneutes Ansetzen korrigiert werden. Hat der Jagdhund das Ende der Schleppe gefunden, muss er ohne erneutes Einwirken des Hundeführers entweder das geschleppte oder das ausgelegte Stück Haarwild zum Hundeführer bringen und ausgeben (herausgeben).

2. Federwildschleppe:

Die Federwildschleppe wird mit jagdbarem Federwild auf bewachsenem Boden mindestens 150 Meter weit gezogen. Im übrigen gelten die Bestimmungen zur Haarwildschleppe entsprechend.

3. Bringtreue:

Auf einer bewachsenen Fläche von 50 mal 50 Metern werden durch einen Prüfer ein Stück Haarwild und ein Stück Federwild unbeobachtet von Jagdhund und Hundeführer abgelegt. Nach zehn Minuten ist der Jagdhund auf Hinweis der Prüfer zu schnallen und zur Suche aufzufordern. Beide Stücke sind aus der Suche heraus zu finden und ohne weitere Einwirkung des Hundeführers zu bringen und auszugeben.

§ 11 Fachgruppe Wasserarbeit

In der Fachgruppe Wasserarbeit werden die Fächer „Bringen nach Verlorensuchen im deckungsreichen Gewässer“ und „Schussfestigkeit im Wasser“ geprüft.

1. Bringen nach Verlorensuchen im deckungsreichen Gewässer:

a) Vorbereitung:
Die Prüfung ist an einem Gewässer durchzuführen, das im Uferbe-

reich natürliche Deckung aufweist und so tief ist, dass der Jagdhund überwiegend schwimmen muss. Eine verendete Ente wird so in eine Deckung geworfen, dass der Jagdhund weder das Werfen noch die Ente vom Ufer aus sehen kann und über eine freie Wasserfläche in die Deckung geschickt werden muss.

b) Prüfung:
Dem Führer wird von einem Ort aus, der mindestens 30 Meter von der Ente entfernt ist, die ungefähre Richtung angegeben, in der die Ente liegt. Der Jagdhund muss die Ente selbstständig finden, seinem Hundeführer unverzüglich bringen und ausgeben. Der Hundeführer darf seinen Jagdhund bei der Arbeit lenken, auch mit Schuss oder Steinwurf.

2. Schussfestigkeit im Wasser:

Eine tote Ente wird möglichst weit auf das offene Wasser geworfen und der Jagdhund zum Bringen aufgefordert. Während der Jagdhund auf die Ente zuschwimmt, wird ein Schrotschuss auf das Wasser in Richtung der Ente abgegeben. Der Jagdhund muss die Ente selbstständig bringen und ausgeben.

§ 12 Fach Schweißarbeit

1. Anlegen der Fährte:

a) Die künstliche Schweißfährte (Fährte) ist als Übernachtfährte mit einer Stehzeit von mindestens zwölf Stunden und einer Länge von mindestens 600 Metern durch einen Fährtenleger unter Aufsicht eines Prüfers anzulegen, wobei der Fährtenleger in der Spur des Prüfers zu gehen hat.

b) Die Schweißfährte ist grundsätzlich im Wald zu legen. Sie kann auf den ersten 100 Metern auch im freien Feld gelegt werden. Die Fährte soll auf den ersten 50 Metern in annähernd gleicher Richtung verlaufen.

c) Bei der Anlage mehrerer Fährten muss die Entfernung zwischen den einzelnen Fährten überall mindestens 120 Meter betragen. Die Fährten dürfen an aufeinander folgenden Tagen nicht im selben Gelände gelegt werden.

d) Die Schweißfährten werden im Tropf-, Tupf- oder im Tretverfahren (Fährtenschuh mit Wildschale) hergestellt. Eine Kombination des Tropf- oder Tupfverfahrens mit dem Tretverfahren ist zulässig. Der

Schweiß soll frisch oder in frischem Zustand tiefgekühlt und rechtzeitig aufgetaut sein. Chemische Zusätze sind nicht zulässig. Es kann Wildschweiß, Haustierblut oder eine Mischung aus beiden verwendet werden, jedoch müssen alle Fährten einer Prüfung aus dem gleichen Material hergestellt werden. Für jede Fährte darf höchstens ein Viertelliter Schweiß verbraucht werden. Die Wildschalen müssen von einem möglichst frisch gestreckten Stück Schalenwild, ausgenommen Rehwild, stammen. Die Art der Herstellung der Fährte ist in der Ausschreibung bekannt zu geben.

e) Der Beginn der Schweißfährte (Anschuss) ist mit Anschuss- und Fährtenbruch sowie mit Schweiß zu markieren. Nach etwa 100 Metern und 300 Metern ist je ein Haken mit Wundbett (Festtreten des Bodens, vermehrter Schweiß, eventuell Schnitthaar) einzulegen. Am Ende der Fährte ist ein möglichst frisch geschossenes, vernähtes Stück Schalenwild oder ein Ersatz (Decke, Schwarte, Attrappe) frei abzulegen. Alle beteiligten Personen haben sich in gradliniger Verlängerung der Fährte zu entfernen.

2. Prüfung:

Es wird nur reine Riemenarbeit geprüft. Der Jagdhund muss an einer gerechten Schweisshalsung (Brustgeschirr ist zulässig) am mindestens sechs Meter langen Schweißriemen geführt werden, der dem Jagdhund in voller Länge zu geben ist. Die Prüfer weisen den Hundeführer in den Anschuss ein und geben die Fluchtrichtung an. Bei der Riemenarbeit müssen drei Prüfer dem Jagdhund folgen. Der Jagdhund muss die Schweißfährte ruhig, konzentriert und zügig, jedoch nicht in stürmischem Tempo arbeiten. Der Hundeführer darf den Jagdhund durch gerechte Hilfen (Anhalten, Ablegen, Vor- und Zurückgreifen) unterstützen. Kommt ein Jagdhund weit von der Fährte ab (mindestens 50 Meter), müssen die Prüfer den Hundeführer zurückrufen. Ein Jagdhund darf höchstens noch zweimal neu angesetzt werden. Korrigiert ein Hundeführer seinen Jagdhund selbstständig, ohne dass die Prüfer ihn zurückgerufen haben, gilt dies nicht als erneutes Ansetzen.

§ 13 Fach Bauarbeit

1. Voraussetzungen:

a) Die Prüfung der Bauarbeit hat in einem tierschutzgerechten Kunstbau mit Drehschieberkessel zu erfolgen, der während der gesamten Prüfungsdauer einen Kontakt zwischen Jagdhund und Raubwild (in der Regel Fuchs) ausschließt.

b) Es sind nur Jagdhunde zuzulassen, die das erste Lebensjahr vollendet haben.

2. Prüfung:

a) Alle Jagdhunde werden nacheinander am unverwitterten Bau zum Schliefen (Aufsuchen des Baues) angesetzt. Die Jagdhunde dürfen den Bau nicht annehmen oder müssen ihn nach kurzem Absuchen (innerhalb von drei Minuten) wieder verlassen.

b) Das Raubwild ist nach Arretierung des Drehschiebers in den Drehschieberkessel einzusetzen. Anschließend wird der Jagdhund vor der Röhre geschnallt (von der Leine gelöst). Er muss innerhalb von zwei Minuten das Raubwild finden und mindestens zehn Minuten mit energischem und gut anhaltendem Laut an dem arretierten Drehschieber vorliegen. Ein kurzfristiges Verlassen des Baues durch den Jagdhund ist zulässig, wenn er selbstständig erneut schlieft. Auf Anweisung der Prüfer ist nach der Vorliegezeit die Arretierung am Drehschieber zu lösen. Der Jagdhund soll durch Druck auf den Drehschieber das Raubwild innerhalb von fünf Minuten zum Verlassen des Drehschieberkessels bewegen oder in dieser Zeit weiterhin mit energischem und gut anhaltendem Laut vorliegen.

§ 14 Fach Stöbern

Die Prüfung des Faches Stöbern setzt voraus, dass der Jagdhund die Fachgruppe Gehorsam nach § 9 bereits bestanden hat.

1. Vorbereitung:

a) Die Prüfung ist in wildreichen Waldgebieten durchzuführen. Jedem zu prüfenden Jagdhund ist eine ungearbeitete Prüfungsparzelle (Treiben) von mindestens einem Hektar zur Verfügung zu stellen. Die Prüfung kann auch anlässlich einer Bewegungsjagd durchgeführt werden. Dabei gilt, dass der Einsatz von nicht an der Prüfung teilnehmenden Jagdhunden erst erfolgen darf, wenn die Prüfung der Stöberarbeit abgeschlossen ist.

b) Das Treiben muss von einer angemessenen Zahl sich ruhig verhaltender Helfer (Jäger) und Prüfer sowie den Hundeführern umstellt werden. Dabei beobachtet ein Prüfer den in der Prüfung befindlichen Hundeführer während der Prüfungszeit aus angemessener Entfernung. Die Helfer (Jäger) haben nach Abruf den Prüfern die für die Prüfungsbewertung wichtigen Beobachtungen, insbesondere über Wildbewegung und Dauer des Überjagens, zu melden.

2. Prüfung:

a) Zur Prüfung darf jeweils nur der zu prüfende Jagdhund geschnallt werden. Das gleichzeitige, jedoch ruhige Durchgehen von Treibern ist gestattet. Der Hundeführer hat während der Prüfung seinen Stand ohne Anweisung der Prüfer nicht zu verlassen.

b) Der zu prüfende Jagdhund wird durch den Hundeführer von dessen Stand oder durch Hör- und Sichtzeichen aus der Bewegung aufgefordert, das Treiben selbstständig zu durchstöbern. Er muss innerhalb von mindestens 10 Minuten durch planvolles, ausdauerndes und gründliches Stöbern das ganze Treiben selbstständig absuchen und zeigen, dass er dabei bestrebt ist, eine Wildspur/-fährte zu finden. Er muss gefundenes Wild aufstoßen und lautjagend verfolgen, bis es mit anhaltendem Laut gestellt (nur Schwarzwild) oder beschossen wurde oder das Treiben verlassen hat.

c) Beim Überjagen der Grenze des Treibens soll sich der Jagdhund durch Hör- und Sichtzeichen der Helfer von dem Überjagen hinter gesundem Wild, insbesondere von Rehwild, abhalten und ins Treiben zurückweisen lassen. Überjagen von Raub- oder Schwarzwild ist dabei wesentlich nachsichtiger zu beurteilen. Der Jagdhund muss jedoch nach spätestens 20 Minuten ins Treiben zurückkehren.

d) Falls ein Jagdhund im Treiben kein Wild gefunden hat und Zweifel bestehen, ob er gründlich genug gesucht hat, muss eine Kontrollarbeit durch einen zweiten, für die Drück- und Treibjagd brauchbaren Jagdhund erfolgen. Für den Fall, dass tatsächlich kein Wild vorhanden ist, ist die Prüfung in einem anderen Treiben zu wiederholen.

§ 15 Bewertung der Prüfung, Arten der Brauchbarkeit

(1) Die Prüfergruppe entscheidet mit Stimmenmehrheit. Die Entscheidung ist für jedes Fach zu treffen und kann nur „bestanden“ oder „nicht bestanden“ lauten. Eine Bewertung nach Noten findet nicht statt. Ein Fach ist bestanden, wenn sämtliche jeweils beschriebene Anforderungen

erfüllt sind. Wird ein Fach einer Fachgruppe nicht bestanden, so ist die Prüfung in der Fachgruppe beendet und nicht bestanden.

(2) Ein Jagdhund ist brauchbar für die Such-, Drück-, Treib- und Schnepfenjagd (Arbeit vor und nach dem Schuss), wenn er die Fachgruppe Gehorsam in Verbindung mit der Fachgruppe Bringen bestanden hat (Stufe A).

(3) Ein Jagdhund ist brauchbar für die Wasserarbeit (Arbeit vor und nach dem Schuss), wenn er die Fachgruppe Gehorsam in Verbindung mit der Fachgruppe Wasserarbeit bestanden hat (Stufe B).

(4) Ein Jagdhund ist brauchbar für die Nachsuche auf Schalenwild (Arbeit nach dem Schuss), wenn er die Fachgruppe Gehorsam in Verbindung mit dem Fach Schweißarbeit bestanden hat (Stufe C).

(5) Ein Jagdhund ist brauchbar für die Baujagd (Arbeit vor dem Schuss), wenn er die Fachgruppe Gehorsam in Verbindung mit dem Fach Bauarbeit bestanden hat (Stufe D).

(6) Ein Jagdhund ist brauchbar für die Drück- und Treibjagd auf Schalen- und Raubwild (Arbeit vor dem Schuss), wenn er die Fachgruppe Gehorsam in Verbindung mit dem Fach Stöbern bestanden hat (Stufe E).

§ 16 Dokumentation

(1) Jeder Hundeführer erhält ein Zeugnis über das Prüfungsergebnis seines Jagdhundes, das vom Prüfungsleiter und von den Prüfern zu unterschreiben ist (Anlage 4). Die Anlage 4 ist Bestandteil dieser Verordnung.

(2) Das Ergebnis der Brauchbarkeitsprüfung – bei Nichtbestehen auch unter Angabe des Grundes – ist vom Prüfungsleiter in die Ahnentafel einzutragen.

(3) Der Prüfungsleiter erstellt über die durchgeführte Brauchbarkeitsprüfung ein Protokoll. Das Protokoll ist vom Prüfungsleiter zu unterschreiben und bei der unteren Jagdbehörde zu archivieren.

ABSCHNITT 5 Schlussbestimmungen

§ 17 In-Kraft-Treten, Außer-Kraft-Treten

(1) Diese Verordnung tritt am Tage nach ihrer Verkündung in Kraft.

(2) Gleichzeitig tritt die Landesverordnung zur Prüfung der Brauchbarkeit von Jagdhunden in Mecklenburg-Vorpommern vom 6. September 1993 (GVOBl. M-V S. 831) außer Kraft.

(3) Bescheinigungen über die jagdliche Brauchbarkeit eines Jagdhundes, die auf der Grundlage der in Absatz 2 genannten Landesverordnung erteilt wurden, behalten ihre Gültigkeit.

Schwerin, den 14. Januar 1999

Der Minister für Ernährung,
Landwirtschaft Forsten und Fischerei

Till Backhaus

Anlage 1 (zu § 1 Abs. 1) (Erstellung im Postkartenformat) (Vorderseite)

Anerkennung der Brauchbarkeit

gemäß der Jagdhundebrauchbarkeitsverordnung vom 14. Januar 1999 (GVOBl. M-V S. 221)

Name des Jagdhundes: Geschlecht:

Rasse: Zuchtbuch-Nr. :

Wurfdatum: Tätowierungsnummer:

Eigentümer (Anschrift):

(Rückseite)

Der umseitig bezeichnete Jagdhund ist gemäß § 35 des Landesjagdgesetzes brauchbar für: **1)**

1. Die Arbeit vor und nach dem Schuss:

Bezug zur Verordnung	**Bezeichnung**	**Brauchbarkeit besteht für:**	**1)**
§ 15 Abs. 2	Stufe A	Such,- Drück-, Treib- und Schnepfenjagd	
§ 15 Abs. 3	Stufe B	Wasserjagd	

2. Die Arbeit nach dem Schuss:

Bezug zur Verordnung	Bezeichnung	Brauchbarkeit besteht für:	1)
§ 15 Abs. 4	Stufe C	Nachsuchen auf Schalenwild	

3. Die Arbeit vor dem Schuss:

Bezug zur Verordnung	Bezeichnung	Brauchbarkeit besteht für:	1)
§ 15 Abs. 5	Stufe D	Baujagd	
§ 15 Abs. 6	Stufe E	Drück- und Treibjagd auf Schalen- und Raubwild	

Ort, Datum

Unterschrift

Untere Jagdbehörde/Dienstsiegel

1) Zutreffendes ankreuzen, Nichtzutreffendes streichen.

Anlage 2 (zu § 2 Abs. 1)

Folgende Jagdhundeprüfungen gelten als gleichwertig im Sinne des § 2 Abs. 1:

Jagdhunderasse / Rassengruppe	**Prüfung nach der Prüfungsordnung des jeweiligen Jagdhundeverbandes/-vereines**	**Gleichwertigkeit der aufgeführten Prüfung mit einer Brauchbarkeitsstufe im Sinne der Verordnung**	**bei bestandener Nachprüfung der Fachgruppe Gehorsam besteht Gleichwertigkeit mit einer Brauchbarkeitsstufe im Sinne der Verordnung**
alle Jagdhunde	**Verbandsschweißprüfung** des Jagdgebrauchshundeverbandes e. V.	Stufe C,	
alle Jagdhunde	**Verbandsprüfung nach dem Schuss** (VPSO) des Jagdgebrauchshundeverbandes e. V.	Stufe A, Stufe B, Stufe C, Stufe E,	
alle Vorstehhunde	**Herbstzuchtprüfung** der Verbandszuchtprüfung (VZPO) des Jagdgebrauchshundeverbandes e. V.	keine	Stufe A, Stufe B (das Fach Schussfestigkeit ist bereits geprüft)
alle Vorstehhunde	**Verbandsgebrauchsprüfung** (VGPO) des Jagdgebrauchshundeverbandes e. V.	Stufe A, Stufe B,	Stufe E, Stufe C bei Übernachtfährte,
Deutsch Kurzhaar	**Herbstzuchtprüfung** (Solms) des Verbandes Deutsch Kurzhaar e. V.	keine	Stufe A, Stufe B (das Fach Schussfestigkeit ist bereits geprüft)
Bracken	**Leistungsprüfung** des Deutschen Brackenvereins e. V.	keine	Stufe C,

Jagdhunderasse / Rassengruppe	Prüfung nach der Prüfungsordnung des jeweiligen Jagdhundeverbandes/-vereines	Gleichwertigkeit der aufgeführten Prüfung mit einer Brauchbarkeitsstufe im Sinne der Verordnung	bei bestandener Nachprüfung der Fachgruppe Gehorsam besteht Gleichwertigkeit mit einer Brauchbarkeitsstufe im Sinne der Verordnung
Bracken	**Gebrauchsprüfung** des Deutschen Brackenvereins e. V. und des Deutschen Bracken-Clubs e. V. (DBC)	Stufe A, Stufe C, Stufe E	
Bracken	**Schweißprüfung und / oder erschwerte Schweißprüfung** des Deutschen Bracken-Clubs e. V. (DBC)	Stufe C	
Dachsbracke	**Gebrauchsprüfung** des Vereins Dachsbracke e. V.	Stufe C	
Schwarzwildbracke	**Anlagenprüfung** des Schwarzwildbrackenverbandes e. V.	keine	Stufe C,
Schwarzwildbracke	**Gebrauchsprüfung** des Schwarzwildbrackenverbandes e. V.	Stufe C, Stufe E	
Deutsch Wachtel	**Eignungsprüfung** des Vereins für Deutsche Wachtelhunde e. V.		Stufe A, Stufe B, Stufe E, Stufe C nur, wenn das Wahlfach „Schweißarbeit" nach der Regelung für Mecklenburg-Vorpommern geprüft und bestanden wurde

Jagdhunderasse / Rassengruppe	Prüfung nach der Prüfungsordnung des jeweiligen Jagdhundeverbandes/-vereines	Gleichwertigkeit der aufgeführten Prüfung mit einer Brauchbarkeitsstufe im Sinne der Verordnung	bei bestandener Nachprüfung der Fachgruppe Gehorsam besteht Gleichwertigkeit mit einer Brauchbarkeitsstufe im Sinne der Verordnung
Deutsch Wachtel	**Gebrauchsprüfung** des Vereins für Deutsche Wachtelhunde e. V.	Stufe A, Stufe B, Stufe C, Stufe E	
Deutscher Jagdterrier	**Zuchtprüfung** des Deutschen Jagdterrier-Clubs e. V.	keine	Stufe D (das Fach Schussfestigkeit ist bereits geprüft)
Deutscher Jagterrier	**Leistungszeichen (S)** im Rahmen einer Jagdausübung auf Schwarzwild des Deutschen Jagdterrier-Clubs e. V.		Stufe E
Deutscher Jagdterrier	**Gebrauchsprüfung** des Deutschen Jagdterrier-Clubs e. V.	Stufe A, Stufe B, Stufe D, Stufe E, Stufe C bei Übernachtfährte	
Hannoverscher Schweisshund	**Vorprüfung** des Vereins Hirschmann e. V.	Stufe C	
Bayerischer Gebirgsschweisshund	**Vorprüfung** des Klubs für Bayerische Gebirgsschweisshunde e. V.	Stufe C	
Kleiner Münsterländer	**Kleine Münsterländerprüfung** des Verbandes für Kleine Münsterländer Vorstehhunde e. V.	keine	Stufe A, Stufe B, Stufe C

C · Jagdhundebrauchbarkeitsverordnung

Jagdhunderasse / Rassengruppe	**Prüfung nach der Prüfungsordnung des jeweiligen Jagdhundeverbandes/-vereines**	**Gleichwertigkeit der aufgeführten Prüfung mit einer Brauchbarkeitsstufe im Sinne der Verordnung**	**bei bestandener Nachprüfung der Fachgruppe Gehorsam besteht Gleichwertigkeit mit einer Brauchbarkeitsstufe im Sinne der Verordnung**
Laika	**Ordnung für Gebrauchsprüfung** des Laika Clubs e. V.	Stufe B, Stufe C	
Pointer	**Herbstprüfung** des Deutschen Pointerclubs e. V.		Stufe A, Stufe B
Pointer und Setter	**Herbstprüfung** des Vereins für Pointer und Setter e. V.		Stufe A, Stufe B
Retriever	**Bringeprüfung und / oder Jagdgebrauchsprüfung und / oder Spezial Jagdgebrauchsprüfung** des Deutschen Retriever Clubs e. V.	Stufe A, Stufe B	
Retriever	**Bringeleistungsprüfung und / oder Jagdgebrauchsprüfung** des Vereins Jagd-Retriever e. V.	Stufe A, Stufe B	
Retriever	**Schweißprüfung auf künstlicher Fährte** des Vereins Jagd-Retriever e. V.	Stufe C	
Spaniel	**Erweiterte Zuchtprüfung** des Vereins Jagdgebrauchsspaniel e. V.	keine	Stufe A, Stufe B

Jagdhunderasse / Rassengruppe	**Prüfung nach der Prüfungsordnung des jeweiligen Jagdhundeverbandes/-vereines**	**Gleichwertigkeit der aufgeführten Prüfung mit einer Brauchbarkeitsstufe im Sinne der Verordnung**	**bei bestandener Nachprüfung der Fachgruppe Gehorsam besteht Gleichwertigkeit mit einer Brauchbarkeitsstufe im Sinne der Verordnung**
Spaniel	**Gebrauchsprüfung** des Vereins Jagdgebrauchsspaniel e. V.	Stufe A, Stufe B, Stufe C, Stufe E	
Teckel	**Stöberprüfung** des Deutschen Teckelklubs 1888 e. V.	Stufe E	
Teckel	**Schweißprüfung** des Deutschen Teckelklubs 1888 e. V.	keine	Stufe C
Teckel	**Vielseitigkeitsprüfung** des Deutschen Teckelklubs 1888 e. V.	Stufe E, Stufe C	
Teckel	**Eignungsbewertung** für die Bodenjagd (BhFK 95) des Deutschen Teckelklubs 1888 e. V.	keine	Stufe D
Teckel	**Eignungsprüfung** des Vereins für Jagdteckel e. V.	Stufe A, Stufe C	
Teckel	**Gebrauchsprüfung** des Vereins für Jagdteckel e. V.	Stufe A, Stufe C, Stufe D, Stufe E	
Teckel	Schweißprüfung des Vereins für Jagdteckel e. V.	keine	Stufe C

12 Verordnung über das Feststellungsverfahren in Wild- und Jagdschadenssachen (Wild- und Jagdschadensverordnung – Wild- und JagdSVO M-V)

Vom 2. Januar 2001 (GVOBl. M-V S. 5), geändert durch Verordnung vom 5. Januar 2002 (GVOBl. M-V S. 49)

Das Ministerium für Ernährung, Landwirtschaft, Forsten und Fischerei verordnet auf Grund des § 28 Abs. 3 des Landesjagdgesetzes vom 22. März 2000 (GVOBl. M-V S. 126) im Einvernehmen mit dem Innenministerium sowie auf Grund des § 2 Abs. 2 des Verwaltungskostengesetzes des Landes Mecklenburg-Vorpommern vom 4. Oktober 1991 (GVOBl. M-V S. 366, 435) im Einvernehmen mit dem Innenministerium und dem Finanzministerium:

§ 1 Schadensanmeldung und Termin am Schadensort

(1) Im Falle der Anmeldung eines Wild- oder Jagdschadens gemäß §§ 34 und 35 des Bundesjagdgesetzes sowie § 28 des Landesjagdgesetzes hat die örtliche Ordnungsbehörde (Ordnungsbehörde) unverzüglich einen Termin am Schadensort (Ortstermin) zur Feststellung des Wild- und Jagdschadens anzuberaumen.

(2) Zum Ortstermin sind schriftlich zu laden:

a) der Geschädigte,

b) die zum Schadenersatz gesetzlich Verpflichteten (Jagdgenossenschaft; im Falle von Angliederungen an Eigenjagdbezirke der Eigenjagdbesitzer),

c) die Jagdausübungsberechtigten, sofern sie den Schadensersatz ganz oder teilweise zu erstatten haben,

d) ein Vertreter der Wildschadensausgleichskasse.

(3) Die Ladung enthält den Hinweis, dass das Feststellungsverfahren unabhängig vom Erscheinen der Geladenen durchgeführt wird und letztere im Falle ihrer Verhinderung zum Ortstermin einen Vertreter schriftlich bestellen können.

(4) Zum Ortstermin ist ein Schätzer gemäß § 9 beizuziehen.

(5) Über die Durchführung eines Ortstermins ist ein Protokoll zu fertigen.

(6) Ist offenkundig, dass der geltend gemachte Schaden nicht fristgemäß entsprechend § 34 des Bundesjagdgesetzes angemeldet worden ist, so kann die Ordnungsbehörde auch ohne Ortstermin nach Anhörung des Betroffenen den Anspruch auf Schadensersatz durch Vorbescheid als unzulässig zurückweisen.

§ 2 Erneuter Ortstermin

(1) Ist ein landwirtschaftliches Grundstück geschädigt, können der Geschädigte oder die Ersatzverpflichteten beim Ortstermin beantragen, dass der Umfang des Schadens bei einem erneuten Ortstermin, der vor der Ernte liegen muss, festgestellt werden soll. Diesem Antrag ist stattzugegeben. Auf Terminvorschlag des Geschädigten lädt die Ordnungsbehörde gemäß § 1 zum erneuten Ortstermin ein.

(2) Soweit der Zustand des landwirtschaftlichen Grundstücks von Bedeutung ist, hat ihn der Schätzer im ersten Ortstermin zu ermitteln (Datenerfassung).

(3) Wird die Feststellung des tatsächlichen Schadensumfangs vor der Ernte versäumt, ist das Feststellungsverfahren auf Grundlage der Datenerfassung des ersten Ortstermins abzuschließen. Dadurch bedingte wirtschaftliche Nachteile wirken sich zu Lasten des Geschädigten aus.

§ 3 Gütliche Einigung

Die Ordnungsbehörde hat bei jedem Ortstermin auf eine gütliche Einigung zwischen dem Geschädigten und dem Ersatzverpflichteten hin zu wirken. Über die Einigung ist eine Niederschrift zu fertigen, die von einem Vertreter der Ordnungsbehörde, dem Geschädigten und den Ersatzverpflichteten zu unterzeichnen ist. Die Niederschrift muss Angaben enthalten über

a) Art, Umfang und Zeitpunkt der Schadensfeststellung,

b) Art, Umfang und Höhe der Schadensersatzleistung,

c) den oder die Ersatzpflichtigen,

d) die Verteilung der Kosten des Feststellungsverfahrens und

e) die Vollstreckbarkeit.

Eine beglaubigte Abschrift ist allen Beteiligten zuzustellen.

§ 4 Schadensfeststellung

(1) Kommt eine Einigung nach § 3 nicht zustande, so ist der Schaden durch den Schätzer zu ermitteln. Dazu erstellt er ein Gutachten, das insbesondere folgende Angaben enthalten muss:

a) den Zeitpunkt der Schadensanmeldung,

b) den Zeitraum, in dem der Schaden entstanden ist,

c) dieBezeichnung des betroffenen Grundstücks,

d) die Bezeichnung der geschädigten Kultur,

e) die Schadensursache (Wildart),

f) den Umfang des Schadens; bei flächenhaftem Schaden auch die Größe des Schlages, die Gesamtfläche, auf der Schäden aufgetreten sind, sowie die Summe der einzelnen Schadensflächen, die vollständig geschädigt sind,

g) den Schadensbetrag und

h) die zur Verhütung des Wildschadens erbrachten Leistungen.

Das Gutachten soll die Streitpunkte aufführen, die bisher einer gütlichen Einigung entgegengestanden haben.

(2) Nach Vorlage des Gutachtens führt die Ordnungsbehörde eine Anhörung der Beteiligten durch, bei der erneut eine gütliche Einigung nach § 3 angestrebt werden soll.

§ 5 Vorbescheid

(1) Kommt es nicht zu einer gütlichen Einigung, erlässt die Ordnungsbehörde auf Grund des Gutachtens und der Anhörung nach § 4 einen schriftlichen Vorbescheid, der Ersatzverpflichtete, Ersatzberechtigte und die Höhe des Schadensersatzes benennt. Dem Vorbescheid ist das Gutachten in Kopie beizufügen; er ist zu begründen und hat die Höhe der Kosten des Feststellungsverfahrens und deren Schuldner zu bezeichnen.

(2) Der Vorbescheid ist dem Ersatzberechtigten und den Ersatzverpflichteten zuzustellen, andere Beteiligte erhalten eine Abschrift.

§ 6 Kosten des Feststellungsverfahrens

(1) Kosten des Feststellungsverfahrens sind:

a) die Gebühren für Amtshandlungen der Ordnungsbehörde,

b) die Auslagen der Ordnungsbehörde nach § 10 Abs. 1 Satz 2 Nr. 1 bis 8 des Verwaltungskostengesetzes des Landes Mecklenburg-Vorpommern und

c) der Ersatz von Aufwändungen und die Entschädigungen für Leistungen des Schätzers (§ 9 Abs. 4).

(2) Kosten der Beteiligten werden nicht erstattet.

(3) Gebühren werden für folgende Amtshandlungen erhoben:

Nr.	Amtshandlung	Gebühr in Euro
1.	Erlass eines Vorbescheides (§ 1 Abs. 6) ohne Ortstermin	13,00
2.	Herbeiführung einer gütlichen Einigung (§ 3 und § 4 Abs. 2) auf Grund des ersten Ortstermines	25,50
3.	Herbeiführung einer gütlichen Einigung (§ 3 und § 4 Abs. 2), wenn ein zweiter Ortstermin durchgeführt wurde; bei jedem weiteren Ortstermin erhöht sich die Gebühr um	51,00 25,50
4.	Erlass eines Vorbescheides (§ 5 Abs. 1) nach dem ersten Ortstermin	76,50
5.	Erlass eines Vorbescheides (§ 5 Abs. 1), wenn ein zweiter Ortstermin durchgeführt wurde; bei jedem weiteren Ortstermin erhöht sich die Gebühr um	102,50 25,50

(4) Im Falle der Rücknahme der Anmeldung eines Wild- oder Jagdschadens werden nur Auslagen nach Absatz 1 Buchstabe b und c erhoben.

(5) Bei einer gütlichen Einigung werden die Kosten durch den Ersatzverpflichteten und den Geschädigten jeweils zur Hälfte getragen.

(6) Beim Erlass eines Vorbescheides entscheidet die Ordnungsbehörde nach billigem Ermessen, wer die Kosten trägt. Dabei sind Kosten, die bei sachgemäßer Behandlung der Angelegenheit nicht entstanden wären, dem Beteiligten aufzuerlegen, der sie verursacht hat.

(7) Die Kostenschuld entsteht

a) in den Fällen des Absatzes 3 mit der Beendigung der gebührenpflichtigen Amtshandlung und

b) im Falle des Absatzes 4 nach Rücknahme der Anmeldung eines Wild- oder Jagdschadens.

§ 7 Klage

(1) Nach Erlass eines Vorbescheides gemäß § 1 Abs. 6 oder § 5 Abs. 1 kann innerhalb von drei Wochen nach Zustellung des Vorbescheides Klage bei dem Amtsgericht, in dessen Bezirk die Ordnungsbehörde ihren Sitz hat, erhoben werden.

(2) Die Klage ist zu richten

a) vom Ersatzberechtigten gegen den Ersatzpflichtigen auf Zahlung des verlangten Schadensersatzes oder

b) vom Ersatzpflichtigen gegen den Ersatzberechtigten auf Feststellung, dass kein oder ein geringerer Schadensersatz zu leisten ist.

(3) Hält das Gericht den Vorbescheid für fehlerhaft, so hebt es diesen auf und trifft eine eigene Entscheidung. Das Gericht entscheidet dann nach billigem Ermessen über die Kosten des Feststellungsverfahrens.

(4) Die Ordnungsbehörde erhält vom Amtsgericht eine beglaubigte Abschrift der Entscheidung.

§ 8 Zwangsvollstreckung

(1) Ein Vorbescheid gemäß § 1 Abs. 6 oder § 5 Abs. 1 ist drei Wochen nach Zustellung an den Ersatzpflichtigen vollstreckbar, sofern nicht gemäß § 7 Abs. 1 fristgerecht Klage erhoben worden ist.

(2) Aus der Niederschrift über die gütliche Einigung findet die Zwangsvollstreckung nach den Vorschriften der Zivilprozessordnung über die Vollstreckung von Urteilen in bürgerlichen Rechtsstreitigkeiten statt.

(3) Die vollstreckbare Ausfertigung wird von dem Urkundsbeamten der Geschäftsstelle des Amtsgerichts erteilt, in dessen Bezirk die Ordnungsbehörde ihren Sitz hat.

§ 9 Schätzer

(1) Für die forstliche und die landwirtschaftliche Wild- und Jagdschadensschätzung bestellt der Landrat des Landkreises oder der Oberbürgermeister der kreisfreien Stadt als untere Jagdbehörde bei den jeweiligen Ordnungsbehörden geeignete Schätzer.

(2) Für die Bestellung eines Schätzers gilt:

a) die Bestellung erfolgt schriftlich und ist jederzeit widerruflich,

b) sein Hauptwohnsitz soll im Landkreis oder in der kreisfreien Stadt liegen,

c) er muss über Fachkenntnisse, praktische Erfahrungen und die Fähigkeit, Gutachten zu erstellen, verfügen,

d) er muss die Gewähr für die Unparteilichkeit und Unabhängigkeit sowie für die Einhaltung der Pflichten eines öffentlich bestellten Schätzers bieten.

(3) Die Schätzer sind mit ihrer Bestellung zu verpflichten, dass sie ihre Tätigkeit unparteiisch und nach bestem Wissen und Gewissen durchzuführen haben.

(4) Die Ordnungsbehörde ersetzt dem Schätzer seine Aufwändungen und entschädigt ihn für seine Leistungen. Für den Fahrtkostenersatz gelten die Vorschriften des § 9 des Gesetzes für die Entschädigung von Zeugen und Sachverständigen in der Fassung vom 1. Oktober 1969 (BGBl. I S. 1756), zuletzt geändert durch Artikel 13 des Gesetzes vom 13. Juli 2001 (BGBl. I S. 1542), entsprechend; eine Entschädigung wird wie folgt gewährt:

Nr.	Amtshandlung	Entschädigung in Euro
1.	für jede angefangene Stunde der Teilnahme am Ortstermin	13,00
2.	Datenerfassung gemäß § 2 Abs. 2	25,50
3.	Anfertigung eines Gutachtens gemäß § 4	76,50

Entsprechend der Schwierigkeit und der besonderen Umstände, unter der die Datenerfassung entsprechend § 2 oder das Gutachten zu erarbeiten war, kann die Ordnungsbehörde die Entschädigungssätze um bis zu 50 vom Hundert erhöhen.

§ 10 In-Kraft-Treten, Außer-Kraft-Treten

(1) Diese Verordnung tritt am Tag nach ihrer Verkündung in Kraft.

(2) Gleichzeitig tritt die Verordnung über das Feststellungsverfahren in Wild- und Jagdschadenssachen vom 6. Juli 1993 (GVOBl. M-V S. 695) außer Kraft.

Schwerin, den 2. Januar 2001

Der Minister für Ernährung,
Landwirtschaft, Forsten und Fischerei

Till Backhaus

Verordnung über die Mustersatzungen für Wildschadensausgleichskassen (Wildschadensausgleichskassenverordnung – WAKVO M-V) 13

Vom 12. Juli 2000 (GVOBl. M-V S. 327, 520)

Aufgrund des § 27 Abs. 3 des Landesjagdgesetzes vom 22. März 2000 (GVOBl. M-V S. 126) verordnet das Ministerium für Ernährung, Landwirtschaft, Forsten und Fischerei:

§ 1 Genehmigung und Anzeige

Beschließt die Wildschadensausgleichskasse eine Haupt- oder eine Beitragssatzung, die der in Anlage 1 oder 2 dieser Verordnung aufgeführten Mustersatzung entspricht, so tritt die Anzeige nach § 27 Abs. 3 Satz 5 des Landesjagdgesetzes an die Stelle der Genehmigung.

§ 2 In-Kraft-Treten

Diese Verordnung tritt am Tage nach ihrer Verkündung in Kraft.

Schwerin, den 12. Juli 2000

Der Minister für Ernährung,
Landwirtschaft, Forsten und Fischerei

Till Backhaus

Anlage 1

Hauptsatzung der Wildschadensausgleichskasse

im Landkreis/in der kreisfreien Stadt ....

Mit In-Kraft-Treten des Landesjagdgesetzes (LJagdG) vom 22. März 2000 (GVOBl. M-V S. 126) am 1. April 2000 ist im Landkreis/in der kreisfreien Stadt .... (Kassengebiet) eine Wildschadensausgleichskasse errichtet worden.

Auf Grundlage von § 27 Abs. 3 LJagdG beschließt diese die Hauptsatzung:

§ 1 Name und Sitz
(§ 27 Abs. 1 LJagdG)

(1) Die Wildschadensausgleichskasse (Kasse) führt den Namen

„Wildschadensausgleichskasse ....“.

(2) Die Kasse hat ihren Sitz in .... und ist eine Körperschaft des öffentlichen Rechts.

§ 2 Aufgabe
(§ 27 Abs. 2, 6 und 7 LJagdG)

(1) Die Kasse ergreift Maßnahmen, die geeignet sind, Wildschäden so weit wie möglich zu verhindern. Dazu dient insbesondere eine wirksame Beitragsgestaltung und die Weiterbildung der Mitglieder.

(2) Die Kasse gleicht durch Rot-, Dam- oder Schwarzwild verursachte Wildschäden aus und legt sie auf ihre Mitglieder um.

(3) Die Kasse arbeitet kostendeckend und nicht gewinnorientiert. Der Verwaltungsaufwand ist gering zu halten.

§ 3 Mitglieder
(§ 27 Abs. 1 LJagdG)

(1) Mitglieder der Kasse sind die jeweils im Kassengebiet befindlichen

a) Jagdgenossenschaften,

b) Eigentümer eines Eigenjagdbezirkes,

c) Pächter oder die Benannten eines Jagdbezirkes,

d) Landwirte, die eine Nutzfläche von mindestens 75 Hektar bewirtschaften.

(2) Landwirte, die eine Nutzfläche von weniger als 75 Hektar bewirtschaften, können Ihre Mitgliedschaft zur Kasse schriftlich gegenüber dem Vorstand erklären; die Mitgliedschaft gilt unbefristet und kann durch den Landwirt jederzeit widerrufen werden.

§ 4 Auskunftspflicht der Mitglieder

(1) In § 3 Abs. 1 Buchstaben a) und c) genannte Mitglieder haben der Kasse auf deren Verlangen jederzeit Auskünfte zur Wildschadensvereinbarung, zu ihren Pächtern und zur Pachtfläche zu erteilen.

(2) In § 3 Abs. 1 Buchstabe b) genannte Mitglieder haben der Kasse auf deren Verlangen jederzeit Auskünfte über die in ihrem Eigentum stehende sowie über die ihrem Jagdbezirk angegliederte Jagdfläche zu erteilen.

§ 5 Vertretung der Mitglieder

Zur Entgegennahme und Abgabe von Willenserklärungen gegenüber der Kasse haben

a) die Jagdgenossenschaften im Kassengebiet,

b) die Eigentümer eines Eigenjagdbezirkes, sofern sie juristische Personen oder Personenmehrheiten sind,

c) mehrere Personen, die einen Jagd- oder Teiljagdbezirk gepachtet haben,

d) mehrere Personen, die für einen Jagd- oder Teiljagdbezirk zur Jagdausübung benannt sind,

e) die Landwirte, die nicht natürliche Personen sind,

eine natürliche Person als ihren Vertreter schriftlich zu benennen.

§ 6 Organe der Kasse
(§ 27 Abs. 4 und 5 LJagdG)

Organe der Kasse sind die Mitgliederversammlung und der Kassenvorstand.

§ 7 Mitgliederversammlung (§ 27 Abs. 4 LJagdG)

(1) Die Mitgliederversammlung soll einmal im Kassenjahr, mindestens jedoch alle drei Jahre tagen. Auf Verlangen von mehr als einem Zehntel der Mitglieder ist sie innerhalb von drei Monaten vom Vorstand einzuberufen. Jedes anwesende Mitglied hat eine Stimme.

(2) Die Mitgliederversammlung wird mit Monatsfrist unter Angabe der Tagesordnung durch Veröffentlichung im Mitteilungsblatt des Landkreises oder der kreisfreien Stadt und der Ämter sowie mit Wochenfrist in der örtlichen Tagespresse einberufen.

(3) Ein Beschluss über die Errichtung oder Änderung einer Satzung wird mit Zwei-Drittel-Mehrheit der anwesenden Mitglieder gefasst. Alle anderen Beschlüsse bedürfen der einfachen Mehrheit.

(4) Über Beschlüsse der Mitgliederversammlung ist eine Niederschrift zu fertigen, aus der hervorgeht, wie viele Mitglieder jeweils anwesend waren. Die Niederschrift ist vom Kassenvorsteher und mindestens zwei weiteren Vorstandsmitgliedern zu unterzeichnen.

(5) Die Niederschrift sowie beschlossene Satzungen und Satzungsänderungen sind der Jagdbehörde innerhalb von zwei Wochen nach der Mitgliederversammlung zu übermitteln.

(6) Die Mitgliederversammlung beschließt in offener Abstimmung über

a) die Hauptsatzung,

b) die Beitragssatzung,

c) die Wahl oder Abwahl des Kassenvorstandes oder seiner Mitglieder sowie der Rechnungsprüfer,

d) die Höhe der Entschädigungen der Mitglieder des Kassenvorstandes und der Rechnungsprüfer,

e) die Entlastung des Vorstandes,

f) Verträge über die gemeinsame Kassenführung oder Übertragung von Aufgaben,

g) Satzungsänderungen.

§ 8 Kassenvorstand
(§ 27 Abs. 5 LJagdG)

(1) Der Kassenvorstand besteht aus fünf Personen, die Kassenmitglied oder Vertreter nach § 5 sein sollen. Die Mitglieder des Kassenvorstandes werden für die Dauer von sechs Jahren gewählt. Je ein Mitglied soll den in § 3 Abs. 1 Buchstabe a) bis d) genannten Gruppen angehören.

(2) Der Vorstand wählt aus seiner Mitte den Kassenvorsteher, einen ersten und einen zweiten Stellvertreter, einen Schatzmeister sowie einen Schriftführer.

(3) Scheidet ein Mitglied des Vorstandes während seiner Amtszeit aus, so ist es bei der nächsten Mitgliederversammlung nachzuwählen.

(4) Die Mitglieder des Vorstandes sind ehrenamtlich tätig. Die notwendigen baren und nachgewiesenen Auslagen können aus der Kasse ersetzt werden.

(5) Der Vorstand beschließt mit der Mehrheit der anwesenden Mitglieder. Bei Stimmengleichheit gibt die Stimme des Vorstehers oder seines Vertreters den Ausschlag. Über Beschlüsse ist eine Niederschrift zu fertigen und von zwei anwesenden Vorstandsmitgliedern zu unterzeichnen. Die Niederschrift ist der Jagdbehörde innerhalb von zwei Wochen nach der Vorstandssitzung zu übermitteln.

§ 9 Aufgaben des Kassenvorstands

(1) Der Kassenvorstand hat folgende Aufgaben:

a) Einberufung und Leitung der Mitgliederversammlung,

b) Bestellung des Geschäftsführers und Festsetzung seiner Entschädigung oder, soweit er nicht ehrenamtlich tätig ist, seines Gehaltes,

c) Übertragung von Aufgaben auf Dritte und die Festsetzung einer Entschädigung oder eines Entgeltes,

d) jährliche Auswertung der Wildschäden im Kassengebiet,

e) Festsetzung des Grundbeitrages gemäß Beitragssatzung,

f) jährliche Verabschiedung des Haushaltsplanes,

g) Überwachung der Kassenführung,

h) Prüfung des Jahresabschlussberichtes und Entlastung des Geschäftsführers,

i) Bildung von finanziellen Rücklagen. Diese dürfen das Eineinhalbfache des Durchschnitts der Wildschadensausgleichszahlungen der vergangenen fünf Kassenjahre nicht übersteigen.

(2) Ein Mitglied des Vorstandes darf mit Ausnahme des Absatzes 1 Buchstabe e) bei einer Entscheidung der Kasse nicht mitwirken, wenn sie ihm selbst, seinem Ehegatten, einem Verwandten bis zum dritten oder einem Verschwägerten bis zum zweiten Grad oder einer von ihm kraft Gesetzes oder rechtsgeschäftlicher Vollmacht vertretenen Person einen Vor- oder Nachteil bringen kann.

§ 10 Geschäftsführer

(1) Der Kassenvorstand bestellt durch Beschluss einen Geschäftsführer, der nicht Kassenmitglied sein muss. Ist er Vorstandsmitglied, darf er weder Kassenvorsteher noch Schatzmeister der Kasse sein.

(2) Der Geschäftsführer handelt nach Weisung des Vorstandes. Er vertritt die Kasse gerichtlich und außergerichtlich.

(3) Der Geschäftsführer hat insbesondere folgende Aufgaben:

a) die Führung der Kasse, insbesondere die Erhebung der Beiträge, die Prüfung der Auszahlungsanträge und die Vorbereitung der Auszahlungen aus der Kasse sowie deren Durchführung,

b) Aufstellung und Vorlage des Haushaltsplanes,

c) die Jahresabrechnung,

d) die Führung einer laufenden Wildschadensübersicht.

(4) Ist der Geschäftsführer ehrenamtlich tätig, kann der Kassenvorstand auf seinen Vorschlag weitere Personen zur Unterstützung des Geschäftsführers bestellen, die diesem unterstehen.

(5) Der Geschäftsführer darf bei einer Entscheidung der Kasse nicht mitwirken, wenn sie ihm selbst, seinem Ehegatten, einem Verwandten bis zum dritten oder einem Verschwägerten bis zum zweiten Grad oder einer von ihm kraft Gesetzes oder rechtsgeschäftlicher Vollmacht vertretenen Person einen Vor- oder Nachteil bringen kann. In diesem Fall trifft der Kassenvorsteher die Entscheidung.

§ 11 Haushaltsführung der Kasse

(1) Die Haushaltsführung der Kasse erfolgt auf Grundlage des Verwaltungsverfahrensgesetzes vom 10. August 1998 (GVOBl. M-V S. 743),

der Gemeindekassenverordnung vom 27. November 1991 (GVOBl. M-V S. 463), zuletzt geändert durch Verordnung vom 29. Mai 1995 (GVOBl. M-V S. 18) und der Gemeindehaushaltsverordnung vom 27. Januar 1991 (GVOBl. M-V S. 454), zuletzt geändert durch Verordnung vom 28. Dezember 1995 (GVOBl. M-V S. 58).

(2) Die Führung der Kassengeschäfte erfolgt mit folgenden Maßgaben:

a) die Kasse wird als „Gemeindekasse“ durch den Geschäftsführer geführt,

b) die in der Gemeindekassenverordnung dem Bürgermeister übertragenen Aufgaben werden vom Kassenvorsteher wahrgenommen,

c) Auszahlungen erfolgen nur im schriftlichen Einvernehmen mit dem Schatzmeister oder bei dessen Verhinderung mit dem Kassenvorsteher.

§ 12 Kassenjahr

Als Kassenjahr gilt das Jagdjahr (1. April bis 31. März).

§ 13 Wildschadensausgleich

(1) Zum Wildschadensersatz verpflichteten Mitgliedern werden im Schadensfall auf Antrag 90 vom Hundert des Wildschadensbetrages erstattet (Wildschadensausgleich). Die Auszahlung erfolgt unmittelbar an den Geschädigten, sofern der Antragsteller nicht bereits an den Geschädigten gezahlt hat und einen entsprechenden Nachweis vorlegt.

(2) Leistungen nach Absatz 1 werden nur gewährt, wenn

a) das antragstellende Mitglied die von ihm zu leistenden Kassenbeiträge fristgemäß entrichtet hat und

b) der Wildschaden im Feststellungsverfahren vor der zuständigen Ordnungsbehörde verhandelt (§ 28 Abs. 3 LJagdG) wurde.

(3) Abweichend von Absatz 1 kann der Wildschadensausgleich durch den Geschäftsführer mit Zustimmung des Kassenvorstandes in besonderen Fällen gemindert werden. Das gilt insbesondere, wenn das ersatzverpflichtete Mitglied einer gütlichen Einigung trotz Widerspruchs der Kasse zugestimmt hat oder der Aufforderung der Kasse, den Vorbescheid anzufechten, nicht nachgekommen ist. Klagt der Ersatzverpflichtete nach Aufforderung durch die Kasse, trägt diese die Verfahrenskosten.

(4) Bei einer gütlichen Einigung zum Wildschadensersatz im Zeitraum vom 1. April 2000 bis zur Verabschiedung dieser Satzung wird der Wildschadensausgleich nach Absatz 1 nur gewährt, wenn ein durch die untere Jagdbehörde bestellter Schätzer der Einigung zugestimmt hat. In diesem Fall trägt die Kasse die Kosten des Schätzers.

§ 14 In-Kraft-Treten

(1) Die Satzung tritt mit Wirkung vom 1. April 2000 in Kraft.

(2) Die Satzung wird im Mitteilungsblatt (des Landkreises/der kreisfreien Stadt) .... veröffentlicht.

......................................, den ....

(Ort) (Datum)

Vorstehende Satzung ist in der Mitgliederversammlung vom ...., in der .... Mitglieder anwesend waren, mit folgendem Stimmverhältnis:

Ja-Stimmen: ....

Nein-Stimmen: ....

Stimmenthaltungen: ....

beschlossen worden.

Der Kassenvorsteher ....

Unterschrift

Mitglied des Vorstandes ....

Unterschrift

Mitglied des Vorstandes ....

Unterschrift

Die vorstehende Satzung ist mit Schreiben vom .... angezeigt worden.

Siegel/Unterschrift
untere Jagdbehörde

Anlage 2

Beitragssatzung der Wildschadensausgleichskasse

im Landkreis/in der kreisfreien Stadt ....

Auf Grundlage von § 27 Abs. 3 des Landesjagdgesetzes vom 22. März 2000 (GVOBl. M-V S. 126) und der Hauptsatzung vom .... der Wildschadensausgleichskasse .... wird folgende Beitragssatzung für die Erhebung von Beiträgen beschlossen:

§ 1 Zweck und Arten der Beitragserhebung

(1) Zur Erfüllung ihrer Aufgaben erhebt die Kasse Beiträge.

(2) Die Beiträge dienen u.a.

a) dem Ausgleich von durch Rot-, Dam- oder Schwarzwild verursachten Wildschäden,

b) der Verhinderung von Wildschäden sowie

c) der Kassenführung.

(3) Die Beiträge können als finanzieller Beitrag oder als Sachbeitrag geleistet werden.

§ 2 Finanzieller Beitrag

(1) Finanziell beitragspflichtig sind

a) Jagdgenossenschaften oder deren Jagdpächter, sofern diese den Wildschadensersatz übernommen haben; die Beitragspflicht der Jagdgenossenschaft bleibt bestehen, soweit der Beitrag durch den Jagdpächter nicht binnen zwei Monaten nach Fälligkeit bezahlt ist,

b) Pächter oder Benannte von Eigenjagdbezirken, soweit sie den Wildschadensersatz übernommen haben,

c) Eigenjagdbesitzer für Flächen, die dem Eigenjagdbezirk angegliedert sind, oder deren Jagdpächter oder Benannte, sofern diese den Wildschadensersatz für die angegliederten Flächen übernommen haben; die Beitragspflicht der Eigenjagdbesitzer bleibt bestehen, soweit der

Beitrag durch den Jagdpächter oder Benannten nicht binnen zwei Monaten nach Fälligkeit bezahlt ist.

(2) Jagdausübungsberechtigte Eigenjagdbesitzer können für die in ihrem Eigentum stehenden Grundflächen zu finanziellen Beiträgen herangezogen werden, wenn Wildschäden in benachbarten Jagdbezirken auf unzulänglichen Abschuss von Rot-, Dam- oder Schwarzwild in ihrem Eigenjagdbezirk zurückzuführen sind. Unzulänglich ist der Abschuss, wenn im Eigenjagdbezirk

a) der Abschussplan für Rot- oder Damwild im vorangegangenen Jagdjahr nicht erfüllt worden ist; dies gilt nicht, wenn die Abschussplanung des Eigenjagdbezirkes im Rahmen eines Gruppenabschussplanes erfolgt ist,

b) die durch die Jagdbehörde festgesetzten Mindestabschüsse für Schwarzwild im vorangegangenen Jagdjahr nicht erfüllt worden sind,

c) zeitlich befristete Abschüsse (§ 27 BJagdG) für Rot-, Dam- oder Schwarzwild, welche die Jagdbehörde wegen des Wildschadensgeschehens festgesetzt hat, im vorangegangenen Jagdjahr nicht erfüllt worden sind.

§ 3 Sachbeiträge

Sachbeiträge, die Landwirte erbringen sollen, sind insbesondere:

a) rechtzeitige vorherige Information des Jagdausübungsberechtigten über Ort, Flächengröße und Termin der Aussaat und der Ernte von regelmäßig oder besonders gefährdeten landwirtschaftlichen Kulturen,

b) unverzügliche Information des Jagdausübungsberechtigten über Wildschäden,

c) Unterstützung beim Aufstellen und Umsetzen von jagdlichen Einrichtungen oder Zäunen,

d) saubere Ernte der Feldfrüchte, um Folgeschäden zu verhindern,

e) Anlegung von Stilllegungsflächen

- zwischen besonders gefährdeten Kulturen und Wald sowie anderen Wildeinständen und

– um Feuchtbiotope herum oder an wasserführenden Gräben entlang, wenn diese sich innerhalb besonders gefährdeter Kulturen befinden.

§ 4 Finanzielle Beiträge

(1) Der finanzielle Beitrag wird geleistet als

a) Grundbeitrag,

b) Schadensbeitrag,

c) Grenzbeitrag.

(2) Der Grundbeitrag wird bezogen auf die Jagdfläche des Jagdbezirkes erhoben; ausgenommen sind Wasserflächen von Seen und künstlichen Fischteichen. Der Vorstand legt jährlich zu Beginn des Kassenjahres den Grundbeitrag je angefangenen Hektar fest.

(3) Der Schadensbeitrag richtet sich nach der Höhe des für den Jagd- oder Teiljagdbezirk erstatteten Wildschadensbetrages; er darf 40 v.H. dieses Betrages nicht überschreiten. Der Vorstand legt jährlich zu Beginn des Kassenjahres den Schadensbeitrag in Anteilen des entstandenen Wildschadensbetrages fest. Der Anteil soll sich am im Kassenjahr zu erstattenden Wildschadensbetrag sowie an erstatteten Wildschadensbeträgen vorangegangener Kassenjahre und kann sich an einer Schadenswiederholung in aufeinander folgenden Kassenjahren ausrichten. Der Vorstand kann die Festlegung der Mitgliederversammlung zur Entscheidung vorlegen. Auf Verlangen von mehr als einem Zehntel der Mitglieder innerhalb von zwei Wochen nach Bekanntgabe seiner Festlegung muss er dies tun.

(4) Der Grenzbeitrag ergibt sich bei Wildschäden im benachbarten Jagdbezirk aus der Summe der nachfolgend ermittelten Beträge:

a) bei Nichterfüllung des Abschussplanes oder der Mindestabschüsse für die Schaden verursachende Wildart im vorangegangenen Jagdjahr (§ 2 Abs. 2 Buchstaben a und b):

$$\frac{\text{Abschuss-Soll } \textbf{minus} \text{ Abschuss-Ist}}{\text{Abschuss-Soll}} \times \frac{\text{Schadenssumme}}{4}$$

b) bei Nichterfüllung von zeitlich befristeten Abschüssen für die Schaden verursachende Wildart im vorangegangenen Jagdjahr (§ 2 Abs. 2 Buchstabe c):

$$\frac{\text{Abschuss-Soll } \textbf{minus} \text{ Abschuss-Ist}}{\text{Abschuss-Soll}} \times \frac{\text{Schadenssumme}}{2}$$

(5) Grund- und Schadensbeiträge sind von den in § 2 Abs. 1 Buchstabe a) bis c) genannten Mitgliedern, der Grenzbeitrag ist von den in § 2 Abs. 2 genannten Mitgliedern der Kasse zu leisten.

§ 5 Beitragserhebung

(1) Der Grundbeitrag soll zum 1. Juni erhoben werden; eine Nacherhebung im laufenden Kassenjahr wegen nicht ausreichender Mittel ist auf Beschluss des Vorstandes jederzeit möglich.

(2) Der Schadensbeitrag soll bis zum 1. Juni des dem Schaden folgenden Kassenjahres, bei ausscheidenden Mitgliedern vor deren Ausscheiden erhoben sein. Der Schadensbeitrag ist von demjenigen zu leisten, der zum Zeitpunkt des Schadenseintritts ersatzverpflichtet war.

(3) Der Grenzbeitrag soll zum 1. Juni des dem Schaden folgenden Kassenjahres erhoben werden. Vor einer Beitragserhebung ist das Einvernehmen mit der unteren Jagdbehörde herzustellen; dabei ist nur die Wildart zu berücksichtigen, die den Schaden verursacht hat.

(4) Mitpächter haften als Gesamtschuldner.

(5) Die auf Grundlage dieser Satzung ermittelten Beiträge sind durch den Geschäftsführer im Auftrag der Kasse durch Einzelbescheid zu erheben. Aus dem Bescheid müssen sich die Höhe der Beiträge sowie ihre Berechnungsgrundlage ergeben.

(6) Scheidet ein Mitglied während des Kassenjahres aus, erfolgt keine Rückgewähr bereits gezahlter Grundbeiträge.

(7) Bei Eintritt in die Kasse während des Kassenjahres wird der Grundbeitrag nur erhoben, wenn ein solcher für die Jagdfläche nicht bereits entrichtet worden ist.

§ 6 In-Kraft-Treten

(1) Die Satzung tritt mit Wirkung vom 1. April 2000 in Kraft.

(2) Die Satzung wird im Mitteilungsblatt (des Landkreises/der kreisfreien Stadt) .... veröffentlicht.

...................................., den ....

(Ort) (Datum)

Vorstehende Satzung ist in der Mitgliederversammlung vom ...., in der .... Mitglieder anwesend waren, mit folgendem Stimmverhältnis:

Ja-Stimmen: ....

Nein-Stimmen: ....

Stimmenthaltungen: ....

beschlossen worden.

Der Kassenvorsteher ....

Unterschrift

Mitglied des Vorstandes ....

Unterschrift

Mitglied des Vorstandes ....

Unterschrift

Die vorstehende Satzung ist mit Schreiben vom .... angezeigt worden.

Siegel/Unterschrift
untere Jagdbehörde

14 Verordnung über die Mustersatzung für Jagdgenossenschaften (Jagdgenossenschaftssatzungsverordnung – JagdgenVO M-V)

Vom 13. Februar 2001 (GVOBl. M-V S. 69)

Aufgrund des § 8 Abs. 3 Satz 2 und 3 des Landesjagdgesetzes vom 22. März 2000 (GVOBl. M-V S. 126) verordnet das Ministerium für Ernährung, Landwirtschaft, Forsten und Fischerei des Landes Mecklenburg-Vorpommern:

§ 1 Genehmigung und Anzeige

(1) Beschließt die Jagdgenossenschaft eine Satzung, die der in der Anlage dieser Verordnung aufgeführten Mustersatzung entspricht, so tritt die Anzeige nach § 8 Abs. 3 Satz 2 des Landesjagdgesetzes an die Stelle der Genehmigung. Die Anlage ist Bestandteil dieser Verordnung.

(2) Die Mustersatzung ist nach § 8 Abs. 3 Satz 3 des Landesjagdgesetzes für Jagdgenossenschaften verbindlich, die innerhalb einer von der Jagdbehörde gesetzten Frist keine Satzung beschlossen haben.

§ 2 In-Kraft-Treten, Außer-Kraft-Treten

(1) Diese Verordnung tritt am Tage nach ihrer Verkündung in Kraft.

(2) Gleichzeitig tritt die Verordnung über die Mustersatzung für Jagdgenossenschaften vom 3. April 1992 (GVOBl. M-V S. 274) außer Kraft.

Schwerin, den 13. Februar 2001

Der Minister für Ernährung,
Landwirtschaft, Forsten und Fischerei

Till Backhaus

Mustersatzung für Jagdgenossenschaften

§ 1 Name und Sitz

Die Jagdgenossenschaft des gemeinschaftlichen Jagdbezirkes

.... führt den Namen

„Jagdgenossenschaft
....“.

Sie hat ihren Sitz in .... und ist gemäß § 8 Abs. 1

des Landesjagdgesetzes eine Körperschaft des öffentlichen Rechts.

§ 2 Jagdgenossen und Genossenschaftskataster

(1) Der Jagdgenossenschaft gehören die Eigentümer der Grundflächen, die zu dem gemeinschaftlichen Jagdbezirk gehören und auf denen die Jagd ausgeübt werden darf, an (Jagdgenossen).

(2) Die zur Jagdgenossenschaft gehörenden Grundstücke sowie ihre Eigentümer werden in einem Genossenschaftskataster, das auf Grund des vom Katasteramt geführten Liegenschaftskatasters oder anderer Eigentumsnachweise geführt wird, aufgeführt. Dabei sind auf Grund von Eigentumswechsel eingetretene Veränderungen dem Jagdvorstand durch den Erwerber nachzuweisen.

§ 3 Aufgaben der Jagdgenossenschaft

Die Jagdgenossenschaft verwaltet nach den Grundsätzen der Wirtschaftlichkeit alle Angelegenheiten, die sich aus dem Jagdrecht der ihr angehörenden Jagdgenossen ergeben; sie hat insbesondere die Aufgabe, das ihr zustehende Jagdausübungsrecht im Interesse der Jagdgenossen auf Grundlage des Bundes- und des Landesjagdgesetzes zu nutzen.

§ 4 Organe der Jagdgenossenschaft

Organe der Jagdgenossenschaft sind die Versammlung der Jagdgenossen und der Jagdvorstand.

§ 5 Versammlung der Jagdgenossen

(1) Mindestens alle zwei Jahre findet eine Versammlung der Jagdgenossen statt. Auf Verlangen von mehr als einem Viertel der stimmberechtigten Jagdgenossen ist sie innerhalb von drei Monaten einzuberufen.

(2) Versammlungen der Jagdgenossen sind unter Angabe der Tagesordnung mit einer Frist von 14 Tagen durch öffentliche Bekanntmachung in der jeweils betroffenen Gemeinde entsprechend deren Hauptsatzung einzuberufen.

(3) In der Versammlung der Jagdgenossen kann sich eine natürliche Person, die Jagdgenosse ist, durch eine andere natürliche Person, die ebenfalls Jagdgenosse ist, oder durch seinen Ehegatten oder einen Verwandten ersten Grades vertreten lassen. Die Vertretungsvollmacht ist zur Versammlung der Jagdgenossen schriftlich zu erteilen.

(4) Eine juristische Person als Jagdgenosse kann sich durch einen Bevollmächtigten vertreten lassen. Eine Mehrfachvertretung durch den Bevollmächtigten ist nicht zulässig. Die Vertretungsvollmacht muss schriftlich erteilt und darf nicht älter als zwei Jahre sein.

(5) Die Vertretung durch einen Jagdgenossen ist nur möglich, wenn die Summe aus eigener und vertretener Grundfläche ein Drittel der Fläche der Jagdgenossenschaft nicht überschreitet.

(6) Ein Jagdgenosse darf nicht bei Angelegenheiten mitwirken oder während einer Beratung oder Entscheidung anwesend sein, wenn die Entscheidung ihm selbst oder seinem Ehegatten einen Vor- oder Nachteil bringen kann.

§ 6 Beschlüsse der Versammlung der Jagdgenossen

(1) Die Versammlung der Jagdgenossen beschließt gemäß § 9 Abs. 3 des Bundesjagdgesetzes mit der Mehrheit der anwesenden und vertretenen Jagdgenossen, als auch mit der Mehrheit der bei der Beschlussfassung vertretenen Grundfläche (doppelte Mehrheit). Die Abstimmung erfolgt grundsätzlich mit Handzeichen. Widerspricht ein Jagdgenosse dieser Verfahrensweise, erfolgt die Stimmabgabe durch Stimmzettel.

(2) Die Versammlung der Jagdgenossen beschließt über:

a) die Satzung und ihre Änderungen,

b) die Art der Jagdnutzung wie:
   - die Verpachtung, unter Berücksichtigung, dass die Verpachtung auf den Kreis der Jagdgenossen sowie der jagdpachtfähigen Personen, deren Hauptwohnung nicht weiter als 50 Kilometer vom Jagdbezirk liegt, beschränkt werden kann (§ 10 Abs. 1 des Bundesjagdgesetzes und § 8 Abs. 5 des Landesjagdgesetzes),
   - die Jagdausübung durch angestellte Jäger oder
   - das Ruhen der Jagd,

c) bei Verpachtung über die Art, die Pachtbedingungen, die Erteilung des Zuschlages, die Änderung und Verlängerung des Pachtvertrages sowie über Unterverpachtungen,

d) die Verwendung des Ertrages aus der Jagdnutzung,

e) die Erhebung und Verwendung von Umlagen, die die Jagdgenossen erbringen,

f) die Einstellung von Personal,

g) die Festsetzung von Entschädigungen und deren Höhe,

h) den Haushaltsplan,

i) die Rechnungsprüfung und die Entlastungserteilung.

Die Versammlung der Jagdgenossen darf die Entscheidung hierüber nicht auf den Jagdvorstand übertragen.

(3) Über die Beschlüsse der Versammlung der Jagdgenossen ist eine Niederschrift zu fertigen. Aus ihr muss hervorgehen, wie viele Jagdgenossen anwesend waren und welche Grundfläche von ihnen vertreten wurde, ferner wie viele Jagdgenossen für die Beschlussfassung stimmten und wie groß die von diesen vertretene Fläche war. Die Niederschrift ist vom Jagdvorstand zu unterzeichnen. Innerhalb von drei Wochen nach der Versammlung der Jagdgenossen ist durch den Jagdvorstand der Jagdbehörde eine Kopie der Niederschrift zu übersenden.

§ 7 Jagdvorstand

(1) Der Jagdvorstand wird von der Versammlung der Jagdgenossen gemäß § 9 Abs. 3 des Bundesjagdgesetzes mit der Mehrheit der anwe-

senden und vertretenen Jagdgenossen, als auch mit der Mehrheit der bei der Beschlussfassung vertretenen Grundfläche (doppelte Mehrheit) gewählt. Die Abstimmung erfolgt grundsätzlich mit Handzeichen. Widerspricht ein Jagdgenosse dieser Verfahrensweise, erfolgt die Wahl durch Stimmzettel. § 6 Abs. 3 gilt entsprechend.

(2) Der Jagdvorstand besteht aus dem Jagdvorsteher, seinem Stellvertreter, dem Schriftführer und dem Kassenverwalter. Die Amtszeit des Jagdvorstandes beträgt vier Jahre, wobei er bis zur Beschlussfassung über den neuen Jagdvorstand, höchstens jedoch bis sechs Monate nach Ablauf der Amtszeit, im Amt bleibt.

(3) Scheidet während der Amtszeit ein Mitglied des Vorstandes aus, so ist es unverzüglich durch die Versammlung der Jagdgenossen nach zu besetzen.

(4) Die Mitglieder des Jagdvorstandes sind ehrenamtlich tätig. Sie erhalten für ihre notwendigen und nachgewiesenen Auslagen entsprechend § 6 Buchstabe g Ersatz von der Jagdgenossenschaft.

(5) Der Jagdvorstand tritt auf Einladung des Jagdvorstehers nach Bedarf zusammen. Er muss einberufen werden, wenn ein Mitglied des Jagdvorstandes dies schriftlich beantragt.

(6) Der Jagdvorstand ist beschlussfähig, wenn mindestens drei stimmberechtigte Mitglieder anwesend sind. Er entscheidet mit der Mehrheit der anwesenden Stimmen; Stimmenthaltung ist nicht zulässig. Bei Stimmengleichheit entscheidet die Stimme des Jagdvorstehers.

(7) Kein Mitglied des Jagdvorstandes darf bei einer Angelegenheit der Jagdgenossenschaft beratend oder entscheidend mitwirken, wenn die Entscheidung ihm selbst, seinem Ehegatten, einem Verwandten bis zu dritten oder einem Verschwägerten bis zum zweiten Grad oder einer vom ihm kraft Gesetzes oder rechtsgeschäftlicher Vollmacht vertretenen Person einen Vor- oder Nachteil bringen kann. In diesem Fall ist das Mitglied des Jagdvorstandes nicht stimmberechtigt.

§ 8 Aufgaben des Jagdvorstandes

(1) Der Jagdvorstand vertritt die Jagdgenossenschaft gerichtlich und außergerichtlich. Er verwaltet ihre Angelegenheiten. An die Beschlüsse der Versammlung der Jagdgenossen ist er gebunden.

(2) Der Jagdvorstand hat neben den in Absatz 1 aufgeführten folgende Aufgaben zu erfüllen:

a) Führen der Stimmliste,

b) Einberufung und Leitung der Versammlung der Jagdgenossen,

c) Beurkunden und Ausführen der Mitgliederbeschlüsse,

d) Führen der Kassengeschäfte,

e) Aufstellen und Vorlage des Haushaltsplanes, der Jahresrechnung sowie des Verteilungsplanes,

f) Führen der Beitragsliste,

g) Beaufsichtigung der Angestellten, Berufsjäger, Jagdaufseher und Überwachung der Einrichtungen,

h) Vornahme der öffentlichen Bekanntmachungen,

i) Führen des Genossenschaftskatasters.

(3) In Angelegenheiten, die nach Maßgabe des § 6 der Beschlussfassung durch die Versammlung der Jagdgenossen unterliegen, kann, wenn die Erledigung keinen Aufschub duldet und keine Rechte Dritter entstehen, der Jagdvorstand entscheiden. Er muss unverzüglich die Zustimmung der Versammlung der Jagdgenossen einholen. Diese kann die Dringlichkeitsentscheidung aufheben.

(4) Über Beschlüsse des Jagdvorstandes ist eine Niederschrift zu fertigen und von diesem zu unterzeichnen. Innerhalb von drei Wochen nach der Beschlussfassung hat der Jagdvorstand der Jagdbehörde eine Kopie der Niederschrift zu übermitteln.

§ 9 Umlagen und Nutzen

(1) Die von den Jagdgenossen zu erhebenden Umlagen sowie die Auszahlungen aus den Nutzungen ergeben sich entsprechend des jeweiligen Flächenanteils der Jagdgenossen. Zur Feststellung des Anteils der Jagdgenossen stellt der Jagdvorstand einen Verteilungsplan oder eine Beitragsliste auf, die beim Jagdvorsteher zwei Wochen lang zur Einsichtnahme der Jagdgenossen auszulegen sind. Für die Bekanntmachung der Auslegung gilt § 11 Abs. 1 entsprechend.

(2) Beschließt die Jagdgenossenschaft, den Reinertrag der Jagdnutzung nicht an die Jagdgenossen nach dem Verhältnis des Flächeninhaltes ihrer beteiligten Grundstücke zu verteilen, so kann jeder Jagdgenosse, der dem Beschluss nicht zugestimmt hat, die Auszahlung seines Anteils verlangen. Der Jagdvorstand hat den Beschluss entsprechend § 11

Abs. 1 öffentlich bekannt zu machen. Der Anspruch erlischt, wenn er nicht binnen eines Monats nach der Bekanntmachung schriftlich oder mündlich zu Protokoll des Jagdvorstandes geltend gemacht wird.

(3) Jagdgenossen, die dem Beschluss über die Verwendung des Reinertrages der Jagdnutzung nicht zugestimmt haben, sind in der Niederschrift aufzuführen.

§ 10 Geschäftsjahr

Als Geschäftsjahr gilt das Jagdjahr (1. April bis 31. März).

§ 11 Bekanntmachungen

(1) Die für die Jagdgenossen bestimmten Bekanntmachungen werden durch ortsübliche Bekanntmachung in der Gemeinde entsprechend deren Hauptsatzung vorgenommen.

...., den ....

(Ort) (Datum)

(2) Vorstehende Satzung ist in der Versammlung der Jagdgenossen vom

...., in der .... Jagdgenossen mit einer

Grundfläche von .... Hektar vertreten waren,

beschlossen worden.

Der Jagdvorsteher ....

(Unterschrift)

Der stellvertretende Jagdvorsteher ....

(Unterschrift)

Der Schriftführer ....

(Unterschrift)

Der Kassenverwalter ....

(Unterschrift)

Verordnung über die Höhe der Jagdabgabe (Jagdabgabeverordnung – JagdabgVO M-V) 15

Vom 9. Juni 2000 (GVOBl. M-V S. 294), geändert durch Verordnung vom 13. Dezember 2001 (GVOBl. M-V S. 640)

Aufgrund des § 16 Abs. 4 des Landesjagdgesetzes vom 22. März 2000 (GVOBl. M-V S. 126) verordnet das Ministerium für Ernährung, Landwirtschaft, Forsten und Fischerei:

§ 1 Höhe der Jagdabgabe

Als Jagdabgabe nach § 16 Abs. 2 und 3 des Landesjagdgesetzes zahlt der

1. Erwerber des

a) Jagd- einschließlich des Ausländerjagdscheines jährlich 25,50 Euro,

b) Falknerjagdscheines jährlich 13 Euro,

c) Jugendjagdscheines jährlich 18 Euro,

d) Tages- einschließlich des Ausländertagesjagdscheines 13 Euro,

2. Jagdpächter (Einzel-, Mit- oder Unterpächter) 25,50 Euro.

§ 2 Ermäßigung

Die Jagdabgabe ermäßigt sich auf die Hälfte für

1. Mitglieder von Jagdbeiräten nach § 39 des Landesjagdgesetzes und von nicht erweiterten Vorständen der Hegegemeinschaften für Rot-, Dam- oder Schwarzwild nach § 10 des Landesjagdgesetzes,
2. Kreisjägermeister und ihre Stellvertreter nach § 37 des Landesjagdgesetzes,
3. kraft Dienst- oder Arbeitsverhältnis zur Jagdausübung Verpflichteten,
4. Beamte und Angestellte von Jagdbehörden, sofern sie mit Angelegenheiten des Jagdwesens befasst sind.

§ 3 In-Kraft-Treten, Außer-Kraft-Treten

(1) Diese Verordnung tritt am Tage nach ihrer Verkündung in Kraft.

(2) Gleichzeitig tritt die Jagdabgabeverordnung vom 3. September 1997 (GVOBl. M-V S. 493) außer Kraft.

Schwerin, den 9. Juni 2000

Der Minister für Ernährung, Landwirtschaft, Forsten und Fischerei

Till Backhaus

Gemeinsame Richtlinie für die Hege und Bejagung des Schalenwildes der Länder Brandenburg und Mecklenburg-Vorpommern (Wildbewirtschaftungsrichtlinie)[1] 16

Bekanntmachung des Ministeriums für Ernährung, Landwirtschaft, Forsten und Fischerei vom 24. September 2001 (AmtsBl. M-V S. 1094)

Auf Grund des § 10 Abs. 1 und des § 21 Abs. 12 des Landesjagdgesetzes vom 22. März 2000 (GVOBl. M-V S. 126) in Verbindung mit § 1 Abs. 6 des Bundesjagdgesetzes in der Fassung der Bekanntmachung vom 29. September 1976 (BGBl. I S. 2849), zuletzt geändert durch Artikel 4 Abs. 10 des Gesetzes vom 26. Januar 1998 (BGBl. I S. 164), wird folgende Richtlinie für die Hege und Bejagung des Schalenwildes (Wildbewirtschaftungsrichtlinie) erlassen:

Inhaltsverzeichnis

Präambel

Auf Grund vieler Gemeinsamkeiten, insbesondere im Hinblick auf die vorhandenen Lebensräume und Wildtierpopulationen haben sich die jeweiligen obersten Jagdbehörden sowie die Landesjagdverbände der Länder Brandenburg und Mecklenburg-Vorpommern darauf verständigt, eine gemeinsame Wildbewirtschaftungsrichtlinie zu erlassen. Sie enthält einheitliche Altersklassen und Bewirtschaftungskriterien; gleichwohl wird den jeweiligen landesrechtlichen Voraussetzungen und Besonderheiten Rechnung getragen.

1 Landesspezifische Ziele und Grundsätze der Schalenwildbewirtschaftung

(1) Schalenwild ist Bestandteil der heimischen Natur; ihm soll durch die Hege in seinen natürlichen Lebensräumen die Lebensgrundlage gesichert werden. Dazu ist es notwendig, den Wildbestand an landschaftliche und landeskulturelle Verhältnisse anzupassen und einen artenreichen und gesunden Wildbestand zu erhalten. Die Hege muss so durchgeführt werden, dass Beeinträchtigungen einer ordnungsgemäßen land- und forstwirtschaftlichen Nutzung, insbesondere Wildschäden, möglichst vermieden werden. Zur Hege gehören weiterhin die Biotopgestaltung, die Schaffung von Ruhezonen und, sofern erforderlich, die Besucherlenkung.

(2) Rot- und Damwild sind nur in geeigneten Lebensräumen[2] mit einer artgerechten Naturausstattung zu bewirtschaften (Wildeinstandsgebiete). Die Lebensräume müssen die Voraussetzung für ein dauerhaftes und nachhaltiges Vorkommen bieten. Größe, artgerechte Ausstattung und Äsungskapazität der Lebensräume sowie die berechtigten Ansprüche der Land- und Forstwirtschaft auf Schutz gegen Wildschäden sind maßgebend für den Umfang der örtlich anzustrebenden Wildbestände (Zielbestand)[3].

(3) Die angestrebten Zielbestände der Schalenwildarten sind in 5-jährigem Abstand auf der Basis der örtlich aktuellen waldbaulichen und land-

wirtschaftlichen Zielsetzungen zu bestätigen oder neu festzulegen. Der Abbau überhöhter Schalenwildbestände erfolgt durch höheren Abschuss weiblichen und jungen Wildes.

(4) Eine wesentliche Grundlage für eine ordnungsgemäße Hege, insbesondere von Rot-, Dam- und Schwarzwild, ist der Zusammenschluss der Jagdausübungsberechtigten in Hegegemeinschaften innerhalb der Lebensräume des Wildes (§ 10 des Landesjagdgesetzes)[4].

(5) Die Ansprache des Wildes ist aus Gründen des Tierschutzes und der Weidgerechtigkeit stets äußerst gewissenhaft durchzuführen.

(6) Der Altersklassenabschuss[5] hat das Ziel, eine artgerechte Alters- und Geschlechterstruktur zu erreichen bzw. zu erhalten. Hierfür ist die Erfüllung des Abschussplanes[6] nach dem Geschlecht und in der jeweiligen Altersklasse erforderlich.

(7) Um die Schalenwildbestände optimal zu nutzen, ist durch rechtzeitige Erlegung von Jungtieren der jagdliche Anteil an der Gesamtmortalität zu erhöhen.

(8) Der Wechsel von einer Altersklasse in die nächst höhere erfolgt jeweils mit dem Stichtag 1. April; bei Jungtieren erfolgt der Wechsel am 1. April des auf die Geburt folgenden Kalenderjahres.

(9) Unabhängig vom Abschussplan kann stark überaltertes Wild, das körperlich weit zurück gesetzt hat, erlegt werden[7].

(10) Abweichungen von den nachstehenden Kriterien sind in begründeten Ausnahmefällen möglich und bedürfen der Genehmigung der Jagdbehörde.

2 Rahmenkriterien für die Bewirtschaftung der Schalenwildarten

2.1 Rotwild

2.1.1 Grundlagen

Zielbestand:	in Stück (durch die Hegegemeinschaften im jeweiligen Lebensraum vorzuschlagen und durch die Jagdbehörde festzusetzen)
Zuwachs[8]:	75 vom Hundert des am 1. April vorhandenen weiblichen Wildes
Geschlechterverhältnis männlich zu weiblich im Abschuss[9]:	von 45 : 55 bis 30 : 70

2.1.2 Altersklassen und Streckenanteile

Geschlecht	**Altersklasse**	**Alter in Jahren**	**Zu planender Streckenanteil (Richtwerte)**
weiblich	0 (Wildkälber)	unter 1	45 % vom Gesamtabschuss weiblich
	1 (Schmaltiere)	1	15 % vom Gesamtabschuss weiblich
	2 (Alttiere)[10]	ab 2	40 % vom Gesamtabschuss weiblich
männlich	0 (Hirschkälber)	unter 1	45 % vom Gesamtabschuss männlich
	1 (Schmalspießer)	1	25 % vom Gesamtabschuss männlich
	2 (Junge Hirsche)	2 bis 4	15 % vom Gesamtabschuss männlich
	3 (Mittelalte Hirsche)	5 bis 9	5 % vom Gesamtabschuss männlich
	4 (Alte Hirsche)	ab 10	10 % vom Gesamtabschuss männlich

2.1.3 Erläuterungen

(1) Als Grundlage für die altersklassenweise Abschussplanung ist in den Rotwildeinstandsgebieten entsprechend den Gegebenheiten der Population das Geschlechterverhältnis im Abschuss innerhalb der angegebenen Spanne durch die Rotwildhegegemeinschaft im Einvernehmen mit der Jagdbehörde festzulegen.

(2) Für Rotwildeinstandsgebiete sollten zur Erhaltung eines gesunden Rotwildbestandes Erlegungskriterien durch die darin gebildeten Hegegemeinschaften festgelegt werden. Hierfür ist das Einvernehmen mit der Jagdbehörde erforderlich. Sofern kein Einvernehmen erzielt werden kann, entscheidet die oberste Jagdbehörde. In einem Einstandsgebiet sollen stets die gleichen Kriterien gelten.

(3) In Rotwildeinstandsgebieten kann die Jagdbehörde auf Antrag der Hegegemeinschaft im Abschussplan die männlichen Altersklassen 1 und 2 sowie 3 und 4 für die Jagdbezirke, deren Revierinhaber Mitglied der Hegegemeinschaft sind, in die Altersklassen 1/2 sowie 3/4 zusammenfassen. Die Jagdbehörde kann die Zusammenfassung der Altersklassen zum Ende eines jeden Jagdjahres widerrufen. Die Wildnachweisung ist getrennt zu führen.

(4) Oftmals lassen sich die Rotkälber nach dem Geschlecht nur schwer voneinander unterscheiden. Aus diesem Grunde ist es kein Verstoß gegen den Abschussplan, wenn statt eines weiblichen ein männliches Rotkalb oder umgekehrt erlegt wird. Die Wildnachweisung ist getrennt zu führen.

(5) Im Falle zu reduzierender Bestände können die Mitglieder einer Hegegemeinschaft Stücke der Altersklassen 0 und 1 über die geplante Stückzahl hinaus erlegen; der Abschussplan gilt dann als um diese Stückzahl erhöht.

2.2 Damwild

2.2.1 Grundlagen

Zielbestand:	in Stück (durch die Hegegemeinschaften im jeweiligen Lebensraum vorzuschlagen und durch die Jagdbehörde festzusetzen)
Zuwachs:	75 vom Hundert des am 1. April vorhandenen weiblichen Wildes
Geschlechterverhältnis männlich zu weiblich im Abschuss:	von 40 : 60 bis 30 : 70

2.2.2 Altersklassen und Streckenanteile

Geschlecht	Altersklasse	Alter in Jahren	Zu planender Streckenanteil (Richtwerte)
weiblich	0 (Wildkälber)	unter 1	45 % vom Gesamtabschuss weiblich
	1 (Schmaltiere)	1	15 % vom Gesamtabschuss weiblich
	2 (Alttiere)[10]	ab 2	40 % vom Gesamtabschuss weiblich
männlich	0 (Hirschkälber)	unter 1	35 % vom Gesamtabschuss männlich
	1 (Schmalspießer)	1	30 % vom Gesamtabschuss männlich
	2 (Junge Hirsche)	2	15 % vom Gesamtabschuss männlich
	3 (Mittelalte Hirsche)	3 bis 7	10 % vom Gesamtabschuss männlich
	4 (Alte Hirsche)	ab 8	10 % vom Gesamtabschuss männlich

2.2.3 Erläuterungen

(1) Als Grundlage für die altersklassenweise Abschussplanung ist in den Damwildeinstandsgebieten entsprechend den Gegebenheiten der Population das Geschlechterverhältnis im Abschuss innerhalb der angegebenen Spanne durch die Damwildhegegemeinschaft im Einvernehmen mit der Jagdbehörde festzulegen.

(2) Für Damwildeinstandsgebiete sollten zur Erhaltung eines gesunden Damwildbestandes Erlegungskriterien durch die darin gebildeten Hegegemeinschaften festgelegt werden. Hierfür ist das Einvernehmen mit der Jagdbehörde erforderlich. Sofern kein Einvernehmen erzielt werden kann, entscheidet die oberste Jagdbehörde. In einem Einstandsgebiet sollen stets die gleichen Kriterien gelten.

(3) In Damwildeinstandsgebieten kann die Jagdbehörde auf Antrag der Hegegemeinschaft im Abschussplan die getrennte Bewirtschaftung der männlichen Altersklassen 1 und 2 sowie 3 und 4 für die Jagdbezirke, deren Revierinhaber Mitglied der Hegegemeinschaft sind, in die Altersklassen 1/2 sowie 3/4 zusammenfassen. Die Jagdbehörde kann die Zusammenfassung der Altersklassen zum Ende eines jeden Jagdjahres widerrufen. Die Wildnachweisung ist getrennt zu führen.

(4) Oftmals lassen sich die Damkälber nach dem Geschlecht nur schwer voneinander unterscheiden. Aus diesem Grunde ist es kein Verstoß gegen den Abschussplan, wenn statt eines weiblichen ein männliches Damkalb oder umgekehrt erlegt wird. Die Wildnachweisung ist getrennt zu führen.

(5) Im Falle zu reduzierender Bestände können die Mitglieder einer Hegegemeinschaft Stücke der Altersklassen 0, 1 und 2 männlich sowie 0 und 1 weiblich über die geplante Stückzahl hinaus erlegen; der Abschussplan gilt dann als um diese Stückzahl erhöht[11].

2.3 Muffelwild

2.3.1 Grundlagen

Zielbestand:	in Stück (durch die Hegegemeinschaft, sofern keine besteht, durch den Jagdausübungsberechtigten festzulegen)
Zuwachs:	40–70 vom Hundert des am 1. April vorhandenen weiblichen Wildes
Geschlechterverhältnis männlich zu weiblich im Abschuss:	von 45 : 55 bis 30 : 70

2.3.2 Altersklassen und Streckenanteile

Geschlecht	Altersklasse	Alter in Jahren	Zu planender Streckenanteil (Richtwerte)
weiblich	0 (Schaflämmer)	unter 1	50 % vom Gesamtabschuss weiblich
	1 (Schmalschafe)	1	
	2 (Schafe)[10]	ab 2	50 % vom Gesamtabschuss weiblich
männlich	0 (Widderlämmer)	unter 1	50 % vom Gesamtabschuss männlich
	1 (Jährlinge)	1	
	2 (Mittelalte Widder)	2 bis 5	50 % vom Gesamtabschuss männlich
	3 (Alte Widder)	ab 6	

2.3.3 Erläuterungen

(1) Als Grundlage für die Abschussplanung sind entsprechend den Gegebenheiten der Muffelwildpopulation der Zuwachs und das Geschlechterverhältnis im Abschuss innerhalb der angegebenen Spanne durch die Hegegemeinschaft, sofern keine besteht, durch den Jagdausübungsberechtigten festzulegen.

(2) Sowohl bei der Abschussplanung als auch im Abschuss werden beim weiblichen Wild die Altersklassen 0 und 1; beim männlichen Wild die

Altersklassen 0 und 1 sowie 2 und 3 zusammengefasst. Die Wildnachweisung ist altersklassenweise getrennt zu führen.

(3) Die Erlegung von Widdern sollte vornehmlich ab einem Alter von 6 Jahren erfolgen, sofern es sich nicht um Einwachser oder Scheuerer handelt.

2.4 Rehwild

2.4.1 Grundlagen

Zielbestand:	in Stück (für den Jagdbezirk durch den Jagdausübungsberechtigten festzulegen)
Zuwachs:	*Rehwild überwiegend im Wald lebend:* 80 bis 100 vom Hundert des am 1. April vorhandenen weiblichen Wildes *Rehwild überwiegend in der offenen Landschaft lebend:* 30 bis 80 vom Hundert des am 1. April vorhandenen weiblichen Wildes
Geschlechterverhältnis männlich zu weiblich im Abschuss:	*Rehwild überwiegend im Wald lebend:* von 45 : 55 bis 30 : 70 *Rehwild überwiegend in der offenen Landschaft lebend:* von 50 : 50 bis 70 : 30

2.4.2 Altersklassen und Streckenanteile

Geschlecht	Altersklasse	Alter in Jahren	Zu planender Streckenanteil (Richtwerte)
weiblich	0 (Rickenkitze)	unter 1	60 % vom Gesamtabschuss weiblich
	1 (Schmalrehe)	1	
	2 (Ricken)[10]	ab 2	40 % vom Gesamtabschuss weiblich
männlich	0 (Bockkitze)	unter 1	60 % vom Gesamtabschuss männlich
	1 (Jährlinge)	1	
	2 (Rehböcke)[10]	ab 2	40 % vom Gesamtabschuss männlich

2.4.3 Erläuterungen

(1) Als Grundlage für die Abschussplanung sind entsprechend des Lebensraumes und der Gegebenheiten der Rehwildwildpopulation der Zuwachs und das Geschlechterverhältnis im Abschuss innerhalb der angegebenen Spanne für den Jagdbezirk festzulegen.

(2) Sowohl bei der Abschussplanung als auch im Abschuss werden beim weiblichen als auch beim männlichen Rehwild jeweils die Altersklassen 0 und 1 zusammengefasst. Die Wildnachweisung ist altersklassenweise getrennt zu führen.

2.5 Schwarzwild

2.5.1 Grundlagen

Zielbestand:	in Stück (durch die Hegegemeinschaft festzulegen)
Zuwachs:	150 bis 250 vom Hundert des am 1. April vorhandenen Gesamtbestandes

2.5.2 Altersklassen und Streckenanteile

<table>
<tr><th>Altersklasse</th><th>Alter in Jahren</th><th>Zu realisierender Streckenanteil</th></tr>
<tr><td>0 (Frischlinge)</td><td>Als Frischling gilt ein Stück von der Geburt an bis zum 31. März des nächst folgenden Kalenderjahres.</td><td rowspan="2">mindestens 80 % vom Gesamtabschuss</td></tr>
<tr><td>1 (Überläufer)</td><td>1 Jahr</td></tr>
<tr><td rowspan="2">2 (Bachen; Keiler)</td><td rowspan="2">ab 2 Jahre</td><td>mindestens 10 % vom Gesamtabschuss</td></tr>
<tr><td>maximal 5 % vom Gesamtabschuss</td></tr>
</table>

2.5.3 Erläuterungen

(1) Für Schwarzwild erfolgt im Rahmen der Planung keine Trennung nach Geschlecht und Altersklasse, jedoch ist die Wildnachweisung getrennt zu führen.

(2) Der Anteil von Frischlingen und Überläufern an der Gesamtstrecke soll zusammen mindestens 80 vom Hundert betragen. Dabei ist der Schwerpunkt auf den Frischlingsabschuss zu legen (Orientierung 2:1).

(3) Entsprechend der Gesamthöhe des Schwarzwildbestandes ist die notwendige Anzahl von Bachen zu erlegen, deren Bejagung vorrangig im Zeitraum von Anfang Oktober bis Ende Januar erfolgen soll. Der zu erbringende Anteil soll 10 vom Hundert nicht unterschreiten. Frischlinge führende Bachen sind dabei so lange zu schonen, bis ihre Frischlinge die gelben Längsstreifen verloren haben.

(4) Die Erlegung von Keilern sollte vornehmlich ab einem Alter von 5 Jahren erfolgen, wobei ihr Anteil an der Gesamtstrecke 5 vom Hundert nicht überschreiten soll.

3 In-Kraft-Treten / Außer-Kraft-Treten

(1) Diese Wildbewirtschaftungsrichtlinie tritt am 1. April 2002 in Kraft. Die Hegegemeinschaften für Rot-, Dam- und Schwarzwild haben ihre örtlichen Richtlinien so rechtzeitig anzupassen, dass sie für die Bejagung ab dem Jagdjahr 2002/2003 Anwendung finden.

(2) Der Erlass des Landwirtschaftsministeriums „Richtlinien für die Hege und Bejagung des Schalenwildes im Land Mecklenburg-Vorpommern – Wildbewirtschaftungsrichtlinie –“ vom 7. Mai 1993 (AmtsBl. M-V S. 1159) tritt am 31. März 2002 außer Kraft.

Schwerin, den 24. September 2001

Der Minister für Ernährung, Landwirtschaft, Forsten und Fischerei

Till Backhaus

ERLÄUTERUNGEN

1 Der Ersatz der bisherigen, seit 1993 gültigen Richtlinie durch diese neue Vorschrift machte sich sowohl durch die zwischenzeitlich stattgefundene Entwicklung der Schalenwildbestände im Land als auch in Auswertung der Erfahrungen mit den seitdem fast flächendeckend gebildeten Hegegemeinschaften erforderlich.

2 Als geeignete Lebensräume für Rot- und Damwild im Lande sind solche anzusehen, in denen diese Wildarten seit längerem in gesunden Beständen vorkommen und großräumig bewirtschaftet werden. Es ist davon auszugehen, dass diese Lebensräume alle besiedelt sind; eine Ausweitung der Vorkommen ist daher nicht zulässig.

3 Die Festlegung des Zielbestandes erfolgt nach Vorschlag der Hegegemeinschaft durch die Jagdbehörde bzw. für das Rehwild durch den/die Jagdausübungsberechtigten. Seine Höhe ist so zu bemessen, dass Schäden in der Land- und Forstwirtschaft nur in tragbarem Ausmaß entstehen. Dabei sind die jeweiligen waldbaulichen und landwirtschaftlichen Zielsetzungen zu berücksichtigen; bei deren Änderung sind die Zielbestände umgehend anzupassen.
Landesweit müssen entsprechend festgesetzte Zielbestände beim Rot- und Damwild wie auch beim Schwarzwild als überall erreicht und vielerorts bereits überschritten angesehen werden. Gegenüber den Zielbeständen überhöhte Wildbestände sind durch deutlich den Zuwachs übersteigende Abschüsse zielgerichtet zu vermindern.

4 Hiermit wird unterstrichen, dass besonders für Rot-, Dam- und Schwarzwild die Hegegemeinschaften nach § 10 Abs. 2 BJagdG aus

Gründen der Hege in Sinne des § 1 Abs. 2 BJagdG erforderlich sind und ihre qualifizierte Arbeit wesentlich die ordnungsgemäße Hege bestimmt.

Die Richtlinie verpflichtet – wie bereits die Vorgängerregelung – strikt zu einem Wahlabschuss nach Altersklassen, mit dem die soziale Struktur der Wildbestände artgerecht naturnah gestaltet wird. Dazu wurden die Altersklassen z.T. neu differenziert, in der logischen Abfolge von 0 der diesjährigen Jungtiere zu 4 der höchsten Alterklasse benannt sowie die Abschussanteile dem aktuellen Erkenntnisstand folgend neu festgelegt. **5**
Die Praxis des seit 1993 durchgeführten Altersklassenabschusses bewährte sich und bestätigte damit den wildbiologisch begründeten Verzicht auf eine Bejagung nach „Güteklassen". Mit der in der Richtlinie empfohlenen Festsetzung von Erlegungskriterien durch die Hegegemeinschaften soll lediglich ein völlig wahlloser Abschuss innerhalb der Altersklassen vermieden und das Prinzip, die jeweils schwächsten Stücken im Interesse eines gesunden Wildbestandes vorrangig zu erlegen, realisiert werden.

Der Abschussplan als wichtigstes Steuerungsinstrument der Hege erfüllt seine Funktion nur, wenn er in der festgelegten Höhe auch erfüllt wird. Seine zweckmäßige Untersetzung auf die Pläne der in der Hegegemeinschaft zusammengefassten Jagdbezirke und die Vereinbarung von Gruppenabschussplänen bilden dafür wichtige Voraussetzungen. Droht trotzdem eine Untererfüllung, ist im Rahmen der Hegegemeinschaft eine Umverteilung des Abschusses auf Jagdbezirke mit entsprechenden Streckenmöglichkeiten vorzunehmen und durch die Jagdbehörde zu bestätigen. **6**
Wird der Abschussplan in mehreren aufeinander folgenden Jahren nicht erfüllt, erfolgte die Planung unqualifiziert und ist besser an die Gegebenheiten anzupassen.

Hiermit ist es in allen Jagdbezirken möglich, unabhängig von der Abschussplanung überaltertes, körperlich bereits stark zurückgesetztes Wild zu erlegen. Damit wird ermöglicht, solche stets sehr heimlichen und fast immer nur zufällig anzutreffende Stücke noch zu nutzen, bevor sie ihren natürlichen Tod finden. **7**

8 Als biologische Größe schwankt der Zuwachs unter dem Einfluss der Populationstruktur, der Wilddichte und jährlich unterschiedlicher Umweltbedingungen. Als Planungsgrößen stehen die angegebenen Werte für entsprechende Mittelwerte bzw. für den Rahmen, in dem der jeweilige Zuwachs gemäß der örtlich gegebenen Bedingungen anzusetzen ist.

9 Der erhöhte Anteil weiblicher Stücken am Abschuss auch bei ausgeglichen erscheinendem Geschlechterverhältnis des Bestandes ergibt sich gleichermaßen aus der durch zahlreiche neuere Untersuchungen belegten höheren jagdunabhängigen Sterblichkeit des männlichen Wildes als auch aus der Notwendigkeit stärkerer Eingriffe in die Zuwachsträger der zu verringernden Bestände.

10 Die Beschränkung der Anzahl der Altersklassen beim weiblichen Rot-, Dam- und Muffelwild sowie bei beiden Geschlechtern des Reh- und Schwarzwildes auf nur drei heißt nicht, dass bei ihnen ältere Stücken im Bestand bedeutungslos wären. Ein ausreichender Anteil solcher ist durch gezielten Abschuss ebenfalls anzustreben. Dieser liegt jedoch in der Verantwortung der Jagdausübungsberechtigten und wird nicht der offiziellen Abschussplanung unterworfen.

11 Die Möglichkeit, im Falle zu reduzierender Bestände junge Stücke bei Rot- und Damwild über die ursprünglich geplante Stückzahl hinaus erlegen zu können, ohne hierfür einen gesonderten Antrag stellen zu müssen, erlaubt den Hegegemeinschaften rasche Entscheidungen zur Streckenerhöhung noch während der Jagdzeit. Es ist ihre Sache, aufgrund einer Bestandseinschätzung den Fall eines zu reduzierenden Bestandes zu erklären und damit ohne weitere Formalitäten eine Fortsetzung der Bejagung zu erlauben.
Gegenüber der Jagdbehörde wird eine solche Absichtserklärung beispielsweise durch Verschiebung des Geschlechterverhältnisses zugunsten des weiblichen Wildes oder durch merklich zahlenmäßige Erhöhung im Planungsansatz deutlich.

Verwaltungsvorschrift zur Abschussplanung und zur Festsetzung von Mindestabschüssen für Schwarzwild 17

– ohne Anlagen –

Bekanntmachung des Ministeriums für Ernährung, Landwirtschaft, Forsten und Fischerei vom 8. Januar 2002 (AmtsBl. M-V S. 100)

Nach § 42 Abs. 4 in Verbindung mit § 21 des Landesjagdgesetzes vom 22. März 2000 (GVOBl. M-V S. 126), geändert durch Artikel 32 des Gesetzes vom 22. November 2001 (GVOBl. M-V S. 438), wird folgende Verwaltungsvorschrift erlassen:

ABSCHNITT 1 Zuständigkeiten und Grundlagen

1. Zuständigkeiten

1.1 Für nicht verpachtete staatliche Eigenjagdbezirke ist die oberste Jagdbehörde für die Bestätigung oder Festsetzung der Abschusspläne sowie für die Festsetzung der Mindestabschüsse von Schwarzwild zuständig.

1.2 Für alle weiteren Jagdbezirke ist die untere Jagdbehörde für die Bestätigung oder Festsetzung der Abschusspläne sowie für die Festsetzung der Mindestabschüsse von Schwarzwild zuständig. Liegt ein Jagdbezirk im Zuständigkeitsbereich mehrerer unterer Jagdbehörden, ist die untere Jagdbehörde zuständig, in deren Bereich der Jagdbezirk den größten Flächenanteil hat.

2. Rechtsgrundlage

Rechtsgrundlagen der Abschussplanung sowie der Festsetzung von Mindestabschüssen für Schwarzwild sind § 21 des Bundesjagdgesetzes in der Fassung der Bekanntmachung vom 29. September 1976 (BGBl. I S. 2849), zuletzt geändert durch Artikel 207 der Verordnung vom 29. Oktober 2001 (BGBl. I S. 2785), und § 21 des Landesjagdgesetzes sowie die Wildbewirtschaftungsrichtlinie des Landes Mecklenburg-Vorpommern vom 24. September 2001 (Amtsbl. M-V S. 1094).

ABSCHNITT 2 Abschussplanung für Rot-, Dam-, Muffel- und Rehwild

3. Abschusspläne für Rot-, Dam-, Muffel- und Rehwild

3.1 Für jeden Jagdbezirk und jede darin vorkommende Schalenwildart außer Schwarzwild hat der Jagdausübungsberechtigte unter Verwendung der Abschussplanformblätter der Anlagen 1 bis 4 einen Abschussplan zu erstellen.

3.2 Die jährlichen Abschusspläne für Rot- und Damwild werden für den Zeitraum eines Jagdjahres entsprechend der Nummer 4 erstellt.

3.3 Die jährlichen Abschusspläne für Reh- und Muffelwild werden für den Zeitraum dreier Jagdjahre erstellt, jedoch nicht über den Ablauf eines Jagdpachtvertrages hinaus.

3.4 Bei Verpachtungen hat der Jagdausübungsberechtigte das Einvernehmen mit dem Verpächter über die Abschusspläne herzustellen; dieses ist auf dem entsprechenden Formblatt nachzuweisen.

3.5 Sofern die Jagdbehörde nichts anderes bestimmt, hat der Jagdausübungsberechtigte ihr die Abschusspläne für das kommende Jagdjahr bis zum 15. März des Jahres vorzulegen. Die Anzahl der vorzulegenden Ausfertigungen bestimmt die Jagdbehörde.

3.6 Ist ein Jagdbezirk in Teilen verpachtet (§ 11 Abs. 2 Satz 1 des Bundesjagdgesetzes), so ist für jeden dieser Teile ein gesonderter Abschussplan vorzulegen.

4. Aufstellung des Abschussplanes für Rot- und Damwild

4.1 Entsprechend § 21 Abs. 4 des Landesjagdgesetzes erstellen die Hegegemeinschaften für ihren räumlichen Wirkungsbereich einen Gesamtabschussplan für Rot- und für Damwild entsprechend der Anlage 5.

4.2 Die Hegegemeinschaft teilt den Gesamtabschussplan nach Nummer 4.1 sachgerecht in Einzelabschusspläne auf die Jagdbezirke der Gemeinschaftsmitglieder sowie auf diejenigen Jagdbezirke auf, deren Jagdausübungsberechtigte nicht Mitglied der Hegegemeinschaft sind und stellt mit den Betroffenen das Einvernehmen hierüber her. Ist dieses nicht zu erzielen, so vermerkt die Hegegemeinschaft etwaige Vorschläge mit Begründung auf dem durch den Jagdausübungsberechtigten vorzulegenden Abschussplan (Nummer 3.5).

4.3 Abweichend von Nummer 4.2 kann die Hegegemeinschaft Jagdbezirke ihrer Mitglieder in Planungsbezirke zusammenfassen und für diese einen gemeinsamen Gruppenabschussplan entsprechend der Anlage 6 erstellen. Dieser Gruppenabschussplan ist die Grundlage für den Einzelabschussplan nach Nummer 3.1. Voraussetzungen hierfür sind:

- die schriftliche Zustimmung der Verpächter und der Jagdausübungsberechtigten deren Jagdbezirke zum Planungsbezirk gehören;
- die Benennung eines Verantwortlichen durch die Hegegemeinschaft für den jeweiligen Planungsbezirk.
- die Verpflichtung zum körperlichen Nachweis des Abschusses durch den Jagdausübungsberechtigten bei einer von der Hegegemeinschaft bestimmten Person;

4.4 Die Hegegemeinschaft hat den Gesamtabschussplan nach Nummer 4.1 entsprechend der Anlage 5 der für die jeweiligen Jagdbezirke zuständigen Jagdbehörde zusammen mit ihren Einzel- oder Gruppenabschussplanvorschlägen vorzulegen. Die Nummern 3.1 bis 3.6 bleiben hiervon unberührt.

5. Bestätigung oder Festsetzung der Abschusspläne

5.1 Bestätigung oder Festsetzung von Abschussplänen durch die untere Jagdbehörde erfolgen im Einvernehmen mit dem Jagdbeirat.

5.2 Der vorgelegte Abschussplan ist zu bestätigen, wenn er den Vorschriften der Nummern 2 bis 3.6 entspricht und das Einvernehmen mit dem Verpächter, bei Rot- oder bei Damwild darüber hinaus auch mit der Hegegemeinschaft, hergestellt ist. In allen anderen Fällen ist der Abschussplan festzusetzen. Vor einer Festsetzung ist eine Anhörung der Jagdausübungsberechtigten, des Verpächters sowie bei Rot- und Damwild der Hegegemeinschaft durchzuführen.

5.3 Ein rechtswirksamer Abschussplan gilt auch für und gegen den Rechtsnachfolger des Jagdausübungsberechtigten.

5.4 Ändern sich nach Bestätigung oder Festsetzung des Abschussplanes die für die Abschussplanung maßgebenden Verhältnisse oder erweisen sich ursprüngliche Angaben als unrichtig, so verfügt die Jagdbehörde nach Anhörung entsprechend der Nummer 5.2 Satz 3 eine Erhöhung oder Verminderung der Abschusszahlen.

5.5 Eine Ausfertigung des bestätigten oder festgesetzten Abschussplanes erhält der Jagdausübungsberechtigte

- für Rehwild bis spätestens 30. April des jeweiligen Jahres,
- für Rot-, Dam- und Muffelwild bis spätestens 31. Mai des jeweiligen Jahres.

6. Abschussplanerfüllung

6.1 Die Jagdbehörde kann den Jagdausübungsberechtigten zur zahlenmäßigen Erfüllung der Abschusspläne mit ordnungsrechtlichen Mitteln anhalten. Dies gilt nicht für männliches Rot- und Damwild der Altersklassen 3 und 4.

6.2 Gelten im Wirkungsbereich einer Hegegemeinschaft für männliches Rot- oder für Damwild der Altersklasse 3 Erlegungskriterien, die durch die untere Jagdbehörde bestätigt wurden, ist die Nichteinhaltung dieser Kriterien bei Erlegung ein Verstoß gegen den Abschussplan.

6.3 Bei den für drei Jagdjahre aufgestellten Abschussplänen für Reh- und Muffelwild ist ein Vorgriff oder eine Übertragung auf den bestätigten oder festgesetzten Plan des nächsten Jahres bis maximal 20 vom Hundert ohne behördliche Abschussplanänderung zulässig.

6.4 Fallwildverluste, die vor Erfüllung des Abschussplanes eintreten, sind auf diesen anzurechnen. Nach dessen Erfüllung eingetretene Fallwildverluste sind auf den Abschussplan des Folgejahres anzurechnen.

6.5 Ist bei Rot- oder Damwild die Nichterfüllung des Abschussplanes in einzelnen Jagdbezirken absehbar, kann die zuständige Jagdbehörde anderen Jagdbezirken dieser Hegegemeinschaft den Abschuss aufgeben. Werden die Zuständigkeiten nach Nummer 1.1 und 1.2 bei der Abschussübertragung betroffen, erfolgt die Verfügung in Abstimmung der zuständigen Behörden.

6.6 Beruht ein Einzelabschussplan nach Nummer 3.1 auf einem Gruppenabschussplan nach Nummer 4.3, so gilt jeder Einzelabschussplan im Planungsbezirk als erfüllt, sobald in diesem die in einem Einzelabschussplan ausgewiesenen Stücke erlegt wurden.

ABSCHNITT 3 Mindestabschüsse für Schwarzwild

7. Planung und Festsetzung von Mindestabschüssen

7.1 Auf Grund des hohen Schwarzwildbestandes im Land und der dadurch bedingten Gefahr von Wildschäden kann die Jagdbehörde zu deren Verminderung Mindestabschüsse festsetzen. Zu diesem Zweck hat der Jagdausübungsberechtigte eines Jagdbezirkes jährlich für den Zeitraum eines Jagdjahres und, sofern eine Hegegemeinschaft für Schwarzwild existiert, im Einvernehmen mit dieser unter Verwendung des Formblattes der Anlage 7 der Jagdbehörde entsprechende Vorschläge zu unterbreiten.

7.2 Ist das Einvernehmen zwischen dem Jagdausübungsberechtigten und der Hegegemeinschaft über die Zahl der Mindestabschüsse nicht zu erzielen, so hat die Hegegemeinschaft etwaige Abänderungswünsche mit einer Begründung zu vermerken.

7.3 Sofern die Jagdbehörde nichts anderes bestimmt, hat der Jagdausübungsberechtigte ihr den Vorschlag zu den Mindestabschüssen für das kommende Jagdjahr bis zum 15. März des jeweiligen Jahres vorzulegen. Die Anzahl der vorzulegenden Ausfertigungen bestimmt die Jagdbehörde.

7.4 Ist ein Jagdbezirk in Jagdbögen entsprechend § 11 Abs. 2 Satz 1 des Bundesjagdgesetzes verpachtet, so ist für jeden dieser Jagdbögen ein gesonderter Vorschlag zu den Mindestabschüssen vorzulegen.

7.5 Festgesetzte Mindestabschüsse gelten auch für und gegen den Rechtsnachfolger des Jagdausübungsberechtigten.

7.6 Ändern sich nach Festsetzung der Mindestabschüsse die für die Planung maßgebenden Verhältnisse oder erweisen sich ursprüngliche Angaben als unrichtig, so verfügt die Jagdbehörde nach Anhörung des Jagdausübungsberechtigten und, sofern eine Hegegemeinschaft für Schwarzwild existiert, nach Anhörung dieser, die erforderliche Erhöhung oder Verminderung der Mindestabschüsse.

7.7 Eine Ausfertigung der festgesetzten Mindestabschüsse erhält der Jagdausübungsberechtigte bis spätestens 30. April des jeweiligen Jahres.

8. Erfüllung der Mindestabschüsse

Die Mindestabschüsse sind nach Maßgabe der Wildbewirtschaftungsrichtlinie zu erfüllen. Die Jagdbehörde kann den Jagdausübungsberechtigten hierzu mit ordnungsrechtlichen Mitteln anhalten.

ABSCHNITT 4 Schlussvorschriften

9. In-Kraft-Treten, Außer-Kraft-Treten

9.1 Diese Verwaltungsvorschrift tritt am 1. April 2002 in Kraft.

9.2 Gleichzeitig tritt die Verwaltungsvorschrift zur Abschussregelung und zur Verwendung der Formblätter „Abschussplan“, „Streckenliste“ und „Wildnachweisung“ vom 27. Januar 1994 (AmtsBl. M-V S. 199) außer Kraft.

Verwaltungsvorschrift zur Verwendung der Formblätter „Streckenliste“ und „Wildnachweisung“ 18

– ohne Anlagen –

Bekanntmachung des Ministeriums für Ernährung, Landwirtschaft, Forsten und Fischerei vom 6. Mai 2002 (AmtsBl. M-V S. 273)

Aufgrund des § 42 Abs. 4 in Verbindung mit § 21 Abs. 8 des Landesjagdgesetzes vom 22. März 2000 (GVOBl. M-V S. 126), geändert durch Artikel 32 des Gesetzes vom 22. November 2001 (GVOBl. M-V S. 438), wird folgende Verwaltungsvorschrift erlassen:

1. Verwendung des Formblattes Streckenliste

1.1 Für das Führen der Streckenliste durch den Jagdausübungsberechtigten nach § 21 Abs. 8 des Landesjagdgesetzes ist das Formblatt „Streckenliste“ gemäß der Anlage 1 zu verwenden. Die Anlage 1 ist Bestandteil der Verwaltungsvorschrift.

1.2 In die Streckenliste sind jedes erlegte Stück Wild, jedes Stück Fallwild sowie die erlegten Hunde und Katzen einzutragen.

1.3 Jeder Abschuss und das Fallwild sind innerhalb einer Woche in die Streckenliste einzutragen

1.4 Die Jagdbehörde kann das Führen der Streckenliste jederzeit in geeigneter Weise kontrollieren. Sie kann sich zu diesem Zweck die Streckenliste durch den Jagdausübungsberechtigten vorlegen lassen.

2. Verwendung des Formblattes Wildnachweisung

2.1 Für die Anzeige der Strecke des vorangegangenen Jagdjahres durch den Jagdausübungsberechtigten nach § 21 Abs. 8 des Landesjagdgesetzes ist das Formblatt „Wildnachweisung“ gemäß der Anlage 2 zu verwenden. Die Anlage 2 ist Bestandteil der Verwaltungsvorschrift.

2.2 Die Anzeige der Strecke des vorangegangenen Jagdjahres hat bis zum 10. April jeden Jahres bei der Jagdbehörde zu erfolgen.

3. In-Kraft-Treten

Diese Verwaltungsvorschrift tritt am 1. April 2002 in Kraft.

19 Verwaltungsvorschrift zum Jagdschutz und zur Bestätigung von Jagdaufsehern

– Auszüge –

Erlass des Landwirtschaftsministers vom 31. Januar 1994 (AmtsBl. M-V S. 191), geändert durch Erlass des Ministeriums für Landwirtschaft und Naturschutz vom 29. Mai 1997 (AmtsBl. M-V S. 648)

Nach § 42 Abs. 4 des Landesjagdgesetzes – LJagdG – vom 10. Februar 1992 (GVOBl. M-V S. 30) wird für die Durchführung des Jagdschutzes sowie für die Bestellung und Bestätigung von Jagdaufsehern des Jagdschutzes folgende Verwaltungsvorschrift erlassen:

1. Jagdaufseherarten

Bei der Bestätigung von Jagdaufsehern ist zu unterscheiden zwischen

1.1 nebenberuflichen (einfachen) Jagdaufsehern und

1.2 Jagdaufsehern, die durch ihre berufliche Ausbildung sowie ihre Tätigkeit in diesem Beruf qualifiziert sind – forstlich Ausgebildete sowie Berufsjäger gemäß § 25 Abs. 2 des Bundesjagdgesetzes – BJagdG – (s. Nummern 2.2.1 und 2.2.2).

2. Voraussetzungen für die Bestätigung von Jagdaufsehern

2.1 Die zu bestätigenden Jagdaufseher müssen

a) zuverlässig im Sinne des BJagdG – welches entsprechend der Verwaltungsvorschrift des Landwirtschaftsministers (Erlass vom 19. März 1992 „Zuverlässigkeitsprüfung zur Erteilung eines Jagdscheines“) zu prüfen ist – und volljährig sein,

b) jagdpachtfähig sein und einen gültigen Jahresjagdschein besitzen,

c) körperlich und geistig für ihre Aufgabe geeignet sein,

d) die Gewähr bieten, dass sie ihre Befugnisse nicht missbrauchen,

e) ausreichende Kenntnisse des Jagdbetriebes, des Jagdrechts, des Naturschutz- und Forstrechts sowie des Waffenrechts besitzen,

f) das allgemeine Recht der Gefahrenabwehr, insbesondere ihre Rechte als Vollzugsbeamte (Nummer 5.3.3.1), kennen sowie ihre Befugnisse bezüglich des Rechts- und Selbstschutzes soweit beherrschen, wie es für ihre Tätigkeit erforderlich ist,

g) hauptberufliche Jagdaufseher und Jagdaufseher für Jagdbezirke, die größer als 1.000 ha sind, müssen Berufsjäger oder forstlich ausgebildet und geprüft sein (§ 25 Abs. 4 LJagdG).

Die Buchstaben c) bis f) sind für zu bestätigende Jagdaufseher, die forstlich ausgebildet sind, sowie für Berufsjäger (siehe Nummer 2.2.2) nicht gesondert zu prüfen.

2.2 Für die Bestätigung von Jagdaufsehern gemäß Nummer 1.2 gilt weiterhin:

2.2.1 Forstlich ausgebildet im Sinne des § 25 Abs. 2 BJagdG ist, wer ein Fachhochschulstudium (Fachschulstudium) in der Fachrichtung Forstwirtschaft oder ein forstwissenschaftliches Studium abgeschlossen hat oder die Laufbahnprüfung für eine Laufbahn des gehobenen bzw. höheren Forstdienstes abgelegt hat.

2.2.2 Berufsjäger (jagdwirtschaftlich Ausgebildeter) ist, wer entsprechend der Verordnung (VO) über die Berufsbildung zum Revierjäger/Revierjägerin vom 26. April 1982 (BGBl. I S. 554) oder entsprechend der VO über die Anforderungen an die Meisterprüfung für diesen Beruf vom 28. Dezember 1982 (BGBl. I 1983 S. 3), geändert durch VO vom 22. März 1985 (BGBl. I S. 595) und durch VO vom 28. Februar 1991 (BGBl. I S. 525), eine Ausbildung und Prüfung an einer Einrichtung entsprechend VO über die Eignung der Ausbildungsstätte für diese Ausbildung vom 28. Dezember 1982 (BGBl. 1983 S. 7) absolviert hat. Übergangsregelungen werden in Anlage I Kapitel XVI Sachgebiet C Abschnitt III Nr. 1 des Einigungsvertrages vom 31. August 1990 i. V. m. Artikel 1 des Gesetzes vom 23. September 1990 (BGBl. II S. 885, 1135) getroffen. Es sind die jeweils gültigen Fassungen dieser Regelungen anzuwenden.

3. Bestätigung von Jagdaufsehern, weitere Voraussetzungen, Ausweis

3.1 Jagdaufseher gemäß Nummer 1.1

3.1.1 Grundsätzlich ist die Bestätigung dieser Jagdaufseher nur vorzunehmen, wenn eine schriftliche Bestellung des Jagdaufsehers durch den (die) Jagdausübungsberechtigten (Eigenjagdbesitzer oder Jagdpächter) vorgelegt wird. Dies gilt auch, wenn die Jagdbehörde gemäß § 25 Abs. 4 LJagdG die Bestellung eines Jagdaufsehers verlangt hat. Wird gemäß § 12 LJagdG ein Jagdaufseher bestellt, soll das Benehmen mit den Beteiligten hergestellt werden. Sofern Maßnahmen gemäß § 27 Abs. 2 BJagdG erforderlich sind, setzt die zuständige Jagdbehörde die Jagdaufseher ein. Dabei sind die Voraussetzungen nach Nummer 2.1 zu beachten und einzuhalten. Mit der Bestätigung des Jagdaufsehers erlangt dieser ein öffentliches Amt und wird der Dienstaufsicht der Jagdbehörde unterstellt. Kraft des Aufsichtsrechts ist die Jagdbehörde befugt, ihm in Angelegenheiten des Jagdschutzes Weisungen zu erteilen. Gemäß § 25 Abs. 2 und 3 LJagdG haben sich die bestätigten Jagdaufseher bei Ausübung des Jagdschutzes durch ein sichtbar zu tragendes Dienstabzeichen (Anlage 1), das für die Dauer der Jagdschutzberechtigung kosten- und gebührenfrei auszuhändigen ist, auszuweisen.

...

3.2. Jagdaufseher gemäß Nummer 1.2

3.2.1 Bestätigung von Jagdaufsehern, die forstlich ausgebildet sind, aber keine Anstellung im öffentlichen Dienst des Landes oder des Bundes haben

Personen, die unter diese Kategorie fallen, können durch die zuständige Jagdbehörde, sofern der Jagdausübungsberechtigte (Eigentümer/Kommune) diese schriftlich zum Jagdaufseher bestellt hat und sofern die Vorschrift gemäß Nummer 7.2 erfüllt ist, bestätigt werden. Weiterhin gilt Nummer 3.1.1. Mit der Bestätigung fallen diese Jagdaufseher unter Nummer 1.2 und haben die damit verbundenen weitergehenden Befugnisse (Nummer 5.3.4).

3.2.2 Bestätigung von Berufsjägern als Jagdaufseher

Berufsjäger können als Jagdaufseher bestätigt werden, sofern sie eine Anstellung oder Bestellung in einem Jagdbezirk nachweisen und sofern gemäß Nummer 7.2 durch die untere Jagdbehörde verfahren wurde.

3.2.3 Jagdaufseher, die durch ihre Tätigkeit ohne zusätzlichen Behördenakt als bestätigt gelten

Alle forstlich ausgebildeten Bediensteten der Landesforstverwaltung im Sinne von Nummer 2.2.1, die mit dem Jagdschutz beauftragt sind, gelten ohne gesonderte Bestätigung als Jagdaufseher.

...

5. Rechte und Pflichten bei der Durchführung des Jagdschutzes

5.1 Grundsatz

5.1.1 Grundsätzlich ergeben sich die unterschiedlichen Rechte und Pflichten bei der Durchführung des Jagdschutzes aus den §§ 23–25 BJagdG und den §§ 23–25 LJagdG. Hieraus ergeben sich die jeweils zutreffenden Befugnisse bei der Wahrnehmung des Jagdschutzes (Nummer 3–4).

5.1.2 Neben den unterschiedlichen Jagdschutzbefugnissen hat jeder Jäger (Jagdgast, angestellter Jäger, Jagdausübungsberechtigter, bestätigter Jagdaufseher) die so genannten **Jedermannsrechte**. Diese stehen allen unter Nummer 5.3 genannten Jägern neben den dort genannten Rechten zu.

5.2 Jedermannsrechte

Dazu gehören:

5.2.1 Notwehr (§ 32 Strafgesetzbuch)

Hierunter sind Handlungen zu verstehen, die jeder Jäger vornehmen darf, wenn er rechtswidrig angegriffen wird, und die notwendig sind, um eine unmittelbare Gefahr von sich oder einem anderen abzuwenden: „Notwehr ist die Verteidigung, die erforderlich ist, um einen **gegenwärtigen** rechtswidrigen Angriff von sich oder einem anderen abzuwenden.“ In Notwehr darf auch gehandelt werden, wenn eine Person gerade (gegenwärtig) dabei ist, in ein fremdes Recht einzugreifen (z. B. Wilderer in fremdes Jagdrecht). Es ist jedoch immer der **Grundsatz der Verhältnismäßigkeit** durch den in Notwehr handelnden zu beachten. **Notwehr mit der Waffe** ist bei Beachtung des o. g. Grundsatzes nur in den äußersten Fällen denkbar, so z. B., wenn ein gestellter Wilderer den Jäger mit der Waffe anzugreifen droht oder ihn gar beschießt. Sie ist aber nicht zulässig, um einen flüchtenden Täter fluchtunfähig zu machen.

5.2.2 Notstand (§ 34 StGB)

„Rechtfertigender Notstand. Wer in einer **gegenwärtigen**, nicht anders abwendbaren Gefahr für Leben, Leib, Freiheit, Ehre, Eigentum oder ein anderes Rechtsgut eine Tat begeht, um die Gefahr von sich oder einem anderen abzuwenden, handelt nicht rechtswidrig, wenn bei **Abwägung** der widerstreitenden Interessen, namentlich **der betroffenen Rechtsgüter** und des Grades der ihnen drohenden Gefahren, das geschützte Interesse das Beeinträchtigte wesentlich überwiegt. Dies gilt jedoch nur, soweit die Tat ein **angemessenes Mittel** ist, die Gefahr abzuwenden."

Hiernach ist es z. B. möglich, dass jemand, der in einer **Notwehrsituation** handelt, ein anderes Recht verletzt, um das höherwertige Recht zu schützen. Zum Beispiel: Ein tollwütiger Fuchs greift in einer Ortslage (befriedeter Bezirk) Menschen an. Ein Jäger, der hier den Fuchs mit der Waffe ohne vorherige behördliche Erlaubnis erlegt, hätte in Notstand gehandelt.

5.2.3 Vorläufige Festnahme (§ 127 Strafprozessordnung – StPO)

„Wird jemand auf **frischer Tat** betroffen oder verfolgt, so ist, wenn er der Flucht verdächtig ist oder seine Identität nicht sofort festgestellt werden kann, **jedermann** befugt, ihn auch ohne richterliche Anordnung vorläufig festzunehmen...". Hiernach hat jeder das Recht, eine Person, die gerade dabei ist, eine strafbare Handlung zu begehen, sofort festzunehmen. Will der Festnehmende Gewalt anwenden, ist, bei der Abwehr dieser, der Grundsatz der Verhältnismäßigkeit zu beachten. Hierfür gilt weiterhin das unter Nummer 5.2.1 Gesagte. Greift der Festzunehmende an, ist Notwehr zulässig.

5.3 Rechte und Pflichten im Einzelnen

...

5.3.3 Bestätigte nebenberufliche (einfache) Jagdaufseher ohne forstliche Ausbildung

5.3.3.1 Die erweiterten Rechte und Pflichten der bestätigten nebenberuflichen Jagdaufseher bei der Anwendung des unmittelbaren Zwangs in Angelegenheiten des Jagdschutzes ergeben sich aus § 25 Abs. 2 Satz 2 BJagdG in Verbindung mit § 23 Abs. 2 Nr. 1 LJagdG. Gemäß „Landesverordnung zur Bestimmung von Vollzugsbeamten" (Vollzugsbeamtenverordnung) vom 26. November 1993 (§ 1 Nr. 7) sind bestätigte Jagdaufseher Vollzugsbeamte im Sinne des Sicherheits- und Ordnungsgesetzes vom 4. August 1992 (GVOBl. M-V S. 498) – SOG M-V -. Sie dürfen jedoch zur Ausübung des unmittelbaren Zwanges keine Waffen anwenden (Nummer 6.1.1.2). Im Übrigen gilt Nummer 4.1 Satz 2. Der bestätigte einfache Jagdaufseher hat **nicht** die Rechte und Pflichten von Polizeibeamten und kann auch nicht als Hilfsbeamter der Staatsanwaltschaft eingesetzt werden.

...

5.3.4 Bestätigte nebenberufliche Jagdaufseher mit forstlicher Ausbildung

Bestätigte nebenberufliche Jagdaufseher mit forstlicher Ausbildung, die gemäß Nummer 7.2 geprüft wurden, haben die weitergehenden Rechte und Pflichten von Polizeibeamten und sind Hilfsbeamte der Staatsanwaltschaft. Zu den Befugnissen, die sich aus diesen Rechten ergeben, siehe unter Nummer 6.

5.3.5 Berufsjäger

Berufsjäger, sofern Sie die Ausbildung gemäß Nummer 2.2.2 haben und haupt- oder nebenberuflich den Jagdschutz wahrnehmen, bedürfen der Bestätigung durch die Jagdbehörde, um die weitergehenden Befugnisse gemäß Nummer 5.3.4 zu erlangen. Nummer 7.2 ist zu beachten.

5.3.6 Jagdaufseher, die gemäß Nummer 3.2.3 als bestätigt gelten

Diese Jagdaufseher haben ebenfalls die weitergehenden Befugnisse gemäß Nummer 5.3.4, sofern ihre Zuständigkeit im Forstdienstausweis vermerkt ist.

6. Rechte und Pflichten von Polizeibeamten und als Hilfsbeamte der Staatsanwaltschaft bei der Ausübung des Jagdschutzes durch die gemäß Nummer 5.3.4 bis 5.3.6 dazu befugten Jagdaufseher

6.1.1 Rechte und Pflichten von Polizeibeamten

6.1.1.1 Die Rechte und Pflichten der Polizeibeamten ergeben sich in den Grundzügen aus dem SOG M-V. Von besonderer Bedeutung sind die §§ 50 bis 67 „Besondere Maßnahmen der Polizei und der Ordnungsbehörden" sowie die Vorschriften der §§ 101–112 zur „Ausübung des unmittelbaren Zwangs".

6.1.1.2 Nach § 107 SOG M-V dürfen Beamte und andere Bedienstete der Landesforst- oder Bundesforstverwaltung, die im Forst- und Jagdschutz verwendet werden, sowie bestätigte Jagdaufseher, sofern sie Berufsjäger oder forstlich ausgebildet sind, Schusswaffen zur Ausübung des unmittelbaren Zwangs gebrauchen. Der Gebrauch der Waffe wäre jedoch nur in den äußersten Fällen denkbar und nur, wenn andere unmittelbare Zwangsmittel nicht mit Erfolg anwendbar sind (körperliche Gewalt, körperliche Gewalt mit Hilfsmitteln). Im Übrigen gilt der Grundsatz der Verhältnismäßigkeit, wie unter Nummer 5.2.1 dargestellt.

6.1.1.3 Sollte im Ausnahmefall ein Waffengebrauch unumgänglich sein, ist vorher zu warnen, z. B. durch Ruf „Hände hoch oder ich schieße! Hier Jagdschutz“ oder durch Warnschuss.

6.1.1.4 Bei der geplanten Durchführung vollzugspolizeilicher Maßnahmen durch Jagdaufseher nach den Nummern 5.3.4 bis 5.3.6 darf nur Munition verwendet werden, deren Geschosse sich nicht verformen, aufpilzen oder zerlegen (Vollmantelgeschosse). Im Rahmen von Notwehr- bzw. Notstandshandlungen ist nach Möglichkeit Vollmantelmunition zu verwenden.

6.1.2 Hilfsbeamte der Staatsanwaltschaft

6.1.2.1 Die maßgeblichen gesetzlichen Handlungsgrundlagen für die Hilfsbeamten der Staatsanwaltschaft sind die StPO in der Fassung der Bekanntmachung vom 7. April 1987 (BGBl. I S. 1074, 1319) und das Gerichtsverfassungsgesetz (GVG) in der Fassung der Bekanntmachung vom 9. Mai 1975 (BGBl. I S. 1077).

6.1.2.2 Nach dem GVG (§ 152) haben die Hilfsbeamten der Staatsanwaltschaft den Anordnungen der Staatsanwaltschaft ihres Bezirkes Folge zu leisten. Nach der StPO (§ 163) halten die Behörden und Beamten des Polizeidienstes, wozu auch die forstlich ausgebildeten Jagdaufseher und die Berufsjäger – sofern sie als Jagdaufseher bestätigt wurden – gehören, **Straftaten** zu erforschen und alle keinen Aufschub gestattenden Anordnungen zu treffen, um die Verdunkelung der Sache zu verhüten. Sie haben ihre Feststellungen ohne Verzug der Staatsanwaltschaft zu übersenden. Es dürfen Personen, die einer Straftat verdächtig sind, festgenommen werden, wenn ihre Identität nicht festgestellt werden kann. Sie sind jedoch dem Richter des für den Bezirk zuständigen Amtsgerichts unverzüglich vorzuführen.

6.1.2.3 Jagdaufseher, die durch ihren Beruf qualifiziert sind, genießen nach §§ 113 und 114 StGB bei der Gesetzesvollstreckung besonderen Schutz, der Widerstand gegen diese Personen ist strafbar. Diese Amtsträger genießen besonderen Strafschutz, wenn sie rechtswidrige Handlungen vornehmen, sofern sie der Annahme waren, dass sie rechtens handeln. Jagdaufseher mit diesen Sonderrechten dürfen auch bei bloßem Verdacht oder bei Gefahr im Verzug umgehend handeln oder ermitteln, um Beweismaterial zu sichern. Wichtig ist jedoch immer, dass der mit den erweiterten Rechten handelnde Jagdaufseher klar örtlich zuständig ist und auf einer rechtlichen Basis, insbesondere im Verdachtsfall, handelt.

6.1.2.4 Aus der StPO geht hervor, welche Befugnisse Hilfsbeamte der Staatsanwaltschaft bei Gefahr im Verzug haben. In der Regel benennen die jeweiligen Paragraphen die Hilfsbeamten der Staatsanwaltschaft, wenn sie Befugnisse haben, weitgehend zu ermitteln.

So z. B. StPO:
- § 81a Anordnung der körperlichen Untersuchung, Blutprobe,
- § 98 Beschlagnahme von Gegenständen zur Beweissicherung,
- § 105 Ausführung von Durchsuchungen,
- § 127 Vorläufige Festnahme,
- § 163 Identitätsfeststellung.

6.1.2.5 Eine Zusammenarbeit mit der Polizei, der Staatsanwaltschaft und den Gerichten ist anzustreben, um im Sinne der rechtlichen Vorgaben den Jagdschutz mit Erfolg wahrnehmen zu können.

...

20 Sozialgesetzbuch – Siebtes Buch (VII) – Gesetzliche Unfallversicherung (Artikel 1 des Gesetzes vom 7. August 1996, BGBl. I S. 1254)

– Auszüge –

§ 123 Zuständigkeit der landwirtschaftlichen Berufsgenossenschaft

(1) Die landwirtschaftlichen Berufsgenossenschaften sind für folgende Unternehmen (landwirtschaftliche Unternehmen) zuständig, soweit sich nicht aus dem Dritten Unterabschnitt eine Zuständigkeit der Unfallversicherungsträger der öffentlichen Hand ergibt:

1. Unternehmen der Land- und Forstwirtschaft einschließlich des Garten- und Weinbaues, der Fischzucht, Teichwirtschaft, Seen-, Bach- und Flussfischerei (Binnenfischerei), der Imkerei sowie der den Zielen des Natur- und Umweltschutzes dienenden Landschaftspflege,
2. Unternehmen, in denen ohne Bodenbewirtschaftung Nutz- oder Zuchttiere zum Zwecke der Aufzucht, der Mast oder der Gewinnung tierischer Produkte gehalten werden,
3. land- und forstwirtschaftliche Lohnunternehmen,
4. Park- und Gartenpflege sowie Friedhöfe,
5. Jagden,
6. die Landwirtschaftskammern und die Berufsverbände der Landwirtschaft,
7. Unternehmen, die unmittelbar der Sicherung, Überwachung oder Förderung der Landwirtschaft überwiegend dienen,
8. die Träger der landwirtschaftlichen Sozialversicherung, deren Verbände und deren weitere Einrichtungen sowie die Zusatzversorgungskasse und das Zusatzversorgungswerk für Arbeitnehmer in der Land- und Forstwirtschaft.

Sozialgesetzbuch – Viertes Buch (IV) – Gemeinsame Vorschriften für die Sozialversicherung – (Artikel 1 des Gesetzes vom 23. Dezember 1976, BGBl. I S. 3845) 20

– Auszüge –

§ 34 Satzung

(1) Jeder Versicherungsträger gibt sich eine Satzung. Sie bedarf der Genehmigung der nach den besonderen Vorschriften für die einzelnen Versicherungszweige zuständigen Behörde.

(2) Die Satzung und sonstiges autonomes Recht sind öffentlich bekannt zu machen. Sie treten, wenn kein anderer Zeitpunkt bestimmt ist, am Tag nach ihrer Bekanntmachung in Kraft. Die Art der Bekanntmachung wird durch die Satzung geregelt.

21 Satzung der Landwirtschaftlichen Berufsgenossenschaft Berlin Ausgabe 1998 in der Fassung des 4. Nachtrages vom 12. Dezember 2001

– Auszüge –

Aufgrund des § 34 Abs. 1 Satz 1 des Vierten Buches Sozialgesetzbuch – Gemeinsame Vorschriften für die Sozialversicherung – (SGB IV) wird für die Landwirtschaftliche Berufsgenossenschaft Berlin die nachstehende Satzung beschlossen:

I. Allgemeines

§ 1 Name, Sitz, Rechtsstellung

(1) Die Berufsgenossenschaft führt den Namen „Landwirtschaftliche Berufsgenossenschaft Berlin" und hat ihren Sitz in Hönow, Kreis Märkisch-Oderland.

...

§ 3 Sachliche Zuständigkeit

Die Berufsgenossenschaft ist sachlich zuständig für Unternehmen, die der landwirtschaftlichen Unfallversicherung kraft Gesetzes zugewiesen sind sowie für die in ihnen tätigen gegen Arbeitsunfall und Berufskrankheit Versicherten, soweit nicht die Zuständigkeit der Gartenbauberufsgenossenschaft gegeben ist oder gesetzliche Ausnahmen der sachlichen Zuständigkeit vorgesehen sind.

§ 4 Örtliche Zuständigkeit

Der örtliche Zuständigkeitsbereich der Landwirtschaftlichen Berufsgenossenschaft Berlin erstreckt sich auf die Bundesländer Mecklenburg-Vorpommern, Brandenburg, Berlin, Sachsen-Anhalt und den Freistaat Thüringen.

...

§ 22 Arbeitsschutz, Unfallverhütung und Erste Hilfe

(1) Die Berufsgenossenschaft sorgt mit allen geeigneten Mitteln für die Verhütung von Arbeitsunfällen, Berufskrankheiten und arbeitsbedingten Gesundheitsgefahren sowie für eine wirksame Erste Hilfe. Bei der Erfüllung dieser Aufgabe richtet sie sich nach den gesetzlichen Vorschriften und insbesondere nach den Unfallverhütungsvorschriften.

(2) Die Unternehmer sind verpflichtet, in ihren Unternehmen eine möglichst umfassende Verhütung von Arbeitsunfällen, Berufskrankheiten und arbeitsbedingten Gesundheitsgefahren sowie eine wirksame Erste Hilfe sicherzustellen.

...

III. Verwaltung der Berufsgenossenschaft

2. Leistungen

§ 23 Allgemeines

Bei Eintritt eines Arbeitsunfalles oder einer Berufskrankheit gewährt die Berufsgenossenschaft nach Maßgabe der gesetzlichen oder nachfolgenden Vorschriften Heilbehandlung einschließlich Leistungen der medizinischen Rehabilitation, berufsfördernde, soziale und ergänzende Leistungen zur Rehabilitation, Leistungen bei Pflegebedürftigkeit sowie Geldleistungen.

...

3. Pflichten des Unternehmers

a) Eröffnung, Wechsel, Änderung und Einstellung des Unternehmens, Mitteilung beitragsrelevanter Tatsachen

§ 32 Eröffnung des Unternehmens

Die Eröffnung eines Unternehmens der in § 3 der Satzung bezeichneten Art hat der Unternehmer der Berufsgenossenschaft, unter Bezeichnung der Art, des Umfanges und des Gegenstandes des Unternehmens sowie des Eröffnungstages schriftlich binnen einer Woche nach Beginn des Unternehmens anzuzeigen.

§ 33 Wechsel des Unternehmers

Den Wechsel von Personen der Unternehmer haben die bisherigen Unternehmer und ihre Nachfolger oder jeweils deren gesetzliche Vertreter innerhalb von vier Wochen nach dem Wechsel der Berufsgenossenschaft schriftlich mitzuteilen. Den Wechsel von Personen der Bevollmächtigten haben die Unternehmer innerhalb von vier Wochen nach dem Wechsel schriftlich mitzuteilen.

§ 34 Änderungen im Unternehmen und in der Zuständigkeit der Berufsgenossenschaft

(1) Der Unternehmer hat der Berufsgenossenschaft Änderungen seines Unternehmens einschließlich Nebenunternehmen, die für die Zuständigkeit der Berufsgenossenschaft oder für die Umlage von Bedeutung sind, innerhalb von vier Wochen schriftlich mitzuteilen.

(2) Die Frist beginnt mit dem Zeitpunkt, zu welchem der Unternehmer die die Veränderung begründende Tatsache kannte oder den Umständen nach kennen musste.

(3) Änderungen in den Unternehmen ohne Bodenbewirtschaftung (§ 42 Abs. 2, 3; § 46 der Satzung) hat der Unternehmer spätestens zum 15. Januar des dem abgelaufenen Geschäftsjahr folgenden Jahres schriftlich anzuzeigen.

§ 35 Einstellung des Unternehmens

(1) Ist ein Unternehmen oder ein Nebenunternehmen eingestellt worden, so hat dies der Unternehmer der Berufsgenossenschaft schriftlich innerhalb von vier Wochen anzuzeigen.

(2) Die Frist beginnt mit dem Zeitpunkt, zu welchem der Unternehmer die Einstellung oder die das Ausscheiden des Unternehmens begründende Tatsache kannte oder den Umständen nach kennen musste.

...

§ 37 Auskunftspflicht des Unternehmers

(1) Der Unternehmer hat der Berufsgenossenschaft über die Unternehmens-, Arbeits- und Lohnverhältnisse sowie sonstige Änderungen innerhalb von vier Wochen schriftlich Auskunft zu erteilen, soweit es für die Beitragsleistung von Bedeutung ist.

(2) Soweit der Unternehmer die Angaben nicht, nicht rechtzeitig, falsch oder unvollständig macht, kann die Berufsgenossenschaft eine Schätzung vornehmen.

b) Anzeigen der Unfälle, Berufskrankheiten und Unterstützungspflicht

§ 38 Anzeige der Unfälle und Berufskrankheiten

(1) Der Unternehmer hat jeden Unfall, durch den ein im Unternehmen tätiger Versicherter getötet oder so verletzt wird, dass er stirbt oder für mehr als drei Tage arbeitsunfähig wird, anzuzeigen. Hat der Unternehmer im Einzelfall Anhaltspunkte, dass bei einem Versicherten seines Unternehmens eine Berufskrankheit vorliegen könnte, hat er dies der Berufsgenossenschaft ebenfalls anzuzeigen.

(2) Die Anzeige ist binnen drei Tagen zu erstatten, nachdem der Unternehmer von dem Unfall

oder von den Anhaltspunkten für eine Berufskrankheit Kenntnis erhalten hat. Tödliche und andere schwere Unfälle sind der Berufsgenossenschaft sofort telefonisch oder telegrafisch zu melden.

(3) Die Anzeige ist der Berufsgenossenschaft auf dem vorgeschriebenen Vordruck in zweifacher Ausfertigung zu erstatten. Versicherte können von dem Unternehmer verlangen, dass ihnen eine Kopie der Unfallanzeige überlassen wird. Die Unfallanzeige ist vom Betriebsrat (Personalrat), soweit vorhanden, mit zu unterzeichnen.

...

4. Aufbringung der Mittel

§ 40 Allgemeines

(1) Die Mittel für die Aufgaben der Berufsgenossenschaft werden durch Beiträge der Unternehmer aufgebracht.

...

§ 46 Feste Beiträge

(1) Für die nachstehend aufgeführten Unternehmen sind feste Beiträge zu entrichten. Diese berechnen sich für

a) land- und forstwirtschaftliche Lohnunternehmen, sofern sie ausschließlich oder überwiegend in den bei der Landwirtschaftlichen Berufsgenossenschaft Berlin veranlagten Unternehmen tätig sind, nach Grundbeitrag, Art und Anzahl der Versicherten,

...

e) Jagden nach der Jagdfläche, einschließlich der Flächen, auf denen die Jagd ruht,

Unfallverhütungsvorschrift Jagd VSG 4.4 vom 1. Januar 2000

22

§ 1 Grundsätze

Diese Unfallverhütungsvorschrift gilt für den Umgang mit Waffen und Munition sowie für die Ausübung der Jagd.

§ 2 Waffen und Munition

(1) Es dürfen nur Schusswaffen verwendet werden, die den Bestimmungen des Waffengesetzes entsprechen und nach dem Bundesjagdgesetz für jagdliche Zwecke zugelassen sind. Die Waffen müssen funktionssicher sein und dürfen nur bestimmungsgemäß verwendet werden.

Durchführungsanweisung zu Absatz 1

1. *Eine Waffe ist z. B. funktionssicher, wenn sie zuverlässig gesichert werden kann, ihr Verschluss dicht ist und wenn sie keine Laufaufbauchungen, Laufdellen oder die Funktionssicherheit beeinträchtigende Rostnarben aufweist.*
2. *Keine bestimmungsgemäße Verwendung ist z. B. die Benutzung der Waffe zum*
   - *Niederhalten von Zäunen beim Übersteigen,*
   - *Aufstoßen von Hochsitzluken,*
   - *Erschlagen des Wildes.*
3. *Auf die einschlägigen Bestimmungen*
   - *des Waffengesetzes (WaffG),*
   - *der Verordnungen zum Waffengesetz (WaffV),*
   - *der Verwaltungsvorschrift zum Waffengesetz (WaffVwV),*
   - *des Bundesjagdgesetzes (BJG)*

wird hingewiesen.

(2) Es darf nur für die jeweilige Schusswaffe bestimmte Munition in einwandfreiem Zustand verwendet werden.

Durchführungsanweisung zu Absatz 2

1. *Hinweise auf die verwendbare Munition geben z. B. die Angaben auf der Schusswaffe.*
2. *In nicht einwandfreiem Zustand ist z. B. feucht gewordene Munition, selbst wenn sie getrocknet wurde.*

(3) Auch nicht gewerbsmäßig hergestellte Munition muss den gesetzlichen Bestimmungen entsprechen.

Durchführungsanweisung zu Absatz 3

1. *Hierzu gehört z. B. wiedergeladene Munition.*
2. *Auf die einschlägigen Bestimmungen des Waffengesetzes und des Sprengstoffgesetzes wird hingewiesen.*

(4) Flintenlaufgeschoßpatronen müssen so mitgeführt werden, dass Verwechslungen mit Schrotpatronen ausgeschlossen sind.

§ 3 Ausübung der Jagd

(1) Schusswaffen dürfen nur während der tatsächlichen Jagdausübung geladen sein. Die Laufmündung ist stets – unabhängig vom Ladezustand – in eine Richtung zu halten, in der niemand gefährdet wird. Nach dem Laden ist die Waffe zu sichern.

(2) Eine gestochene Waffe ist sofort zu sichern und zu entstechen, falls der Schuss nicht abgegeben wurde.

(3) Beim Besteigen von Fahrzeugen und während der Fahrt muss die Schusswaffe entladen sein. Beim Besteigen oder Verlassen eines Hochsitzes, beim Überwinden von Hindernissen oder in ähnlichen Gefahrlagen müssen die Läufe (Patronenlager) entladen sein.

(4) Ein Schuss darf erst abgegeben werden, wenn sich der Schütze vergewissert hat, dass niemand gefährdet wird.

Durchführungsanweisung zu Absatz 4:

Eine Gefährdung ist z. B. dann gegeben, wenn
- *Personen durch Geschosse oder Geschoßteile verletzt werden können, die an Steinen, gefrorenem Boden, Ästen, Wasserflächen oder am Wildkörper abprallen oder beim Durchschlagen des Wildkörpers abgelenkt werden,*

– *beim Schießen mit Einzelgeschossen kein ausreichender Kugelfang vorhanden ist.*

(5) Von Wasserfahrzeugen aus darf im Stehen nur geschossen werden, wenn das Fahrzeug gegen Umschlagen und der Schütze gegen Stürzen gesichert sind.

(6) Bei einer mit besonderen Gefahren verbundenen Jagdausübung ist ein Begleiter zur Hilfeleistung mitzunehmen.

Durchführungsanweisung zu Absatz 6

Besondere Gefahren können sich ergeben z. B. durch Witterungs-, Gelände- und Bodenverhältnisse, vor allem im Hochgebirge, auf Gewässern und in Mooren oder bei der Nachsuche auf wehrhaftes Wild.

(7) Fangeisen dürfen nur mit einer entsprechenden Vorrichtung gespannt und nur mit einem geeigneten Gegenstand ge- bzw. entsichert werden.

(8) Fangeisen dürfen fängisch nur so aufgestellt werden, dass keine Personen gefährdet werden.

Durchführungsanweisung zu Absatz 8

Eine Gefährdung kann z. B. vermieden werden, wenn Fangeisen in verblendeten Fangbunkern, Fallenkästen oder Fangburgen aufgestellt werden.

§ 4 Besondere Bestimmungen für Gesellschaftsjagden

(1) Bei Gesellschaftsjagden muss der Unternehmer einen Jagdleiter bestimmen, wenn er nicht selbst diese Aufgabe wahrnimmt. Die Anordnungen des Jagdleiters sind zu befolgen.

Durchführungsanweisung zu Absatz 1

Zur Gesellschaftsjagd gehören z. B. Treibjagden und Drückjagden.

(2) Der Jagdleiter hat den Schützen und Treibern die erforderlichen Anordnungen für den gefahrlosen Ablauf der Jagd zu geben. Er hat insbesondere die Schützen und Treiber vor Beginn der Jagd zu belehren und ihnen die Signale bekanntzugeben.

Durchführungsanweisung zu Absatz 2

Zur Belehrung gehört insbesondere der Hinweis auf die Vorschriften in Absatz 3 sowie in den Absätzen 6 bis 11.

(3) Sofern der Jagdleiter nichts anderes anordnet, ist die Waffe erst auf dem Stand zu laden und nach Beendigung des Treibens sofort zu entladen.

(4) Der Jagdleiter hat Personen, die infolge mangelnder geistiger und körperlicher Eignung besonders unfallgefährdet sind, die Teilnahme an der Jagd zu untersagen.

(5) Der Jagdleiter kann für einzelne Aufgaben Beauftragte einsetzen.

Durchführungsanweisung zu Absatz 5

Zu den Aufgaben des Beauftragten können z. B. das Einweisen der Schützen in die Schützenstände und das Führen der Treiberwehr gehören.

(6) Bei Standtreiben haben der Jagdleiter oder die von ihm zum Anstellen bestimmten Beauftragten den Schützen ihre jeweiligen Stände anzuweisen und den jeweils einzuhaltenden Schussbereich genau zu bezeichnen. Nach Einnehmen der Stände haben sich die Schützen mit den jeweiligen Nachbarn zu verständigen; bei fehlender Sichtverbindung hat der Jagdleiter diese Verständigung sicherzustellen. Sofern der Jagdleiter nichts anderes bestimmt, darf der Stand vor Beendigung des Treibens weder verändert noch verlassen werden. Verändert oder verlässt ein Schütze mit Zustimmung des Jagdleiters seinen Stand, so hat er sich vorher mit seinen Nachbarn zu verständigen.

(7) Wenn sich Personen in gefahrbringender Nähe befinden, darf in diese Richtung weder angeschlagen noch geschossen werden. Ein Durchziehen mit der Schusswaffe durch die Schützen- oder Treiberlinie ist unzulässig.

(8) Mit Büchsen- oder Flintenlaufgeschossen darf nicht in das Treiben hineingeschossen werden. Ausnahmen kann der Jagdleiter nur unter besonderen Verhältnissen zulassen, sofern hierdurch eine Gefährdung ausgeschlossen ist.

Durchführungsanweisung zu Absatz 8

Besondere Verhältnisse können z. B. gegeben sein durch die Geländeform oder bei Ansitzdrückjagden.

(9) Bei Kesseltreiben bestimmt der Jagdleiter, ab wann nicht mehr in den Kessel geschossen werden darf; spätestens darf jedoch nach dem Signal „Treiber rein“ nicht mehr in den Kessel geschossen werden.

(10) Die Waffe ist außerhalb des Treibens stets ungeladen, mit geöffnetem Verschluss und mit der Mündung nach oben oder abgeknickt, zu tragen. Bei besonderen Witterungsverhältnissen kann der Jagdleiter zulassen, dass Waffen geschlossen und mit der Mündung nach unten getragen werden, wenn sie entladen sind.

(11) Durchgeh- oder Treiberschützen dürfen während des Treibens nur entladene Schusswaffen mitführen. Dies gilt nicht für Feldstreifen und Kesseltreiben.

Durchführungsanweisung zu Absatz 11

Das Mitführen der Schusswaffe kann für den Durchgeh- oder Treiberschützen zweckmäßig sein
- *für den Fangschuss,*
- *für den Schuss auf vom Hund gestelltes Wild.*

(12) Bei Gesellschaftsjagden müssen sich alle an der Jagd unmittelbar Beteiligten deutlich farblich von der Umgebung abheben.

Durchführungsanweisung zu Absatz 12

Als deutlich farbliche Abhebung eignen sich bei Treibern, Treiber- und Durchgehschützen z. B. gelbe Regenbekleidung oder Brustumhänge in orange-roter Signalfarbe, bei Schützen z.B. ein orangerotes Signalband am Hut.

(13) Bei schlechten Sichtverhältnissen hat der Jagdleiter die Jagd einzustellen.

Durchführungsanweisung zu Absatz 13

Schlechte Sichtverhältnisse liegen z. B. vor bei dichtem Nebel, einsetzender Dunkelheit oder Schneetreiben.

§ 5 Nachsuche

(1) Der Hundeführer wird durch den Unternehmer oder seinen Beauftragten als Jagdleiter bestimmt; er hat damit Weisungsrecht bei der Nachsuche, falls weitere Personen beteiligt sind.

(2) Der Hundeführer muss die notwendige persönliche Schutzausrüstung benutzen.

Durchführungsanweisung zu Absatz 2

Hierzu kann z. B. das Tragen von Schutzbrille und Schutzhandschuhen gehören.

(3) Der Lauf der Waffe ist vor eindringenden Fremdkörpern zu schützen.

Durchführungsanweisung zu Absatz 3

Hierzu eignen sich z. B. Klebestreifen aus durchschießbarem Material.

(4) Kinder und Jugendliche dürfen nicht an der Nachsuche teilnehmen.

(5) Der Unternehmer hat bei der Nachsuche für die Bereitstellung von Erste-Hilfe-Material zu sorgen.

Durchführungsanweisung zu Absatz 5

Auf die Unfallverhütungsvorschrift „Erste Hilfe" (VSG 1.3) wird verwiesen.

(6) Es gelten im übrigen die Vorschriften von § 4 Absatz 2, 3, 5, 6, 7, 10 und 12 entsprechend.

§ 6 Übungsschießen

(1) Das Übungsschießen ist nur auf behördlich zugelassenen Schießständen erlaubt.

Durchführungsanweisung zu Absatz 1

1. *Die behördliche Zulassung kann auf Grundlage des Bundesimmissionsschutzgesetzes oder des Waffengesetzes erfolgen.*
2. *Auf die Schießstandordnung und die Schießvorschrift des Deutschen Jagdschutz Verbandes e. V. wird hingewiesen.*

(2) Beim Schießen ist geeigneter Gehörschutz zu tragen.

Durchführungsanweisung zu Absatz 2

Als geeigneter Gehörschutz sind z. B. Gehörschutzkapseln anzusehen. Auf die Unfallverhütungsvorschrift „Allgemeine Vorschriften für Sicherheit und Gesundheitsschutz" (VSG 1.1) wird verwiesen.

§ 7 Hochsitze

(1) Der Unternehmer muss sicherstellen, dass

1. Hochsitze, ihre Zugänge sowie Stege fachgerecht errichtet und mit Einrichtungen gegen das Abstürzen von Personen gesichert sind

2. bei ortsveränderlichen Hochsitzen die Standsicherheit gewährleistet ist,
3. Hochsitze vor jeder Benutzung, mindestens jedoch einmal jährlich, geprüft werden,
4. nicht mehr benötigte Einrichtungen abgebaut werden.

Durchführungsanweisung zu Absatz 1 Ziffer 1

1. Als Absturzsicherung bei Ansitzleitern wird die Waffenauflage angesehen.

2. Auf die Unfallverhütungsvorschrift „Allgemeine Vorschriften für Sicherheit und Gesundheitsschutz“ (VSG 1.1) und die Unfallverhütungsvorschrift „Arbeitsstätten, bauliche Anlagen und Einrichtungen“ (VSG 2.1) wird verwiesen.

3. Als fachgerecht hergestellt gelten Jagdeinrichtungen, wenn z. B. die Hinweise in der Broschüre „Sichere Hochsitzkonstruktion“ beachtet sind.

Durchführungsanweisung zu Absatz 1 Ziffer 2

Auf die Unfallverhütungsvorschrift „Technische Arbeitsmittel“ (VSG 3.1) wird verwiesen.

(2) Aufgenagelte Sprossen sind nur an geneigt stehenden Leitern zulässig. Sie sind mit den Leiterholmen fest zu verbinden und auf diesen nach unten hin abzustützen.

§ 8 Ordnungswidrigkeiten

Ordnungswidrig im Sinne des § 209 Absatz 1 Nr. 1 Siebtes Buch Sozialgesetzbuch (SGB VII) handelt, wer vorsätzlich oder fahrlässig den Bestimmungen des § 2 Abs. 1,§ 3 Abs. 1 Satz 1, § 4 Abs. 1 Satz 1, Abs. 2, 3, 6, 7, Abs. 8 Satz 1, Abs. 10 Satz 1 oder Abs. 11 Satz 1

§ 5 Abs. 4, § 6 Abs. 1 oder § 7 Abs. 1 Ziffer 3 oder 4 zuwiderhandelt.

§ 9 In-Kraft-Treten

Diese Unfallverhütungsvorschrift tritt am 1. Januar 2000 in Kraft. Gleichzeitig tritt die Unfallverhütungsvorschrift „Jagd“ (UVV 4.4) vom 1. Dezember 1992 außer Kraft.

23 Erlass zur Verhinderung übermäßiger Wildgänseschäden auf frisch eingesäten Wintergetreide- und Rapsaussaaten

Bekanntmachung des Ministeriums für Landwirtschaft und Naturschutz vom 3. September 1997 (AmtsBl. M-V S. 944)

In den Monaten September und Oktober sowie Januar bis April können die Wildgänse insbesondere auf den frisch eingesäten Wintergetreide- und Rapsaussaaten erhebliche Schäden anrichten. In diesen Monaten genießen die Wildgänse nach der Jagdzeitenverordnung grundsätzlich Schonzeit.

Die Jagdbehörden und die Jägerschaft müssen in der Zeit **vom 15. September bis 31. Oktober sowie vom 16. Januar bis 15. April** im Rahmen von flächenbezogenen Bejagungsanordnungen in der Schonzeit alles unternehmen, um entstehenden Wildgänseschäden auf Wintergetreide- und Rapsaussaaten zu begegnen, sofern andere Möglichkeiten versagen. So sind auch die Eigentümer oder Nutzungsberechtigten der Grundstücke berechtigt, das Wild abzuhalten oder zu verscheuchen, dürfen es dabei jedoch nicht gefährden oder verletzen.

Alle Maßnahmen haben so zu erfolgen, dass mit Wildgänsen gemeinsam äsende besonders geschützte Großvogelarten, wie Kraniche, Sing- und Zwergschwäne, weitgehend ungestört bleiben.

Deshalb treffe ich aufgrund des § 42 Abs. 4, des § 43 Nr. 1 und des § 22 Abs. 3 des Landesjagdgesetzes vom 10. Februar 1992 (GVOBl. M-V S. 30), geändert durch Artikel 26 des Gesetzes vom 5. Mai 1994 (GVOBl. M-V S. 566), in Verbindung mit dem § 27 Abs. 1 des Bundesjagdgesetzes in der Fassung vom 29. September 1976 (BGBl. I S. 2849), zuletzt geändert am 21. November 1996 (BGBl. I S. 1779), folgende Regelung:

1. Die Jagdausübungsberechtigten und die landwirtschaftlichen Betriebe sind aufzufordern, der zuständigen unteren Jagdbehörde den entstehenden Wildgänseschaden auf Wintergetreide- und Rapsaussaaten unverzüglich unter Angabe der Lage und Größe der Flächen zu melden.

2. Die unteren Jagdbehörden überprüfen unverzüglich das Schadgeschehen vor Ort. Befinden sich gemeldete Flächen im Biosphärenreservat Südost-Rügen oder im Naturpark Schaalsee, haben die unteren Jagdbehörden die nach der Naturschutz-Zuständigkeitsverordnung vom 12. Juli 1994 (GVOBl. M-V S. 796), zuletzt geändert durch Verordnung vom 13. Februar 1997 (GVOBl. M-V S. 104), bestimmte Naturschutzbehörde einzubeziehen.

3. Bei bestätigtem Schaden durch Wildgänse auf Wintergetreide- und Rapsaussaaten, die weder als Jagdruhezonen noch im Umkreis von 500 m um dieselben liegen, ordnen die unteren Jagdbehörden umgehend gemäß § 27 des Bundesjagdgesetzes gegenüber den dort Jagdausübungsberechtigten den Abschuss von Grau-, Bläß-, Saat- und Kanadagänsen auf den zu benennenden Schadflächen in einem bestimmten Umfang an (Bejagungsanordnung). Die Anzahl von Jagdgästen ist auf die zum Abwehrerfolg notwendige Anzahl zu begrenzen (§ 13 Abs. 5 des Landesjagdgesetzes). Im Biosphärenreservat Südost-Rügen oder im Naturpark Schaalsee ist eine Bejagungsanordnung nur im Einvernehmen mit der zuständigen Naturschutzbehörde möglich.

4. Die StÄUN informieren in ihrem Zuständigkeitsbereich die unteren Jagdbehörden und diese die Jagdausübungsberechtigten über die Lage, den Umfang und die zeitliche Wirksamkeit von Jagdruhezonen, insbesondere Ablenkfütterungen, die vertraglich mit landwirtschaftlichen Betrieben zur Verhinderung von Fraßschäden durch Kraniche, Sing- und Zwergschwäne sowie andere wandernde Tierarten unterhalten werden.

5. Verboten im Rahmen der Bejagungsanordnung ist:

a) Die Jagdausübung in einem Umkreis von 500 Metern um wirksame Ablenkfütterungen (Jagdruhezonen).

b) Wildgänse in der Zeit von zwei Stunden vor Sonnenuntergang bis eine Stunde vor Sonnenaufgang zu bejagen.

6. Der Erlass tritt am 10. September 1997 in Kraft.

24 Richtlinie über die Gewährung von Zuwendungen zur Minderung von wirtschaftlichen Belastungen infolge von Beeinträchtigungen, die durch besonders geschützte und/oder wandernde Großvogelarten verursacht werden (Ertragsausfallrichtlinie – ErAus RL-)

– Auszüge –

Bekanntmachung des Ministeriums für Landwirtschaft und Naturschutz vom 8. Oktober 1996 (AmtsBl. M-V S. 964), geändert durch Artikel 3 der Richtlinie des Umweltministeriums vom 10. Juni 2002 (AmtsBl. M-V S. 623)

1. Zuwendungszweck, Rechtsgrundlagen

1.1 Das Land Mecklenburg-Vorpommern gewährt Zuwendungen zur Minderung von unzumutbaren, nicht oder schwer abwendbaren wirtschaftlichen Belastungen infolge von Beeinträchtigungen durch besonders geschützte (Bundesnaturschutzgesetz in der Fassung vom 21. September 2001 in Verbindung mit der Bundesartenschutzverordnung) Großvogelarten an landwirtschaftlichen Kulturen, in durch Fischbesatz bewirtschafteten Seen, in Aquakultur- und Teichanlagen sowie in der Küstenfischerei.

1.2 Das Land Mecklenburg-Vorpommern fördert diesen Zweck nach Maßgabe

- des Landeshaushaltes,
- dieser Richtlinie
- und der § 44 der Landeshaushaltsordnung in Verbindung mit den dazu ergangenen Verwaltungsvorschriften (VV),
- der §§ 48, 49 und 49a des Verwaltungsverfahrens- und Zustellungsgesetzes des Landes Mecklenburg-Vorpommern.

1.3 Ein Anspruch des Antragstellers auf Gewährung der Zuwendung besteht nicht. Vielmehr entscheidet die Bewilligungsbehörde aufgrund ihres pflichtgemäßen Ermessens im Rahmen der verfügbaren Haushaltsmittel.

2. Gegenstand der Zuwendung

2.1 Zusätzliche über legale Vergrämung hinausgehende Maßnahmen zur passiven Abwehr von Beeinträchtigungen an landwirtschaftlichen Kulturen (Anlage von Ablenkfütterungen) in der Fischereiwirtschaft (z.B. Anlage von Ablenkfütterungen und/oder Überspannung von Teichen mit Netzen in der Teichwirtschaft und Überdachung der Reusen in der Küstenfischerei).

2.2 Die Minderung von nicht abwendbaren Beeinträchtigungen an landwirtschaftlichen Kulturen und in der Fischereiwirtschaft,

2.2.1 die durch besonders geschützte Großvogelarten verursacht werden, oder

2.2.2 die durch Wildgänse, Höckerschwäne und Pfeifenten in Natur- und Großschutzgebieten, vorrangig in Internationalen Vogelschutzgebieten nach der EG-Vogelschutzrichtlinie, verursacht werden und in denen die Jagd auf diese Tiere zum Zeitpunkt des Schadenseintrittes nachweislich nicht ausgeübt wurde.

2.3 Zuwendungsfähig sind

2.3.1 *aufgehoben*

2.3.2 nachweisbare Ertragsausfälle durch Kormorane:

2.3.2.1 – beim Fischfang in der Küstenfischerei, wenn mit stehenden Fangeinrichtungen gefischt wird,

– und die Fanggebiete der betreffenden Fischereibetriebe sich im Bereich der Fischereibezirke nach § 22 Küstenfischereiordnung vom 5. Oktober 1994 (GVOBl. M-V S. 926), die zuletzt durch Verordnung vom 15. Juli 2000 (GVOBl. M-V S. 312) geändert worden ist, befinden.

2.3.2.2 – an durch Besatz begründeten Aalbeständen in der Seenfischerei,

2.3.2.3 – bei Vermarktungsnachteilen an kormorangeschädigtem Aal aus Gewässern im Bereich der Seenfischerei,

2.3.2.4 – in Teichwirtschaften bei Besatz mit Karpfen (Berechnungsmethode nach Anlage 1),

2.3.3 nachweisbare Ertragsausfälle bzw. Mindererträge auf landwirtschaftlichen Flächen im Falle der Nummer 2.2.1,

2.3.4 nachweisbare Ertragsausfälle bzw. Mindererträge auf landwirtschaftlichen Flächen in Großschutzgebieten im Falle der Nummer 2.2.2.

2.4 Einschränkungen der Förderung

Auf landwirtschaftlichen Flächen bleiben Beeinträchtigungen durch o.g. Tierarten von weniger als 10 % Ertragsausfall, bezogen auf die beeinträchtigte Fläche, unberücksichtigt.

Bei voraussichtlich sehr hohen Beeinträchtigungen (ab 70 % Ertragsverlust im Frühjahr) durch o.g. Tierarten an landwirtschaftlichen Kulturen ist mit der zuständigen Naturschutzbehörde ein Umbruch der Erstsaat zu vereinbaren.

Zuwendungen werden nicht bewilligt, wenn der auszuzahlende Betrag unter 500 EUR liegt.

3. Zuwendungsempfänger

Zuwendungsempfänger können Eigentümer und/oder Pächter landwirtschaftlicher oder fischereiwirtschaftlicher Betriebe sein, an deren Eigentum erhebliche Beeinträchtigungen durch oben genannte Tierarten entstanden sind.

Der jeweilige Eigentümer bzw. Pächter hat den Eigentumsnachweis bzw. Pachtnachweis zu erbringen.

...

5. Verfahren

...

5.1 Antragsverfahren

5.1.1 Beim Bemerken einer Beeinträchtigung ist unverzüglich die jeweils örtlich zuständige Naturschutzbehörde

- in Großschutzgebieten das Nationalparkamt Müritz, das Nationalparkamt Rügen, das Nationalparkamt Vorpommersche Boddenlandschaft und das Amt für das Biosphärenreservat Schaalsee,
- in Naturschutzgebieten und auf den übrigen Flächen das jeweils zuständige Staatliche Amt für Umwelt und Natur,

zu verständigen.

Diese hat die Tierart, die die Beeinträchtigung verursacht hat, festzustellen.

Gemeinsam mit dem Landwirt sind Maßnahmen zur Abwehr oder zur Minderung der Beeinträchtigung zu prüfen. Sind zum gegenwärtigen Zeitpunkt keine Abwehrmaßnahmen möglich oder zweckmäßig, hat der Antragsteller das Formular (Anlage 2) auszufüllen.

5.1.2 Dem Antrag sind folgende Unterlagen beizufügen:

- Nachweis des verbliebenen Ertrages,
- Flurkarte mit Maßstabsangabe für das Gebiet, in dem die Beeinträchtigung hervorgerufen wurde.

...

5.3 Bewilligung

Bewilligungsbehörde ist die jeweils zuständige Naturschutzbehörde, d. h. in Großschutzgebieten das Nationalparkamt Müritz, das Nationalparkamt Rügen, das Nationalparkamt Vorpommersche Boddenlandschaft und das Amt für das Biosphärenreservat Schaalsee, in Naturschutzgebieten und auf den übrigen Flächen das jeweils zuständige Staatliche Amt für Umwelt und Natur.

Das Antragsverfahren wird durch die Bewilligungsbehörde abgeschlossen.

25 Abschussmeldung von Schwarz- und Raubwild

Verwaltungsvorschrift des Ministeriums für Ernährung, Landwirtschaft, Forsten und Fischerei vom 30. Juli 2003 (AmtsBl. M-V S. 879)

– ohne Anlage –

Aufgrund des § 42 Abs. 4 in Verbindung mit § 21 Abs. 8 des Landesjagdgesetzes vom 22. März 2000 (GVOBl. M-V S. 126), geändert durch Artikel 32 des Gesetzes vom 22. November 2001 (GVOBl. M-V S. 438), wird folgende Verwaltungsvorschrift erlassen:

1. Streckenliste für Schwarz- und Raubwild

1.1 Gemäß § 21 Abs. 8 des Landesjagdgesetzes führt der Jagdausübungsberechtigte eine Streckenliste, in der jeder Abschuss von Wild und der Fund von Fallwild innerhalb einer Woche einzutragen sind.

1.2 Die Jagdbehörde kann das Führen der Streckenliste jederzeit kontrollieren. Dabei hat sie dafür Sorge zu tragen, dass ihr

a) die Jagdausübungsberechtigten der privaten und kommunalen Eigen- sowie der gemeinschaftlichen Jagdbezirke bis zum zehnten Werktag des Folgemonats die zum Ende des Vormonats auflaufend erreichte Schwarz- und Raubwildstrecke des Jagdjahres nach Maßgabe der Anlage, die Bestandteil dieser Verwaltungsvorschrift ist, melden.

b) Für Mitglieder einer Schwarzwild-Hegegemeinschaft kann die Abschussmeldung nach Buchstabe a durch eine der Jagdbehörde zu benennende Person erfolgen.

1.3 Die Jagdbehörden, die unteren Forstbehörden und die Bundesforstämter leiten bis zum 15. Werktag des Folgemonats jeweils eine entsprechende Streckenmeldung für ihren Zuständigkeitsbereich an die oberste Jagdbehörde weiter.

2. In-Kraft-Treten

Diese Verwaltungsvorschrift tritt am 1. September 2003 in Kraft.

Verwaltungsvorschrift über die Anerkennung von Schweißhundeführern 26

Bekanntmachung des Ministeriums für Ernährung, Landwirtschaft, Forsten und Fischerei vom 16. September 2003 (AmtsBl. M-V S. 962)

– ohne Anlage 2 und 3 –

Auf Grund § 42 Abs. 4 in Verbindung mit § 32 Abs. 3 Satz 1 des Landesjagdgesetzes vom 22. März 2000 (GVOBl. M-V S. 126), geändert durch Artikel 32 des Gesetzes vom 22. November 2001 (GVOBl. M-V S. 438), wird folgende Verwaltungsvorschrift erlassen:

1. Zuständigkeiten

1.1 Jagdscheininhaber werden auf Antrag als Schweißhundeführer von der für den Wohnsitz des Antragstellers zuständigen Jagdbehörde anerkannt (Anerkennung).

1.2 Jagdscheininhaber, die ihren Wohnsitz außerhalb von Mecklenburg-Vorpommern haben, werden durch die Jagdbehörde anerkannt, in deren Zuständigkeitsbereich sie regelmäßig die Jagd in Mecklenburg-Vorpommern ausüben.

2. Voraussetzungen für die Anerkennung von Schweißhundeführern

Voraussetzungen einer Anerkennung sind, dass der Antragsteller

2.1 in Mecklenburg-Vorpommern bei der Landesjägerschaft oder an einer privaten Jägerschule an einem mindestens vier Ausbildungsstunden umfassenden Lehrgang teilgenommen hat, der die Themenbereiche Jagdrecht, Tierschutzrecht, Unfallverhütung und Verhalten auf der Nachsuche beinhaltet, und der nicht länger als ein Jahr zurückliegt; Ausnahmen hiervon kann die Jagdbehörde zulassen,

2.2 die Jagd mindestens drei Jahre lang ausgeübt hat und noch ausübt,

2.3 mindestens zwei Jahre einen Hund besessen und geführt hat, der

a) die Brauchbarkeit für die Nachsuche auf Schalenwild (§ 15 Abs. 4 der Jagdhundebrauchbarkeitsverordnung) bestätigt bekommen hat,

b) eine Verbandsschweißprüfung des Jagdgebrauchshundeverbandes e.V. oder eine gleichwertige Prüfung gemäß Anlage 1, die Bestandteil dieser Verwaltungsvorschrift ist, abgelegt hat,

c) eine ausreichende Anzahl von Nachsuchen innerhalb eines Jahres in verschiedenen Jagdbezirken durchgeführt hat,

d) die Gewähr bietet, krankgeschossenes oder schwerkrankes Schalenwild zu stellen und zu halten,

und für den eine Haftpflichtversicherung nachgewiesen ist.

3. Anerkennung von Schweißhundeführern

3.1 Die Anerkennung erfolgt im Benehmen mit dem Jagdbeirat. Sie erfolgt für die Dauer der Gültigkeit des Jagdscheines. Für eine weitere Anerkennung bedarf es des erneuten Nachweises nach Nummer 2.1 nicht.

3.2 Die Jagdbehörde macht die Anerkennungen zum 31. August eines jeden Jahres im Mitteilungsblatt der Landesjägerschaft bekannt.

3.3 Die Anerkennung ist zu versagen, wenn Grund zur Annahme besteht, dass eine ordnungsgemäße Nachsuche ungeachtet der Erfüllung der in Nummer 2 genannten Voraussetzungen nicht gewährleistet ist.

3.4 Hinsichtlich des Widerrufes und der Rücknahme der Anerkennung gelten die §§ 48 und 49 des Landesverwaltungsverfahrensgesetzes. Insbesondere kann widerrufen werden, wenn

a) nachträglich Tatsachen bekannt werden oder eintreten, die zur Versagung der Anerkennung geführt hätten,

b) eine ordnungsgemäße Nachsuche aus anderen Gründen nicht mehr gewährleistet ist oder

c) gegen Bestimmungen über die Ausübung der Jagd oder dieser Verwaltungsvorschrift oder gegen Auflagen der Anerkennung verstoßen wurde.

3.5 Im Falle der Anerkennung erhält der Antragsteller einen Schweißhundeführerpass nach Maßgabe der Anlage 2. Die Anlage 2 ist Bestandteil dieser Verwaltungsvorschrift.

4. Durchführung der Nachsuche

4.1 Der Jagdausübungsberechtigte, in dessen Jagdbezirk ein Stück Schalenwild als krank erkannt oder verletzt wurde (Auftraggeber), beauftragt den Schweißhundeführer mit der Durchführung der Nachsuche.

4.2 Zur Nachsuche außerhalb des Jagdbezirkes des Auftraggebers darf der Schweißhundeführer ausschließlich den im Schweißhundeführerpass eingetragenen Hund einsetzen.

4.3 Im Zusammenhang mit der Nachsuche ist der Schweißhundeführer Jagdleiter und gegenüber den an der Nachsuche beteiligten Personen sowie dem Jagdausübungsberechtigten, durch dessen Jagdbezirk die Nachsuche führt, weisungsbefugt.

4.4 Während der Nachsuche hat der Schweißhundeführer seinen Schweißhundeführerpass mitzuführen und auf Verlangen dem Jagdausübungsberechtigten, durch dessen Jagdbezirk die Nachsuche führt, vorzuweisen.

4.5 Ohne Genehmigung des Jagdausübungsberechtigten, durch dessen Jagdbezirk die Nachsuche führt, darf ein Schweißhundeführer die Nachsuche nur innerhalb von zwei Stunden nach Sonnenaufgang bis eine Stunde vor Sonnenuntergang durchführen. Ausgenommen hiervon ist die Beendigung der Nachsuche, sofern der Hund innerhalb des vorgenannten Zeitraums zum Stellen von krankem oder verletztem Schalenwild von der Leine gelöst wurde.

4.6 Bei der Nachsuche müssen sich Beteiligte und der Hund farblich von der Umgebung deutlich abheben. Der Schweißhundeführer hat hierzu auffallende Kleidung mit einer Warnfarbpartie von mindestens 30 Prozent der Körperoberfläche zu tragen.

4.7 Bei der Nachsuche ist der Hund grundsätzlich an der langen Leine zu führen. Das Lösen von der Leine zum Stellen des Wildes ist nur am warmen Wundbett oder dann zulässig, wenn das kranke oder verletzte Schalenwild unmittelbar vor den Nachsuchenden wegzieht oder wegzuziehen droht.

5. Informations- und Nachweispflicht

5.1 Der Auftraggeber hat die Jagdausübungsberechtigten, durch deren Jagdbezirke die Nachsuche geführt hat, über die erfolgte Nachsuche und deren Ergebnis unverzüglich zu unterrichten.

5.2 Ein Schweißhundeführer hat jede auf der Grundlage der Anerkennung durchgeführte Nachsuche innerhalb einer Woche in ein Nachsuchenbuch gemäß der Anlage 3, welches jeder Jagdbehörde auf deren Verlangen vorzulegen ist, einzutragen. Die Anlage 3 ist Bestandteil dieser Verwaltungsvorschrift.

C · Anerkennung von Schweißhundeführern

6. Wildversorgung und -aneignung, Anrechnung auf den Abschussplan

Hinsichtlich der Wildversorgung und des Aneignens von Wild sowie der Anrechnung auf den Abschussplan wird auf die Vorschriften des § 33 Abs. 1 Satz 2 sowie Abs. 2 des Landesjagdgesetzes verwiesen.

7. Gebühren

Die Erhebung einer Gebühr für die Anerkennung richtet sich nach den Bestimmungen der Jagdgebührenverordnung vom 31. Januar 2002 (GVOBl. M-V S. 101).

8. In-Kraft-Treten

Diese Verwaltungsvorschrift tritt am Tag nach ihrer Veröffentlichung im Amtsblatt für Mecklenburg-Vorpommern in Kraft.

Anlage 1 (zu Nummer 2.3 Buchstabe b)

Folgende Jagdhundeprüfungen gelten als gleichwertig im Sinne der Nummer 2.3 Buchstabe b:

Jagdhunderasse / -rassengruppe	**Prüfung nach der Prüfungsordnung des jeweiligen Jagdhundeverbandes / -vereines**
Hannoverscher Schweißhund	a) Vorprüfung auf getretener Fährte des Vereins Hirschmann e.V., b) Vorprüfung auf geführter Gesundfährte des Vereins Hirschmann e.V., c) Vorprüfung auf beobachteter Gesundfährte des Vereins Hirschmann e.V., sofern diese vor dem In-Kraft-Treten dieser Verwaltungsvorschrift abgelegt wurde
Bayerischer Gebirgsschweißhund	Vorprüfung des Klubs für Bayerische Gebirgsschweißhunde e.V.
Dachsbracke	Gebrauchsprüfung des Vereins Dachsbracke e.V.
Teckel	a) Gebrauchsprüfung des Vereins für Jagdteckel e.V., b) Schweißprüfung des Deutschen Teckelklubs 1888 e.V.
Bracken	erschwerte Schweißprüfung des Deutschen Bracken Clubs e.V.
Schwarzwildbracke	Gebrauchsprüfung des Schwarzwildbrackenverbandes e.V.

D Ergänzende Rechtsvorschriften
– Auszüge –

Waldgesetz für das Land Mecklenburg-Vorpommern (Landeswaldgesetz – LWaldG) 1

Vom 8. Februar 1993 (GVOBl. M-V S. 90), zuletzt geändert durch Artikel 30 des Gesetzes vom 22. November 2001 (GVOBl. M-V S. 438)

ABSCHNITT I Allgemeine Vorschriften

§ 1 Grundsatz

(1) Der Wald prägt in Mecklenburg-Vorpommern die Landschaft und gehört zu den Naturreichtümern des Landes. Er ist unverzichtbare natürliche Lebensgrundlage der Menschen und Lebensraum für Pflanzen und Tiere.

(2) Wald ist wegen seines wirtschaftlichen Nutzens (Nutzfunktion) und wegen seiner Bedeutung für die Umwelt, insbesondere für die dauernde Funktionsfähigkeit des Naturhaushaltes, das Klima, den Wasserhaushalt, die Reinhaltung der Luft, die Bodenfruchtbarkeit, das Landschaftsbild, die Agrar- und Infrastruktur sowie die Erholung der Bevölkerung (Schutz- und Erholungsfunktion) zu erhalten und zu mehren.

(3) Nach Maßgabe dieses Gesetzes ist es Verpflichtung aller, den Wald zu schützen. Aufgabe der Waldbesitzer ist es, ihren Wald in seiner Lebens- und Ertragsfähigkeit zu erhalten. Aufgabe des Staates ist es, die Rahmenbedingungen für eine im Sinne dieses Gesetzes ordnungsgemäße Forstwirtschaft sicherzustellen.

(4) Bei den Entscheidungen nach diesem Gesetz sind die Belange der Allgemeinheit und die Rechte, Pflichten und wirtschaftlichen Interessen der Waldbesitzer gegeneinander und untereinander gerecht abzuwägen.

(5) Die Mitwirkung der Waldbesitzer bei der Verwirklichung des Gesetzes ist unerlässlich.

§ 2 Wald

(1) Wald im Sinne dieses Gesetzes ist jede mit Waldgehölzen bestockte Grundfläche. Waldgehölze sind alle Waldbaum- und Waldstraucharten. Bestockung ist der flächenhafte Bewuchs mit Waldgehölzen, unabhängig von Regelmäßigkeit und Art der Entstehung.

(2) Als Wald gelten auch kahlgeschlagene oder verlichtete Grundflächen, Waldwege, Waldeinteilungs- und Sicherungsstreifen, Waldwiesen, Waldblößen, Lichtungen, Waldpark- und Walderholungsplätze. Als Wald gelten ferner im Wald liegende oder mit ihm verbundene und ihm dienende Flächen wie insbesondere:

- Wildäsungsflächen und Holzlagerplätze,
- Pflanzgärten und Leitungsschneisen,
- Weihnachtsbaum- und Schmuckreisigkulturen,
- Teiche, Weiher, Gräben und andere Gewässer von untergeordneter Bedeutung sowie deren Uferbereiche, unbeschadet der wasser-, fischerei-, landeskultur- und naturschutzrechtlichen Vorschriften,
- Moore, Heiden und sonstige ungenutzte Ländereien (Ödflächen).

(3) Nicht als Wald gelten:

- in der Feldflur oder im bebauten Gebiet gelegene kleinere Flächen, die mit einzelnen Baumgruppen, Baumreihen oder Hecken bestockt sind,
- in der Feldflur gelegene Weihnachtsbaum- und Schmuckreisigkulturen, Baumschulen und zum Wohnbereich gehörende Parkanlagen sowie
- mit Waldgehölzen bestockte Friedhöfe.

(4) Bestehen im Rahmen der Gesetzesanwendung Zweifel über die Zuordnung einer Grundfläche zu Wald, so ist für die Entscheidung die oberste Forstbehörde zuständig.

...

§ 6 Zielsetzungen im Staatswald und im Körperschaftswald

(1) Im Staatswald:

1. Der Staatswald hat dem Gemeinwohl im besonderen Maße zu dienen. Die Grundsätze ordnungsgemäßer Forstwirtschaft im Sinne von § 12 dieses Gesetzes sind anzuwenden, um die Nutz-, Schutz- und Erholungsfunktion des Waldes nachhaltig zur Wirkung zu bringen.
2. Im Rahmen dieser Zielsetzungen ist der Staatswald nach ökonomischen und ökologischen Grundsätzen zu bewirtschaften.
3. Der Staatswald soll in seinem Bestand und in seiner Flächenausdehnung erhalten, nach Möglichkeit vermehrt und verbessert werden.

(2) Der Körperschaftswald soll unter Beachtung seiner besonderen Zweckbestimmung, seiner Eigenart und der Bedürfnisse der Körperschaft im Rahmen der Leistungsfähigkeit wie Staatswald bewirtschaftet werden.

...

ABSCHNITT III Erhaltung, Bewirtschaftung, Schutz und Vermehrung des Waldes

§ 11 Allgemeine Grundsätze

(1) Der ordnungsgemäßen Forstwirtschaft kommt für die Erhaltung einer ökologisch stabilen, vielfältigen und artenreichen Kultur- und Erholungslandschaft eine zentrale Bedeutung zu.

(2) Der Waldbesitzer ist verpflichtet, seinen Wald im Rahmen der Zweckbestimmung nach anerkannten forstlichen Grundsätzen so zu bewirtschaften und zu pflegen, dass die Nutz-, Schutz- und Erholungsfunktion des Waldes unter Berücksichtigung der langfristigen Wachstumszeiträume stetig und auf Dauer erbracht wird (Nachhaltigkeit).

(3) Die Forstbehörden haben bei der Erfüllung ihrer Aufgaben die Ziele des Naturschutzes und der Landschaftspflege zu beachten und zu unterstützen.

(4) Staatswald sowie Körperschafts- und Privatwald über einhundert Hektar Größe sind nach Betriebskonzepten für zehnjährige Zeiträume

(mittelfristige Planung, Forsteinrichtungswerk) zu bewirtschaften. Verwaltung und Bewirtschaftung sind durch forstliche Fachkräfte auszuüben. Betriebskonzepte für zehnjährige Zeiträume bedürfen der Zustimmung der oberen Forstbehörde.

(5) Forstnebennutzungen dürfen nur so ausgeübt werden, dass eine ordnungsgemäße Forstwirtschaft nicht gefährdet wird.

§ 12 Bewirtschaftung des Waldes

(1) Im Rahmen seiner Verpflichtung zu einer ordnungsgemäßen Forstwirtschaft hat der Waldbesitzer insbesondere:

1. den Boden und die Bodenfruchtbarkeit zu erhalten,
2. die nachhaltige Holzproduktion und die Erhaltung des Waldes als Lebensraum einer artenreichen Pflanzen- und Tierwelt zu sichern,
3. Kahlschläge hiebsunreifer Bestände und auf größeren Flächen zu vermeiden,
4. Verjüngungsmaßnahmen mit standortgerechten und geeigneten Baumarten vorzunehmen,
5. Forstkulturen und Naturverjüngungen ausreichend zu ergänzen, zu pflegen und zu schützen,
6. die Bestände schonend zu läutern und zu durchforsten, den Bodenschutzmaßnahmen und der naturnahen Gestaltung sowie Pflege der Waldränder besondere Aufmerksamkeit zu widmen,
7. auf den Einsatz von Pflanzenschutzmitteln möglichst zu verzichten und den biologischen Forstschutz weitgehend anzuwenden,
8. bei der Erschließung des Waldes Aspekte der Landschafts-, Boden- und Bestandeserhaltung zu beachten,
9. möglichst biogene Schmier- und Kraftstoffe bei maschinellen Arbeiten im Wald einzusetzen,
10. auf Wilddichten hinzuwirken, die dem Wald und seiner Verjüngung angepasst sind sowie Maßnahmen der Wildschadensverhütung durchzuführen.

(2) Maßnahmen im Rahmen einer ordnungsgemäßen Forstwirtschaft gemäß Absatz 1 sind nicht Eingriffe im Sinne des Naturschutzrechts.

...

§ 19 Waldschutz

(1) Die Waldbesitzer haben der Gefahr einer erheblichen Schädigung des Waldes durch Naturereignisse, Waldbrände, tierische und pflanzliche Forstschädlinge vorzubeugen. Schäden durch tierische und pflanzliche Erreger ist rechtzeitig und angemessen im Rahmen der ordnungsgemäßen Forstwirtschaft entgegenzuwirken (Waldschutz).

(2) Die Forstbehörde kann erforderlichenfalls Schutzmaßnahmen anordnen. Sofern die Schutzmaßnahmen nach Anhörung nicht erfolgen, kann die Forstbehörde die Schutzmaßnahmen selbst durchführen. Ist die Schutzmaßnahme zur Abwehr einer unmittelbar drohenden Gefahr erforderlich, so kann die Forstbehörde unmittelbar handeln. Die Forstbehörde kann von den Waldbesitzern oder sonstigen Begünstigten anteiligen Kostenersatz verlangen.

...

ABSCHNITT IV Verhalten im Wald

§ 28 Betreten des Waldes

(1) Jedermann darf den Wald zum Zwecke der Erholung betreten. Für das Betreten des Waldes darf kein Entgelt erhoben werden.

(2) Nicht gestattet ist das Betreten von

1. Forstkulturen und Jungwüchsen bis zu einer Höhe von vier Metern,
2. Pflanzgärten und Wildäckern,
3. Waldflächen und Waldwegen, auf denen Holz eingeschlagen, bearbeitet oder bewegt wird oder auf denen sonstige Waldarbeiten durchgeführt werden,
4. sonstigen forstbetrieblichen, jagdlichen oder fischereiwirtschaftlichen Einrichtungen,
5. forstbehördlich gesperrten Waldflächen und Waldwegen.

(3) Das Betreten des Waldes erfolgt auf eigene Gefahr. Wer den Wald betritt, hat sich so zu verhalten, dass die Lebensgemeinschaft Wald und die Bewirtschaftung des Waldes nicht gestört, der Wald nicht gefährdet,

beschädigt oder verunreinigt sowie die Erholung anderer nicht beeinträchtigt wird.

(4) Das Fahren mit Kraftfahrzeugen aller Art ist außerhalb der dem öffentlichen Verkehr gewidmeten Straßen und Wege nur dem Waldbesitzer, seinen Beauftragten und den hierzu gesetzlich Befugten sowie den Jagdausübungsberechtigten und ihren Beauftragten gestattet.

(5) Das Fahren mit Krankenfahrstühlen und Fahrrädern ohne Motorantrieb ist nur auf Waldwegen und privaten Straßen im Wald auf eigene Gefahr gestattet, soweit sie nicht behördlich bzw. ordnungsgemäß gesperrt sind.

(6) Das Reiten und Kutschfahren im Wald ist auf besonders zur Verfügung gestellten und gekennzeichneten Wegen und Plätzen gestattet und erfolgt auf eigene Gefahr. Dafür müssen die Landkreise und kreisfreien Städte im Einvernehmen mit der Forstbehörde geeignete Wege ausweisen, die mit den Reitwegen außerhalb des Waldes Verbindung haben. Die Interessen der Waldbesitzer und des Pferdesports sowie der Pferdezucht sind dabei angemessen zu berücksichtigen. Die Bewirtschaftung der Wälder und die Erholung anderer Waldbesucher dürfen durch das Reiten nicht erheblich beeinträchtigt werden. Wanderwege und Wanderpfade sowie Sport- und Lehrpfade dürfen nicht als Reitwege gekennzeichnet sein.

(7) Die individuelle Ausübung von Sportarten ist unter Beachtung des Absatzes 3 auf Waldwegen gestattet. Organisierte Sportveranstaltungen, auch reitsportliche Veranstaltungen, bedürfen der vorherigen Genehmigung durch die Forstbehörde im Einverständnis mit den Waldbesitzern. Motorsport ist im Wald nicht gestattet.

(8) Anlage und Kennzeichnung von besitzüberschreitenden Wanderwegen bedürfen der Genehmigung der Forstbehörde im Zusammenwirken mit den Waldbesitzern.

§ 29 Sonstige Benutzungen des Waldes

(1) Das Zelten sowie das Abstellen von Wohnwagen, Wohnmobilen und Verkaufsständen ist unzulässig. Ausnahmen bedürfen der vorherigen Genehmigung durch die Forstbehörde und der Zustimmung des Waldbesitzers.

(2) Das Halten und Hüten von Haustieren im Wald sowie die Mitnahme von gezähmten Wildtieren und Haustieren mit Ausnahme angeleinter

Hunde sind unzulässig. Ausgenommen davon sind Dienst- und Jagdgebrauchshunde in Ausübung ihrer Aufgaben.

(3) Das Halten und Hüten von landwirtschaftlichen Nutztieren und Wildtieren in abgegrenzten Waldstücken oder in besonderen Gehegen bedarf der Zustimmung des Waldbesitzers und der Genehmigung durch die Forstbehörde.

(4) Das Anbringen, Aufstellen oder Auslegen von Werbevorrichtungen, Plakaten oder anderen Zeichen im Wald bedarf der Genehmigung der Forstbehörde und der Zustimmung des Waldbesitzers. Genehmigungsfrei ist die Errichtung und Anbringung von forstbetrieblichen Zeichen.

(5) Das Aufstellen und Bewirtschaften von Bienenwagen und Bienenständen im Walde bedarf der Zustimmung des Waldbesitzers.

§ 30 Sperren von Waldflächen

(1) Der Waldbesitzer kann mit vorheriger Genehmigung durch die Forstbehörde das Betreten oder sonstige Benutzungen bestimmter Waldflächen einschließlich der Waldwege ganz oder teilweise untersagen (Sperren von Waldflächen), wenn und solange

1. die Sperrung aus wichtigen Gründen des Forstschutzes, insbesondere des Waldbrandschutzes, der Wald- oder Wildbewirtschaftung, zum Schutz der Waldbesucher, zur Vermeidung erheblicher Schäden oder zur Wahrung anderer schutzwürdiger Interessen des Waldbesitzers erforderlich ist,
2. die Waldfläche für die Erhaltung bestimmter freilebender Tier- und Pflanzenarten von wesentlicher Bedeutung ist,
3. die Waldfläche für andere wichtige, dem Gemeinwohl dienende Zwecke benötigt wird, die ohne Sperrung nicht erreicht werden können,
4. dies nach anderen landesrechtlichen Vorschriften zulässig ist.

(2) Die Forstbehörde kann die Sperrung auch von Amts wegen anordnen.

(3) Liegen die Voraussetzungen für ein Sperren von Waldflächen und Waldwegen nicht oder nicht mehr vor, so hat der Waldbesitzer die Sperrung unverzüglich aufzuheben. Anderenfalls ordnet die Forstbehörde die Beseitigung der Sperrung an.

(4) Der Landwirtschaftsminister wird ermächtigt, durch Rechtsverordnung zu bestimmen, wie gesperrter Wald zu kennzeichnen ist.

§ 31 Aneignung von Walderzeugnissen

(1) Jedermann ist berechtigt, soweit es das Naturschutzrecht zulässt, Waldfrüchte wie Beeren, Kräuter, Nüsse und Pilze in geringen Mengen zu sammeln. Gleiches gilt für Handsträuße von Blumen, Farnkraut, Gräsern und Zweigen für den eigenen Bedarf. Aneignung und Entnahme haben pfleglich zu erfolgen.

(2) Die Entnahme von Zweigen oder Wipfeltrieben aus Kulturen und Verjüngungen sowie von herabhängenden Zweigen an Randbäumen und das Ausgraben oder andere Entnahme von Waldbäumen, Waldsträuchern u.a. Waldpflanzen ist nicht zulässig.

(3) Organisiertes oder gewerbliches Sammeln von Waldpflanzen und Waldfrüchten bedarf unbeschadet einer naturschutzrechtlich erforderlichen Genehmigung der Zustimmung des Waldbesitzers.

(4) Holz darf im Staatswald für den eigenen Bedarf gesammelt werden, wenn es sich um zu Boden gefallenes, dürres oder angefaultes Holz unter 10 cm Durchmesser handelt, solange eine ordnungsgemäße Forstwirtschaft hierdurch nicht gefährdet wird. Die Entnahme von Leseholz aus dem Privat- oder Körperschaftswald bedarf der Erlaubnis des Waldbesitzers.

...

§ 34 Aufgaben der Forstbehörden

Die Forstbehörden haben die ihnen nach diesem Gesetz und sonstigen Rechtsvorschriften zugewiesenen Aufgaben zu erfüllen.

Dazu gehören insbesondere:

1. die Verwaltung und Bewirtschaftung des landeseigenen Waldes,

2. die Beratung und Betreuung im Privat- und Körperschaftswald,

3. die Durchführung von Maßnahmen zum Schutz des Waldes und zur Förderung der Forstwirtschaft,

4. die forstliche Rahmenplanung und weitere Planungen zur Waldentwicklung,

5. die Ausübung der Forstaufsicht und des Forstschutzes,

6. die Durchführung der sich aus dem Jagdrecht ergebenden Aufgaben, insbesondere die Jagdnutzung in den Eigenjagdbezirken des Landes und die Sicherung der jagdbehördlichen Aufsicht,
7. die Wahrnehmung des Naturschutzes im Wald.

2 Gesetz zum Schutz der Natur und der Landschaft im Lande Mecklenburg-Vorpommern (Landesnaturschutzgesetz – LNatG M-V)

Vom 21. Juli 1998 (GVOBl. M-V S. 647), zuletzt geändert durch Artikel 3 des Gesetzes vom 9. August 2002 (GVOBl. M-V S. 531)

ABSCHNITT 1 Allgemeine Vorschriften

§ 1 Ziele des Naturschutzes und der Landschaftspflege

(1) Aus der Verantwortung für künftige Generationen sind Natur und Landschaft im besiedelten und unbesiedelten Raum als Lebensgrundlage des Menschen und als Voraussetzung für seine Erholung so zu schützen, zu pflegen, zu erhalten und, soweit erforderlich, wiederherzustellen, dass unter Berücksichtigung des Wirkungsgefüges der verschiedenen Umweltfaktoren und ihrer Bedeutung für einen intakten Naturhaushalt

1. Boden und Wasser, Luft und Klima, Pflanzen- und Tierwelt einschließlich ihrer Lebensräume,
2. die Regenerationsfähigkeit und nachhaltige Nutzungsfähigkeit der Naturgüter sowie
3. die Vielfalt, Eigenart und Schönheit von Natur und Landschaft

nachhaltig gesichert sind.

(2) Die sich aus Absatz 1 ergebenden Anforderungen sind untereinander und gegen die sonstigen Anforderungen der Allgemeinheit an Natur und Landschaft abzuwägen. Dabei sollen für einen intakten Naturhaushalt Vorsorge getroffen und nachteilige Auswirkungen durch Anforderungen der Allgemeinheit soweit wie möglich vermieden werden.

...

§ 3 Allgemeine Verpflichtung zum Schutz der Natur und der Landschaft

(1) Jeder ist verpflichtet, durch sein Verhalten dazu beizutragen, dass Natur und Landschaft pfleglich genutzt, geschützt und erhalten werden, sowie Maßnahmen des Naturschutzes und der Landschaftspflege zu unterstützen. Auf die Erholungsbedürfnisse anderer ist Rücksicht zu nehmen.

...

§ 4 Aufgaben der Land-, Forst- und Fischereiwirtschaft sowie der Jagd

(1) Die ordnungsgemäße Land-, Forst- und Fischereiwirtschaft ist umweltschonend. Ihr kommt für die Erhaltung der Kultur- und Erholungslandschaft eine zentrale Bedeutung zu.

(2) Eine umweltschonende Landwirtschaft leistet einen wesentlichen Beitrag zur Erfüllung der Ziele des Naturschutzes und der Landschaftspflege, wenn sie mit geeigneten Wirtschaftsweisen den Boden nutzt und pflegt, Erosion und Humusabbau weitgehend vermeidet, zur Regeneration beiträgt, Gewässer nicht durch landwirtschaftlich nicht erforderlichen Nähr- und Schadstoffeintrag und Bewirtschaftung der Uferzonen gefährdet sowie wild lebenden Tieren und Pflanzen einen ausreichenden Lebensraum erhält. Geeignete Wirtschaftsweisen sind auf einen geschlossenen, schadstoffarmen Stoffkreislauf und ausgeglichenen Wasserhaushalt zu richten, die die Lebensfunktionen des Bodens sichern und die Grundwasserzonen von Schadstoffbelastungen freihalten.

(3) Eine forstwirtschaftliche Flächennutzung ist umweltschonend im Sinne des Absatzes 1, wenn sie den Anforderungen des § 11 Abs. 1 bis 3 und § 12 Abs. 1 des Landeswaldgesetzes vom 8. Februar 1993 (GVOBl. M-V S. 90), zuletzt geändert durch Artikel 5 des Gesetzes vom 25. September 1997 (GVOBl. M-V S. 502), entspricht.

(4) Eine fischereiwirtschaftliche Nutzung ist umweltschonend, wenn sie die Lebensraumfunktion der Gewässer und ihrer Ufer für die wild lebenden Tier- und Pflanzenarten erhält und entwickelt und durch ihre Wirtschaftsweise zur Gesunderhaltung oder Gesundung der Gewässer, einschließlich ihrer Ufer und der Sicherung ihrer Erholungsfunktion, beiträgt.

(5) Eine jagdliche Nutzung ist umweltschonend, wenn sie den Anforderungen des § 1 des Landesjagdgesetzes vom 22. März 2000 (GVOBl. M-

V S. 126,) geändert durch Artikel 32 des Gesetzes vom 22. November 2001 (GVOBl. M-V S. 438), entspricht. Vorschriften nach Abschnitt 4 oder andere spezielle Regelungen in diesem Gesetz oder aufgrund dieses Gesetzes bleiben unberührt.

(6) Die Träger der landwirtschaftlichen Beratung sollen die Inhalte und Voraussetzungen einer umweltschonenden Land-, Forst- und Fischereiwirtschaft im Rahmen ihrer Tätigkeit vermitteln.

...

§ 7 Naturschutz und Öffentlichkeit

(1) Das allgemeine Verständnis für den Gedanken des Naturschutzes und der Landschaftspflege ist zu fördern. Einen wertvollen Beitrag leistet hierzu die integrative Umweltforschung. Die Öffentlichkeit ist über die Ziele, Grundsätze und bedeutsamen Maßnahmen des Naturschutzes und der Landschaftspflege zu unterrichten. In den Gebieten nach § 55 sowie Gebieten mit internationaler Deklaration werden diese Aufgaben durch die zuständigen Naturschutzbehörden insbesondere in Naturschutzstationen wahrgenommen.

(2) Erziehungs-, Bildungs- und Informationsträger informieren in ihrem jeweiligen Aufgabenbereich über die Bedeutung des Schutzes von Natur und Landschaft, wecken das Bewusstsein für die Bedeutung der Ziele und der Grundsätze des Naturschutzes und der Landschaftspflege und werben für einen verantwortungsbewussten und sparsamen Umgang mit den Naturgütern.

...

ABSCHNITT 3 Mindestschutz der Natur

Unterabschnitt 1 Allgemeine Schutzmaßnahmen

§ 14 Eingriffe in Natur und Landschaft (zu § 8 Abs. 1, 7 und 8 BNatSchG)

(1) Eingriffe in Natur und Landschaft im Sinne dieses Gesetzes sind Veränderungen der Gestalt oder Nutzung von Grundflächen oder Gewässern aller Art, welche die ökologische Funktionsfähigkeit des Natur-

haushalts oder das Landschaftsbild erheblich oder nachhaltig beeinträchtigen können.

(2) Eingriffe sind insbesondere

1. die Gewinnung von Bodenschätzen, namentlich Kies, Sand, Ton, Torf, Kreide, Steinen oder anderen selbstständig verwertbaren Bodenbestandteilen (oberflächennahe Bodenschätze), wenn die abzubauende Fläche größer als 300 Quadratmeter ist,

2. Abgrabungen, Aufschüttungen, Ausfüllungen, Auf- oder Abspülungen von mehr als zwei Metern Höhe oder Tiefe oder mit einer Grundfläche von mehr als 300 Quadratmetern im Außenbereich,

3. die Einrichtung oder wesentliche Änderung von Lager-, Ausstellungs-, Sport-, Zelt- und Campingplätzen, Golfplätzen sowie Park- und Stellplätzen von mehr als 300 Quadratmetern im Außenbereich,

4. die Errichtung oder wesentliche Änderung von Hafen-, Küsten- und Uferschutzanlagen, Seebrücken, Stegen, Sportboothäfen, Bootsliegeplätzen und Bootsschuppen sowie von Offshore-Anlagen, insbesondere solchen zur Gewinnung von Windenergie,

5. die Errichtung oder wesentliche Änderung von Abfallentsorgungsanlagen,

6. die Herstellung, Beseitigung oder wesentliche Umgestaltung von Gewässern oder ihren Ufern sowie die Benutzung von Gewässern, die den Wasserstand oder den Abfluss wesentlich verändert,

7. die Entwässerung oder sonstige nachhaltige Beeinträchtigung von Mooren, Sümpfen, Brüchen, Söllen oder sonstigen Feuchtgebieten,

8. die Beseitigung oder nachhaltige oder erhebliche Schädigung von Parkanlagen, Alleen, Baumreihen, Baumgruppen, Feldgehölzen und Feldhecken,

9. die nachhaltige Beeinträchtigung von Ufervegetationen, Heiden, Dünen, Osern, Trocken- und Magerrasen sowie Salzgrünland,

10. die Errichtung oder wesentliche Erweiterung von Gartenanlagen im Außenbereich,

11. der Bau und die wesentliche Änderung von Straßen, Wegen, Bahnanlagen, Flugplätzen, Motor- und Flugsportflächen, Modellflugplätzen und sonstigen Verkehrsflächen im Außenbereich,

12. die Errichtung baulicher Anlagen auf bisher baulich nicht genutzten Grundstücken und die wesentliche Änderung baulicher Anlagen im Außenbereich sowie die Versiegelung von Flächen von mehr als 300 Quadratmetern,

13. die Errichtung und die wesentliche Änderung von Sende- und Leitungsmasten sowie das Verlegen oberirdischer und unterirdischer Leitungen außerhalb des Straßenkörpers im Außenbereich, ausgenommen Zuleitungen zu Viehtränken und elektrischen Weidezäunen,

14. die Errichtung von Einfriedungen und Einzäunungen, ausgenommen die Einfriedung von Hof-, Garten- und Gebäudeflächen und die übliche Einzäunung für landwirtschaftliche Weidetierhaltung und Wildtierhaltung, soweit diese ohne Fundament errichtet werden soll, für forstliche und einjährige landwirtschaftliche Kulturen sowie für Küstenschutzanlagen,

15. die Errichtung und der Betrieb von Tiergehegen einschließlich in und auf Gewässern,

16. die Änderung der Nutzungsart von Dauergrünland auf Niedermoorstandorten,

17. die Verwendung von Ödland oder naturnahen Flächen zu intensiver Landwirtschaftsnutzung, ausgenommen in den Fällen des § 20 Abs. 4 Satz 1 Nr. 1 oder einer Teilnahme an öffentlichen Programmen zur Bewirtschaftungsbeschränkung,

18. die Einrichtung oder wesentliche Änderung von Skipisten,

19. die Errichtung oder Änderung von Werbeanlagen im Außenbereich, sofern sie baurechtlich genehmigungspflichtig sind.

(3) Keine Eingriffe sind

1. Vorhaben im Sinne des § 8 a Abs. 2 Satz 1 des Bundesnaturschutzgesetzes,

2. behördlich durchgeführte oder angeordnete Maßnahmen zur Pflege und Entwicklung von geschützten Gebieten und Gegenständen,

3. die Pflege und Rekultivierung vorhandener Garten- und Parkanlagen entsprechend dem Denkmalschutzgesetz in der Fassung der Bekanntmachung vom 6. Januar 1998 (GVOBl. M-V S. 12, 247), geändert durch Artikel 4 des Gesetzes vom 21. Juli 1998 (GVOBl. M-V S. 647),

4. die land-, forst- und fischereiwirtschaftliche Nutzung im Sinne des § 4.

(4) Die oberste Naturschutzbehörde kann im Einvernehmen mit der für die Land-, Forst- und Fischereiwirtschaft zuständigen obersten Landesbehörde durch Rechtsverordnung regeln, dass bestimmte Maßnahmen und Vorhaben, die im Zusammenhang mit der ordnungsgemäßen land-, forst- und fischereiwirtschaftlichen Bodennutzung erforderlich sind und keiner anderen fachgesetzlichen Genehmigung bedürfen, keinen Eingriff nach Absatz 1 darstellen. Die oberste Naturschutzbehörde bestimmt ferner im Einvernehmen mit der obersten Wasserbehörde durch Rechtsverordnung die öffentlichen Maßnahmen zur Ordnung des Wasserhaushalts, des Gewässerschutzes sowie des Hochwasser- und Küstenschutzes, die keinen Eingriff nach Absatz 1 darstellen. In den Rechtsverordnungen können Mindestanforderungen an den Standort sowie die Durchführung und die Anlage der Maßnahmen und Vorhaben festgelegt werden.

Unterabschnitt 2 Ergänzende Vorschriften

§ 19 Küsten- und Gewässerschutzstreifen

(1) An Gewässern erster Ordnung sowie Seen und Teichen mit einer Größe von einem Hektar und mehr dürfen bauliche Anlagen in einem Abstand von bis zu 100 Metern land- und gewässerwärts von der Mittelwasserlinie an gerechnet nicht errichtet oder wesentlich geändert werden. An Küstengewässern ist abweichend von Satz 1 ein Abstand von 200 Metern land- und seewärts von der Mittelwasserlinie einzuhalten.

...

(3) Ausnahmen von Absatz 1 können zugelassen werden für

5. jagdliche Ansitze.

...

ABSCHNITT 4 Schutz, Pflege und Entwicklung bestimmter Teile von Natur und Landschaft

§ 20 Gesetzlich geschützte Biotope und Geotope (zu § 20 c BNatSchG)

(1) Maßnahmen, die zu einer Zerstörung, Beschädigung, Veränderung des charakteristischen Zustandes oder sonstigen erheblichen oder nachhaltigen Beeinträchtigung folgender Biotope in der in der Anlage 1 zu diesem Gesetz beschriebenen Ausprägung führen können, sind unzulässig:

1. naturnahe Moore und Sümpfe, Sölle, Röhrichtbestände und Riede, seggen- und binsenreiche Naßwiesen,
2. naturnahe und unverbaute Bach- und Flussabschnitte, Quellbereiche, Altwässer, Torfstiche und stehende Kleingewässer jeweils einschließlich der Ufervegetation, Verlandungsbereiche stehender Gewässer,
3. Zwergstrauch- und Wacholderheiden, Trocken- und Magerrasen sowie aufgelassene Kreidebrüche,
4. naturnahe Bruch-, Sumpf- und Auwälder, Gebüsche und Wälder trockenwarmer Standorte, Feldgehölze und Feldhecken,
5. Fels- und Steilküsten, Strandwälle, Dünen, Salzwiesen, marine Block- und Steingründe, Windwattflächen und Boddengewässer mit Verlandungsbereichen.

(2) Absatz 1 gilt auch für die folgenden Geotope in der in der Anlage 2 zu diesem Gesetz beschriebenen Ausprägung:

1. Findlinge, Blockpackungen, Gesteinsschollen und Oser,
2. Trockentäler und Kalktuff-Vorkommen,
3. offene Binnendünen und Kliffranddünen,
4. Kliffs und Haken.

...

ABSCHNITT 5 Schutz und Pflege wild lebender Tier- und Pflanzenarten

§ 33 Artenhilfsprogramme (zu § 20 b BNatSchG)

(1) Zur Vorbereitung, Durchführung und Überwachung von Maßnahmen, die dem Schutz und der Entwicklung der Bestände wild lebender Tier- und Pflanzenarten in ihrer natürlichen und historisch gewachsenen inner- und zwischenartlichen Vielfalt dienen, werden von den Fachbehörden für Naturschutz Artenhilfsprogramme erarbeitet und von der obersten Naturschutzbehörde erlassen.

(2) Die Vorschriften dieses Abschnitts lassen das Pflanzenschutzrecht, das Tierseuchenrecht, das Tierschutzrecht sowie das Forst-, Jagd- und Fischereirecht unberührt, soweit im Folgenden keine besonderen Schutzbestimmungen getroffen oder zugelassen werden.

§ 34 Allgemeiner Schutz wild lebender Tiere und Pflanzen (zu § 20 d BNatSchG)

(1) Es ist verboten,

1. wild lebende Tiere mutwillig zu beunruhigen oder zu belästigen oder ohne vernünftigen Grund zu fangen, zu verletzen oder zu töten,
2. ohne vernünftigen Grund wild lebende Pflanzen von ihrem Standort zu entnehmen oder zu nutzen, ihre Bestände niederzuschlagen oder auf sonstige Weise zu verwüsten,
3. ohne vernünftigen Grund Lebensräume wild lebender Tier- und Pflanzenarten zu beeinträchtigen oder zu zerstören,
4. Bodenvegetation abzubrennen oder nicht land- oder forstwirtschaftlich genutzte Flächen so zu behandeln, dass die Tier- und Pflanzenwelt nachhaltig beeinträchtigt wird.

Vernünftige Gründe im Sinne des Satzes 1 sind insbesondere überwiegende Gründe des Naturschutzes und der Landschaftspflege sowie die im Einklang mit den dafür maßgeblichen Vorschriften stehende Jagd und Fischerei.

(2) Tiere und Pflanzen dürfen nur mit Genehmigung der oberen Naturschutzbehörde ausgesetzt oder in der freien Natur angesiedelt werden. Dies gilt nicht für die ordnungsgemäße Land- und Forstwirtschaft sowie Fischerei. Die Genehmigung ist zu versagen, wenn die Gefahr einer

Verfälschung der heimischen Tier- oder Pflanzenwelt oder eine Gefährdung des Bestandes oder der Verbreitung heimischer wild lebender Tier- oder Pflanzenarten oder von Populationen solcher Arten nicht auszuschließen ist. Soweit Tiere betroffen sind, die dem Jagdrecht unterliegen, ergeht die Entscheidung im Einvernehmen mit der zuständigen Jagdbehörde derselben Verwaltungsebene.

(3) Unbeschadet weitergehender Rechtsvorschriften, insbesondere des Abschnitts 4, ist es verboten,

1. vorbehaltlich der Nummer 2 in der Zeit vom 15. März bis zum 30. September, ausgenommen auf Grundstücken, die gärtnerisch genutzt werden oder zum engeren Wohnbereich gehören, Bäume und Feldgehölze außerhalb des Waldes, Hecken, Feldhecken und sonstige Gehölze sowie Röhrichtbestände zu fällen, zu roden, zurückzuschneiden oder auf sonstige Weise zu beseitigen,
2. in der Zeit vom 15. September bis zum 15. April die Baumpflege an Ahorn, Birke, Esche, Pappel, Rosskastanie, Walnuss sowie Obstbäumen in Alleen und Baumreihen durchzuführen,
3. in der Zeit vom 1. Februar bis zum 15. April die Baumpflege an kätzchentragenden Weiden vorzunehmen.

Auf wild lebende Tiere ist Rücksicht zu nehmen.

...

§ 35 Sammeln von Naturerzeugnissen (zu § 20 d BNatSchG)

(1) Jedermann ist berechtigt, Beeren, Kräuter, Nüsse und Pilze für den eigenen Bedarf in geringen Mengen zu sammeln, soweit die Arten nicht besonders geschützt sind. Das Gleiche gilt für einen Handstrauß von Blumen, Gräsern, Farnkraut und Zweigen. Bei einer Gefährdung der Bestände kann die untere Naturschutzbehörde im Benehmen mit der oberen Naturschutzbehörde das Sammeln und die Entnahme gebiets- und zeitweise untersagen.

(2) Das gewerbsmäßige Sammeln, Be- oder Verarbeiten wild lebender Tiere und Pflanzen bedarf der Genehmigung der oberen Naturschutzbehörde. Die Genehmigung darf nur erteilt werden, wenn

1. die Art nicht besonders geschützt ist,

2. durch das Sammeln, Be- oder Verarbeiten der Bestand der Art oder der Naturhaushalt nicht beeinträchtigt wird,
3. eine wesentliche oder nachhaltige Änderung des Verbreitungsgebietes oder der Häufigkeit nicht zu erwarten ist.

§ 36 Besonderer Artenschutz, Horstschutzzonen

(1) Die oberste Naturschutzbehörde wird ermächtigt, durch Rechtsverordnung

1. für Lebensräume und Zufluchtsstätten besonders geschützter oder in Mecklenburg-Vorpommern gefährdeter Arten besondere Schutzmaßnahmen anzuordnen sowie die Durchführung bestimmter Pflege- und Entwicklungsmaßnahmen vorzuschreiben oder
2. bestimmte Handlungen zu untersagen, welche die Bestände besonders geschützter oder in Mecklenburg-Vorpommern gefährdeter Tiere oder Pflanzen verringern können.

§ 22 Abs. 2 Satz 2 gilt entsprechend. Für Arten, die im Rahmen der Gesetze der fischerei- oder forstlichen Nutzung oder die dem Jagdrecht unterliegen, ist die Rechtsverordnung im Einvernehmen mit der jeweils zuständigen obersten Landesbehörde zu erlassen. Sofern die Rechtsverordnung bauliche Anlagen betrifft, erlässt die oberste Naturschutzbehörde die Verordnung im Einvernehmen mit der obersten Baubehörde.

(2) Die untere Naturschutzbehörde kann im Benehmen mit der oberen Naturschutzbehörde Einzelanordnungen in sinngemäßer Anwendung des Absatzes 1 treffen, wenn diese für den Schutz einer bestimmten Lebensstätte oder eines Bestandes ausreicht. Absatz 1 Satz 2 gilt entsprechend.

(3) Der Geltungsbereich der Rechtsverordnung nach Absatz 1 soll örtlich kenntlich gemacht werden, sofern der Schutzzweck nicht entgegensteht; § 21 Abs. 4 gilt entsprechend.

(4) Zum Schutz der Horst- und Neststandorte der Adler, Baum- und Wanderfalken, Weihen, Schwarzstörche und Kraniche ist es verboten,

1. im Umkreis von 100 Metern um den Standort (Horstschutzzone I) Bestockungen zu entfernen oder den Charakter des Gebietes sonst zu verändern,
2. in der Horstschutzzone I und im Umkreis ab 100 bis 300 Meter um den Standort (Horstschutzzone II) in der Zeit vom 1. März bis zum 31.

August land-, forst- und fischereiwirtschaftliche Maßnahmen durchzuführen,

3. in den Horstschutzzonen I und II in der Zeit vom 1. März bis zum 31. August die Jagd auszuüben,
4. in den Horstschutzzonen I und II stationäre jagdliche Einrichtungen zu errichten; in der für die Jagdausübung freien Zeit ist die Benutzung mobiler jagdlicher Einrichtungen zulässig.

Satz 1 Nr. 1 und 2 gilt nicht für Fischadler, deren Horste sich auf Masten in der bewirtschafteten freien Landschaft befinden. Für Rohrweihen, die in der bewirtschafteten freien Landschaft nisten, gilt der Brutplatz als Horstschutzzone I und der Umkreis von 200 Metern um den Brutplatz als Horstschutzzone II; für sie gilt das Verbot nach Satz 1 Nr. 2 nicht. Für Kraniche gelten die Verbote nach Satz 1 Nr. 2 und 3 in der Zeit vom 1. März bis 31. Mai. Für Kraniche, die in der bewirtschafteten freien Landschaft nisten, gilt der Brutplatz als Horstschutzzone I und der Umkreis von 200 Metern um den Brutplatz als Horstschutzzone II; für sie gilt das Verbot nach Satz 1 Nr. 2 nicht. Für Seeadler gelten die Verbote nach Satz 1 Nr. 2 und 3 in der Zeit vom 1. Januar bis zum 31. Juli.

(5) Die oberste Naturschutzbehörde wird ermächtigt, durch Rechtsverordnung Einzelheiten des Schutzes nach Absatz 4 zu regeln. Dabei kann sie, soweit erforderlich, weitere Schutzbestimmungen für die Horstschutzzonen treffen und die Regelungen in Absatz 4 sowie in der Rechtsverordnung auf den Schutz der Horststandorte anderer in ihrem Bestand gefährdeter Vogelarten ausdehnen. Absatz 1 Satz 2 bis 4 gilt entsprechend.

(6) Von den Verboten nach den Absätzen 4 und 5 kann die obere Naturschutzbehörde auf Antrag Ausnahmen zulassen, wenn

1. die hierdurch entstehenden Beeinträchtigungen geringfügig sind,
2. die Standortverhältnisse dies erlauben oder
3. die Ausnahmen aus überwiegenden Gründen des Gemeinwohls notwendig sind.

In den Fällen der Nummer 3 finden die Bestimmungen des § 15 Abs. 4 bis 6 über Ausgleichs- und Ersatzmaßnahmen Anwendung.

§ 37 Kennzeichnung wild lebender Tiere (zu § 26 Abs. 3 und 4 BNatSchG)

(1) Wildlebende Tiere dürfen nur mit schriftlicher Genehmigung der oberen Naturschutzbehörde und nur zu wissenschaftlichen Zwecken beringt oder auf andere Weise gekennzeichnet werden. Die Genehmigung schließt die Zulassung nach dem Tierschutzgesetz in der Fassung der Bekanntmachung vom 17. Februar 1993 (BGBl. I S. 254), zuletzt geändert durch Artikel 2 des Gesetzes vom 22. Dezember 1997 (BGBl. I S. 3224), ein.

(2) Wer einen ersichtlich zur Kennzeichnung verwendeten Fußring oder ein anderes derartiges Zeichen findet, ist verpflichtet, den Fund bei einer Naturschutzbehörde, Forstdienststelle, dem auf dem Kennzeichen angegebenen Institut oder der Vogelwarte Hiddensee zu melden.

(3) Die oberste Naturschutzbehörde wird ermächtigt, durch Rechtsverordnung nähere Vorschriften über die Kennzeichnung zu wissenschaftlichen Zwecken zu erlassen.

§ 38 Tiergehege (zu § 24 BNatSchG)

(1) Tiergehege im Sinne dieses Gesetzes sind ortfeste Anlagen, die unabhängig von ihrer Zweckbestimmung im übrigen zur Haltung von Tieren wild lebender Arten in Gefangenschaft bestimmt sind, ausgenommen Anlagen der Teichwirtschaft und Fischzucht sowie Wildgatter und die landwirtschaftliche Haltung von Damwild auf landwirtschaftlich genutzten Flächen.

(2) Die Errichtung, Erweiterung, Änderung und der Betrieb von Tiergehegen bedarf der Genehmigung durch die untere Naturschutzbehörde. Genehmigungspflichtig ist auch der Wechsel des Betreibers des Tiergeheges. Die Genehmigung schließt die Baugenehmigung ein.

(3) Die Genehmigung darf nur erteilt werden, wenn

1. der Naturhaushalt oder das Landschaftsbild sowie die freilebende Tierwelt nicht beeinträchtigt werden,
2. das Betreten des Waldes, der freien Landschaft und der Gewässer nicht in unangemessener Weise eingeschränkt wird,
3. die Lage, Größe, Gestaltung und die inneren Einrichtungen des Geheges unter Berücksichtigung der Zweckbestimmung den Anforde-

rungen an eine artgemäße und verhaltensgerechte Unterbringung der Tiere genügen,

4. die artgemäße Nahrung und Pflege sowie die ständige fachkundige Betreuung der Tiere gewährleistet sind,
5. die für die Anlage verantwortliche Person die erforderliche Sachkunde und Zuverlässigkeit besitzt und
6. andere öffentlich-rechtliche Belange nicht entgegenstehen.

(4) Die Genehmigung ist widerruflich zu erteilen; sie ist zu widerrufen, wenn die Voraussetzungen des Absatzes 3 ganz oder teilweise nicht mehr vorliegen.

(5) Eine Genehmigung ist nicht erforderlich für Gehege,

1. in denen Tiere wild lebender Arten zur Wiedereinbürgerung im Rahmen eines Artenhilfsprogrammes der Fachbehörden für Naturschutz auftragsgemäß gehalten werden,
2. die für Zwecke eines wissenschaftlichen Instituts oder zoologischen Fachgeschäftes auf dem Grundstück des Instituts oder des Fachgeschäftes errichtet werden,
3. auf zum engeren Wohnbereich gehörenden Flächen, in denen ausschließlich für private Zwecke und in geringer Anzahl wild lebende Tiere der Arten gehalten werden, die verhaltensgerecht auch in Zimmerkäfigen, Terrarien oder vergleichbaren Behältnissen gehalten werden können.

Die Vorschriften der Landesbauordnung Mecklenburg-Vorpommern bleiben unberührt.

(6) Die Naturschutzbehörde ist auch zuständige Behörde nach § 4 Nr. 20 Buchstabe a Satz 2 des Umsatzsteuergesetzes in der Fassung der Bekanntmachung vom 27. April 1993 (BGBl. I S. 565, 1160), zuletzt geändert durch Artikel 5 des Gesetzes vom 19. Dezember 1997 (BGBl. I S. 3121), für die Tiergehege.

(7) Die Haltung von Tieren fremder wild lebender Arten, die Menschen lebensgefährlich werden können, insbesondere von Tieren aller großen Katzen- und Bärenarten, Wölfen, Krokodilen, Riesen- und Giftschlangen und giftigen Gliederfüßern, ist unzulässig. Die Haltung dieser Tiere darf nur für zoologische Gärten oder vergleichbare Einrichtungen, Zirkusbetriebe und Dompteure durch die obere Naturschutzbehörde zugelassen

werden; die obere Naturschutzbehörde kann weitere Ausnahmen zulassen.

...

ABSCHNITT 6 Erholung in Natur und Landschaft

§ 40 Betreten der freien Landschaft (zu § 27 BNatSchG)

(1) Jeder darf in der freien Landschaft auf eigene Gefahr Privatwege (private Straßen und Wege aller Art) sowie Wegeränder und Feldraine zum Zwecke der naturverträglichen Erholung betreten und mit einem Fahrrad oder Krankenfahrstuhl befahren.

(2) Reiter dürfen Privatwege nur benutzen, wenn sie trittfest oder als Reitweg ausgewiesen sind.

(3) Die Absätze 1 und 2 gelten nicht innerhalb eingefriedeter Grundstücke, auf denen Tiere weiden, Gartenbau, Teichwirtschaft oder Fischzucht betrieben wird, sowie für Hof- und Gebäudeflächen. Die landwirtschaftliche Bewirtschaftung darf durch das Betreten gemäß den Absätzen 1 und 2 nicht beeinträchtigt werden. Gegenstände dürfen nicht in Natur und Landschaft zurückgelassen werden. Die Erholung anderer in Natur und Landschaft darf nicht gestört werden.

...

§ 42 Sperren von Flächen und Wegen in der freien Landschaft (zu § 27 BNatSchG)

(1) Der Eigentümer oder Nutzungsberechtigte darf Flächen und Wege nach § 40 Abs. 1 und 2 nur mit Genehmigung der unteren Naturschutzbehörde sperren. Die Genehmigung darf nur erteilt werden, wenn dies

1. zur Wahrung schutzwürdiger Interessen des Eigentümers oder Nutzungsberechtigten, insbesondere aus wichtigen Gründen des Feldschutzes, der Bewirtschaftung oder zur Vermeidung erheblicher Schäden, oder
2. zur Wahrung überwiegender Interessen der Allgemeinheit, insbesondere aus wichtigen Gründen des Naturschutzes und der Landschaftspflege, oder zum Schutze der Erholungssuchenden

erforderlich ist. Die Genehmigung ist zu befristen.

...

§ 45 Zelten und Aufstellen von beweglichen Unterkünften

(1) Zelte oder sonstige bewegliche Unterkünfte (Wohnwagen, Wohnmobile) dürfen nur auf hierfür zugelassenen Plätzen aufgestellt und benutzt werden.

(2) Nichtmotorisierte Wanderer dürfen außer in Nationalparken und Naturschutzgebieten abseits von Zelt- und Campingplätzen in der freien Landschaft für eine Nacht zelten, wenn sie privatrechtlich dazu befugt sind und keine anderen Rechtsvorschriften entgegenstehen. Auf Grundstücken, die zum engeren Wohnbereich gehören, dürfen Zelte und sonstige bewegliche Unterkünfte für den persönlichen Gebrauch aufgestellt werden, wenn die Belange der öffentlichen Sicherheit und Ordnung gewährleistet sind.

Gesetz über Naturschutz und Landschaftspflege (Bundesnaturschutzgesetz) i. d. F. des Gesetzes zur Neuregelung des Rechts des Naturschutzes und der Landschaftspflege und zur Anpassung anderer Rechtsvorschriften vom 25. März 2002 (BGBl. I S. 1193) 3

§ 1 Ziele des Naturschutzes und der Landschaftspflege

Natur und Landschaft sind auf Grund ihres eigenen Wertes und als Lebensgrundlagen des Menschen auch in Verantwortung für die künftigen Generationen im besiedelten und unbesiedelten Bereich so zu schützen, zu pflegen, zu entwickeln und, soweit erforderlich, wiederherzustellen, dass

....

3. die Tier- und Pflanzenwelt einschließlich ihrer Lebensstätten und Lebensräume

....

auf Dauer gesichert sind.

§ 2 Grundsätze des Naturschutzes und der Landschaftspflege

(1) Die Ziele des Naturschutzes und der Landschaftspflege sind insbesondere nach Maßgabe folgender Grundsätze zu verwirklichen,

...

3. Böden sind so zu erhalten, dass sie ihre Funktionen im Naturhaushalt erfüllen können. Natürliche oder von Natur aus geschlossene Pflanzendecken sowie die Ufervegetation sind zu sichern.
4. Natürliche oder naturnahe Gewässer sowie deren Uferzonen und natürliche Rückhalteflächen sind zu erhalten, zu entwickeln oder wiederherzustellen ...

...

6. Beeinträchtigungen des Klimas sind zu vermeiden; ... Wald und sonstige Gebiete mit günstiger klimatischer Wirkung ... sind zu erhalten, zu entwickeln oder wiederherzustellen.

...

8. Zur Sicherung der Leistungs- und Funktionsfähigkeit des Naturhaushalts ist die biologische Vielfalt zu erhalten und zu entwickeln. Sie umfasst die Vielfalt an Lebensräumen und Lebensgemeinschaften, an Arten sowie die genetische Vielfalt innerhalb der Arten.
9. Die wild lebenden Tiere und Pflanzen und ihre Lebensgemeinschaften sind als Teil des Naturhaushalts in ihrer natürlichen und historisch gewachsenen Artenvielfalt zu schützen. Ihre Biotope und ihre sonstigen Lebensbedingungen sind zu schützen, zu pflegen, zu entwickeln oder wiederherzustellen.

...

14. Historische Kulturlandschaften und -landschaftsteile von besonderer Eigenart, einschließlich solcher von besonderer Bedeutung für die Eigenart oder Schönheit geschützter oder schützenswerter Kultur-, Bau- und Bodendenkmäler, sind zu erhalten.
15. Das allgemeine Verständnis für die Ziele und Aufgaben des Naturschutzes und der Landschaftspflege ist mit geeigneten Mitteln zu fördern. Bei Maßnahmen des Naturschutzes und der Landschaftspflege ist ein frühzeitiger Informationsaustausch mit Betroffenen und der interessierten Öffentlichkeit zu gewährleisten.

(2) ... Die Errichtung des Europäischen ökologischen Netzes „Natura 2000“ ist zu fördern. Sein Zusammenhalt ist zu wahren und, auch durch die Pflege und Entwicklung eines Biotopverbunds, zu verbessern. Der Erhaltungszustand der Biotope von gemeinschaftlichem Interesse, insbesondere der dem Netz „Natura 2000“ angehörenden Gebiete, der Arten von gemeinschaftlichem Interesse und der europäischen Vogelarten ist zu überwachen. Die besonderen Funktionen der Gebiete von gemeinschaftlicher Bedeutung und der Europäischen Vogelschutzgebiete innerhalb des Netzes „Natura 2000“ sind zu erhalten und bei unvermeidbaren Beeinträchtigungen, soweit wie möglich, wiederherzustellen.

§ 3 Biotopverbund

(1) Die Länder schaffen ein Netz verbundener Biotope (Biotopverbund), das mindestens 10 % der Landesfläche umfassen soll. ...

(2) Der Biotopverbund dient der nachhaltigen Sicherung von heimischen Tier- und Pflanzenarten und deren Populationen einschließlich ihrer Lebensräume und Lebensgemeinschaften, sowie der Bewahrung, Wie-

derherstellung und Entwicklung funktionsfähiger ökologischer Wechselbeziehungen.

§ 4 Beachtung der Ziele und Grundsätze

Jeder soll nach seinen Möglichkeiten zur Verwirklichung der Ziele und Grundsätze des Naturschutzes und der Landschaftspflege beitragen und sich so verhalten, dass Natur und Landschaft nicht mehr als nach den Umständen unvermeidbar beeinträchtigt werden.

...

§ 10 Begriffe

...

(2) Im Sinne dieses Gesetzes bedeutet

1. Tiere

   a) wild lebende, gefangene oder gezüchtete und nicht herrenlos gewordene sowie tote Tiere wild lebender Arten,

   b) Eier, auch im leeren Zustand, Larven, Puppen und sonstige Entwicklungsformen von Tieren wild lebender Arten,

   c) ohne weiteres erkennbare Teile von Tieren wild lebender Arten und

   d) ohne weiteres erkennbar aus Tieren wild lebender Arten gewonnene Erzeugnisse,

...

5. heimische Art

   eine wild lebende Tier- oder Pflanzenart, die ihr Verbreitungsgebiet oder regelmäßiges Wanderungsgebiet ganz oder teilweise

   a) im Inland hat oder in geschichtlicher Zeit hatte oder

   b) auf natürliche Weise in das Inland ausdehnt; als heimisch gilt eine wild lebende Tier- oder Pflanzenart auch, wenn sich verwilderte oder durch menschlichen Einfluss eingebürgerte Tiere oder Pflanzen der betreffenden Art im Inland in freier Natur und ohne menschliche Hilfe über mehrere Generationen als Population erhalten,

6. gebietsfremde Art

   eine wild lebende Tier- oder Pflanzenart, wenn sie in dem betreffenden Gebiet in freier Natur nicht oder seit mehr als 100 Jahren nicht mehr vorkommt,

...

12. gezüchtete Tiere

    Tiere, die in kontrollierter Umgebung geboren oder auf andere Weise erzeugt und deren Elterntiere rechtmäßig erworben worden sind,

...

19. ... nicht als Zoo ... gelten

    c) Gehege zur Haltung von nicht mehr als fünf Arten des im Geltungsbereich des Bundesjagdgesetzes heimischen Schalenwildes oder Einrichtungen, in denen nicht mehr als fünf Tiere anderer wild lebender Arten gehalten werden.

...

§ 12 Umweltbeobachtung

...

(2) Zweck der Umweltbeobachtung ist, den Zustand des Naturhaushalts und seine Veränderungen, die Folgen solcher Veränderungen, die Einwirkungen auf den Naturhaushalt und die Wirkungen von Umweltschutzmaßnahmen auf den Zustand des Naturhaushalts zu ermitteln, auszuwerten und zu bewerten.

...

Allgemeiner Schutz von Natur und Landschaft

§ 18 Eingriffe in Natur und Landschaft

(1) Eingriffe in Natur und Landschaft im Sinne dieses Gesetzes sind Veränderungen der Gestalt oder Nutzung von Grundflächen oder Veränderungen des mit der belebten Bodenschicht in Verbindung stehenden Grundwasserspiegels, die die Leistungs- und Funktionsfähigkeit des Naturhaushalts oder das Landschaftsbild erheblich beeinträchtigen können.

(2) Die land-, forst- und fischereiwirtschaftliche Bodennutzung ist nicht als Eingriff anzusehen, soweit dabei die Ziele und Grundsätze des Naturschutzes und der Landschaftspflege berücksichtigt werden. Die den in § 5 Abs. 4 bis 6 genannten Anforderungen sowie den Regeln der guten fachlichen Praxis, die sich aus dem Recht der Land-, Forst- und Fischereiwirtschaft und § 17 Abs. 2 des Bundes-Bodenschutzgesetzes ergeben, entsprechende land-, forst- und fischereiwirtschaftliche Bodennutzung widerspricht in der Regel nicht den in Satz 1 genannten Zielen und Grundsätzen.

...

Schutz und Pflege wild lebender Tier- und Pflanzenarten

§ 39 Aufgaben des Artenschutzes

(1) Die Vorschriften dieses Abschnitts dienen dem Schutz und der Pflege der wild lebenden Tier- und Pflanzenarten in ihrer natürlichen und historisch gewachsenen Vielfalt. Der Artenschutz umfasst

1. den Schutz der Tiere und Pflanzen und ihrer Lebensgemeinschaften vor Beeinträchtigungen durch den Menschen,
2. den Schutz, die Pflege, die Entwicklung und die Wiederherstellung der Biotope wild lebender Tier- und Pflanzenarten sowie die Gewährleistung ihrer sonstigen Lebensbedingungen,
3. die Ansiedlung von Tieren und Pflanzen verdrängter wild lebender Arten in geeigneten Biotopen innerhalb ihres natürlichen Verbreitungsgebietes.

(2) Die Vorschriften des Pflanzenschutzrechts, des Tierschutzrechts, des Seuchenrechts sowie des Forst-, Jagd- und Fischereirechts bleiben von den Vorschriften dieses Abschnitts und den auf Grund und im Rahmen dieses Abschnitts erlassenen Rechtsvorschriften unberührt. Soweit in jagd- oder fischereirechtlichen Vorschriften keine besonderen Bestimmungen zum Schutz und zur Pflege der betreffenden Arten bestehen oder erlassen werden, sind vorbehaltlich der Rechte der Jagdausübungs- oder Fischereiberechtigten die Vorschriften dieses Abschnitts und die auf Grund und im Rahmen dieses Abschnitts erlassenen Rechtsvorschriften anzuwenden.

...

§ 41 Allgemeiner Schutz wild lebender Tiere und Pflanzen

(1) Die Länder erlassen Vorschriften über den Schutz der wild lebenden Tiere und Pflanzen.

(2) Die Länder treffen ... geeignete Maßnahmen, um die Gefahren einer Verfälschung der Tier oder Pflanzenwelt ... durch Ansiedlung und Ausbreitung von Tieren und Pflanzen gebietsfremder Arten abzuwehren. Sie erlassen insbesondere Vorschriften über die Genehmigung des Ansiedelns

1. von Tieren und
2. von Pflanzen gebietsfremder Arten

in der freien Natur. Die Genehmigung ist zu versagen, wenn die Gefahr einer Verfälschung der Tier- oder Pflanzenwelt ... oder eine Gefährdung des Bestandes oder der Verbreitung wild lebender Tier oder Pflanzenarten ... oder von Populationen solcher Arten nicht auszuschließen ist. Von dem Erfordernis einer Genehmigung sind auszunehmen

1. der Anbau von Pflanzen in der Land- und Forstwirtschaft,
2. das Einsetzen von Tieren
   a) nicht gebietsfremder Arten,
   b) gebietsfremder Arten, sofern das Einsetzen einer pflanzenschutzrechtlichen Genehmigung bedarf, bei der die Belange des Artenschutzes berücksichtigt sind, zum Zweck des biologischen Pflanzenschutzes,
3. das Ansiedeln von dem Jagd- oder Fischereirecht unterliegenden Tieren nicht gebietsfremder Arten.

§ 42 Vorschriften für besonders geschützte und bestimmte andere Tier- und Pflanzenarten

(1) Es ist verboten,

1. wild lebenden Tieren der besonders geschützten Arten nachzustellen, sie zu fangen, zu verletzen, zu töten oder ihre Entwicklungsformen, Nist-, Brut-, Wohn- oder Zufluchtstätten der Natur zu entnehmen, zu beschädigen oder zu zerstören,
2. wild lebende Pflanzen der besonders geschützten Arten oder ihre Teile oder Entwicklungsformen abzuschneiden, abzupflücken, aus- oder abzureißen, auszugraben, zu beschädigen oder zu vernichten,
3. wild lebende Tiere der streng geschützten Arten und der europäischen Vogelarten an ihren Nist-, Brut-, Wohn- oder Zufluchtstätten

durch Aufsuchen, Fotografieren, Filmen oder ähnliche Handlungen zu stören,

4. Standorte wild lebender Pflanzen der streng geschützten Arten durch Aufsuchen, Fotografieren oder Filmen der Pflanzen oder ähnliche Handlungen zu beeinträchtigen oder zu zerstören.

(2) Es ist ferner verboten,

1. Tiere und Pflanzen der besonders geschützten Arten in Besitz oder Gewahrsam zu nehmen, in Besitz oder Gewahrsam zu haben oder zu be- oder verarbeiten (Besitzverbote),
2. Tiere und Pflanzen der besonders geschützten Arten ...
   a) zu verkaufen, zu kaufen, zum Verkauf oder Kauf anzubieten, zum Verkauf vorrätig zu halten oder zu befördern

b) zu kommerziellen Zwecken zu erwerben, zur Schau zu stellen oder sonst zu verwenden(Vermarktungsverbote).

...

(5) Abweichend von den Besitz- und Vermarktungsverboten ist es vorbehaltlich jagd- und fischereirechtlicher Vorschriften zulässig, tot aufgefundene Tiere und Pflanzen der Natur zu entnehmen und an die von der nach Landesrecht zuständigen Behörde bestimmte Stelle abzugeben oder, soweit sie nicht zu den streng geschützten Arten gehören, für Zwecke der Forschung oder Lehre oder zur Präparation für diese Zwecke zu verwenden.

(6) Abweichend von den Verboten des § 42 Abs. 1 Nr. 1 sowie den Besitzverboten ist es vorbehaltlich jagdrechtlicher Vorschriften ferner zulässig, verletzte, hilflose oder kranke Tiere aufzunehmen, um sie gesund zu pflegen. Die Tiere sind unverzüglich in die Freiheit zu entlassen, sobald sie sich dort selbstständig erhalten können. Im Übrigen sind sie an die von der nach Landesrecht zuständigen Behörde bestimmten Stelle abzugeben. Handelt es sich um Tiere der streng geschützten Arten, so hat der Besitzer die Aufnahme des Tieres der nach Landesrecht zuständigen Behörde zu melden. ...

Bußgeld- und Strafvorschriften

§ 65 Bußgeldvorschriften

(1) Ordnungswidrig handelt, wer vorsätzlich oder fahrlässig

1. entgegen § 42 Abs. 1 Nr. 1 wild lebenden Tieren nachstellt, sie fängt, verletzt oder tötet oder ihre Entwicklungsformen, Nist-, Brut-, Wohn- oder Zufluchtstätten der Natur entnimmt, beschädigt oder zerstört,
2. entgegen § 42 Abs. 1 Nr. 2 wild lebende Pflanzen, ihre Teile oder Entwicklungsformen abschneidet, abpflückt, aus- oder abreißt, ausgräbt, beschädigt oder vernichtet oder
3. entgegen § 42 Abs. 2 Satz 1 Nr. 2, ... ein Tier, eine Pflanze oder eine Ware verkauft, kauft, zum Verkauf oder Kauf anbietet, zum Verkauf vorrätig hält oder befördert, zu kommerziellen Zwecken erwirbt, zur Schau stellt oder sonst verwendet.

(2) Ordnungswidrig handelt, wer vorsätzlich oder fahrlässig

...

2. entgegen § 42 Abs. 1 Nr. 3 wild lebende Tiere stört,
3. entgegen § 42 Abs. 1 Nr. 4 Standorte beeinträchtigt oder zerstört,
4. entgegen § 42 Abs. 2 Satz 1 Nr. 1, ... ein Tier, eine Pflanze oder eine Ware in Besitz oder Gewahrsam nimmt, in Besitz oder Gewahrsam hat oder be- oder verarbeitet,

...

(3) Ordnungswidrig handelt, wer gegen die Verordnung (EG) Nr. 338/97 verstößt, indem er vorsätzlich oder fahrlässig

1. entgegen Artikel 4 Abs. 1 Satz 1 oder Abs. 2 Satz 1 oder Artikel 5 Abs. 1 oder 4 Satz 1 ein Exemplar einer dort genannten Art einführt, ausführt oder wiederausführt,

...

3. entgegen Artikel 8 Abs. 1, ... ein Exemplar einer dort genannten Art kauft, zum Kauf anbietet, zu kommerziellen Zwecken erwirbt, zur Schau stellt oder verwendet oder ein Exemplar verkauft oder zu Verkaufszwecken vorrätig hält, anbietet oder befördert ...

(4) Ordnungswidrig handelt, wer gegen die Verordnung (EWG) Nr. 3254/91 verstößt, indem er vorsätzlich oder fahrlässig

1. entgegen Artikel 2 ein Tellereisen verwendet oder
2. entgegen Artikel 3 Abs. 1 Satz 1 einen Pelz einer dort genannten Tierart oder eine dort genannte Ware in die Gemeinschaft verbringt.

(5) Die Ordnungswidrigkeit kann ... mit einer Geldbuße bis zu fünfzigtausend Euro ... geahndet werden.

§ 66 Strafvorschriften

(1) Mit Freiheitsstrafe bis zu drei Jahren oder mit Geldstrafe wird bestraft, wer eine in § 65 Abs. 1, Abs. 3 Nr. 1 oder 3 oder Abs. 4 bezeichnete vorsätzliche Handlung gewerbs- oder gewohnheitsmäßig begeht.

(2) Mit Freiheitsstrafe bis zu fünf Jahren oder mit Geldstrafe wird bestraft, wer eine in § 65 Abs. 1, Abs. 3 Nr. 1 oder 3 oder Abs. 4 bezeichnete vorsätzliche Handlung begeht, die sich auf Tiere oder Pflanzen einer streng geschützten Art bezieht.

...

4 Gesetz zur Neuregelung des Waffenrechts (WaffRNeuRegG)

Vom 11. Oktober 2002 (BGBl. I S. 3970)

...

Artikel 1 Waffengesetz (WaffG)

...

§ 1 Gegenstand und Zweck des Gesetzes, Begriffsbestimmungen

(1) Dieses Gesetz regelt den Umgang mit Waffen oder Munition unter Berücksichtigung der Belange der öffentlichen Sicherheit und Ordnung.

(2) Waffen sind

1. Schusswaffen oder ihnen gleich gestellte Gegenstände

   und

2. tragbare Gegenstände,

a) die ihrem Wesen nach dazu bestimmt sind, die Angriffs- oder Abwehrfähigkeit von Menschen zu beseitigen oder herabzusetzen, insbesondere Hieb- und Stoßwaffen;

b) die, ohne dazu bestimmt zu sein, insbesondere wegen ihrer Beschaffenheit, Handhabung oder Wirkungsweise geeignet sind, die Angriffs- oder Abwehrfähigkeit von Menschen zu beseitigen oder herabzusetzen, und die in diesem Gesetz genannt sind.

(3) Umgang mit einer Waffe oder Munition hat, wer diese erwirbt, besitzt, überlässt, führt, verbringt, mitnimmt, damit schießt, herstellt, bearbeitet, instand setzt oder damit Handel treibt.

...

§ 2 Grundsätze des Umgangs mit Waffen oder Munition, Waffenliste

(1) Der Umgang mit Waffen oder Munition ist nur Personen gestattet, die das 18. Lebensjahr vollendet haben.

(2) Der Umgang mit Waffen oder Munition, die in der Anlage 2 (Waffenliste) Abschnitt 2 zu diesem Gesetz genannt sind, bedarf der Erlaubnis.

(3) Der Umgang mit Waffen oder Munition, die in der Anlage 2 Abschnitt 1 zu diesem Gesetz genannt sind, ist verboten.

...

§ 3 Umgang mit Waffen oder Munition durch Kinder und Jugendliche

(1) Jugendliche dürfen im Rahmen eines Ausbildungs- oder Arbeitsverhältnisses abweichend von § 2 Abs. 1 unter Aufsicht eines weisungsbefugten Waffenberechtigten mit Waffen oder Munition umgehen.

...

§ 4 Voraussetzungen für eine Erlaubnis

(1) Eine Erlaubnis setzt voraus, dass der Antragsteller

1. das 18. Lebensjahr vollendet hat (§ 2 Abs. 1),
2. die erforderliche Zuverlässigkeit (§ 5) und persönliche Eignung (§ 6) besitzt,
3. die erforderliche Sachkunde nachgewiesen hat (§ 7),
4. ein Bedürfnis nachgewiesen hat (§ 8) und
5. bei der Beantragung eines Waffenscheins oder einer Schießerlaubnis eine Versicherung gegen Haftpflicht in Höhe von 1 Million Euro – pauschal für Personen- und Sachschäden – nachweist.

(2) Die Erlaubnis zum Erwerb, Besitz, Führen oder Schießen kann versagt werden, wenn der Antragsteller seinen gewöhnlichen Aufenthalt nicht seit mindestens fünf Jahren im Geltungsbereich dieses Gesetzes hat.

(3) Die zuständige Behörde hat die Inhaber von waffenrechtlichen Erlaubnissen in regelmäßigen Abständen, mindestens jedoch nach Ablauf

von drei Jahren, erneut auf ihre Zuverlässigkeit und ihre persönliche Eignung zu prüfen sowie in den Fällen des Absatzes 1 Nr. 5 sich das Vorliegen einer Versicherung gegen Haftpflicht nachweisen zu lassen.

(4) Die zuständige Behörde hat drei Jahre nach Erteilung der ersten waffenrechtlichen Erlaubnis das Fortbestehen des Bedürfnisses zu prüfen. Dies kann im Rahmen der Prüfung nach Absatz 3 erfolgen.

§ 5 Zuverlässigkeit

(1) Die erforderliche Zuverlässigkeit besitzen Personen nicht,

1. die rechtskräftig verurteilt worden sind
   a) wegen eines Verbrechens oder
   b) wegen sonstiger vorsätzlicher Straftaten zu einer Freiheitsstrafe von mindestens einem Jahr, wenn seit dem Eintritt der Rechtskraft der letzten Verurteilung zehn Jahre noch nicht verstrichen sind,
2. bei denen Tatsachen die Annahme rechtfertigen, dass sie
   a) Waffen oder Munition missbräuchlich oder leichtfertig verwenden werden,
   b) mit Waffen oder Munition nicht vorsichtig oder sachgemäß umgehen oder diese Gegenstände nicht sorgfältig verwahren werden,
   c) Waffen oder Munition Personen überlassen werden, die zur Ausübung der tatsächlichen Gewalt über diese Gegenstände nicht berechtigt sind.

(2) Die erforderliche Zuverlässigkeit besitzen in der Regel Personen nicht, die

1. a) wegen einer vorsätzlichen Straftat,
   b) wegen einer fahrlässigen Straftat im Zusammenhang mit dem Umgang mit Waffen, Munition oder Sprengstoff oder wegen einer fahrlässigen gemeingefährlichen Straftat,
   c) wegen einer Straftat nach dem Waffengesetz, dem Gesetz über die Kontrolle von Kriegswaffen, dem Sprengstoffgesetz oder dem Bundesjagdgesetz zu einer Freiheitsstrafe, Jugendstrafe, Geldstrafe von mindestens 60 Tagessätzen oder mindestens zweimal zu einer geringeren Geldstrafe rechtskräftig verurteilt worden sind oder bei denen die Verhängung von Jugendstrafe ausgesetzt wor-

den ist, wenn seit dem Eintritt der Rechtskraft der letzten Verurteilung fünf Jahre noch nicht verstrichen sind,

2. Mitglied

   a) in einem Verein, der nach dem Vereinsgesetz als Organisation unanfechtbar verboten wurde oder der einem unanfechtbaren Betätigungsverbot nach dem Vereinsgesetz unterliegt, oder

   b) in einer Partei, deren Verfassungswidrigkeit das Bundesverfassungsgericht nach § 46 des Bundesverfassungsgerichtsgesetzes festgestellt hat,

waren, wenn seit der Beendigung der Mitgliedschaft zehn Jahre noch nicht verstrichen sind,

3. einzeln oder als Mitglied einer Vereinigung Bestrebungen verfolgen oder in den letzten fünf Jahren verfolgt haben, die gegen die verfassungsmäßige Ordnung oder gegen den Gedanken der Völkerverständigung, insbesondere gegen das friedliche Zusammenleben der Völker gerichtet sind,

4. innerhalb der letzten fünf Jahre mehr als einmal wegen Gewalttätigkeit mit richterlicher Genehmigung in polizeilichem Präventivgewahrsam waren,

5. wiederholt oder gröblich gegen die Vorschriften eines der in Nummer 1 Buchstabe c genannten Gesetze verstoßen haben.

(3) In die Frist nach Absatz 1 Nr. 1 oder Absatz 2 Nr. 1 nicht eingerechnet wird die Zeit, in welcher der Betroffene auf behördliche oder richterliche Anordnung in einer Anstalt verwahrt worden ist.

(4) Ist ein Verfahren wegen Straftaten im Sinne des Absatzes 1 Nr. 1 oder des Absatzes 2 Nr. 1 noch nicht abgeschlossen, so kann die zuständige Behörde die Entscheidung über den Antrag auf Erteilung einer waffenrechtlichen Erlaubnis bis zum rechtskräftigen Abschluss des Verfahrens aussetzen.

(5) Die zuständige Behörde hat im Rahmen der Zuverlässigkeitsprüfung folgende Erkundigungen einzuholen:

1. die unbeschränkte Auskunft aus dem Bundeszentralregister;

2. die Auskunft aus dem zentralen staatsanwaltschaftlichen Verfahrensregister hinsichtlich der in Absatz 2 Nr. 1 genannten Straftaten;

3. die Stellungnahme der örtlichen Polizeidienststelle, ob Tatsachen bekannt sind, die Bedenken gegen die Zuverlässigkeit begründen; die örtliche Polizeidienststelle schließt in ihre Stellungnahme das Ergebnis der von ihr vorzunehmenden Prüfung nach Absatz 2 Nr. 4 ein. Die nach Satz 1 Nr. 2 erhobenen personenbezogenen Daten dürfen nur für den Zweck der waffenrechtlichen Zuverlässigkeitsprüfung verwendet werden. Über die Erteilung einer Auskunft über die nach Satz 1 Nr. 2 erhobenen Daten entscheidet die Waffenbehörde im Einvernehmen mit der Staatsanwaltschaft, die die personenbezogenen Daten zur Eintragung in das Verfahrensregister mitgeteilt hat.

§ 6 Persönliche Eignung

(1) Die erforderliche persönliche Eignung besitzen Personen nicht, wenn Tatsachen die Annahme rechtfertigen, dass sie

1. geschäftsunfähig sind,
2. abhängig von Alkohol oder anderen berauschenden Mitteln, psychisch krank oder debil sind oder
3. auf Grund in der Person liegender Umstände mit Waffen oder Munition nicht vorsichtig oder sachgemäß umgehen oder diese Gegenstände nicht sorgfältig verwahren können oder dass die konkrete Gefahr einer Fremd- oder Selbstgefährdung besteht. Die erforderliche persönliche Eignung besitzen in der Regel Personen nicht, wenn Tatsachen die Annahme rechtfertigen, dass sie in ihrer Geschäftsfähigkeit beschränkt sind. Die zuständige Behörde soll die Stellungnahme der örtlichen Polizeidienststelle einholen. Der persönlichen Eignung können auch im Erziehungsregister eingetragene Entscheidungen oder Anordnungen nach § 60 Abs. 1 Nr. 1 bis 7 des Bundeszentralregistergesetzes entgegenstehen.

(2) Sind Tatsachen bekannt, die Bedenken gegen die persönliche Eignung nach Absatz 1 begründen, oder bestehen begründete Zweifel an vom Antragsteller beigebrachten Bescheinigungen, so hat die zuständige Behörde dem Betroffenen auf seine Kosten die Vorlage eines amts- oder fachärztlichen oder fachpsychologischen Zeugnisses über die geistige oder körperliche Eignung aufzugeben.

(3) Personen, die noch nicht das 25. Lebensjahr vollendet haben, haben für die erstmalige Erteilung einer Erlaubnis zum Erwerb und Besitz einer Schusswaffe auf eigene Kosten ein amts- oder fachärztliches oder fachpsychologisches Zeugnis über die geistige Eignung vorzulegen. Satz 1

gilt nicht für den Erwerb und Besitz von Schusswaffen im Sinne von § 14 Abs. 1 Satz 2.

(4) Das Bundesministerium des Innern wird ermächtigt, durch Rechtsverordnung[1] mit Zustimmung des Bundesrates Vorschriften über das Verfahren zur Erstellung, über die Vorlage und die Anerkennung der in den Absätzen 2 und 3 genannten Gutachten bei den zuständigen Behörden zu erlassen.

§ 7 Sachkunde

(1) Den Nachweis der Sachkunde hat erbracht, wer eine Prüfung vor der dafür bestimmten Stelle bestanden hat oder seine Sachkunde durch eine Tätigkeit oder Ausbildung nachweist.

...

§ 8 Bedürfnis, allgemeine Grundsätze

(1) Der Nachweis eines Bedürfnisses ist erbracht, wenn gegenüber den Belangen der öffentlichen Sicherheit oder Ordnung

1. besonders anzuerkennende persönliche oder wirtschaftliche Interessen, vor allem als Jäger, Sportschütze, Brauchtumsschütze, Waffen- oder Munitionssammler, Waffen- oder Munitionssachverständiger, gefährdete Person, als Waffenhersteller oder -händler oder als Bewachungsunternehmer, und
2. die Geeignetheit und Erforderlichkeit der Waffen oder Munition für den beantragten Zweck glaubhaft gemacht sind.

(2) Ein Bedürfnis im Sinne von Absatz 1 Nr. 1 liegt insbesondere vor, wenn der Antragsteller

1. Mitglied eines schießsportlichen Vereins ist, der einem nach § 15 Abs. 1 anerkannten Schießsportverband angehört, oder
2. Inhaber eines gültigen Jagdscheines ist.

...

§ 10 Erteilung von Erlaubnissen zum Erwerb, Besitz, Führen und Schießen

(1) Die Erlaubnis zum Erwerb und Besitz von Waffen wird durch eine Waffenbesitzkarte oder durch Eintragung in eine bereits vorhandene

Waffenbesitzkarte erteilt. Für die Erteilung einer Erlaubnis für Schusswaffen sind Art, Anzahl und Kaliber der Schusswaffen anzugeben. Die Erlaubnis zum Erwerb einer Waffe gilt für die Dauer eines Jahres, die Erlaubnis zum Besitz wird in der Regel unbefristet erteilt. Wer eine Waffe auf Grund einer Erlaubnis nach Satz 1 erwirbt, hat binnen zwei Wochen der zuständigen Behörde unter Benennung von Name und Anschrift des Überlassenden den Erwerb schriftlich anzuzeigen und seine Waffenbesitzkarte zur Eintragung des Erwerbs vorzulegen.

...

(3) Die Erlaubnis zum Erwerb und Besitz von Munition wird durch Eintragung in eine Waffenbesitzkarte für die darin eingetragenen Schusswaffen erteilt. In den übrigen Fällen wird die Erlaubnis durch einen Munitionserwerbsschein für eine bestimmte Munitionsart erteilt; sie ist für den Erwerb der Munition auf die Dauer von sechs Jahren zu befristen und gilt für den Besitz der Munition unbefristet.

(4) Die Erlaubnis zum Führen einer Waffe wird durch einen Waffenschein erteilt. Eine Erlaubnis nach Satz 1 zum Führen von Schusswaffen wird für bestimmte Schusswaffen auf höchstens drei Jahre erteilt; die Geltungsdauer kann zweimal um höchstens je drei Jahre verlängert werden, sie ist kürzer zu bemessen, wenn nur ein vorübergehendes Bedürfnis nachgewiesen wird. Der Geltungsbereich des Waffenscheins ist auf bestimmte Anlässe oder Gebiete zu beschränken, wenn ein darüber hinausgehendes Bedürfnis nicht nachgewiesen wird. Die Voraussetzungen für die Erteilung einer Erlaubnis zum Führen von Schreckschuss-, Reizstoff- und Signalwaffen sind in der Anlage 2 Abschnitt 2 Unterabschnitt 3 Nr. 2 und 2.1 genannt (Kleiner Waffenschein).

(5) Die Erlaubnis zum Schießen mit einer Schusswaffe wird durch einen Erlaubnisschein erteilt.

...

§ 12 Ausnahmen von den Erlaubnispflichten

(1) Einer Erlaubnis zum Erwerb und Besitz einer Waffe bedarf nicht, wer diese

1. als Inhaber einer Waffenbesitzkarte von einem Berechtigten
   a) lediglich vorübergehend, höchstens aber für einen Monat für einen von seinem Bedürfnis umfassten Zweck oder im Zusammenhang damit, oder

   b) vorübergehend zum Zweck der sicheren Verwahrung oder der Beförderung erwirbt;

2. vorübergehend von einem Berechtigten zur gewerbsmäßigen Beförderung, zur gewerbsmäßigen Lagerung oder zur gewerbsmäßigen Ausführung von Verschönerungen oder ähnlicher Arbeiten an der Waffe erwirbt;

3. von einem oder für einen Berechtigten erwirbt, wenn und solange er

   a) auf Grund eines Arbeits- oder Ausbildungsverhältnisses,

   b) als Beauftragter oder Mitglied einer jagdlichen oder schießsportlichen Vereinigung, einer anderen sportlichen Vereinigung zur Abgabe von Startschüssen oder einer zur Brauchtumspflege Waffen tragenden Vereinigung,

   c) als Charterer von seegehenden Schiffen zur Abgabe von Seenotsignalen den Besitz über die Waffe nur nach den Weisungen des Berechtigten ausüben darf;

4. von einem anderen,

   a) dem er die Waffe vorübergehend überlassen hat, ohne dass es hierfür der Eintragung in die Erlaubnisurkunde bedurfte, oder

   b) nach dem Abhandenkommen wieder erwirbt;

5. auf einer Schießstätte (§ 27) lediglich vorübergehend zum Schießen auf dieser Schießstätte erwirbt;

6. auf einer Reise in den oder durch den Geltungsbereich des Gesetzes nach § 32 berechtigt mitnimmt.

(2) Einer Erlaubnis zum Erwerb und Besitz von Munition bedarf nicht, wer diese

1. unter den Voraussetzungen des Absatzes 1 Nr. 1 bis 4 erwirbt;

2. unter den Voraussetzungen des Absatzes 1 Nr. 5 zum sofortigen Verbrauch lediglich auf dieser Schießstätte (§ 27) erwirbt;

3. auf einer Reise in den oder durch den Geltungsbereich des Gesetzes nach § 32 berechtigt mitnimmt.

(3) Einer Erlaubnis zum Führen von Waffen bedarf nicht, wer

1. diese mit Zustimmung eines anderen in dessen Wohnung, Geschäftsräumen oder befriedetem Besitztum oder dessen Schießstätte zu

einem von seinem Bedürfnis umfassten Zweck oder im Zusammenhang damit führt;

2. diese nicht schussbereit und nicht zugriffsbereit von einem Ort zu einem anderen Ort befördert, sofern der Transport der Waffe zu einem von seinem Bedürfnis umfassten Zweck oder im Zusammenhang damit erfolgt;
3. eine Langwaffe nicht schussbereit den Regeln entsprechend als Teilnehmer an genehmigten Sportwettkämpfen auf festgelegten Wegstrecken führt;
4. eine Signalwaffe beim Bergsteigen, als verantwortlicher Führer eines Wasserfahrzeugs auf diesem Fahrzeug oder bei Not- und Rettungsübungen führt;
5. eine Schreckschuss- oder eine Signalwaffe zur Abgabe von Start- oder Beendigungszeichen bei Sportveranstaltungen führt, wenn optische oder akustische Signalgebung erforderlich ist.

(4) Einer Erlaubnis zum Schießen mit einer Schusswaffe bedarf nicht, wer auf einer Schießstätte (§ 27) schießt. Das Schießen außerhalb von Schießstätten ist darüber hinaus ohne Schießerlaubnis nur zulässig

1. durch den Inhaber des Hausrechts oder mit dessen Zustimmung im befriedeten Besitztum
   a) mit Schusswaffen, deren Geschossen eine Bewegungsenergie von nicht mehr als 7,5 Joule (J) erteilt wird oder deren Bauart nach § 7 des Beschussgesetzes zugelassen ist, sofern die Geschosse das Besitztum nicht verlassen können,
   b) mit Schusswaffen, aus denen nur Kartuschenmunition verschossen werden kann,
2. durch Personen, die den Regeln entsprechend als Teilnehmer an genehmigten Sportwettkämpfen nach Absatz 3 Nr. 3 mit einer Langwaffe an Schießständen schießen,
3. mit Schusswaffen, aus denen nur Kartuschenmunition verschossen werden kann,
   a) durch Mitwirkende an Theateraufführungen und diesen gleich zu achtenden Vorführungen,
   b) zum Vertreiben von Vögeln in landwirtschaftlichen Betrieben,

4. mit Signalwaffen bei Not- und Rettungsübungen,

5. mit Schreckschuss- oder mit Signalwaffen zur Abgabe von Start- oder Beendigungszeichen im Auftrag der Veranstalter bei Sportveranstaltungen, wenn optische oder akustische Signalgebung erforderlich ist.

...

§ 13 Erwerb und Besitz von Schusswaffen und Munition durch Jäger, Führen und Schießen zu Jagdzwecken

(1) Ein Bedürfnis für den Erwerb und Besitz von Schusswaffen und der dafür bestimmten Munition wird bei Personen anerkannt, die Inhaber eines gültigen Jagdscheines im Sinne von § 15 Abs. 1 Satz 1 des Bundesjagdgesetzes sind (Jäger), wenn

1. glaubhaft gemacht wird, dass sie die Schusswaffen und die Munition zur Jagdausübung oder zum Training im jagdlichen Schießen einschließlich jagdlicher Schießwettkämpfe benötigen,

2. die zu erwerbende Schusswaffe und Munition nach dem Bundesjagdgesetz in der zum Zeitpunkt des Erwerbs geltenden Fassung nicht verboten ist (Jagdwaffen und -munition).

(2) Für Jäger gilt § 6 Abs. 3 Satz 1 nicht. Bei Jägern, die Inhaber eines Jahresjagdscheines im Sinne von § 15 Abs. 2 in Verbindung mit Abs. 1 Satz 1 des Bundesjagdgesetzes sind, erfolgt keine Prüfung der Voraussetzungen des Absatzes 1 Nr. 1 sowie des § 4 Abs. 1 Nr. 4 für den Erwerb und Besitz von Langwaffen und zwei Kurzwaffen, sofern die Voraussetzungen des Absatzes 1 Nr. 2 vorliegen.

(3) Inhaber eines gültigen Jahresjagdscheines im Sinne des § 15 Abs. 2 in Verbindung mit Abs. 1 Satz 1 des Bundesjagdgesetzes bedürfen zum Erwerb von Langwaffen nach Absatz 1 Nr. 2 keiner Erlaubnis. Die Ausstellung der Waffenbesitzkarte oder die Eintragung in eine bereits erteilte Waffenbesitzkarte ist binnen zwei Wochen durch den Erwerber zu beantragen.

(4) Für den Erwerb und vorübergehenden Besitz gemäß § 12 Abs. 1 Nr. 1 von Langwaffen nach Absatz 1 Nr. 2 steht ein Jagdschein im Sinne von § 15 Abs. 1 Satz 1 des Bundesjagdgesetzes einer Waffenbesitzkarte gleich.

(5) Jäger bedürfen für den Erwerb und Besitz von Munition für Langwaffen nach Absatz 1 Nr. 2 keiner Erlaubnis, sofern sie nicht nach dem Bundesjagdgesetz in der jeweiligen Fassung verboten ist.

(6) Ein Jäger darf Jagdwaffen zur befugten Jagdausübung einschließlich des Ein- und Anschießens im Revier, zur Ausbildung von Jagdhunden im Revier, zum Jagdschutz oder zum Forstschutz ohne Erlaubnis führen und mit ihnen schießen; er darf auch im Zusammenhang mit diesen Tätigkeiten die Jagdwaffen nicht schussbereit ohne Erlaubnis führen.

(7) Inhabern eines Jugendjagdscheines im Sinne von § 16 des Bundesjagdgesetzes wird eine Erlaubnis zum Erwerb und Besitz von Schusswaffen und der dafür bestimmten Munition nicht erteilt. Sie dürfen Schusswaffen und die dafür bestimmte Munition nur für die Dauer der Ausübung der Jagd oder des Trainings im jagdlichen Schießen einschließlich jagdlicher Schießwettkämpfe ohne Erlaubnis erwerben, besitzen, die Schusswaffen führen und damit schießen; sie dürfen auch im Zusammenhang mit diesen Tätigkeiten die Jagdwaffen nicht schussbereit ohne Erlaubnis führen.

(8) Personen in der Ausbildung zum Jäger dürfen nicht schussbereite Jagdwaffen in der Ausbildung ohne Erlaubnis unter Aufsicht eines Ausbilders erwerben, besitzen und führen, wenn sie das 14. Lebensjahr vollendet haben und der Sorgeberechtigte und der Ausbildungsleiter ihr Einverständnis in einer von beiden unterzeichneten Berechtigungsbescheinigung erklärt haben. Die Person hat in der Ausbildung die Berechtigungsbescheinigung mit sich zu führen.

...

§ 27 Schießstätten, Schießen durch Minderjährige auf Schießstätten

...

(3) Unter Obhut verantwortlicher und zur Kinder- und Jugendarbeit für das Schießen geeigneter Aufsichtspersonen darf

1. Kindern, die das zwölfte Lebensjahr vollendet haben und noch nicht 14 Jahre alt sind, das Schießen in Schießstätten mit Druckluft-, Federdruckwaffen und Waffen, bei denen zum Antrieb der Geschosse kalte Treibgase verwendet werden (Anlage 2 Abschnitt 2 Unterabschnitt 2 Nr. 1.1 und 1.2),

2. Jugendlichen, die das 14. Lebensjahr vollendet haben und noch nicht 16 Jahre alt sind, auch das Schießen mit sonstigen Schusswaffen gestattet werden, wenn der Sorgeberechtigte schriftlich sein Einverständnis erklärt hat oder beim Schießen anwesend ist. Die verantwortlichen Aufsichtspersonen haben die schriftlichen Einverständniserklärungen der Sorgeberechtigten vor der Aufnahme des Schießens entgegenzunehmen und während des Schießens aufzubewahren. Sie sind der zuständigen Behörde oder deren Beauftragten auf Verlangen zur Prüfung auszuhändigen. Die verantwortliche Aufsichtsperson hat die Geeignetheit zur Kinder- und Jugendarbeit glaubhaft zu machen. Der in Satz 1 genannten besonderen Obhut bedarf es nicht beim Schießen durch Jugendliche mit Waffen nach Anlage 2 Abschnitt 2 Unterabschnitt 2 Nr. 1.1 und 1.2 und nicht beim Schießen mit sonstigen Schusswaffen durch Jugendliche, die das 16. Lebensjahr vollendet haben.

...

(5) Personen in der Ausbildung zum Jäger dürfen in der Ausbildung ohne Erlaubnis mit Jagdwaffen schießen, wenn sie das 14. Lebensjahr vollendet haben und der Sorgeberechtigte und der Ausbildungsleiter ihr Einverständnis in einer von beiden unterzeichneten Berechtigungsbescheinigung erklärt haben. Die Person hat in der Ausbildung die Berechtigungsbescheinigung mit sich zu führen.

...

§ 31 Verbringen von Waffen oder Munition aus dem Geltungsbereich des Gesetzes in andere Mitgliedstaaten der Europäischen Union

(1) Die Erlaubnis zum Verbringen von Schusswaffen oder Munition nach Anlage 1 Abschnitt 3 (Katagorien A bis D) aus dem Geltungsbereich des Gesetzes in einen anderen Mitgliedstaat kann erteilt werden, wenn die nach dem Recht des anderen Mitgliedstaates erforderliche vorherige Zustimmung vorliegt und der sichere Transport durch einen zum Erwerb oder Besitz dieser Waffen oder Munition Berechtigten gewährleistet ist.

...

§ 32 Mitnahme von Waffen oder Munition in den, durch den oder aus dem Geltungsbereich des Gesetzes, Europäischer Feuerwaffenpass

(1) Die Erlaubnis zur Mitnahme von Schusswaffen oder Munition nach Anlage 1 Abschnitt 3 (Kategorien A bis D) und sonstiger Waffen oder Munition, deren Erwerb und Besitz der Erlaubnis bedürfen, in den oder durch den Geltungsbereich des Gesetzes kann erteilt werden, wenn die Voraussetzungen des § 4 Abs. 1 Nr. 1 bis 4 vorliegen. Die Erlaubnis kann für die Dauer von bis zu einem Jahr für einen oder für mehrere Mitnahmevorgänge erteilt werden und kann mehrfach um jeweils ein Jahr verlängert werden. Für Personen aus einem Drittstaat gilt bei der Mitnahme von Schusswaffen oder Munition nach Anlage 1 Abschnitt 3 (Kategorien A bis D) durch den Geltungsbereich des Gesetzes in einen anderen Mitgliedstaat § 30 Abs. 2 entsprechend.

(2) Eine Erlaubnis nach Absatz 1 darf Personen, die ihren gewöhnlichen Aufenthalt in einem anderen Mitgliedstaat haben und Schusswaffen nach Anlage 1 Abschnitt 3 (Kategorien A bis D) und die dafür bestimmte Munition nach Absatz 1 mitnehmen wollen, nur erteilt werden, wenn sie Inhaber eines durch diesen Mitgliedstaat ausgestellten Europäischen Feuerwaffenpasses sind und die Waffen in den Europäischen Feuerwaffenpass eingetragen sind.

(3) Einer Erlaubnis nach Absatz 1 bedarf es unter den Voraussetzungen des Absatzes 2 nicht für

1. Jäger, die bis zu drei Langwaffen nach Anlage 1 Abschnitt 3 der Kategorien C und D und die dafür bestimmte Munition im Sinne des § 13 Abs. 1 Nr. 2, Abs. 5 zum Zweck der Jagd,
2. Sportschützen, die bis zu sechs Schusswaffen nach Anlage 1 Abschnitt 3 der Kategorien B, C oder D und die dafür bestimmte Munition zum Zweck des Schießsports,
3. Brauchtumsschützen, die bis zu drei Einzellader- oder Repetier-Langwaffen nach Anlage 1 Abschnitt 3 Kategorien C und D und die dafür bestimmte Munition zur Teilnahme an einer Brauchtumsveranstaltung

mitnehmen, sofern sie den Grund der Mitnahme nachweisen können.

(4) Zu den in Absatz 3 Nr. 1 bis 3 beschriebenen Zwecken kann für die dort jeweils genannten Waffen und Munition Personen, die ihren gewöhnlichen Aufenthalt in einem Drittstaat haben, abweichend von Absatz 1 eine Erlaubnis erteilt werden, es sei denn, dass Tatsachen die Annahme

rechtfertigen, dass die Voraussetzungen des § 4 Abs. 1 Nr. 2 nicht vorliegen.

(5) Einer Erlaubnis zur Mitnahme von Waffen oder Munition in den oder durch den Geltungsbereich des Gesetzes bedarf es nicht

1. für Waffen oder Munition, die durch Inhaber einer Erlaubnis zum Erwerb oder Besitz für diese Waffen oder Munition mitgenommen werden, oder
2. für Signalwaffen und die dafür bestimmte Munition, die aus Gründen der Sicherheit an Bord von Schiffen mitgeführt werden.

(6) Personen, die ihren gewöhnlichen Aufenthalt im Geltungsbereich des Gesetzes haben und Schusswaffen oder Munition nach Anlage 1 Abschnitt 3 (Kategorien A bis D) in einen anderen Mitgliedstaat mitnehmen wollen, wird ein Europäischer Feuerwaffenpass ausgestellt, wenn sie zum Besitz der Waffen, die in den Europäischen Feuerwaffenpass eingetragen werden sollen, berechtigt sind.

...

§ 34 Überlassen von Waffen oder Munition, Prüfung der Erwerbsberechtigung, Anzeigepflicht

(1) Waffen oder Munition dürfen nur berechtigten Personen überlassen werden. Die Berechtigung muss offensichtlich sein oder nachgewiesen werden. Werden sie zur gewerbsmäßigen Beförderung überlassen, müssen die ordnungsgemäße Beförderung sichergestellt und Vorkehrungen gegen ein Abhandenkommen getroffen sein. Munition darf gewerbsmäßig nur in verschlossenen Packungen überlassen werden; dies gilt nicht im Fall des Überlassens auf Schießstätten gemäß § 12 Abs. 2 Nr. 2 oder soweit einzelne Stücke von Munitionssammlern erworben werden. Wer Waffen oder Munition einem anderen lediglich zur gewerbsmäßigen Beförderung (§ 12 Abs. 1 Nr. 2, Abs. 2 Nr. 1) an einen Dritten übergibt, überlässt sie dem Dritten.

(2) Der Inhaber einer Erlaubnis nach § 21 Abs. 1 Satz 1, der einem anderen auf Grund einer Erlaubnis nach § 10 Abs. 1 eine Schusswaffe überlässt, hat in die Waffenbesitzkarte unverzüglich Herstellerzeichen oder Marke und – wenn gegeben – die Herstellungsnummer der Waffe, ferner den Tag des Überlassens und die Bezeichnung und den Sitz des Betriebs dauerhaft einzutragen und das Überlassen binnen zwei Wochen der zuständigen Behörde schriftlich anzuzeigen. Überlässt sonst jemand

einem anderen eine Schusswaffe, zu deren Erwerb es einer Erlaubnis bedarf, so hat er dies binnen zwei Wochen der zuständigen Behörde schriftlich anzuzeigen und ihr, sofern ihm eine Waffenbesitzkarte oder ein Europäischer Feuerwaffenpass erteilt worden ist, diese zur Berichtigung vorzulegen; dies gilt nicht in den Fällen des § 12 Abs. 1. In der Anzeige nach den Sätzen 1 und 2 sind anzugeben Name, Vorname, Geburtsdatum, Geburtsort und Wohnanschrift des Erwerbers sowie Art und Gültigkeitsdauer der Erwerbs- und Besitzberechtigung. Bei Nachweis der Erwerbs- und Besitzerlaubnis durch eine Waffenbesitzkarte sind darüber hinaus deren Nummer und ausstellende Behörde anzugeben. Bei Überlassung an einen Erlaubnisinhaber nach § 21 Abs. 1 Satz 1 sind in der Anzeige lediglich der Name der Firma und die Anschrift der Niederlassung anzugeben.

...

§ 36 Aufbewahrung von Waffen oder Munition

(1) Wer Waffen oder Munition besitzt, hat die erforderlichen Vorkehrungen zu treffen, um zu verhindern, dass diese Gegenstände abhanden kommen oder Dritte sie unbefugt an sich nehmen. Schusswaffen dürfen nur getrennt von Munition aufbewahrt werden, sofern nicht die Aufbewahrung in einem Sicherheitsbehältnis erfolgt, das mindestens der Norm DIN/EN 1143-1 Widerstandsgrad 0 (Stand Mai 1997)[1)] oder einer Norm mit gleichem Schutzniveau eines anderen Mitgliedstaates des Übereinkommens über den Europäischen Wirtschaftsraum (EWRMitgliedstaat) entspricht.

(2) Schusswaffen, deren Erwerb nicht von der Erlaubnispflicht freigestellt ist, und verbotene Waffen sind mindestens in einem der Norm DIN/EN 1143-1 Widerstandsgrad 0 (Stand Mai 1997) entsprechenden oder gleichwertigen Behältnis aufzubewahren; als gleichwertig gilt insbesondere ein Behältnis der Sicherheitsstufe B nach VDMA[2)3)] 24992 (Stand Mai 1995). Für bis zu zehn Langwaffen gilt die sichere Aufbewahrung auch in einem Behältnis als gewährleistet, das der Sicherheitsstufe A nach VDMA 24992 (Stand Mai 1995) oder einer Norm mit gleichem Schutzniveau eines anderen EWR-Mitgliedstaates entspricht. Vergleichbar gesicherte Räume sind als gleichwertig anzusehen.

(3) Wer Schusswaffen, Munition oder verbotene Waffen besitzt, hat der zuständigen Behörde die zur sicheren Aufbewahrung getroffenen Maßnahmen auf Verlangen nachzuweisen. Bestehen begründete Zweifel an

einer sicheren Aufbewahrung, kann die Behörde vom Besitzer verlangen, dass dieser ihr zur Überprüfung der sicheren Aufbewahrung Zutritt zum Ort der Aufbewahrung gewährt. Wohnräume dürfen gegen den Willen des Inhabers nur zur Verhütung dringender Gefahren für die öffentliche Sicherheit betreten werden; das Grundrecht der Unverletzlichkeit der Wohnung (Artikel 13 des Grundgesetzes) wird insoweit eingeschränkt.

(4) Entspricht die bisherige Aufbewahrung von Waffen oder Munition, deren Erwerb und Besitz ihrer Art nach der Erlaubnis bedarf, nicht den in diesem Gesetz oder in einer Rechtsverordnung[1] nach Absatz 5 festgelegten Anforderungen, so hat der Besitzer bis zum 30. August 2003 die ergänzenden Vorkehrungen zur Gewährleistung einer diesen Anforderungen entsprechenden Aufbewahrung vorzunehmen. Dies ist gegenüber der zuständigen Behörde innerhalb der Frist des Satzes 1 anzuzeigen und nachzuweisen.

(5) Das Bundesministerium des Innern wird ermächtigt, nach Anhörung der beteiligten Kreise durch Rechtsverordnung[1] mit Zustimmung des Bundesrates unter Berücksichtigung des Standes der Technik, der Art und Zahl der Waffen oder Munition und der Örtlichkeit von den Anforderungen an die Aufbewahrung abzusehen oder zusätzliche Anforderungen festzulegen. Dabei können auch Anforderungen an technische Sicherungssysteme zur Verhinderung einer unberechtigten Nutzung von Schusswaffen festgelegt werden.

(6) Ist im Einzelfall, insbesondere wegen der Art und Zahl der aufzubewahrenden Waffen oder Munition oder wegen des Ortes der Aufbewahrung, ein höherer Sicherheitsstandard erforderlich, hat die zuständige Behörde die notwendigen Ergänzungen anzuordnen und zu deren Umsetzung eine angemessene Frist zu setzen.

1) Herausgegeben im Beuth-Verlag GmbH, Berlin und Köln.
2) Verband Deutscher Maschinen- und Anlagenbau e.V.
3) Herausgegeben im Beuth-Verlag GmbH, Berlin und Köln.

§ 37 Anzeigepflichten

(1) Wer Waffen oder Munition, deren Erwerb der Erlaubnis bedarf,

1. beim Tode eines Waffenbesitzers, als Finder oder in ähnlicher Weise,

2. als Insolvenzverwalter, Zwangsverwalter, Gerichtsvollzieher oder in ähnlicher Weise in Besitz nimmt, hat dies der zuständigen Behörde unverzüglich anzuzeigen. Die zuständige Behörde kann die Waffen

und die Munition sicherstellen oder anordnen, dass sie binnen angemessener Frist unbrauchbar gemacht oder einem Berechtigten überlassen werden und dies der zuständigen Behörde nachgewiesen wird. Nach fruchtlosem Ablauf der Frist kann die zuständige Behörde die Waffen oder Munition einziehen. Ein Erlös aus der Verwertung steht dem nach bürgerlichem Recht bisher Berechtigten zu.

(2) Sind jemandem Waffen oder Munition, deren Erwerb der Erlaubnis bedarf, oder Erlaubnisurkunden abhanden gekommen, so hat er dies der zuständigen Behörde unverzüglich anzuzeigen und, soweit noch vorhanden, die Waffenbesitzkarte und den Europäischen Feuerwaffenpass zur Berichtigung vorzulegen. Die örtliche Behörde unterrichtet zum Zweck polizeilicher Ermittlungen die örtliche Polizeidienststelle über das Abhandenkommen.

(3) Wird eine Schusswaffe, zu deren Erwerb es einer Erlaubnis bedarf, oder eine verbotene Schusswaffe nach Anlage 2 Abschnitt 1 Nr. 1.2 nach den Anforderungen der Anlage 1 Abschnitt 1 Unterabschnitt 1 Nr. 1.4 unbrauchbar gemacht oder zerstört, so hat der Besitzer dies der zuständigen Behörde binnen zwei Wochen schriftlich anzuzeigen und ihr auf Verlangen den Gegenstand vorzulegen. Dabei hat er seine Personalien sowie Art, Kaliber, Herstellerzeichen oder Marke und – sofern vorhanden – die Herstellungsnummer der Schusswaffe anzugeben.

§ 38 Ausweispflichten

Wer eine Waffe führt, muss

1. seinen Personalausweis oder Pass und

   a) wenn es einer Erlaubnis zum Erwerb bedarf, die Waffenbesitzkarte oder, wenn es einer Erlaubnis zum Führen bedarf, den Waffenschein,

   b) im Fall des Verbringens oder der Mitnahme einer Waffe oder von Munition im Sinne von § 29 Abs. 1 aus einem Drittstaat gemäß § 29 Abs. 1, § 30 Abs. 1 oder § 32 Abs. 1 den Erlaubnisschein, im Falle der Mitnahme auf Grund einer Erlaubnis nach § 32 Abs. 4 auch den Beleg für den Grund der Mitnahme,

   c) im Fall des Verbringens einer Schusswaffe nach Anlage 1 Abschnitt 3 (Kategorien A bis D) gemäß § 29 Abs. 1 oder § 30 Abs. 1 aus einem anderen Mitgliedstaat den Erlaubnisschein dieses Staates oder eine Bescheinigung, die auf diesen Erlaubnisschein Bezug nimmt,

d) im Fall der Mitnahme einer Schusswaffe nach Anlage 1 Abschnitt 3 (Kategorien A bis D) aus einem anderen Mitgliedstaat gemäß § 32 Abs. 1 bis 3 den Europäischen Feuerwaffenpass und im Falle des § 32 Abs. 3 zusätzlich einen Beleg für den Grund der Mitnahme,

e) im Fall der vorübergehenden Berechtigung zum Erwerb oder zum Führen auf Grund des § 12 Abs. 1 Nr. 1 und 2 oder § 28 Abs. 4 einen Beleg, aus dem der Name des Überlassers, des Besitzberechtigten und das Datum der Überlassung hervorgeht, oder

f) im Fall des Schießens mit einer Schießerlaubnis nach § 10 Abs. 5 diese, und 2. in den Fällen des § 13 Abs. 6 den Jagdschein mit sich führen und Polizeibeamten oder sonst zur Personenkontrolle Befugten auf Verlangen zur Prüfung aushändigen. In den Fällen des § 13 Abs. 3 und § 14 Abs. 4 Satz 2 genügt an Stelle der Waffenbesitzkarte ein schriftlicher Nachweis darüber, dass die Antragsfrist noch nicht verstrichen oder ein Antrag gestellt worden ist. Satz 1 gilt nicht in Fällen des § 12 Abs. 3 Nr. 1.

§ 39 Auskunfts- und Vorzeigepflicht, Nachschau

(1) Wer Waffenherstellung, Waffenhandel oder eine Schießstätte betreibt, eine Schießstätte benutzt oder in ihr die Aufsicht führt, ein Bewachungsunternehmen betreibt, Veranstaltungen zur Ausbildung im Verteidigungsschießen durchführt oder sonst den Besitz über Waffen oder Munition ausübt, hat der zuständigen Behörde auf Verlangen oder, sofern dieses Gesetz einen Zeitpunkt vorschreibt, zu diesem Zeitpunkt die für die Durchführung dieses Gesetzes erforderlichen Auskünfte zu erteilen; eine entsprechende Pflicht gilt ferner für Personen, gegenüber denen ein Verbot nach § 41 Abs. 1 oder 2 ausgesprochen wurde. Sie können die Auskunft auf solche Fragen verweigern, deren Beantwortung sie selbst oder einen der in § 383 Abs. 1 Nr. 1 bis 3 der Zivilprozessordnung bezeichneten Angehörigen der Gefahr strafrechtlicher Verfolgung oder eines Verfahrens nach dem Gesetz über Ordnungswidrigkeiten aussetzen würde. Darüber hinaus hat der Inhaber der Erlaubnis die Einhaltung von Auflagen nachzuweisen.

(2) Betreibt der Auskunftspflichtige Waffenherstellung, Waffenhandel, eine Schießstätte oder ein Bewachungsunternehmen, so sind die von der zuständigen Behörde mit der Überwachung des Betriebs beauftrag-

ten Personen berechtigt, Betriebsgrundstücke und Geschäftsräume während der Betriebs- und Arbeitszeit zu betreten, um dort Prüfungen und Besichtigungen vorzunehmen, Proben zu entnehmen und Einsicht in die geschäftlichen Unterlagen zu nehmen; zur Abwehr dringender Gefahren für die öffentliche Sicherheit oder Ordnung dürfen diese Arbeitsstätten auch außerhalb dieser Zeit sowie die Wohnräume des Auskunftspflichtigen gegen dessen Willen besichtigt werden. Das Grundrecht der Unverletzlichkeit der Wohnung (Artikel 13 des Grundgesetzes) wird insoweit eingeschränkt.

(3) Aus begründetem Anlass kann die zuständige Behörde anordnen, dass der Besitzer von

1. Waffen oder Munition, deren Erwerb der Erlaubnis bedarf, oder
2. in Anlage 2 Abschnitt 1 bezeichneten verbotenen Waffen

ihr diese sowie Erlaubnisscheine oder Ausnahmebescheinigungen binnen angemessener, von ihr zu bestimmender Frist zur Prüfung vorlegt.

...

§ 42 Verbot des Führens von Waffen bei öffentlichen Veranstaltungen

(1) Wer an öffentlichen Vergnügungen, Volksfesten, Sportveranstaltungen, Messen, Ausstellungen, Märkten oder ähnlichen öffentlichen Veranstaltungen teilnimmt, darf keine Waffen im Sinne des § 1 Abs. 2 führen.

(2) Die zuständige Behörde kann allgemein oder für den Einzelfall Ausnahmen von Absatz 1 zulassen, wenn

1. der Antragsteller die erforderliche Zuverlässigkeit (§ 5) und persönliche Eignung (§ 6) besitzt,
2. der Antragsteller nachgewiesen hat, dass er auf Waffen bei der öffentlichen Veranstaltung nicht verzichten kann, und
3. eine Gefahr für die öffentliche Sicherheit oder Ordnung nicht zu besorgen ist.

...

Artikel 19 In-Kraft-Treten, Außer-Kraft-Treten, ...

1. Die in Artikel 1 § 7 Abs. 2, § 22 Abs. 2, § 25 Abs. 1, § 27 Abs. 7 Satz 2, § 34 Abs. 6, § 36 Abs. 5, §§ 47, 48 Abs. 1, § 50 Abs. 2 und 3, § 55 Abs. 5 und 6, Artikel 2 § 4 Abs. 3 und 4, § 14, § 15 Satz 1, § 16 Abs. 2 Satz 1 und Abs. 3, § 20 Abs. 1 sowie in Artikel 3 Nr. 3 enthaltenen Verordnungsermächtigungen und das in Artikel 1 Anlage 2 Abschnitt 1 Nr. 1.2.1 festgesetzte Verbot von Vorderschaftrepetierflinten, bei denen der Hinterschaft durch einen Pistolengriff ersetzt ist, treten am Tag nach der Verkündung in Kraft. Im Übrigen tritt dieses Gesetz am 1. April 2003 in Kraft. Gleichzeitig tritt das Waffengesetz in der Fassung der Bekanntmachung vom 8. März 1976 (BGBl. I S. 432), zuletzt geändert durch Artikel 9 des Gesetzes vom 14. Dezember 2001 (BGBl. I S. 3714), außer Kraft.

...

ERLÄUTERUNGEN

Siehe hierzu die Allgemeine Waffengesetz-Verordnung (AWaffV) vom 27. Oktober 2003 (BGBl. I S. 2123). 1

5 Strafgesetzbuch (StGB)

Vom 15. Mai 1871 (RGBl 1871, 127), neugefasst durch Bekanntmachung vom 13. November 1998 (BGBl. I S. 3322), zuletzt geändert durch Artikel 1 des Gesetzes vom 22.8.2002 (BGBl. I S. 3390)

...

§ 32 Notwehr

(1) Wer eine Tat begeht, die durch Notwehr geboten ist, handelt nicht rechtswidrig.

(2) Notwehr ist die Verteidigung, die erforderlich ist, um einen gegenwärtigen rechtswidrigen Angriff von sich oder einem anderen abzuwenden.

§ 33 Überschreitung der Notwehr

Überschreitet der Täter die Grenzen der Notwehr aus Verwirrung, Furcht oder Schrecken, so wird er nicht bestraft.

§ 34 Rechtfertigender Notstand

Wer in einer gegenwärtigen, nicht anders abwendbaren Gefahr für Leben, Leib, Freiheit, Ehre, Eigentum oder ein anderes Rechtsgut eine Tat begeht, um die Gefahr von sich oder einem anderen abzuwenden, handelt nicht rechtswidrig, wenn bei Abwägung der widerstreitenden Interessen, namentlich der betroffenen Rechtsgüter und des Grades der ihnen drohenden Gefahren, das geschützte Interesse das beeinträchtigte wesentlich überwiegt. Dies gilt jedoch nur, soweit die Tat ein angemessenes Mittel ist, die Gefahr abzuwenden.

§ 35 Entschuldigender Notstand

(1) Wer in einer gegenwärtigen, nicht anders abwendbaren Gefahr für Leben, Leib oder Freiheit eine rechtswidrige Tat begeht, um die Gefahr von sich, einem Angehörigen oder einer anderen ihm nahe stehenden Person abzuwenden, handelt ohne Schuld. Dies gilt nicht, soweit dem Täter nach den Umständen, namentlich weil er die Gefahr selbst verursacht hat oder weil er in einem besonderen Rechtsverhältnis stand, zugemutet werden konnte, die Gefahr hinzunehmen; jedoch kann die

Strafe nach § 49 Abs. 1 gemildert werden, wenn der Täter nicht mit Rücksicht auf ein besonderes Rechtsverhältnis die Gefahr hinzunehmen hatte.

(2) Nimmt der Täter bei Begehung der Tat irrig Umstände an, welche ihn nach Absatz 1 entschuldigen würden, so wird er nur dann bestraft, wenn er den Irrtum vermeiden konnte. Die Strafe ist nach § 49 Abs. 1 zu mildern.

...

§ 113 Widerstand gegen Vollstreckungsbeamte

(1) Wer einem Amtsträger oder Soldaten der Bundeswehr, der zur Vollstreckung von Gesetzen, Rechtsverordnungen, Urteilen, Gerichtsbeschlüssen oder Verfügungen berufen ist, bei der Vornahme einer solchen Diensthandlung mit Gewalt oder durch Drohung mit Gewalt Widerstand leistet oder ihn dabei tätlich angreift, wird mit Freiheitsstrafe bis zu zwei Jahren oder mit Geldstrafe bestraft.

(2) In besonders schweren Fällen ist die Strafe Freiheitsstrafe von sechs Monaten bis zu fünf Jahren. Ein besonders schwerer Fall liegt in der Regel vor, wenn

1. der Täter oder ein anderer Beteiligter eine Waffe bei sich führt, um diese bei der Tat zu verwenden, oder
2. der Täter durch eine Gewalttätigkeit den Angegriffenen in die Gefahr des Todes oder einer schweren Gesundheitsschädigung bringt.

(3) Die Tat ist nicht nach dieser Vorschrift strafbar, wenn die Diensthandlung nicht rechtmäßig ist. Dies gilt auch dann, wenn der Täter irrig annimmt, die Diensthandlung sei rechtmäßig.

(4) Nimmt der Täter bei Begehung der Tat irrig an, die Diensthandlung sei nicht rechtmäßig, und konnte er den Irrtum vermeiden, so kann das Gericht die Strafe nach seinem Ermessen mildern (§ 49 Abs. 2) oder bei geringer Schuld von einer Bestrafung nach dieser Vorschrift absehen. Konnte der Täter den Irrtum nicht vermeiden und war ihm nach den ihm bekannten Umständen auch nicht zuzumuten, sich mit Rechtsbehelfen gegen die vermeintlich rechtswidrige Diensthandlung zu wehren, so ist die Tat nicht nach dieser Vorschrift strafbar; war ihm dies zuzumuten, so kann das Gericht die Strafe nach seinem Ermessen mildern (§ 49 Abs. 2) oder von einer Bestrafung nach dieser Vorschrift absehen.

§ 114 Widerstand gegen Personen, die Vollstreckungsbeamten gleichstehen

(1) Der Diensthandlung eines Amtsträgers im Sinne des § 113 stehen Vollstreckungshandlungen von Personen gleich, die die Rechte und Pflichten eines Polizeibeamten haben oder Hilfsbeamte der Staatsanwaltschaft sind, ohne Amtsträger zu sein.

(2) § 113 gilt entsprechend zum Schutz von Personen, die zur Unterstützung bei der Diensthandlung zugezogen sind.

...

§ 292 Jagdwilderei

(1) Wer unter Verletzung fremden Jagdrechts oder Jagdausübungsrechts

1. dem Wild nachstellt, es fängt, erlegt oder sich oder einem Dritten zueignet oder
2. eine Sache, die dem Jagdrecht unterliegt, sich oder einem Dritten zueignet, beschädigt oder zerstört, wird mit Freiheitsstrafe bis zu drei Jahren oder mit Geldstrafe bestraft.

(2) In besonders schweren Fällen ist die Strafe Freiheitsstrafe von drei Monaten bis zu fünf Jahren. Ein besonders schwerer Fall liegt in der Regel vor, wenn die Tat

1. gewerbs- oder gewohnheitsmäßig,
2. zur Nachtzeit, in der Schonzeit, unter Anwendung von Schlingen oder in anderer nicht weidmännischer Weise oder
3. von mehreren mit Schusswaffen ausgerüsteten Beteiligten gemeinschaftlich begangen wird.

§ 293 Fischwilderei

Wer unter Verletzung fremden Fischereirechts oder Fischereiausübungsrechts

1. fischt oder
2. eine Sache, die dem Fischereirecht unterliegt, sich oder einem Dritten zueignet, beschädigt oder zerstört,

wird mit Freiheitsstrafe bis zu zwei Jahren oder mit Geldstrafe bestraft.

§ 294 Strafantrag

In den Fällen des § 292 Abs. 1 und des § 293 wird die Tat nur auf Antrag des Verletzten verfolgt, wenn sie von einem Angehörigen oder an einem Ort begangen worden ist, wo der Täter die Jagd oder die Fischerei in beschränktem Umfang ausüben durfte.

§ 295 Einziehung

Jagd- und Fischereigeräte, Hunde und andere Tiere, die der Täter oder Teilnehmer bei der Tat mit sich geführt oder verwendet hat, können eingezogen werden. § 74a ist anzuwenden.

...

§ 303 Sachbeschädigung

(1) Wer rechtswidrig eine fremde Sache beschädigt oder zerstört, wird mit Freiheitsstrafe bis zu zwei Jahren oder mit Geldstrafe bestraft.

(2) Der Versuch ist strafbar.

...

6 Strafprozessordnung (STPO)

Vom 1. Februar 1877 (RGBl. S. 253), neugefasst durch Bekanntmachung vom 7. April 1987 (BGBl. I S. 1074, 1319), zuletzt geändert durch Artikel 6 des Gesetzes vom 11. Oktober 2002 (BGBl. I S. 3970)

...

§ 127

(1) Wird jemand auf frischer Tat betroffen oder verfolgt, so ist, wenn er der Flucht verdächtig ist oder seine Identität nicht sofort festgestellt werden kann, jedermann befugt, ihn auch ohne richterliche Anordnung vorläufig festzunehmen. Die Feststellung der Identität einer Person durch die Staatsanwaltschaft oder die Beamten des Polizeidienstes bestimmt sich nach § 163b Abs. 1.

(2) Die Staatsanwaltschaft und die Beamten des Polizeidienstes sind bei Gefahr im Verzug auch dann zur vorläufigen Festnahme befugt, wenn die Voraussetzungen eines Haftbefehls oder eines Unterbringungsbefehls vorliegen.

(3) Ist eine Straftat nur auf Antrag verfolgbar, so ist die vorläufige Festnahme auch dann zulässig, wenn ein Antrag noch nicht gestellt ist. Dies gilt entsprechend, wenn eine Straftat nur mit Ermächtigung oder auf Strafverlangen verfolgbar ist.

...

Tierschutzgesetz (TierSchG) 7

In der Fassung der Bekanntmachung vom 25. Mai 1998 (BGBl. I S. 1105), zuletzt geändert durch Artikel 11 § 1 des Gesetzes zur Neuorganisation des gesundheitlichen Verbraucherschutzes und der Lebensmittelsicherheit vom 6. August 2002 (BGBl. I S. 3082)

§ 1

Zweck dieses Gesetzes ist es, aus der Verantwortung des Menschen für das Tier als Mitgeschöpf dessen Leben und Wohlbefinden zu schützen. Niemand darf einem Tier ohne vernünftigen Grund Schmerzen, Leiden oder Schäden zufügen.

§ 2

Wer ein Tier hält, betreut oder zu betreuen hat,

1. muss das Tier seiner Art und seinen Bedürfnissen entsprechend angemessen ernähren, pflegen und verhaltensgerecht unterbringen,
2. darf die Möglichkeit des Tieres zu artgemäßer Bewegung nicht so einschränken, dass ihm Schmerzen oder vermeidbare Leiden oder Schäden zugefügt werden,
3. muss über die für eine angemessene Ernährung, Pflege und verhaltensgerechte Unterbringung des Tieres erforderlichen Kenntnisse und Fähigkeiten verfügen.

...

§ 3

Es ist verboten,

1. einem Tier außer in Notfällen Leistungen abzuverlangen, denen es wegen seines Zustandes offensichtlich nicht gewachsen ist oder die offensichtlich seine Kräfte übersteigen,

1a. einem Tier, an dem Eingriffe und Behandlungen vorgenommen worden sind, die einen leistungsmindernden körperlichen Zustand verdecken, Leistungen abzuverlangen, denen es wegen seines körperlichen Zustandes nicht gewachsen ist,

1b. an einem Tier im Training oder bei sportlichen Wettkämpfen oder ähnlichen Veranstaltungen Maßnahmen, die mit erheblichen Schmerzen, Leiden oder Schäden verbunden sind und die die Leistungsfähigkeit von Tieren beeinflussen können, sowie an einem Tier bei sportlichen Wettkämpfen oder ähnlichen Veranstaltungen Dopingmittel anzuwenden,

2. ein gebrechliches, krankes, abgetriebenes oder altes, im Haus, Betrieb oder sonst in Obhut des Menschen gehaltenes Tier, für das ein Weiterleben mit nicht behebbaren Schmerzen oder Leiden verbunden ist, zu einem anderen Zweck als zur unverzüglichen schmerzlosen Tötung zu veräußern oder zu erwerben; dies gilt nicht für die unmittelbare Abgabe eines kranken Tieres an eine Person oder Einrichtung, der eine Genehmigung nach § 8 und, wenn es sich um ein Wirbeltier handelt erforderlichenfalls, eine Ausnahmegenehmigung nach § 9 Abs. 2 Nr. 7 Satz 2 für Versuche an solchen Tieren erteilt worden ist,

3. ein im Haus, Betrieb oder sonst in Obhut des Menschen gehaltenes Tier auszusetzen oder es zurückzulassen, um sich seiner zu entledigen oder sich der Halter- oder Betreuerpflicht zu entziehen,

4. ein gezüchtetes oder aufgezogenes Tier einer wild lebenden Art in der freien Natur auszusetzen oder anzusiedeln, das nicht auf die zum Überleben in dem vorgesehenen Lebensraum erforderliche artgemäße Nahrungsaufnahme vorbereitet und an das Klima angepasst ist; die Vorschriften des Jagdrechts und des Naturschutzrechts bleiben unberührt,

5. ein Tier auszubilden oder zu trainieren, sofern damit erhebliche Schmerzen, Leiden oder Schäden für das Tier verbunden sind,

6. in Tier zu einer Filmaufnahme, Schaustellung, Werbung oder ähnlichen Veranstaltung heranzuziehen, sofern damit Schmerzen, Leiden oder Schäden für das Tier verbunden sind,

7. ein Tier an einem anderen lebenden Tier auf Schärfe abzurichten oder zu prüfen,

8. ein Tier auf ein anderes Tier zu hetzen, soweit dies nicht die Grundsätze weidgerechter Jagdausübung erfordern,

8a. ein Tier zu einem derartig aggressiven Verhalten auszubilden oder abzurichten, dass dieses Verhalten

   a) bei ihm selbst zu Schmerzen, Leiden oder Schäden führt oder

b) im Rahmen jeglichen artgemäßen Kontaktes mit Artgenossen bei ihm selbst oder einem Artgenossen zu Schmerzen oder vermeidbaren Leiden oder Schäden führt oder

c) seine Haltung nur unter Bedingungen zulässt, die bei ihm zu Schmerzen oder vermeidbaren Leiden oder Schäden führen,

9. einem Tier durch Anwendung von Zwang Futter einzuverleiben, sofern dies nicht aus gesundheitlichen Gründen erforderlich ist,

10. einem Tier Futter darzureichen, das dem Tier erhebliche Schmerzen, Leiden oder Schäden bereitet,

11. ein Gerät zu verwenden, das durch direkte Stromeinwirkung das artgemäße Verhalten eines Tieres, insbesondere seine Bewegung, erheblich einschränkt oder es zur Bewegung zwingt und dem Tier dadurch nicht unerhebliche Schmerzen, Leiden oder Schäden zufügt, soweit dies nicht nach bundes- oder landesrechtlichen Vorschriften zulässig ist.

§ 4

(1) Ein Wirbeltier darf nur unter Betäubung oder sonst, soweit nach den gegebenen Umständen zumutbar, nur unter Vermeidung von Schmerzen getötet werden. Ist die Tötung eines Wirbeltieres ohne Betäubung im Rahmen weidgerechter Ausübung der Jagd oder auf Grund anderer Rechtsvorschriften zulässig oder erfolgt sie im Rahmen zulässiger Schädlingsbekämpfungsmaßnahmen, so darf die Tötung nur vorgenommen werden, wenn hierbei nicht mehr als unvermeidbare Schmerzen entstehen. Ein Wirbeltier töten darf nur, wer die dazu notwendigen Kenntnisse und Fähigkeiten hat.

...

§ 6

(1) Verboten ist das vollständige oder teilweise Amputieren von Körperteilen oder das vollständige oder teilweise Entnehmen oder Zerstören von Organen oder Geweben eines Wirbeltieres. Das Verbot gilt nicht, wenn

1. der Eingriff im Einzelfall

   a. nach tierärztlicher Indikation geboten ist oder

b. bei jagdlich zu führenden Hunden für die vorgesehene Nutzung des Tieres unerlässlich ist und tierärztliche Bedenken nicht entgegenstehen,

...

Eingriffe nach Satz 2 Nr. 1 und 5 sind durch einen Tierarzt vorzunehmen;

...

§ 13

(1) Es ist verboten, zum Fangen, Fern halten oder Verscheuchen von Wirbeltieren Vorrichtungen oder Stoffe anzuwenden, wenn damit die Gefahr vermeidbarer Schmerzen, Leiden oder Schäden für Wirbeltiere verbunden ist; dies gilt nicht für die Anwendung von Vorrichtungen oder Stoffen, die auf Grund anderer Rechtsvorschriften zugelassen sind. Vorschriften des Jagdrechts, des Naturschutzrechts, des Pflanzenschutzrechts und des Seuchenrechts bleiben unberührt.

(2) Das Bundesministerium wird ermächtigt, durch Rechtsverordnung mit Zustimmung des Bundesrates zum Schutz des Wildes Maßnahmen anzuordnen, die das Wild vor vermeidbaren Schmerzen oder Schäden durch land- oder forstwirtschaftliche Arbeiten schützen.

(3) Das Bundesministerium wird ermächtigt, im Einvernehmen mit dem Bundesministerium für Wirtschaft und dem Bundesministerium für Umwelt, Naturschutz und Reaktorsicherheit durch Rechtsverordnung mit Zustimmung des Bundesrates, soweit es zum Schutz der Tiere erforderlich ist, das Halten von Tieren wild lebender Arten, den Handel mit solchen Tieren sowie ihre Einfuhr oder ihre Ausfuhr aus dem Inland in einen Staat, der der Europäischen Gemeinschaft nicht angehört (Ausfuhr) zu verbieten, zu beschränken oder von einer Genehmigung abhängig zu machen.

...

Tierseuchengesetz (TierSG) 8

Vom 26. Juni 1909 (RGBl S. 519), neugefasst durch Bekanntmachung vom 11. April 2001 (BGBl. I S. 506), zuletzt geändert durch Art. 5 § 1 des Gesetzes vom 6. August 2002 (BGBl. I S. 3082)

§ 1

(1) Dieses Gesetz regelt die Bekämpfung von Seuchen, die bei Haustieren oder Süßwasserfischen auftreten oder bei anderen Tieren auftreten und auf Haustiere oder Süßwasserfische übertragen werden können (Tierseuchen).

...

§ 2

(1) Die Durchführung der Vorschriften dieses Gesetzes und der auf Grund dieses Gesetzes erlassenen Rechtsvorschriften sowie der unmittelbar geltenden Rechtsakte der Europäischen Gemeinschaft im Anwendungsbereich dieses Gesetzes obliegt den zuständigen Landesbehörden, soweit gesetzlich nichts anderes bestimmt ist.

(2) Die Mitwirkung der Tierärzte, die vom Staate angestellt sind oder deren Anstellung vom Staate bestätigt ist (beamtete Tierärzte), richtet sich nach den Vorschriften dieses Gesetzes. Anstelle der beamteten Tierärzte können im Falle ihrer Behinderung oder aus sonstigen Gründen andere approbierte Tierärzte zugezogen werden. Diese sind innerhalb des ihnen erteilten Auftrags befugt und verpflichtet, alle Amtsverrichtungen wahrzunehmen, die in diesem Gesetz den beamteten Tierärzten übertragen sind.

...

§ 6

(1) Das innergemeinschaftliche Verbringen, die Einfuhr und die Ausfuhr

1. seuchenkranker und verdächtiger Tiere sowie von Erzeugnissen, Rohstoffen

und Abfällen solcher Tiere,

2. von toten Tieren, Teilen, Erzeugnissen, Rohstoffen und Abfällen von Tieren, die zur Zeit des Todes seuchenkrank oder verdächtig gewesen oder die an einer Seuche verendet sind, und
3. von sonstigen Gegenständen, von denen nach den Umständen des Falles anzunehmen ist, dass sie Träger von Ansteckungsstoff sind,

sind verboten. Das Verbot gilt nicht für Teile, Erzeugnisse, Rohstoffe, Abfälle und sonstige Gegenstände, die so behandelt worden sind, dass die Abtötung von Seuchenerregern sichergestellt ist. Das Verbot gilt für Süßwasserfische nur insoweit, als das Bundesministerium das innergemeinschaftliche Verbringen oder die Einfuhr oder die Ausfuhr durch Rechtsverordnung nach § 7 Abs. 1 geregelt hat.

(2) Das Verbringen lebender und toter Tiere und von Teilen, Erzeugnissen, Rohstoffen und Abfällen von Tieren nach anderen Mitgliedstaaten ist verboten, wenn sie Vorschriften des Bestimmungsmitgliedstaates nicht entsprechen, die strengere Anforderungen als das deutsche Recht stellen und die das Bundesministerium im Bundesanzeiger bekanntgemacht hat.

...

§ 9

(1) Bricht eine anzeigepflichtige Seuche[1] aus oder zeigen sich Erscheinungen, die den Ausbruch einer solchen Seuche befürchten lassen, so hat der Besitzer der betroffenen Tiere unverzüglich der zuständigen Behörde oder dem beamteten Tierarzt Anzeige zu machen und die kranken und verdächtigen Tiere von Orten, an denen die Gefahr der Ansteckung fremder Tiere besteht, fernzuhalten.

...

§ 10

(1) Das Bundesministerium wird ermächtigt, soweit es zum Schutz gegen die Gefährdung von Tieren durch Tierseuchen im Hinblick auf deren Vorkommen, Ausmaß oder Gefährlichkeit erforderlich ist, durch Rechtsverordnung mit Zustimmung des Bundesrates die anzeigepflichtigen Tierseuchen[1] zu bestimmen. Dabei kann es, sofern Belange der Tierseuchenbekämpfung nicht entgegenstehen, den Kreis der zur Anzeige verpflichteten Personen gegenüber den in § 9 bezeichneten Personen einschränken.

...

§ 18

Zum Schutz gegen eine besondere Seuchengefahr und für deren Dauer können unter Berücksichtigung der beteiligten Wirtschafts- und Verkehrsinteressen die nachstehenden Maßregeln (§§ 19 bis 30) angeordnet werden.

§ 19

(1) Absonderung, Bewachung oder behördliche Beobachtung der an der Seuche erkrankten, der verdächtigen und der für die Seuche empfänglichen Tiere.

(2) Beschränkungen des Personenverkehrs innerhalb der Räumlichkeiten (Gehöft, Stall, Standort, Hofraum, Anlage oder Einrichtung zur Zucht, Haltung oder Hälterung von Fischen, Weidefläche, Viehausstellung, Marktplatz usw.), in denen sich derartige Tiere befinden, und auf öffentlichen Wegen.

...

§ 20

(1) Beschränkungen der Benutzung, der Verwertung oder des Transportes kranker oder verdächtiger Tiere, ihrer Körper, der von ihnen stammenden Erzeugnisse oder solcher Gegenstände, die mit kranken oder verdächtigen Tieren oder ihren Körpern in Berührung gekommen oder sonst geeignet sind, die Seuche zu verschleppen.

(2) Beschränkungen des Transportes und der Benutzung der für die Seuche empfänglichen und solcher Tiere, die geeignet sind, die Seuche zu verschleppen, sowie der von diesen Tieren stammenden Erzeugnisse.

...

§ 24

(1) Tötung der an der Seuche erkrankten oder verdächtigen Tiere.

(2) Tötung von Tieren, die für die Seuche empfänglich sind, wenn dies zur Beseitigung von Infektionsherden sowie für die Aufhebung von Sperren, die wegen des Auftretens von Tierseuchen verhängt worden sind, erforderlich ist.

(3) Für die Tötung von Tieren wild lebender Tierarten nach Absatz 2 gilt Folgendes: Die Tötung ist nur zulässig, wenn andere geeignete Maßnahmen zur wirksamen Bekämpfung der Seuche nicht zur Verfügung stehen. Die durch eine solche Anordnung betroffene Tierart darf durch die Maßnahme nicht der Gefahr der Ausrottung ausgesetzt sein. Die Anordnung kann auf bestimmte Gebiete beschränkt werden. Dem Jagdausübungsberechtigten, dem Grundstückseigentümer und dem Grundstücksbesitzer kann die Verpflichtung auferlegt werden, Angaben über Standorte der Tiere und die Lage von Bauen, Gehecken und Gelegen zu machen, die erforderliche Hilfe zu leisten sowie die nach Absatz 2 angeordneten Maßnahmen zu dulden oder, soweit die Maßnahme dem Verpflichteten zuzumuten ist, durchzuführen. Gemeinden und Gemeindeverbänden kann die Durchführung der angeordneten Maßnahmen auferlegt werden.

...

§ 26

Unschädliche Beseitigung der Tierkörper, Tierkörperteile und Erzeugnisse tierischer Herkunft, der Streu, des Dunges und der flüssigen Abgänge sowie anderer Abfälle von kranken oder verdächtigen Tieren.

...

§ 73

(1) Die Einhaltung der Vorschriften dieses Gesetzes, der auf Grund dieses Gesetzes erlassenen Rechtsverordnungen, der nach diesem Gesetz oder nach einer auf Grund dieses Gesetzes erlassenen Rechtsverordnung getroffenen vollziehbaren Anordnungen sowie der unmittelbar geltenden Rechtsakte der Europäischen Gemeinschaft im Anwendungsbereich dieses Gesetzes wird durch die nach Landesrecht zuständigen Behörden, im Falle des § 3 Abs. 1 durch die zuständigen Dienststellen der Bundeswehr, überwacht.

(2) Natürliche und juristische Personen und nicht rechtsfähige Personenvereinigungen haben den zuständigen Behörden auf Verlangen die Auskünfte zu erteilen, die zur Durchführung der den Behörden durch dieses Gesetz oder auf Grund dieses Gesetzes übertragenen Aufgaben erforderlich sind.

(3) Personen, die von der zuständigen Behörde beauftragt sind, sowie in ihrer Begleitung befindliche Sachverständige der Mitgliedstaaten und der

Kommission der Europäischen Gemeinschaft dürfen im Rahmen der Absätze 1 und 2 Grundstücke, Wirtschaftsgebäude, Geschäfts-, Betriebs- und Lagerräume sowie Transportmittel während der Geschäfts- und Betriebszeiten betreten, dort Besichtigungen vornehmen und geschäftliche Unterlagen einsehen und prüfen.

(3a) Die von der zuständigen Behörde mit der Durchführung von Bekämpfungsmaßnahmen beauftragten Personen dürfen im Rahmen ihres Auftrages während der Geschäfts- und Betriebszeiten Grundstücke, Wirtschaftsgebäude, Geschäfts-, Betriebs- und Lagerräume sowie Transportmittel betreten und dort Untersuchungen von Tieren und Bekämpfungsmaßnahmen durchführen. Auf Anforderung sind den beauftragten Personen Tiere, Teile, Erzeugnisse, Rohstoffe oder Abfälle von Tieren sowie sonstige Gegenstände, die Träger von Ansteckungsstoffen sein können, zur Untersuchung zu überlassen, wenn dies zur Feststellung einer Seuche erforderlich ist.

...

ERLÄUTERUNGEN

In der (Bundes-)Verordnung für anzeigepflichtige Tierseuchen in der Fassung der Bekanntmachung vom 11. April 2001 (BGBl. I S. 547) wurden Tierseuchen für anzeigepflichtig erklärt. Von jagdlicher Bedeutung davon sind insbesondere: 1

- Geflügelpest,
- Maul- und Klauenseuche,
- Schweinepest,
- BSE: Bovine Spongiforme Enzephalopathie
  bzw.
- TSE: Transmissible Spongiforme Enzephalopathie
- Tollwut.

9 Verordnung zum Schutz gegen die Tollwut (Tollwut-Verordnung)

Vom 11. April 2001 (BGBl. I S. 598)

...

Unterabschnitt 1 Allgemeine Schutzmaßregeln

§ 2 Impfungen und Heilversuche

(1) Gegen die Tollwut darf nur mit Impfstoffen aus nicht vermehrungsfähigen (inaktivierten) Erregern geimpft werden. Impfungen seuchenkranker oder verdächtiger Tiere gegen die Tollwut sind verboten. Die Sätze 1 und 2 gelten nicht für die Impfung wild lebender Tiere.

(2) Die zuständige Behörde kann Impfungen gegen die Tollwut anordnen, sofern dies aus Gründen der Seuchenbekämpfung erforderlich ist.

(3) Heilversuche an verdächtigen Tieren sind verboten.

...

§ 4 Anzeige von Tierausstellungen

Hunde- und Katzenausstellungen sowie Veranstaltungen ähnlicher Art mit Hunden und Katzen sind der zuständigen Behörde mindestens acht Wochen vor Beginn anzuzeigen. Die zuständige Behörde kann solche Ausstellungen und Veranstaltungen beschränken oder verbieten, wenn es aus Gründen der Seuchenbekämpfung erforderlich ist.

§ 5 Kennzeichnung

Es ist verboten, Hunde außerhalb geschlossener Räume frei laufen zu lassen oder mit sich zu führen, wenn sie nicht ein Halsband, einen Gurt oder ein sonstiges Hundegeschirr tragen, auf oder an dem Name und Anschrift des Besitzers angegeben sind oder an dem eine Steuermarke befestigt ist. Dies gilt nicht für Hunde auf umfriedeten Grundstücken, von denen sie nicht entweichen können, und für Jagdhunde bei jagdlicher Verwendung.

Unterabschnitt 2 Besondere Schutzmaßregeln bei Haustieren

A. Voramtlicher Feststellung

§ 6

Im Falle des Ausbruchs oder des Verdachts des Ausbruchs der Tollwut in einem Betrieb oder an einem sonstigen Standort gilt vor der amtlichen Feststellung für seuchenverdächtige Haustiere Folgendes:

1. Der Besitzer muss alle Haustiere an ihrem jeweiligen Standort so absondern, dass sie nicht mit Haustieren anderer Besitzer sowie mit Menschen in Berührung kommen können.
2. Verendete oder getötete Haustiere sind so aufzubewahren, dass sie Witterungseinflüssen nicht ausgesetzt sind und dass Menschen oder Tiere nicht mit ihnen in Berührung kommen können. Sie dürfen nur mit Genehmigung der zuständigen Behörde und nur zu diagnostischen Zwecken oder zur unschädlichen Beseitigung aus dem Betrieb oder von dem sonstigen Standort verbracht werden. Sie dürfen nur von einem Tierarzt oder unter dessen Leitung zerlegt werden; das Abtrennen des Kopfes gilt nicht als Zerlegen.
3. Führt die amtstierärztliche Untersuchung bei einem als seuchenverdächtig gemeldeten Haustier nicht zu einem eindeutigen Ergebnis, so ordnet die zuständige Behörde die behördliche Beobachtung des Tieres an; hierzu ist es sicher einzusperren. Die Beobachtung wird aufgehoben, wenn sich der Verdacht auf Grund amtstierärztlicher Untersuchung als unbegründet erwiesen hat.

B. Nachamtlicher Feststellung

§ 7 Tötung und unschädliche Beseitigung

(1) Ist der Ausbruch oder der Verdacht des Ausbruchs der Tollwut in einem Betrieb oder an einem sonstigen Standort amtlich festgestellt, so kann die zuständige Behörde die sofortige Tötung und unschädliche Beseitigung der seuchenverdächtigen Tiere anordnen; bei seuchenverdächtigen Hunden und Katzen hat sie die Tötung und unschädliche Beseitigung anzuordnen.

(2) Abweichend von Absatz 1 kann die zuständige Behörde bei seuchenverdächtigen Hunden oder Katzen anstelle der Tötung und unschädli-

chen Beseitigung die behördliche Beobachtung bis zur Bestätigung oder Beseitigung des Verdachts anordnen, wenn diese Tiere

1. einen Menschen gebissen haben oder

2. nachweislich unter wirksamem Impfschutz stehen.

(3) Das Schlachten und Abhäuten seuchenverdächtiger Tiere sowie der Verkauf oder Verbrauch einzelner Teile, der Milch oder sonstiger Erzeugnisse solcher Tiere sind verboten.

§ 8 Schutzmaßregeln für den gefährdeten Bezirk

(1) Ist der Ausbruch oder der Verdacht des Ausbruchs der Tollwut bei einem Haustier oder einem wild lebenden Tier amtlich festgestellt worden und kann im Falle der amtlichen Feststellung des Ausbruchs der Tollwut bei einem Haustier eine Infektion in diesem Gebiet auf Grund epizootiologischer Nachforschungen nicht ausgeschlossen werden, so erklärt die zuständige Behörde unter Berücksichtigung der örtlichen Gegebenheiten ein Gebiet mit einer Fläche von mindestens 5 000 Quadratkilometern oder mit einem Radius von mindestens 40 Kilometern um die Tierhaltung, die Abschuss-, Tötungs- oder Fundstelle zum gefährdeten Bezirk und gibt dies öffentlich bekannt. Im Falle der amtlichen Feststellung des Ausbruchs oder des Verdachts des Ausbruchs der Tollwut bei Fledermäusen gilt Absatz 4.

(2) Die zuständige Behörde bringt an den Zugängen zu dem gefährdeten Bezirk und an anderen geeigneten Stellen Schilder mit der deutlichen und haltbaren Aufschrift „Tollwut! Gefährdeter Bezirk" gut sichtbar an.

(3) Im gefährdeten Bezirk dürfen Hunde und Katzen nicht frei laufen gelassen werden. Hiervon ausgenommen sind Hunde, die nachweislich unter wirksamem Impfschutz stehen und die von einer Person begleitet werden, der sie zuverlässig gehorchen, sowie Katzen, die nachweislich unter wirksamem Impfschutz stehen.

(4) Ist der Ausbruch oder der Verdacht des Ausbruchs der Tollwut bei einer Fledermaus amtlich festgestellt worden, so kann die zuständige Behörde das betreffende Gebiet nach Maßgabe des Absatzes 1 Satz 1 zum gefährdeten Bezirk erklären. Die Erklärung ist öffentlich bekannt zu geben. Die Absätze 2 und 3 gelten entsprechend.

§ 9 Schutzmaßregeln bei Ansteckungsverdacht

(1) Für Hunde und Katzen ordnet die zuständige Behörde die sofortige Tötung an, wenn anzunehmen ist, dass sie mit seuchenkranken Tieren in Berührung gekommen sind. Sie kann die sofortige Tötung dieser Hunde und Katzen anordnen, wenn anzunehmen ist, dass sie mit seuchenverdächtigen Tieren in Berührung gekommen sind.

(2) Andere als in Absatz 1 bezeichnete Haustiere, von denen anzunehmen ist, dass sie mit seuchenkranken oder seuchenverdächtigen Tieren in Berührung gekommen sind, sind sofort behördlich zu beobachten.

(3) Absatz 1 gilt nicht für Hunde und Katzen, die nachweislich bei der Berührung unter wirksamem Impfschutz standen. Solche Hunde und Katzen sind sofort behördlich zu beobachten und unverzüglich erneut gegen Tollwut zu impfen. Die zuständige Behörde kann zulassen, dass von der Impfung abgesehen wird, wenn die Tiere bereits mehrmals in kurzen Abständen gegen Tollwut geimpft worden sind.

(4) Die zuständige Behörde kann im Einzelfall für nicht unter wirksamem Impfschutz stehende Hunde und Katzen Ausnahmen von Absatz 1 zulassen, sofern die Tiere sofort für mindestens drei Monate sicher eingesperrt werden und Belange der Seuchenbekämpfung nicht entgegenstehen.

§ 10 Behördliche Beobachtung

(1) Die Dauer der behördlichen Beobachtung nach § 9 Abs. 2 und 3 beträgt sechs Monate. Die zuständige Behörde kann die Dauer bis auf zwei Monate verkürzen, sofern die ansteckungsverdächtigen Tiere vor dem Zeitpunkt, an dem sie tatsächlich oder vermutlich mit tollwutkranken oder seuchenverdächtigen Tieren in Berührung gekommen sind, unter wirksamem Impfschutz standen und unverzüglich erneut gegen Tollwut geimpft werden. § 9 Abs. 3 Satz 3 gilt entsprechend.

(2) Während der behördlichen Beobachtung darf das Tier nur mit Genehmigung der zuständigen Behörde von seinem Standort entfernt werden. Die Nutzung und der Weidegang von Einhufern, Rindern, Schweinen, Schafen und Ziegen sind gestattet; die Nutzung der Hunde bedarf der Genehmigung der zuständigen Behörde. Wird das Tier vom Standort entfernt, so unterliegt es der Beobachtung am neuen Standort.

(3) Statt der behördlichen Beobachtung kann die zuständige Behörde für ansteckungsverdächtige Einhufer, Rinder, Schweine, Schafe und Ziegen

die Tötung und unschädliche Beseitigung anordnen, sofern dies aus Gründen der Seuchenbekämpfung erforderlich ist.

Unterabschnitt 3 Besondere Schutzmaßregeln bei wild lebenden Tieren

§ 11 Bei seuchenverdächtigen Tieren

Jagdausübungsberechtigte haben dafür zu sorgen, dass seuchenverdächtigen wild lebenden Tieren sofort nachgestellt wird und dass diese erlegt und unverzüglich unschädlich beseitigt werden. Ausgenommen von der Verpflichtung zur unschädlichen Beseitigung ist Untersuchungsmaterial zur Feststellung der Tollwut; bei Füchsen und kleineren Tieren ist das der ganze Tierkörper, bei größeren Tieren nur der Kopf. Wird das Untersuchungsmaterial nicht der zuständigen Behörde oder einem staatlichen Veterinäruntersuchungsamt abgeliefert, so ist der zuständigen Behörde mitzuteilen, wo es sich befindet.

§ 12 Bei Füchsen

(1) Ist der Ausbruch der Tollwut bei einem Fuchs amtlich festgestellt worden oder liegen sonst gesicherte Anhaltspunkte dafür vor, dass die Tollwut durch den Fuchs verbreitet wird, ordnet die zuständige Behörde eine verstärkte Bejagung, orale Immunisierung und die Untersuchung der Füchse nach Anlage 1 und 2 an, wenn

1. ein Gebiet zum gefährdeten Bezirk nach § 8 Abs. 1 erklärt worden ist oder
2. eine Einschleppung der Tollwut in ein tollwutfreies Gebiet zu befürchten ist.

Der Jagdausübungsberechtigte ist zur verstärkten Bejagung und zur Mitwirkung bei der Auslegung der Impfköder im Rahmen der oralen Immunisierung im Falle einer behördlichen Anordnung nach Satz 1 verpflichtet.

(2) Die zuständige Behörde bestimmt ein Gebiet mit einer Fläche von mindestens 5 000 Quadratkilometern als tollwutfrei, wenn über einen Zeitraum von mindestens vier Jahren oder über einen Zeitraum von mindestens zwei Jahren nach Aufhebung von Schutzmaßregeln nach § 14

1. Tollwut amtlich nicht festgestellt worden ist,

2. keine orale Immunisierung der Füchse durchgeführt worden ist und

3. Füchse nach Anlage 1 untersucht worden sind.

Ein Gebiet gilt auch dann im Sinne von Satz 1 als tollwutfrei, wenn abweichend von Satz 1 Nr. 1 der Ausbruch der Tollwut bei Fledermäusen oder Haustieren amtlich festgestellt worden ist und bei Haustieren eine Infektion in diesem Gebiet auf Grund epizootiologischer Nachforschungen ausgeschlossen werden kann.

(3) Den Zeitraum und das Gebiet, in denen die orale Immunisierung nach Absatz 1 durchzuführen ist, die Art der Impfköderauslage, die Impfstrategie, die Anzahl der Impfköder und den Abschluss der Impfmaßnahmen bestimmt die zuständige oberste Landesbehörde im Benehmen mit der Bundesforschungsanstalt für Viruskrankheiten der Tiere; dabei sind die Epizootiologie der Seuche und die landschaftsstrukturellen Gegebenheiten zugrunde zu legen.

(4) Die zuständige oberste Landesbehörde kann eine großflächige orale Immunisierung zum Schutz gegen die Einschleppung der Tollwut oder zum Schutz gegen die Ausbreitung der Tollwut anordnen.

...

Anlage 1 (zu § 12 Abs. 1 Satz 1 und Abs. 2 Satz 1 Nr. 3 und § 14 Abs. 2 Satz 2)

Untersuchung von Füchsen auf Tollwut

1. Stichprobenumfang

Es müssen jährlich mindestens acht Füchse pro 100 km 2 untersucht werden. Ist in einem Gebiet über einen Zeitraum von mindestens vier Jahren Tollwut amtlich nicht festgestellt worden, kann die Untersuchungsdichte auf wenigstens vier Füchse pro 100 km 2 reduziert werden.

2. Auswahlkriterien

a) Alle verendeten, kranken, verhaltensgestörten oder anderweitig auffälligen Füchse sind in die Untersuchung einzubeziehen.

b) Die Stichproben sind auf das gesamte Einzugsgebiet, auf die flächenanteilige Beteiligung aller Gemeinden oder auf die Jagdbezirke zufällig zu verteilen.

c) In Zeiten erhöhter Exposition (Ranz, Raubmündigkeit) hat eine verstärkte Beprobung verendeter, kranker und verhaltensauffälliger

Füchse zu erfolgen.

Anlage 2 (zu § 12 Abs. 1 Satz 1 und § 14 Abs. 2 Nr. 2)

Untersuchung von Füchsen zur Kontrolle des Impferfolges

1. Stichprobenumfang

In einem Gebiet mit einer Fläche von mindestens 5 000 Quadratkilometern oder mit einem Radius von mindestens 40 km um die Abschuss-, Tötungs- oder Fundstelle müssen bei einer statistischen Sicherheit von 95% und einer angenommenen Immunisierungsrate von 70 % bei einer Schätzgenauigkeit von 5 % jährlich 323 Füchse untersucht werden.

2. Auswahlkriterien

a) Die Stichproben sind auf das gesamte Untersuchungsgebiet gleichmäßig zu verteilen.

b) Die Stichproben sind zufällig auszuwählen, wobei in einem Zeitraum von vier Wochen nach der Köderauslage keine Stichproben erfolgen und Jungfüchse bis zur Herbstauslage nicht untersucht werden sollten, sofern nicht spezielle Untersuchungsprogramme durchgeführt werden. Im Falle einer Untersuchung auf Grund eines speziellen Untersuchungsprogramms sind die Jungfüchse altersmäßig zu kennzeichnen.

Gesetz über die Beseitigung von Tierkörpern, Tierkörperteilen und tierischen Erzeugnissen (Tierkörperbeseitigungsgesetz-TierKBG)[1] 10

In der Fassung vom 11. April 2001 (BGBl. I S. 523), geändert durch Gesetz vom 25. Juni 2001 (BGBl. I S. 1215)

§ 1 Begriffsbestimmungen

(1) Im Sinne dieses Gesetzes sind

1. Tierkörper:

Verendete, totgeborene oder ungeborene Tiere sowie getötete Tiere, die nicht zum menschlichen Genuss verwendet werden;

.....

§ 3 Grundsatz

(1) Tierkörper, Tierkörperteile und Erzeugnisse sind so zu beseitigen, dass

1. die Gesundheit von Mensch und Tier nicht durch Erreger übertragbarer Krankheiten oder toxische Stoffe gefährdet,
2. Gewässer, Boden und Futtermittel durch Erreger übertragbarer Krankheiten oder toxische Stoffe nicht verunreinigt,
3. schädliche Umwelteinwirkungen im Sinne des Bundes-Immissionsschutzgesetzes nicht herbeigeführt,
4. die öffentliche Sicherheit und Ordnung sonst nicht gefährdet oder gestört werden.

.....

§ 5 Beseitigung von Tierkörpern

(1) In Tierkörperbeseitigungsanstalten sind zu beseitigen

1. Körper von Einhufern, Klauentieren, Hunden, Katzen, Geflügel, Kaninchen und Edelpelztieren, die sich im Haus, Betrieb oder sonst in Besitz des Menschen befinden,

2. Körper von Tieren, die in Zoologischen Gärten oder ähnlichen Einrichtungen sowie in Tierhandlungen gehalten werden,
3. herrenlose Tierkörper der in Nummer 1 genannten Tierarten, ausgenommen solche von freilebendem Wild.

Dies gilt auch für Körper anderer Tiere einschließlich solcher von freilebendem Wild, soweit es zur Wahrung des Grundsatzes des § 3 erforderlich ist und die zuständige Behörde dies anordnet. Vor der Beseitigung dürfen Tierkörper zu diagnostischen Untersuchungen in tierärztliche Untersuchungsanstalten verbracht werden.

(2) Absatz 1 Satz 1 gilt nicht für einzelne Körper von Hunden, Katzen, Ferkeln, Kaninchen, unter vier Wochen alten Schaf- und Ziegenlämmern sowie einzelne Körper von Geflügel oder in Tierhandlungen gehaltenen Kleintieren und Vögeln, die auf geeigneten und von der zuständigen Behörde hierfür besonders zugelassenen Plätzen oder auf eigenem Gelände, jedoch nicht in Wasserschutzgebieten und nicht in unmittelbarer Nähe öffentlicher Wege und Plätze, vergraben oder in dafür zugelassenen Abfallbeseitigungsanlagen verbrannt werden. Die Tierkörper müssen so vergraben werden, dass sie mit einer ausreichenden, mindestens 50 Zentimeter starken Erdschicht, gemessen vom Rande der Grube an, bedeckt sind. § 26 Abs. 2, die §§ 32 b und 34 Abs. 2 des Wasserhaushaltsgesetzes vom 27. Juli 1957 (Bundesgesetzbl. I S. 1110), zuletzt geändert durch das Einführungsgesetz zum Strafgesetzbuch vom 2. März 1974 (Bundesgesetzbl. I S. 469) bleiben unberührt.

ERLÄUTERUNGEN

1 Zum Redaktionsschluss lag hierzu ein Entwurf eines Gesetzes zur Durchführung gemeinschaftsrechtlicher Vorschriften über die Verarbeitung und Beseitigung von nicht für den menschlichen Verzehr bestimmten tierischen Nebenprodukten vor, mit dem das Tierkörperbeseitigungsgesetz abgelöst werden soll.

Fleischhygienegesetz (FlHG) 11

Vom 3. Juni 1900 (RGBL. S. 547), neugefasst durch Bekanntmachung vom 8. Juli 1993 (BGBl. I S. 1189), zuletzt geändert durch Artikel 9 § 2 des Gesetztes vom 6. August 2002 (BGBl. I S. 3082)

§ 1 Untersuchungspflicht

(1) Rinder, Schweine, Schafe, Ziegen, andere Paarhufer, Pferde, andere Einhufer, Kaninchen, die als Haustiere gehalten werden, unterliegen, wenn ihr Fleisch zum Genuss für Menschen bestimmt ist, vor und nach der Schlachtung einer amtlichen Untersuchung (Schlachttier- und Fleischuntersuchung); dies gilt entsprechend für Haarwild, das auf andere Weise als durch Erlegen getötet wird. Erlegtes Haarwild unterliegt unbeschadet des Satzes 3 bei gleicher Zweckbestimmung nur der Fleischuntersuchung. Die Schlachttier- und Fleischuntersuchung kann bei Hauskaninchen, die Fleischuntersuchung bei erlegtem Haarwild unterbleiben, wenn keine Merkmale festgestellt werden, die das Fleisch als bedenklich zum Genuss für Menschen erscheinen lassen, und

1. das Fleisch zum eigenen Verbrauch verwendet oder unmittelbar an einzelne natürliche Personen zum eigenen Verbrauch abgegeben wird oder
2. das erlegte Haarwild unmittelbar nach dem Erlegen in geringen Mengen an nahegelegene be- oder verarbeitende Betriebe zur Abgabe an Verbraucher zum Verzehr an Ort und Stelle oder zur Verwendung im eigenen Haushalt geliefert wird.

Fleisch von Affen, Hunden und Katzen darf zum Genuss für Menschen nicht gewonnen werden

...

(3) Schweine und Einhufer, deren Fleisch zum Genuss für Menschen verwendet werden soll, sind nach der Schlachtung amtlich auch auf Trichinen zu untersuchen. Ferner unterliegen der Untersuchung auf Trichinen nach der Tötung Wildschweine, Bären, Füchse, Sumpfbiber, Dachse und andere fleischfressende Tiere, die Träger von Trichinen sein können, wenn das Fleisch zum Genuss für Menschen verwendet werden soll. Die Untersuchung auf Trichinen ist nicht erforderlich bei Hausschweinen, Einhufern und Sumpfbibern, wenn das Fleisch einer

zugelassenen Kältebehandlung unter Aufsicht der zuständigen Behörde unterzogen worden ist.

...

§ 10 Taugliches Fleisch

Ergibt die Untersuchung des Fleisches, dass kein Grund zur Beanstandung vorliegt, ist das Fleisch als tauglich zum Genuss für Menschen zu beurteilen. Dies darf im Falle des § 1 Abs. 3 Satz 3 erst nach der Kältebehandlung geschehen.

§ 11 Untaugliches Fleisch

Ergibt die Untersuchung, dass das Fleisch zum Genuss für Menschen untauglich ist, ist das Fleisch zu beschlagnahmen. Es darf als Lebensmittel nicht in den Verkehr gebracht werden.

....

Verordnung über die hygienischen Anforderungen und amtlichen Untersuchungen beim Verkehr mit Fleisch (Fleischhygiene-Verordnung – FlHV) 12

In der Fassung vom 29. Juni 2001 (BGBl. I S. 1367), zuletzt geändert durch Artikel 9, § 15 des Gesetzes vom 6. August 2002 (BGBl. I S. 3082)

§ 1 Anwendungsbereich

(1) Diese Verordnung findet nur Anwendung auf

1. Tiere einschließlich Haarwild, die nach dem Fleischhygienegesetz amtlichen Untersuchungen unterliegen, sowie Fleisch dieser Tiere,
2. Betriebe, in denen das Fleisch der in Nummer 1 genannten Tiere gewonnen, zubereitet, behandelt oder von denen es in den Verkehr gebracht oder eingeführt wird,

...

§ 4 Anmeldung zur Schlachttier- und Fleischuntersuchung

...

(2) Wer erlegtes Haarwild, das nach § 1 Abs. 1 oder 3 des Fleischhygienegesetzes der Fleischuntersuchung unterliegt, in Eigenbesitz nimmt, hat dieses bei der für den Erlegungsort oder für seinen Wohnsitz zuständigen Behörde zur Fleischuntersuchung vor der weiteren Behandlung oder vor der Abgabe anzumelden. Die Verpflichtung nach Satz 1 besteht nicht, wenn das erlegte Haarwild an be- oder verarbeitende Betriebe oder an zur Jagdausübung ermächtigte Personen abgegeben wird. In diesem Falle trifft die Anmeldepflicht diese Betriebe oder Personen.

(3) Wer erlegtes Haarwild an be- oder verarbeitende Betriebe abgibt, hat diesen Merkmale nach Anlage 2 Kapitel VI Nr. 1.3, die beim Erlegen vorgelegen haben, bei der Abgabe mitzuteilen.

§ 5 Schlachttier- und Fleischuntersuchung

(1) Die Schlachttieruntersuchung ist nach Anlage 1 Kapitel I Nr. 1 bis 4 durchzuführen;

...

(2) Die Fleischuntersuchung ist nach Anlage 1 Kapitel II durchzuführen. Ihr unterliegen alle Teile des geschlachteten Tieres einschließlich des Blutes.

(3) Im Rahmen der Fleischuntersuchung sind zusätzlich durchzuführen

1. die Untersuchung auf Trichinen (§ 1 Abs. 3 des Fleischhygienegesetzes) nach Anlage 1 Kapitel III Nr. 1,
2. stichprobenweise sowie bei begründetem Verdacht eine Rückstandsuntersuchung nach Anlage 1 Kapitel III Nr. 2,
3. eine bakteriologische Fleischuntersuchung nach Anlage 1 Kapitel III Nr. 3, sofern das zu untersuchende Fleisch nicht bereits auf Grund sonstiger Feststellungen als untauglich zu beurteilen ist,
4. sonstige Untersuchungen nach Anlage 1 Kapitel III Nr. 4, wenn noch Zweifel an der Genusstauglichkeit des Fleisches bestehen.

Bei erlegtem Haarwild richtet sich die Durchführung der in Satz 1 Nr. 3 und 4 genannten Untersuchungen nach Anlage 1 Kapitel III Nr. 5.

...

§ 10 Inverkehrbringen von Fleisch

(1) Fleisch darf nur in den Verkehr gebracht werden, wenn es

1. von einem Tier stammt, das der Schlachttieruntersuchung nach § 5 Abs. 1 Satz 1 unterzogen und nach § 5 Abs. 2 und 3 untersucht,
2. nach § 6 Abs. 1 Satz 1 als tauglich oder tauglich nach Brauchbarmachung beurteilt und nach § 6 Abs. 1 Satz 2 in Verbindung mit Anlage 1 Kapitel V Nr. 1 bis 4 gekennzeichnet,
3. a) unter Einhaltung der Anforderungen nach § 10a und
   b) in nach § 6 Abs. 2 des Fleischhygienegesetzes zugelassenen Betrieben

gewonnen, zubereitet oder behandelt worden und

...

(7) Abweichend von den Absätzen 1 und 2 dürfen

1. von einer in § 4 Abs. 2 genannten Person einzelne Tierkörper von erlegtem Haarwild in der Decke oder von einem Erzeuger kleine Mengen an frischem Fleisch von Hauskaninchen
   a) unmittelbar oder auf einem nahegelegenen Wochenmarkt, jedoch nicht im Reisegewerbe oder im Versandhandel, an Verbraucher,
   b) an nahegelegene be- oder verarbeitende Betriebe zur Abgabe an Verbraucher zum Verzehr an Ort und Stelle und
   c) Einzelhandelsgeschäfte zur Abgabe an Verbraucher zur Verwendung im eigenen Haushalt,
2. von einer in § 4 Abs. 2 genannten Person kleine Mengen an frischem Fleisch von erlegtem Haarwild an einzelne natürliche Personen zum eigenen Verbrauch abgegeben werden. Die entsprechenden Anforderungen der Anlage 2 Kapitel I, II und VI sind einzuhalten.

...

Anlage 1 Kapitel I Schlachttieruntersuchung

1. Die Schlachttieruntersuchung ist bei ausreichender Beleuchtung vorzunehmen.
2. Mit der Untersuchung soll festgestellt werden,

2.1 ob das Tier von einer auf Mensch oder Tier übertragbaren Krankheit befallen ist oder ob Einzelmerkmale oder das Allgemeinbefinden des Tieres den Ausbruch einer solchen Krankheit befürchten lassen;

2.2 ob das Tier eine Störung des Allgemeinbefindens oder Erscheinungen einer Krankheit aufweist;

2.3 ob das Tier ermüdet, stark aufgeregt oder durch den Transport erhitzt ist;

2.4 ob Anzeichen vorhanden sind, die darauf hindeuten, dass dem Tier Stoffe mit pharmakologischer Wirkung verabreicht worden sind oder dass es andere Stoffe aufgenommen hat, die geeignet sind, das Fleisch für den menschlichen Genuss gesundheitlich bedenklich zu machen.

3. Rückstandsuntersuchungen sowie Laboruntersuchungen auf Krankheiten, die auf Mensch oder Tier übertragbar sind, können bei Tieren, die unter gleichen Haltungs- und Fütterungsbedingungen in einem

Bestand gehalten werden, auf eine für die Beurteilung des Bestandes ausreichende Zahl repräsentativer Stichproben beschränkt werden.

4. Ergeben sich bei der Schlachttieruntersuchung auf Grund der Herkunft, der äußeren Erscheinung, des Verhaltens der Tiere oder auf Grund anderer Tatsachen Zweifel an der Gesundheit des Tieres oder an der Genusstauglichkeit seines Fleisches, sind weitergehende Untersuchungen durchzuführen. Die zuständige Behörde bestimmt Art und Durchführung der weitergehenden Untersuchungen.

...

Kapitel II Fleischuntersuchung

5.9 Bei erlegtem Haarwild erfolgt die Fleischuntersuchung durch Besichtigen; soweit im Falle des § 1 Abs. 1 Satz 3 des Fleischhygienegesetzes gesundheitlich bedenkliche Merkmale nach Anlage 2 Kapitel VI Nr. 1.3 vorliegen, müssen neben dem Tierkörper auch Zunge, Speiseröhre, Lunge, einschließlich Luftröhre und Kehlkopf, das Herz, die Leber, Milz sowie Nieren samt Nierenfett zur Fleischuntersuchung gestellt werden; Köpfe, einschließlich Trophäen, nur bei Tollwutverdacht; Lunge, Leber, Milz und Nieren sowie veränderte Teile sind zu durchtasten und erforderlichenfalls anzuschneiden.

Kapitel III Weitere Untersuchungen

1. Untersuchung auf Trichinen

1.1 Die Trichinenuntersuchung darf nur in einem Raum des Schlachtbetriebes oder in einem anderen geeigneten, von der zuständigen Behörde zugelassenen Raum durchgeführt werden, in dem Geräte und Material vorhanden sind, die die Untersuchung mit der Verdauungsmethode zulassen. Die zuständige Behörde kann Ausnahmen zulassen.

1.2 Bei Hausschweinen und Sumpfbibern ist aus einem Zwerchfellpfeiler eine Probe von mindestens 1 g, bei allen anderen untersuchungspflichtigen Tierarten außer Einhufern ist zusätzlich aus der

Unterarmmuskulatur eine Probe von mindestens 0,5 g zu entnehmen; bei Einhufern ist aus der Zungen- oder Kaumuskulatur eine Probe von mindestens 5 g zu entnehmen.

1.3 Können Proben nach Nummer 1.2 nicht entnommen werden, ist die doppelte Anzahl gleichgewichtiger Proben von Stellen zu entnehmen, an denen Skelettmuskulatur in sehnige Teile übergeht. Bei Einhufern sind diese Proben, soweit möglich, aus der Zwerchfellmuskulatur zu entnehmen.

1.4 Ist die Trichinenuntersuchung an zerlegtem Fleisch durchzuführen, so sind von jedem Fleischteil mindestens drei Proben von jeweils mindestens 0,5 g, bei Einhufern von jeweils mindestens 2,5 g zu entnehmen.

1.5 Vor Abschluss der Trichinenuntersuchung darf das geschlachtete Tier nicht aus dem Schlachtbetrieb entfernt und nicht weiter als in Hälften zerlegt werden. Die zuständige Behörde kann eine weitere Zerlegung oder Verarbeitung zulassen, wenn das Fleisch bis zum Vorliegen der Untersuchungsergebnisse unter amtlicher Aufsicht gehalten wird. Dies gilt für Hausschlachtungen entsprechend.

3. Bakteriologische Fleischuntersuchung (BU)

4. Sonstige Untersuchungen

Sonstigen Untersuchungen, z.B. auf abweichende Fleischreifung, Wässrigkeit, mangelhafte Ausblutung, Farb-, Geruchs- und Geschmacksabweichungen unterliegt Fleisch von Tieren, bei denen die Fleischuntersuchung nicht zweifelsfrei ergeben hat, dass das Fleisch tauglich zum Genuss für Menschen ist.

5. Untersuchungen nach Nummer 3 sowie Nummer 4 sind bei erlegtem Haarwild, sofern dieses auf Grund sonstiger Feststellungen oder mit Zustimmung des Verfügungsberechtigten nicht als untauglich zu beurteilen ist, insbesondere beim Vorliegen folgender Merkmale durchzuführen:

5.1 akute Entzündungen;

5.2 Leber- und Milzschwellung;

5.3 offene Knochenbrüche, die nicht mit dem Erlegen in Zusammenhang stehen;

5.4 fremder Inhalt in den Körperhöhlen, wenn Brust- und Bauchfell verfärbt sind.

Anlage 2

...

Kapitel VI Besondere Hygienevorschriften für erlegtes Haarwild

Über die Hygienevorschriften nach Kapitel I und II hinaus gilt für Fleisch von erlegtem Haarwild folgendes:

1. Beim Gewinnen des Fleisches ist folgendes zu beachten:

1.1 Erlegtes Haarwild ist unverzüglich aufzubrechen und auszuweiden, Hasen und ähnliches Niederwild spätestens bei der Anlieferung in den Betrieben. Das Enthäuten und eine Zerlegung am Erlegungsort ist nur zulässig, wenn der Transport sonst nicht möglich ist.

1.2 Erlegtes Haarwild ist unmittelbar nach dem Aufbrechen und Ausweiden so aufzubewahren, dass es gründlich auskühlen und in den Körperhöhlen abtrocknen kann. Das Haarwild muss alsbald nach dem Erlegen auf eine Innentemperatur von höchstens +7 °C, Hasen und Wildkaninchen von höchstens + 4 °C abgekühlt sein; erforderlichenfalls ist es dazu in eine geeignete Kühleinrichtung zu verbringen.

1.3 Beim Erlegen, Aufbrechen, Zerwirken und weiteren Behandeln ist auf Merkmale zu achten, die das Fleisch als gesundheitlich bedenklich erscheinen lassen. Diese liegen insbesondere vor bei:

1.3.1 abnormen Verhaltensweisen und Störungen des Allgemeinbefindens;

1.3.2 Fehlen von Anzeichen äußerer Gewalteinwirkung als Todesursache (Fallwild);

1.3.3 Geschwülsten oder Abszessen, wenn sie zahlreich oder verteilt in inneren Organen oder in der Muskulatur vorkommen;

1.3.4 Schwellungen der Gelenke oder Hoden, Hodenvereiterung, Leber- oder Milzschwellung, Darm- oder Nabelentzündung;

1.3.5 fremdem Inhalt in den Körperhöhlen, insbesondere Magen- und Darminhalt oder Harn, wenn Brust- oder Bauchfell verfärbt sind;

1.3.6 erheblicher Gasbildung im Magen- und Darmkanal mit Verfärbung der inneren Organe;

1.3.7 erheblichen Abweichungen der Muskulatur oder der Organe in Farbe, Konsistenz oder Geruch;

1.3.8 offenen Knochenbrüchen, soweit sie nicht unmittelbar mit dem Erlegen in Zusammenhang stehen;

1.3.9 erheblicher Abmagerung oder Schwund einzelner Muskelpartien;

1.3.10 frischen Verklebungen oder Verwachsungen von Organen mit Brust- oder Bauchfell;

1.3.11 sonstigen erheblichen sinnfälligen Veränderungen außer Schussverletzungen, wie z. B. stickige Reifung.

1.4 Organe, die Veränderungen aufweisen, sind so zu kennzeichnen, dass die Zugehörigkeit zu dem betreffenden Tierkörper festgestellt werden kann; sie müssen bis zum Abschluss der amtlichen Untersuchungen beim Tierkörper verbleiben.

2. Betriebe, die erlegtes Haarwild be- oder verarbeiten, müssen verfügen über:

2.1 einen ausreichend großen Raum für die Annahme, die Untersuchung und, soweit erforderlich, auch für das Ausweiden und Enthäuten;

2.2 einen ausreichend großen Raum für das Zerlegen sowie das Umhüllen, soweit dies im Betrieb erfolgt; dieser Raum muss ausreichend zu kühlen und mit einem Temperaturmeßgerät ausgerüstet sein;

2.3 einen Raum für das Verpacken und für den Versand. Die Nummern 2.1 und 2.3 gelten nicht für inländische Betriebe, die einzelne Tierkörper von erlegtem Haarwild be- oder verarbeiten und unmittelbar an Verbraucher abgeben.

3. Räume zum Sammeln von Haarwild nach dem Erlegen (Wildkammern) müssen verfügen über:

3.1 eine geeignete Kühleinrichtung, wenn auf andere Weise eine gründliche Auskühlung des erlegten Haarwildes nicht erreicht werden kann;

3.2 einen geeigneten Platz zum Enthäuten und Zerlegen, wenn diese Arbeiten darin ausgeführt werden.

4. In den Betriebsräumen und gegebenenfalls in Wildkammern gilt für das Behandeln des erlegten Haarwildes folgendes:

4.1 Untersuchungspflichtiges erlegtes Haarwild ist so rechtzeitig der Untersuchung zuzuführen, dass Veränderungen durch den Untersucher erkannt und beurteilt werden können.

4.2 Erlegtes Haarwild ist auf Ersuchen des Untersuchers zur Untersuchung zu enthäuten; der Brustkorb ist zu öffnen; bei Einhufern ist der Kopf längs zu spalten. Die Wirbelsäule und der Kopf sind längs zu spalten, wenn nach Feststellung des Untersuchers gesundheitliche Gründe dies erforderlich machen. Erlegtes Haarwild in der Decke darf nicht eingefroren werden.

4.3 Haarwild in der Decke und ungerupftes Federwild dürfen enthäutetes oder zerwirktes Fleisch von erlegtem Haarwild nicht berühren.

...

Tierschutz-Hundeverordnung TierSchHuV

vom 2. Mai 2001 (BGBl. I S. 838)

Das Bundesministerium für Verbraucherschutz, Ernährung und Landwirtschaft verordnet jeweils in Verbindung mit Artikel 56 des Zuständigkeitsanpassungs-Gesetzes vom 18. März 1975 (BGBl. I S. 705) und dem Organisationserlass vom 22. Januar 2001 (BGBl. I S. 127) auf Grund des § 2a Abs. 1, des § 11b Abs. 5 sowie des § 12 Abs. 2 Satz 1 Nr. 4, jeweils in Verbindung mit § 16b Abs. 1 Satz 2 des Tierschutzgesetzes in der Fassung der Bekanntmachung vom 25. Mai 1998 (BGBl. I S. 1105, 1818), von denen § 2a Abs. 1 Nr. 5, § 11b Abs. 5 und § 12 Abs. 2 Satz 1 Nr. 4 durch Artikel 2 des Gesetzes vom 21 April 2001 (BGBl. I S. 530) geändert worden sind, nach Anhörung der Tierschutzkommission:

§ 1 Anwendungsbereich

(1) Diese Verordnung gilt für das Halten und Züchten von Hunden (Canis lupus f. familiaris).

(2) Die Vorschriften dieser Verordnung sind nicht anzuwenden

1. während des Transportes,
2. während einer tierärztlichen Behandlung, soweit nach dem Urteil des Tierarztes im Einzelfall andere Anforderungen an die Haltung notwendig sind,
3. bei einer Haltung zu Versuchszwecken im Sinne des § 7 Abs. 1 des Tierschutzgesetzes oder bei Eingriffen oder Behandlungen zu den in § 6 Abs. 1 Satz 2 Nr. 4, § 10 Abs. 1 oder § 10a des Tierschutzgesetzes genannten Zwecken, soweit für den verfolgten wissenschaftlichen Zweck andere Anforderungen an die Haltung unerlässlich sind.

§ 2 Allgemeine Anforderungen an das Halten

(1) Einem Hund ist ausreichend Auslauf im Freien außerhalb eines Zwingers oder einer Anbindehaltung sowie ausreichend Umgang mit der Person, die den Hund hält, betreut oder zu betreuen hat (Betreuungsperson), zu gewähren. Auslauf und Sozialkontakte sind der Rasse, dem Alter und dem Gesundheitszustand des Hundes anzupassen.

(2) Wer mehrere Hunde auf demselben Grundstück hält, hat sie grundsätzlich in der Gruppe zu halten, sofern andere Rechtsvorschriften dem nicht entgegenstehen. Von der Gruppenhaltung kann abgesehen werden, wenn dies wegen der Art der Verwendung, dem Verhalten oder dem Gesundheitszustand des.Hundes erforderlich ist. Nicht aneinander gewöhnte Hunde dürfen nur unter Aufsicht zusammengeführt werden.

(3) Einem einzeln gehaltenen Hund ist täglich mehrmals die Möglichkeit zum länger dauernden Umgang mit Betreuungspersonen zu gewähren, um das Gemeinschaftsbedürfnis des Hundes zu befriedigen.

(4) Ein Welpe darf erst im Alter von über acht Wochen vom Muttertier getrennt werden. Satz 1 gilt nicht, wenn die Trennung nach tierärztlichem Urteil zum Schutz des Muttertieres oder des Welpen vor Schmerzen, Leiden oder Schäden erforderlich ist. Ist nach Satz 2 eine vorzeitige Trennung mehrerer Welpen vom Muttertier erforderlich, sollen diese bis zu einem Alter von acht Wochen nicht voneinander getrennt werden.

§ 3 Anforderungen an die Betreuung bei gewerbsmäßigem Züchten

Wer gewerbsmäßig mit Hunden züchtet, muss sicherstellen, dass für jeweils bis zu zehn Zuchthunde und ihre Welpen eine Betreuungsperson zur Verfügung steht, die die dafür notwendigen Kenntnisse und Fähigkeiten gegenüber der zuständigen Behörde nachgewiesen hat.

§ 4 Anforderungen an das Halten im Freien

(1) Wer einen Hund im Freien hält, hat dafür zu sorgen, dass dem Hund

1. eine Schutzhütte, die den Anforderungen des Absatzes 2 entspricht, und
2. außerhalb der Schutzhütte ein witterungsgeschützter, schattiger Liegeplatz mit wärmegedämmtem Boden zur Verfügung stehen. Während der Tätigkeiten, für die ein Hund ausgebildet wurde oder wird, hat die Betreuungsperson dafür zu sorgen, dass dem Hund während der Ruhezeiten ein witterungsgeschützter und wärmegedämmter Liegeplatz zur Verfügung steht.

(2) Die Schutzhütte muss aus wärmedämmendem und gesundheitsunschädlichem Material hergestellt und so beschaffen sein, dass der Hund sich daran nicht verletzen und trocken liegen kann. Sie muss so bemessen sein, dass der Hund

1. sich darin verhaltensgerecht bewegen und hinlegen und
2. den Innenraum mit seiner Körperwärme warm halten kann, sofern die Schutzhütte nicht beheizbar ist.

§ 5 Anforderungen an das Halten in Räumen

(1) Ein Hund darf nur in Räumen gehalten werden, bei denen der Einfall von natürlichem Tageslicht sichergestellt ist. Die Fläche der Öffnungen für das Tageslicht muss bei der Haltung in Räumen, die nach ihrer Zweckbestimmung nicht dem Aufenthalt von Menschen dienen, grundsätzlich mindestens ein Achtel der Bodenfläche betragen. Satz 2 gilt nicht, wenn dem Hund ständig ein Auslauf ins Freie zur Verfügung steht. Bei geringem Tageslichteinfall sind die Räume entsprechend dem natürlichen Tag-Nacht-Rhythmus zusätzlich zu beleuchten. In den Räumen muss eine ausreichende Frischluftversorgung sichergestellt sein.

(2) Ein Hund darf in Räumen, die nach ihrer Zweckbestimmung nicht dem Aufenthalt von Menschen dienen, nur dann gehalten werden, wenn die benutzbare Bodenfläche den Anforderungen des § 6 Abs. 2 entspricht.

(3) Ein Hund darf in nicht beheizbaren Räumen nur gehalten werden, wenn

1. diese mit einer Schutzhütte nach § 4 Abs. 2 oder einem trockenen Liegeplatz, der ausreichend Schutz vor Luftzug und Kälte bietet, ausgestattet sind und
2. außerhalb der Schutzhütte nach Nummer 1 ein wärmegedämmter Liegebereich zur Verfügung steht.

§ 6 Anforderungen an die Zwingerhaltung

(1) Ein Hund darf in einem Zwinger nur gehalten werden, der den Anforderungen nach den Absätzen 2 bis 4 entspricht.

(2) In einem Zwinger muss

1. dem Hund entsprechend seiner Widerristhöhe folgende uneingeschränkt benutzbare Bodenfläche zur Verfügung stehen, wobei die Länge jeder Seite mindestens der doppelten Körperlänge des Hundes entsprechen muss und keine Seite kürzer als zwei Meter sein darf:

Widerristhöhe in cm	Bodenfläche Mindestens qm
bis 50	6
über 50 bis 65	8
über 65	10

2. für jeden weiteren in demselben Zwinger gehaltenen Hund sowie für jede Hündin mit Welpen zusätzlich die Hälfte der für einen Hund nach Nummer 1 vorgeschriebenen Bodenfläche zur Verfügung stehen,
3. die Höhe der Einfriedung so bemessen sein, dass der aufgerichtete Hund mit den Vorderpfoten die obere Begrenzung nicht erreicht.

Abweichend von Satz 1 Nr. 1 muss für einen Hund, der regelmäßig an mindestens fünf Tagen in der Woche den überwiegenden Teil des Tages außerhalb des Zwingers verbringt, die uneingeschränkt benutzbare Zwingerfläche mindestens sechs Quadratmeter betragen.

(3) Die Einfriedung des Zwingers muss aus gesundheitsunschädlichem Material bestehen und so beschaffen sein, dass der Hund sie nicht überwinden und sich nicht daran verletzen kann. Der Boden muss trittsicher und so beschaffen sein, dass er keine Verletzungen oder Schmerzen verursacht und leicht sauber und trocken zu halten ist. Trennvorrichtungen müssen so beschaffen sein, dass sich die Hunde nicht gegenseitig beißen können. Mindestens eine Seite des Zwingers muss dem Hund freie Sicht nach außen ermöglichen. Befindet sich der Zwinger in einem Gebäude, muss für den Hund der freie Blick aus dem Gebäude heraus gewährleistet sein.

(4) In einem Zwinger dürfen bis zu einer Höhe, die der aufgerichtete Hund mit den Vorderpfoten erreichen kann, keine Strom führenden Vorrichtungen, mit denen der Hund in Berührung kommen kann, oder Vorrichtungen, die elektrische Impulse aussenden, vorhanden sein.

(5) Werden mehrere Hunde auf einem Grundstück einzeln in Zwingern gehalten, so sollen die Zwinger so angeordnet sein, dass die Hunde Sichtkontakt zu anderen Hunden haben.

(6) Hunde dürfen in einem Zwinger nicht angebunden gehalten werden.

§ 7 Anforderungen an die Anbindehaltung

(1) Ein Hund darf in Anbindehaltung nur gehalten werden, wenn die Anforderungen der Absätze 2 bis 5 erfüllt sind.

(2) Die Anbindung muss

1. an einer Laufvorrichtung, die mindestens sechs Meter lang ist, frei gleiten können,
2. so bemessen sein, dass sie dem Hund einen seitlichen Bewegungsspielraum von mindestens fünf Metern bietet,
3. so angebracht sein, dass der Hund ungehindert seine Schutzhütte aufsuchen, liegen und sich umdrehen kann.

(3) Im Laufbereich dürfen keine Gegenstände vorhanden sein, die die Bewegungen des Hundes behindern oder zu Verletzungen führen können. Der Boden muss trittsicher und so beschaffen sein, dass er keine Verletzungen oder Schmerzen verursacht und leicht sauber und trocken zu halten ist.

(4) Es dürfen nur breite, nicht einschneidende Brustgeschirre oder Halsbänder verwendet werden, die so beschaffen sind, dass sie sich nicht zuziehen oder zu Verletzungen führen können.

(5) Es darf nur eine Anbindung verwendet werden, die gegen ein Aufdrehen gesichert ist. Das Anbindematerial muss von geringem Eigengewicht und so beschaffen sein, dass sich der Hund nicht verletzen kann.

(6) Bei Begleitung einer Betreuungsperson während der Tätigkeiten, für die der Hund ausgebildet wurde oder wird, kann er abweichend von Absatz 1, nach Maßgabe der Absätze 4 und 5 an einer mindestens drei Meter langen Anbindung angebunden werden.

(7) Die Anbindehaltung ist verboten bei

1. einem Hund bis zu einem Alter von zwölf Monaten,
2. einer tragenden Hündin im letzten Drittel der Trächtigkeit,
3. einer säugenden Hündin,
4. einem kranken Hund, wenn ihm dadurch Schmerzen, Leiden oder Schäden zugefügt würden.

§ 8 Fütterung und Pflege

(1) Die Betreuungsperson hat dafür zu sorgen, dass dem Hund in seinem gewöhnlichen Aufenthaltsbereich jederzeit Wasser in ausreichender Menge und Qualität zur Verfügung steht. Sie hat den Hund mit artgemäßem Futter in ausreichender Menge und Qualität zu versorgen.

(2) Die Betreuungsperson hat

1. den Hund unter Berücksichtigung des der Rasse entsprechenden Bedarfs regelmäßig zu pflegen und für seine Gesundheit Sorge zu tragen;
2. die Unterbringung mindestens einmal täglich und die Anbindevorrichtung mindestens zweimal täglich zu überprüfen und Mängel unverzüglich abzustellen;
3. für ausreichende Frischluft und angemessene Lufttemperaturen zu sorgen, wenn ein Hund ohne Aufsicht in einem Fahrzeug verbleibt;
4. den Aufenthaltsbereich des Hundes sauber und ungezieferfrei zu halten; Kot ist täglich zu entfernen.

§ 9 Ausnahmen für das vorübergehende Halten

Die zuständige Behörde kann von den Vorschriften des § 2 Abs. 2 und 3 sowie § 6 Abs. 1 in Verbindung mit Abs. 2 für das vorübergehende Halten von Hunden in Einrichtungen, die Fundhunde oder durch Behörden eingezogene Hunde aufnehmen, befristete Ausnahmen zulassen, wenn sonst die weitere Aufnahme solcher Hunde gefährdet ist.

§ 10 Ausstellungsverbot

Es ist verboten, Hunde, bei denen Körperteile, insbesondere Ohren oder Rute, zum Erreichen bestimmter Rassemerkmale vollständig oder teilweise amputiert wurden, auszustellen oder Ausstellungen solcher Hunde zu veranstalten. Das Ausstellungsverbot nach Satz 1 gilt nicht, sofern der Eingriff vor dem 1. September 2001 und in Übereinstimmung mit den Vorschriften des Tierschutzgesetzes in der zum Zeitpunkt des Eingriffs geltenden Fassung vorgenommen wurde.

§ 11 Aggressionssteigerung nach § 11b Abs. 2 des Tierschutzgesetzes

Eine Aggressionssteigerung im Sinne des § 11b Abs. 2 des Tierschutzgesetzes liegt bei Hunden vor, die ein übersteigertes Angriffs- und Kampfverhalten aufweisen, das durch artgemäße Signale nicht hinreichend gesteuert wird. Das Verpaaren von Hunden mit anderen Caniden ist verboten. Bei Pitbull-Terriern, Staffordshire Bullterriern, American Staffordshire Terriern und Bullterriern sowie Kreuzungen mit diesen Tieren ist vom Vorliegen einer derartigen Aggressionssteigerung auszugehen.

§ 12 Ordnungswidrigkeiten

(1) Ordnungswidrig im Sinne des § 18 Abs. 1 Nr. 3 Buchstabe a des Tierschutzgesetzes handelt, wer vorsätzlich oder fahrlässig

1. entgegen § 2 Abs. 4 Satz 1 einen Welpen vom Muttertier trennt,
2. entgegen § 3 nicht sicherstellt, dass für jeweils bis zu zehn Zuchthunde und ihre Welpen eine dort genannte Betreuungsperson zur Verfügung steht,
3. entgegen § 4 Abs. 1 Satz 1 Nr. 1 oder Satz 2 nicht dafür sorgt, dass dem Hund eine Schutzhütte oder ein Liegeplatz zur Verfügung steht,
4. entgegen § 5 Abs. 1 Satz 1 oder Abs. 2 oder 3, § 6 Abs. 1 oder 6 oder § 7 Abs. 1 oder 7 einen Hund hält oder
5. entgegen § 8 Abs. 2 Nr. 2 einen Mangel nicht oder nicht rechtzeitig abstellt.

(2) Ordnungswidrig im Sinne des § 18 Abs. 1 Nr. 3 Buchstabe b des Tierschutzgesetzes handelt, wer vorsätzlich oder fahrlässig entgegen § 10 Satz 1 einen Hund ausstellt oder eine Ausstellung veranstaltet.

§ 13 Übergangsvorschrift

(1) Für Züchter, die eine Erlaubnis nach § 11 Abs. 1 Nr. 3 Buchstabe a des Tierschutzgesetzes am 14. Mai 2001 haben, gilt § 3 ab dem 1. September 2002.

(2) Wer einen Hund am 14. Mai 2001 in einem Raum hält, der nicht der Anforderung des § 5 Abs. 1 Satz 1 entspricht, muss das Einhalten dieser Anforderung spätestens bis zum 1. September 2004 sicherstellen.

(3) Abweichend von § 6 Abs. 1 in Verbindung mit Abs. 2 oder 3 Satz 5, sowie Absatz 5 dürfen Hunde noch bis zum 31. August 2004 in Zwingern gehalten werden, die am 31. August 2001 bereits in Benutzung genommen worden sind und die die Anforderungen des § 4 Abs. 2 der Verordnung über das Halten von Hunden im Freien vom 6. Juni 1974 (BGBl. I S. 1265), geändert durch Artikel 2 des Gesetzes vom 12. August 1986 (BGBl. I S. 1309) erfüllen.

(4) Abweichend von § 10 Satz 1 dürfen Hunde noch bis zum 1. Mai 2002 ausgestellt werden.

§ 14 In-Kraft-Treten, Außer-Kraft-Treten

Diese Verordnung tritt am 1. September 2001 in Kraft. Gleichzeitig tritt die Verordnung über das Halten von Hunden im Freien vom 6. Juni 1974 (BGBl. I S. 1265), geändert durch Artikel 2 des Gesetzes vom 12. August 1986 (BGBl. I S.1309), außer Kraft.

Verordnung über das Führen und Halten von Hunden (Hundehalterverordnung – HundehVO M-V) 14

Vom 4. Juli 2000 (GVOBl. M-V S. 295, 391), geändert durch Verordnung vom 10. Dezember 2001 (GVOBl. M-V S. 525)

Aufgrund des § 4 Abs. 2 Satz 2 und des § 17 Abs. 1 und Absatz 4 Satz 1 des Sicherheits- und Ordnungsgesetzes in der Fassung der Bekanntmachung vom 25. März 1998 (GVOBl. M-V S. 335) verordnet das Innenministerium sowie aufgrund des § 100 Abs. 3 des Sicherheits- und Ordnungsgesetzes in Verbindung mit § 2 Abs. 2 des Verwaltungskostengesetzes des Landes Mecklenburg-Vorpommern vom 4. Oktober 1991 (GVOBl. M-V S. 366, 435) verordnet das Innenministerium im Einvernehmen mit dem Finanzministerium:

§ 1 Allgemeine Vorschriften für die Hundehaltung

(1) Gefährliche Hunde dürfen nicht gezüchtet (nichtgewerbsmäßige Zucht), gehalten und geführt werden, es sei denn, es liegt eine Erlaubnis nach § 4 vor. Die Ausbildung zu einer gesteigerten Aggressivität und Gefährlichkeit gegenüber Menschen oder Tieren ist untersagt.

(2) Wer Hunde außerhalb des befriedeten Besitztums führt, muss körperlich und geistig in der Lage sein, den Hund jederzeit so zu beaufsichtigen, dass Menschen, Tiere oder Sachen nicht gefährdet werden.

(3) Es ist verboten, Hunde außerhalb des befriedeten Besitztums ohne Aufsicht frei laufen zu lassen. Hunde, die zu Versammlungen, Umzügen, Volksfesten, sonstigen öffentlichen Veranstaltungen sowie an Orte mit großen Menschenansammlungen und in öffentliche Verkehrsmittel, Verkaufsstätten oder Tiergärten mitgenommen werden, sind an der Leine zu führen.

(4) Außerhalb des befriedeten Besitztums müssen Hunde ein Halsband mit Namen und Wohnanschrift des Hundehalters oder eine gültige Steuermarke tragen.

(5) Hunde sind so zu halten, dass sie das befriedete Besitztum nicht gegen den Willen des Hundehalters verlassen können.

§ 2 Gefährliche Hunde

(1) Als gefährlich im Sinne dieser Verordnung gelten Hunde,

1. bei denen von einer durch Zucht, Ausbildung oder Abrichten herausgebildeten, über das natürliche Maß hinausgehenden Kampfbereitschaft, Angriffslust, Schärfe oder einer anderen, in ihrer Wirkung vergleichbaren Mensch oder Tier gefährdenden Eigenschaft auszugehen ist,

2. die einen Menschen oder ein Tier durch Biss geschädigt haben, ohne selbst angegriffen oder dazu durch Schläge oder in ähnlicher Weise provoziert worden zu sein (bissige Hunde),

3. die wiederholt Menschen gefährdet haben, ohne selbst angegriffen oder provoziert worden zu sein, oder wiederholt Menschen in gefahrdrohender Weise angesprungen haben.

(2) Bei Zweifeln hinsichtlich der Gefährlichkeit eines Hundes kann die örtliche Ordnungsbehörde das Vorliegen der Voraussetzungen des Absatzes 1 feststellen. Der zuständige Amtstierarzt soll vor einer Entscheidung nach Satz 1 angehört werden.

...

§ 3 Verbote und Gebote für den Umgang mit gefährlichen Hunden

(1) Die Mitnahme gefährlicher Hunde auf Kinderspielplätze, an Badestellen oder auf Flächen, die als Liegeplatz für Menschen ausgewiesen sind, ist verboten.

(2) Zugänge zu befriedetem Besitztum sind vom Besitzer durch deutlich sichtbare Warnschilder mit der Aufschrift „Vorsicht, gefährlicher Hund!" oder „Vorsicht, bissiger Hund!" kenntlich zu machen, wenn auf ihm gefährliche Hunde gehalten werden.

(3) Für gefährliche Hunde besteht über § 1 Abs. 3 hinaus außerhalb des befriedeten Besitztums Leinenzwang. Hundeleinen und -halsbänder müssen hinreichend fest sein und eine ununterbrochene Kontrolle des Führenden über die Bewegungen des Hundes gewährleisten. Die Länge der Leine darf höchstens zwei Meter betragen. Ist der Hund gefährlich im Sinne des § 2 Abs. 1 Nr. 1 und 2, ist ihm außerhalb des eigenen befriedeten Besitztums zusätzlich ein das Beißen verhindernder Maulkorb anzulegen. Die Regelungen der Sätze 1 bis 4 gelten auch für das Führen gefährlicher Hunde auf den Zuwegen und in den Treppenhäusern von Mehrfamilienhäusern. Im befriedeten Besitztum Dritter dürfen gefährliche

Hunde nur mit Zustimmung des Inhabers des Hausrechtes ohne Leine und ohne Maulkorb geführt werden.

(4) Eine Person darf nicht gleichzeitig mehrere gefährliche Hunde führen.

(5) Die tatsächliche Gewalt über einen gefährlichen Hund darf nur solchen Personen eingeräumt werden, die die Gewähr dafür bieten, dass die Bestimmungen dieser Verordnung beachtet werden. Wer einen gefährlichen Hund nicht nur vorübergehend einem anderen privaten Halter überlässt, hat Namen und Wohnanschrift des neuen Halters unverzüglich der für den gewöhnlichen Aufenthaltsort des bisherigen Halters zuständigen örtlichen Ordnungsbehörde mitzuteilen. Die Pflicht zur unverzüglichen Benachrichtigung der örtlichen Ordnungsbehörde besteht auch für den Fall, dass ein gefährlicher Hund dauerhaft aus dem Einwirkungsbereich seines Halters entwichen ist.

§ 4 Erlaubnispflicht

(1) Das nichtgewerbsmäßige Züchten, Halten und Führen gefährlicher Hunde bedarf der Erlaubnis der örtlichen Ordnungsbehörde. Eine Erlaubnis zum nichtgewerbsmäßigen Züchten von gefährlichen Hunden berechtigt gleichzeitig zum Halten und Führen gefährlicher Hunde.

(2) Die Erlaubnis wird nur erteilt, wenn

1. die antragstellende Person die erforderliche Sachkunde besitzt und das 18. Lebensjahr vollendet hat,

...

§ 5 Sachkundenachweis

(1) Den Nachweis der erforderlichen Sachkunde im Sinne von § 4 Abs. 2 Nr. 1 hat erbracht, wer eine Prüfung vor der zuständigen Behörde bestanden oder eine gleichwertige Ausbildung bei staatlichen oder nichtstaatlichen Stellen absolviert hat. Eine erfolgreich abgelegte Jägerprüfung gilt als Nachweis der Sachkunde.

...

§ 7 Ausnahmeregelungen

(1) Diese Verordnung gilt nicht für Diensthunde der Behörden sowie Hunde des Rettungsdienstes und des Katastrophenschutzes, soweit der bestimmungsgemäße Einsatz dies erfordert.

(2) § 1 Abs. 2 und 3 gilt nicht für Blindenhunde und Behindertenbegleithunde. § 1 Abs. 3 Satz 1 und § 3 Abs. 3 und 4 gelten nicht für Jagd- und Herdengebrauchshunde, soweit diese im Rahmen ihrer jeweiligen Zweckbestimmung eingesetzt werden.

...

§ 11 In-Kraft-Treten, Außer-Kraft-Treten

(1) § 9 Abs. 1 Nr. 16, 17 und 18 tritt am ersten Tag des zweiten auf die Verkündung folgenden Kalendermonats in Kraft. Im Übrigen tritt diese Verordnung am Tage nach der Verkündung in Kraft.

(2) Diese Verordnung tritt zehn Jahre nach ihrem In-Kraft-Treten außer Kraft.

Schwerin, den 4. Juli 2000

Der Innenminister
Dr. Gottfried Timm

Literatur- und Quellenverzeichnis

Amtsblatt für Mecklenburg-Vorpommern, Herausgeber: Innenministerium des Landes Mecklenburg-Vorpommern

Bundesanzeiger, Herausgeber: Bundesministerium der Justiz

Bundesgesetzblatt, Herausgeber: Bundesministerium der Justiz

Gesetz- und Verordnungsblatt für Mecklenburg-Vorpommern, Herausgeber: Innenministerium des Landes Mecklenburg-Vorpommern

http://bundesrecht.juris.de/bundesrecht/index.html

http://dejure.org/gesetze/OBGB

http://www.bmi.bund.de/Gesetze/bmLgesetze/html/lexikon_W.html

http://www.bundesanzeiger.de

http:/Iwww.bundesgerichtshof.de

http://www.bverwg.de/enid/34.html

http://www.jagd-online.de

http://www.jagdrecht.de

http://www.ljv-hessen.de/Jagd_A_Z_su.html

http://www.mv-regierung.de/laris

MITZSCHKE/SCHÄFER: Kommentar zum Bundesjagdgesetz, 4. Auflage von K. Schäfer und W. Belgard, Verlag Paul Parey, Hamburg und Berlin, 1982

Stichwortverzeichnis

Die Verweise zum Stichwort geben unter **A** den entsprechenden Paragrafen des Bundesjagdgesetzes, unter **B** den des Landesjagdgesetzes an.

Die Angaben **C** und **D** empfehlen die Einsichtnahme in eine der im Anschluss an die beiden Gesetze in dem entsprechenden Abschnitt enthaltenen ergänzenden Rechtsvorschriften.

A

B

Stichwortverzeichnis